Schwarze

Informationsmanagement

NWB-Studienbücher · Wirtschaftsinformatik
Herausgegeben von Professor Dr. Jochen Schwarze

Informationsmanagement

Planung, Steuerung, Koordination und Kontrolle der Informationsversorgung im Unternehmen

Von Professor Dr. Jochen Schwarze

nwb Verlag Neue Wirtschafts-Briefe
Herne/Berlin

Die Deutsche Bibliothek – CIP-Einheitsaufnahme

Schwarze, Jochen:
Informationsmanagement: Planung, Steuerung, Koordination und Kontrolle der Informationsversorgung im Unternehmen / von Jochen Schwarze. – Herne; Berlin: Verl. Neue Wirtschafts-Briefe, 1998
(NWB-Studienbücher Wirtschaftsinformatik)
ISBN 3-482-48551-8

ISBN 3-482-**48551**-8 – 1998

Druck: Weihert-Druck GmbH, Darmstadt

Vorwort

Technikgestützte Systeme zur Beschaffung, Verarbeitung, Speicherung, Übertragung und Präsentation von Informationen (IV-Systeme) sind in den letzten Jahren in nahezu alle Bereiche unseres gesellschaftlichen und wirtschaftlichen Lebens und in hohem Maße auch in den privaten Bereich eingedrungen. Diese Systeme haben Arbeitsprozesse häufig tiefgreifend verändert, erfordern neue Mitarbeiterqualifikationen, haben zu neuen Organisationsformen geführt und sind vielfach nicht nur ein entscheidender Wettbewerbsfaktor, sondern für manche Unternehmen inzwischen überlebensnotwendig. Effizienter und sozialverträglicher Einsatz von IV-Systemen setzt nicht nur Fähigkeiten zum Umgang mit den neuen Technologien voraus, sondern impliziert auch ein *Informationsmanagement*. Dieses Informationsmanagement ist für die Planung, Steuerung, Koordination und Kontrolle der Informationsversorgung in einem Unternehmen, einer Behörde oder einer anderen Art von Organisation sowie alle damit in Zusammenhang stehenden Aufgaben verantwortlich.

Das sowohl praktisch als auch wissenschaftlich immer wichtiger werdende Informationsmanagement wird hier nicht als Datenmanagement, nicht im Sinne von Bibliothekswissenschaften, nicht als Dokumentenmanagement und auch nicht als technologieorientiertes Informatik-Management angesehen. Diese Begriffsauffassungen betreffen jeweils nur einen Teilaspekt. Hier wird von einem weiteren, stark betriebswirtschaftlich geprägten Begriff ausgegangen, der Informationsmanagement als Aufgabenbereich an der Schnittstelle von Informatik/Wirtschaftsinformatik, Betriebswirtschaftslehre und anderen Bereichen (z. B. Recht, Arbeitswissenschaften) ansiedelt. Dabei kann Informationsmanagement aus der hier vertretenen Sicht schwerpunktmäßig sowohl der Betriebswirtschaftslehre als neue Funktionenlehre als auch der Wirtschaftsinformatik zugeordnet werden.

Das Buch gibt einen Gesamtüberblick über das Informationsmanagement. Dabei konnte es nicht ausbleiben, daß einige inhaltliche Überschneidungen zu den beiden ebenfalls im NWB-Verlag erschienenen Büchern *Einführung in die Wirtschaftsinformatik* (Verlags-Nr. 4287) und *Systementwicklung* (Verlags-Nr. 4763) entstanden. Es wurde jedoch versucht, die Überschneidungen so gering wie möglich zu halten.

Das Buch ist aus einem Skriptum zu Vorlesungen hervorgegangen, die ich seit einigen Jahren zum Informationsmanagement halte. Bei der Entstehung des Manuskripts hat mir Herr Dipl.-Ök. Jörg Erdmann durch seine kreative und konstruktive Kritik viele Anregungen gegeben und durch eine Reihe von Textvorschlägen mitgewirkt. Dafür möchte ich ihm auch an dieser Stelle danken. Bei Kapitel 12 hat mich Herr Dipl.-Ök. Christoph Lüder dankenswerterweise unterstützt. Herrn Dipl.-Ök. Marc Forte danke ich für ein intensives Korrekturlesen des gesamten Textes.
Meine kleine Dackelhündin Nanna lasse ich besser unerwähnt. Ihre „Wertschätzung" meiner Arbeit hat sie in der Endphase der Manuskripterstellung nach einem ihr von mir fahrlässig vorenthaltenen Spaziergang nächtens dadurch kundgetan, daß sie am Boden liegende Manuskriptseiten mit ihrer „Visitenkarte" beschwerte.

Hannover, im Juni 1998 *Jochen Schwarze*

Inhaltsverzeichnis

Verzeichnis häufig benutzter Begriffe und Abkürzungen

Um Mißverständnisse auszuschließen, werden hier einige, im Text häufig verwendete Begriffe sowie einige aus Vereinfachungsgründen benutzte Abkürzungen zusammengestellt.

IM	~	Informationsmanagement
Informationssystem:		System zur Beschaffung, Verarbeitung, Übertragung, Speicherung und/oder Bereitstellung von Informationen
IuK	~	Information und Kommunikation *oder* Informationsverarbeitung und Kommunikation
IV	~	Informationsverarbeitung im weiteren Sinne: Beschaffung, Verarbeitung, Übertragung, Speicherung und/oder Bereitstellung von Informationen
IV-System	~	Informationssystem
Unternehmung:		Organisation, in der sich Informationsmanagement findet. Dabei kann es sich um Wirtschaftsunternehmen, Öffentliche Verwaltungen (Behörden), Verbände oder andere Organisationen handeln. Die Verwendung eines einheitlichen Begriffs erfolgt aus Gründen der sprachlichen Vereinfachung.
sog.	~	sogenannte(n) (r) (s)
einschl.	~	einschließlich
dergl.	~	dergleichen
u. U.	~	unter Umständen
i. e. S.	~	im engeren Sinne

TEIL I: GRUNDLAGEN

Im ersten Teil werden allgemeine Grundlagen des Informationsmanagements (IM) behandelt. Dazu gehört neben einer Begriffsklärung und der Erarbeitung von Zielen, Aufgaben und Voraussetzungen des IM auch die Klärung der Frage, warum eine Beschäftigung mit IM als eigenständiger Disziplin überhaupt notwendig ist. Dazu wird auf die bisherige und zukünftige Entwicklung im Bereich der Informations- und Kommunikationstechnologien (IuK-Technologien) und deren Anwendungen eingegangen, da diese Entwicklung zur Entstehung von IM geführt hat. Schließlich wird in diesem ersten Teil auch auf Modelle für das IM eingegangen. Solche Modelle unterstützen die Betrachtung der Grundmuster und der Zusammenhänge in einem IM.

1 Die Entwicklung zum Informationsmanagement

In diesem Kapitel wird zunächst auf die geschichtliche Entwicklung von IuK-Technologien und deren praktischem Einsatz, die kurz mit „Informatikentwicklung" bezeichnet wird, und auf die Bedeutung von Information und Kommunikation in Organisationen eingegangen. Aus dieser Entwicklung läßt sich dann die Entstehung von IM herleiten.

1.1 Informatikentwicklung

1.1.1 Globale Aspekte der Informatikentwicklung

Seit KONRAD ZUSE 1941 den ersten programmgesteuerten Rechenautomaten gebaut hat, hat sich im Bereich der Verarbeitung, Übertragung und Speicherung von Informationen eine Entwicklung vollzogen, die durch in immer kürzeren Zeitabständen aufeinanderfolgende Innovationen gekennzeichnet ist. Dabei geht es nicht nur um den Einsatz sich immer schneller verändernder Technologien, sondern es finden auch tiefgreifende Änderungen von Arbeitsprozessen statt.

Sofern Prozesse durch die Mikroelektronik nicht voll automatisiert werden, läßt sich aufgrund der zunehmenden technischen Kompliziertheit der Prozesse „einigermaßen begründet annehmen,

- daß sich die Anforderungen vom motorischen auf den nervlich-psychischen Bereich verlagern und daß vom Arbeitenden zunehmend gefordert wird, abstrakte Informationen über komplexe Prozesse aufzunehmen und zu verarbeiten;
- daß die Erfordernisse an selbständiges Planen und Handeln in der Einführungsphase neuer Technologien und in gewissen Zwischenstadien - wie etwa der 'Werkstattprogrammierung' im Übergang von der klassischen Werkzeugmaschine zum zentral gelenkten flexiblen Fertigungssystem - größer werden;
- daß die vorhandenen technologischen Handlungsräume durchaus durch eine andere Arbeitsorganisation ermöglicht würden, welche psychologischen Kriterien eher gerecht würde.“[1]

Die neuen Technologien weisen heute ein Preis-Leistungs-Verhältnis auf, das einen wirtschaftlichen Einsatz in nahezu unüberschaubarer Vielfalt erlaubt. Man spricht in diesem Zusammenhang auch von einer zweiten industriellen Revolution.

> Während durch die **erste industrielle Revolution** der Mensch vor allem von körperlicher Arbeit entlastet wurde, wird durch die vom Fortschritt in der Mikroelektronik ausgelöste **zweite industrielle Revolution** der Mensch vor allem von geistigen Aufgaben der Steuerung und Kontrolle befreit.

Vielfach wird bei der Beschäftigung mit Computern und deren Anwendungen auch von einer neuen Kulturtechnik gesprochen.

> Durch die Informatikentwicklung werden die drei klassischen Kulturtechniken
> - Sprechen,
> - Schreiben und Lesen sowie
> - Rechnen
>
> durch die **Computernutzung als vierte Kulturtechnik** ergänzt.

Die Entwicklung entspricht aus globaler Sicht einer **Entwicklung zur Informationsgesellschaft**[2]. Schon in den 80er Jahren ist die Frage diskutiert

1 VOLPERT [1986]. Die in dem Zitat 1986 gemachte „begründete Annahme“ ist inzwischen Realität.

2 Neuerdings spricht man auch immer häufiger von der „Wissensgesellschaft“.

worden, ob wir bereits eine Informationsgesellschaft haben[3], wobei in der historischen Entwicklung im wesentlichen vier „Gesellschaftsformen“ gesehen werden:

- **Agrargesellschaft**, bei der die Mehrheit der Erwerbstätigen in der Landwirtschaft beschäftigt ist,
- **Industriegesellschaft**, in der industrielle Beschäftigungen überwiegen,
- **Dienstleistungsgesellschaft**, in der ein großer Teil der Beschäftigten im Dienstleistungssektor arbeitet und
- **Informationsgesellschaft**, in der die meisten Beschäftigten in Informationsberufen tätig sind, sich also mit der Verarbeitung, Speicherung und Übertragung von Signalen, Symbolen, Zeichen oder Bildern beschäftigen.

Die klassischen Wirtschaftssektoren

- Agrarsektor,
- Industriesektor und
- Dienstleistungssektor

müssen dann um einen **Informationssektor** ergänzt werden.

Faßt man Dienstleistungen der Beschaffung, Verarbeitung, Speicherung, Übertragung und Bereitstellung von Informationen als eigenen Wirtschaftssektor auf, dann umfaßt dieser **Informationssektor** in einer Wirtschaft folgende Bereiche:

- **Informationsproduzenten**
  erzeugen neue Informationen oder bringen bereits vorhandene Informationen in eine für bestimmte Verwender geeignete Form.
- **Informationsverarbeiter**
  reagieren auf empfangene Informationen durch Entscheidungen und/ oder Bearbeitungen.
- **Informationsverteiler**
  sind mit der Übermittlung von Informationen betraut.
- In der **Informationsinfrastruktur** Beschäftigte
  installieren, bedienen und warten die zur Beschaffung, Verarbeitung, Speicherung, Übertragung und Bereitstellung von Informationen benutzten Geräte und Technologien.

Charakteristisches Merkmal der Informatikentwicklung ist in jüngster Zeit eine zunehmende Vernetzung. Das betrifft nicht nur den Einsatz von IV-Systemen innerhalb einer Unternehmung, die sich durch einen zunehmenden Integrationsgrad auszeichnen, sondern vor allem auch intraorganisatio-

---

3 Vgl. OTTO/SONNTAG [1985].

nell integrierte IV-Systeme[4]. In letztere werden über ein Kommunikations- oder Datenübertragungsnetz verschiedene selbständige Unternehmungen eingebunden. Dadurch entstehen Unternehmungsnetzwerke, virtuelle Unternehmungen[5] und Meta-Organisationen.

Die Bewältigung der Herausforderungen aus der globalen Informatikentwicklung stellt spezielle Anforderungen und Aufgaben an das Management und impliziert damit ein IM.

1.1.2 Individuelle Aspekte der Informatikentwicklung

Die globale Informatikentwicklung spiegelt sich in Unternehmungen wider. Jahrzehntelang fand technischer Fortschritt fast ausnahmslos im Produktionsbereich statt. Im Büro- bzw. Verwaltungsbereich beschränkten sich Rationalisierungsbestrebungen bis in die 60er Jahre vorwiegend auf den Einsatz mechanischer und elektromechanischer Geräte, wie Schreibmaschinen, Rechenmaschinen, Buchungsautomaten usw. Damit wurden jedoch nur punktuelle Veränderungen erreicht. Organisatorische Abläufe wurden nicht beeinflußt. Das gilt auch für Lochkartenmaschinen. Die einzigen tiefgreifenden Struktur- und Ablaufänderungen wurden durch die klassischen Möglichkeiten der Telekommunikation (Telefon, Telex) bewirkt, durch die neue und vor allem wesentlich schnellere Informationskanäle bzw. Kommunikationsmöglichkeiten erschlossen wurden.

Charakteristisch für alle Rationalisierungsbestrebungen im Büro- und Verwaltungsbereich bis Ende der 60er Jahre ist die Orientierung an tayloristischen[6] Kategorien und Denkansätzen. Erst durch die Computer der sog. zweiten Generation mit der Möglichkeit, große Datenmengen auch in aufwendigen Verfahren schnell zu verarbeiten und zu speichern, wurden die Voraussetzungen für grundlegende Ablauf- und Strukturveränderungen im Büro- und Verwaltungsbereich von Unternehmungen und bei Behörden geschaffen.

Mit Blick auf die Nutzungsmöglichkeiten der IuK-Technologien ist der Fortschritt wie folgt gekennzeichnet:

- Das Angebot an Geräten und Verfahren zur Beschaffung, Verarbeitung, Speicherung, Übertragung und Bereitstellung von Informationen ist im Zeitablauf immer umfangreicher und vielfältiger geworden.
- Das quantitative und qualitative Leistungsprofil der Geräte und Verfahren wird ständig verbessert und ausgeweitet.

---

4 Vgl. dazu beispielsweise SCHWARZE [1992].

5 Vgl. hierzu PICOT/REICHWALD/WIGAND [1998].

6 Frederick Winslow TAYLOR [1856-1915], amerikanischer Ingenieur.

- Das Preis-Leistungs-Verhältnis der IuK-Technologien ist immer günstiger geworden.
- Das günstige Preis-Leistungs-Verhältnis und die starke Miniaturisierung haben eine Vielfalt neuer Anwendungsmöglichkeiten erschlossen.
- Die Lebenszyklen der IuK-Technologien werden immer kürzer.

Aus Organisationssicht kann die Entwicklung wie folgt skizziert werden:
Bis Ende der 70er Jahre wurden Fortschritte durch Einsatz von IuK-Technologien nur von Großbetrieben genutzt. Wegen der besonderen räumlichen Anforderungen (Größe, Klimatisierung usw.) und aus personellen Gründen (geschultes DV-Personal) wurden Datenverarbeitungsbereiche fast immer zu Abteilungen (Rechenzentren) zusammengefaßt. Außenstehenden erschienen diese Rechenzentren als „Black-Box". Man wußte, welche Informationen in die Rechenzentren hineingingen, und sah die zurückerhaltenen Resultate, aber man war im Regelfall nicht in der Lage nachzuvollziehen (geschweige denn zu begreifen), wie die Datenverarbeitung in den Rechenzentren geschah.

Anfang der 80er Jahre dringen Computer auch in die „Fachabteilungen" ein. Die EDV wird, wenigstens teilweise, dezentralisiert. Die dadurch entstandene Heterogenität von Hard- und Software sowie Kompetenz- und Qualifikationsprobleme der Anwender führen zum Entstehen zentraler Koordinations- und Betreuungsstellen (Benutzerservice)[7].

Der nächste Entwicklungsschritt ist durch den vermehrten Einsatz integrierter IV-Systeme und die zunehmende Vernetzung geprägt. Dadurch verändern sich Organisationsstrukturen, insbesondere durch die Fokussierung auf Geschäftsprozesse, zunehmende Kunden- bzw. Marktorientierung und Konzentration auf Kernkompetenzen, und es entstehen Unternehmungsnetzwerke und virtuelle Unternehmungen.

Abb. 1.1.1 (S. 20) veranschaulicht die skizzierte Entwicklung.

Durch die Informatikentwicklung entstanden auch neue organisatorische Ansätze und Konzepte, so daß parallel zur Informatikentwicklung eine Organisationsentwicklung stattfindet. Die wesentlichen Stufen dieser **Organisationsentwicklung** sind:

(1) Fokussierung auf die interne Organisation, wobei Hierarchien und Funktionen im Vordergrund stehen. Es handelt sich um eine primär statische Organisationssicht.

7 Die schnelle technische Entwicklung und die intensive Durchdringung von Unternehmungen mit IV-Systemen hat vielfach zu einem Mangel an entsprechend hochqualifiziertem Personal geführt. Das ist eine der Hauptursachen für den heute feststellbaren Trend zum Outsourcing.

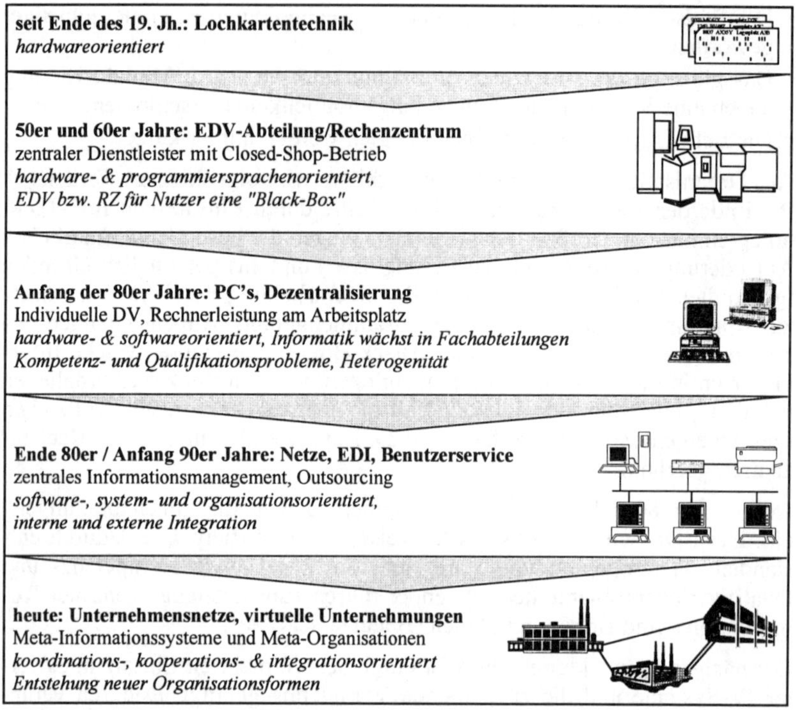

Abb. 1.1.1: Individuelle Informatikentwicklung

(2) Neben der internen Organisation wird auch die Umwelt betrachtet. Prozesse und Aufgaben rücken in den Vordergrund. Die statische Sicht wandelt sich zu einer dynamischen Sicht.

(3) Schwerpunkt der Organisationsbetrachtung ist die Einbettung einer Unternehmung in den Markt und die Wertschöpfungskette. Vernetzung, Virtualität und Prozesse prägen diese dynamische Sicht der Organisation. Es entstehen Meta-Organisationen.

Diese drei Stufen der Organisationsentwicklung sind mit den entsprechenden Stufen der Informatikentwicklung in Abb. 1.1.2 (S. 21) vereinfacht dargestellt.

Für die Entstehung eines IM ist auch folgender Aspekt von Bedeutung: In Unternehmungen wird das Vordringen neuer Technologien der Beschaffung, Verarbeitung, Speicherung, Übertragung und Bereitstellung von Informationen durch zwei Pole bestimmt:

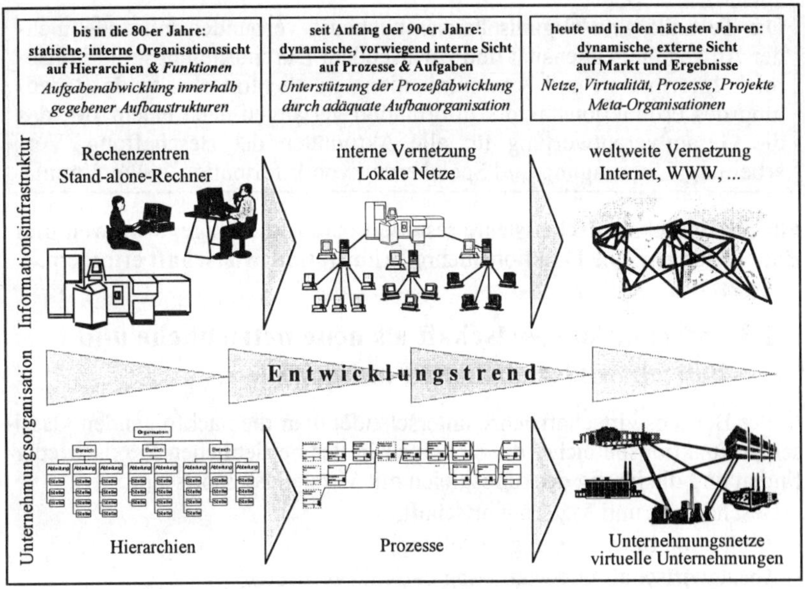

Abb. 1.1.2: Wesentliche Stufen der Organisations- und Informatikentwicklung

- Der gesamte Bereich „Information und Kommunikation" wird seit mehreren Jahren von einer Welle technischen Fortschritts überrollt. Die zum Teil kontinuierlich, zum Teil aber auch sprunghaft auftretenden technologischen Innovationen haben immer rationellere und schnellere, mitunter aber auch völlig neuartige Verfahren zur Beschaffung, Verarbeitung, Übertragung, Speicherung und Bereitstellung von Informationen zur Folge. Damit sind bzw. werden die Voraussetzungen für tiefgreifende Rationalisierungen und organisatorische Veränderungen geschaffen.
- Nicht nur die durch die technologische Entwicklung geschaffenen neuen Möglichkeiten, sondern auch Konkurrenzsituationen und die größere Dynamik der Märkte haben die Anforderungen an Informations- und Kommunikationssysteme zum Teil erheblich angehoben. Man will schneller, umfassender und genauer über alle internen und externen Entwicklungen informiert werden, und man sucht nach neuen Ansätzen der Entscheidungsunterstützung.

In diesem Spannungsfeld zwischen technischen Möglichkeiten und individuellen Anforderungen entsteht die Aufgabe zur Schaffung anforderungsgerechter, effizienter und wirtschaftlicher Informations-, Kommunikations- und Entscheidungsunterstützungssysteme, eine zentrale Aufgabe eines IM.

Die Technik- und Organisationsentwicklung verbunden mit zunehmender Anwendungsintensität und wachsendem Durchdringungsgrad im Bereich Information und Kommunikation und die fortschreitende Bedeutung des Produktionsfaktors Information verlangen nach einem **IM**, das die Gesamtverantwortung für alle Aktivitäten der Beschaffung, Verarbeitung, Übertragung und Speicherung von Informationen übernimmt.

Für die Betriebswirtschaftslehre resultiert daraus die Frage, inwieweit diese Entwicklungen eine Funktionenlehre **Informationswirtschaft** erfordern.

1.1.3 Informationswirtschaft als neue betriebliche und betriebswirtschaftliche Funktion[8]

In der Betriebswirtschaftslehre unterscheidet man die nachfolgenden klassischen Funktionsbereiche, die sich auch in der betrieblichen Praxis wiederfinden und die häufig deckungsgleich mit Vorstandsressorts sind:

- Beschaffung und Materialwirtschaft,
- Produktion bzw. Leistungserstellung,
- Absatzwirtschaft und Marketing einschl. Vertrieb,
- Finanz- und Rechnungswesen,
- Organisation und Planung.

Zu diesen „klassischen" Funktionen kommen als spezielle Aufgabenbereiche Personalwesen, Konstruktion, Forschung und Entwicklung, Revisionswesen, Controlling u.a., die zum Teil in die vorgenannten Funktionsbereiche integriert sind, zum Teil als eigene Bereiche existieren.

Um der heutigen und der zukünftigen Bedeutung von IuK-Technologien und deren Anwendungen gerecht zu werden, ist die klassische Funktionengliederung von Unternehmungen und der Betriebswirtschaftslehre um einen Funktionsbereich

„Information und Kommunikation" oder **„Informationswirtschaft"**

zu erweitern. Dieser neue Funktionsbereich ist gleichrangig neben den oben erwähnten klassischen Funktionen anzusiedeln.

In diesem Funktionsbereich liegt die Verantwortung für alle zentralen Aktivitäten der Daten-, Text-, Bild- und Sprachverarbeitung sowie der Beschaffung, Übertragung, Speicherung und Bereitstellung dieser Informationen in einer Unternehmung mit allen damit verbundenen Problemen. Der

8 Vgl. zu diesem Abschnitt auch SCHWARZE [1983] und [1984] sowie SCHWARZE [1987a], [1987b] und [1987c].

neue Funktionsbereich „Informationswirtschaft" muß naturgemäß auch die traditionellen Bereiche Telefon, Telex, Mikrofilm, Textverarbeitung, Registratur usw. ebenso mit einschließen wie organisatorische und betriebswirtschaftliche Aufgaben, die bisher anders zugeordnet wurden, wie z. B. (EDV-gerechte) Formulargestaltung.

Die Informatikentwicklung übt auch Einflüsse auf die Betriebswirtschaftslehre als Wissenschaft aus. Die Betriebswirtschaftslehre ist der Informatikentwicklung zunächst nur sehr zögerlich gerecht geworden:
„*Die Betriebswirtschaftslehre nimmt offenbar vom Weg in die Informationsgesellschaft nur bedingt Notiz*"[9].

„*Es existiert in der Betriebswirtschaftslehre eine bemerkenswerte Informatik-Abstinenz. Die Informatik wirkt in der BWL wie ein Fremdkörper*"[10].

Die „*betriebswirtschaftliche Ausbildung* [ist] *betriebsinformatik-fremd, um nicht zu sagen betriebsinformatik-feindlich*"[11].

Inzwischen hat sich hier ein Wandel vollzogen, da seit Ende der 80er Jahre immer mehr Informatikbezüge in die Betriebswirtschaftslehre integriert werden, z. B. in
- Organisationslehre[12],
- Produktionswirtschaft[13],
- Finanzwirtschaft und Rechnungswesen[14],
- Personalwirtschaft[15],
- Marketing[16],
- Vertrieb[17]

und in andere Bereiche.

In diesem Zusammenhang stellen sich u. a. folgende Fragen:
- Inwieweit sind in die einzelnen Teilgebiete der Betriebswirtschaftslehre Informatikinhalte zu integrieren?
- Wie sind Betriebswirtschaftslehre und Wirtschaftsinformatik gegeneinander abzugrenzen?

9 MERTENS [1984, S. 1051].
10 MÜLLER-MERBACH [1985, S. 118].
11 HEINRICH [1986, S. 69].
12 Vgl. z. B. KRÜGER [1993].
13 Vgl. z. B. BUSCH [1990], HACKSTEIN [1989].
14 Vgl. beispielsweise HORVÁTH/PETSCH/WEIHE [1986], SINZIG [1990].
15 Vgl. z. B. SEIBT/MÜLDER [1993].
16 Vgl. dazu u. a. GAUL/BOTH [1990], HEINZELBECKER [1985].
17 Vgl. z. B. STEPPAN [1990], ZENTES [1987].

- Soll die Betriebswirtschaftslehre tatsächlich um eine Funktionenlehre „Informationswirtschaft“ oder um ein „Informationsmanagement“ ergänzt werden (s. o.)?

Die letzte Frage wird hier prinzipiell bejaht, wobei IM an der Schnittstelle zwischen Betriebswirtschaftslehre und Wirtschaftsinformatik angesiedelt wird. Bejaht wird auch die erste Frage, denn bereichsspezifische IV-Systeme sollten immer im Kontext der anderen fachlichen Aspekte diskutiert werden. Das führt zu gravierenden inhaltlichen Veränderungen einzelner Teile der Betriebswirtschaftslehre. Schwierig ist die zweite Frage, da die Grenzen zwischen beiden Disziplinen fließend sind. Auf eine Diskussion dieses Bereichs wird hier verzichtet.

1.2 Die Rolle von Information und Kommunikation in Organisationen

1.2.1 Zum Informationsbegriff

Grundlegend für ein Informationsmanagement ist - neben dem Managementbegriff - der Informationsbegriff[18].

Informationen sind mitgeteilte und aufgenommene Bestandteile von Wissen. Sie werden aus Wissen abgeleitet und sollen das Wissen eines Empfängers erweitern und/oder aktualisieren[19]. **Wissen** kann man dabei als die Gesamtheit der Kenntnisse in einem bestimmten Bereich definieren.

In der Betriebswirtschaftslehre wird Information häufig als **zweckorientiertes oder zielgerichtetes Wissen** definiert.

Daten sind Informationen in einer zur technikgestützten Darstellung und Verarbeitung geeigneten Form. **Nachrichten** sind Informationen in einer zur **Weitergabe oder Übertragung** geeigneten Form.

Kommunikation ist der Austausch von Nachrichten zwischen Menschen, zwischen Mensch und Maschine oder zwischen Maschinen.

18 Vgl. hierzu auch SCHWARZE [1997, S. 16ff.].

19 In einer mehr formalisierten Weise kann Information auch wie folgt definiert werden: **Informationen** sind Zeichenfolgen, die aus einem Zeichenvorrat nach bestimmten Regeln erzeugt werden (Syntax), die eine abstrakte oder gegenständliche Bedeutung haben (Semantik) und die vom Sender bzw. Empfänger der Information in bestimmter Weise inhaltlich gleich interpretiert werden (Pragmatik).

Information und Kommunikation spielen in Unternehmungen eine zentrale Rolle, da alle ablaufenden Prozesse mit Hilfe von Informationen geplant, gesteuert und kontrolliert werden.

1.2.2 Die Rolle von Information und Kommunikation in einem System „Unternehmung"

Da Unternehmungen als Systeme aufgefaßt werden können, wird die zentrale Rolle von Informationen an einer Systembetrachtung verdeutlicht[20].

> Ein **System** besteht aus einer Menge von **Elementen**, die über **Beziehungen** zusammenwirken oder interagieren, um ein bestimmtes **Ziel** oder einen bestimmten **Zweck** zu erreichen.
> Ein System kommuniziert und interagiert mit seiner Umwelt, ist aber von dieser klar abgegrenzt.

Die dynamische Sicht eines Systems bezieht sich auf Zielfindung und Zielevaluierung, auf Interaktionen und Kommunikation sowie Prozesse im System und auf Interaktionen und Kommunikation des Systems mit seiner Umwelt. Dabei spielen Informationen in folgender Weise eine Rolle:

- Ziele werden über Informationen vorgegeben.
- Die Zielerreichung kann über Informationen und Informationsverarbeitung evaluiert werden.
- Interaktion und Kommunikation findet über Informationen statt.
- Prozesse in Systemen werden über Informationen gesteuert.

Informationen sind also integraler Bestandteil jedes Systems und aller Systemaktivitäten.

Der Systembegriff läßt sich auf Unternehmungen übertragen. Subsysteme sind beispielsweise Funktionsbereiche oder Projektteams. Die Subsysteme lassen sich ihrerseits wiederum in Elemente unterteilen. Bei Unternehmungen bezeichnet man diese Elemente als Stellen, die durch ein Bündel von Aufgaben gekennzeichnet sind. Neben dieser statischen, die Struktur beschreibenden Sicht läßt sich eine Unternehmung auch in einer dynamischen Sicht darstellen. In dieser sind die Prozesse der Leistungserstellung dargestellt. Diese Prozesse bestehen aus Aktivitäten, die den Aufgaben der Stellen zugeordnet sind. In der dynamischen Sicht sind auch die Ziele darstellbar, da sie sich auf die Leistungserstellung beziehen. Die Ziele wirken dabei sowohl auf den Verlauf der Prozesse als auch auf die Durchführung einzelner Aktivitäten. Der Informationsfluß schafft die Verbindung zwischen

20 Vgl. zum Systembegriff SCHWARZE [1995, S. 15f.].

Aktivitäten und Zielen in der dynamischen und zwischen den Stellen in der statischen Sicht. Information in Form von Interaktion und Kommunikation wird so zu einem wesentlichen Faktor für eine an einem Zielsystem ausgerichtete Leistungserstellung.

Abb. 1.2.1 veranschaulicht diese Überlegungen an einem Ausschnitt aus einem System „Unternehmung"[21].

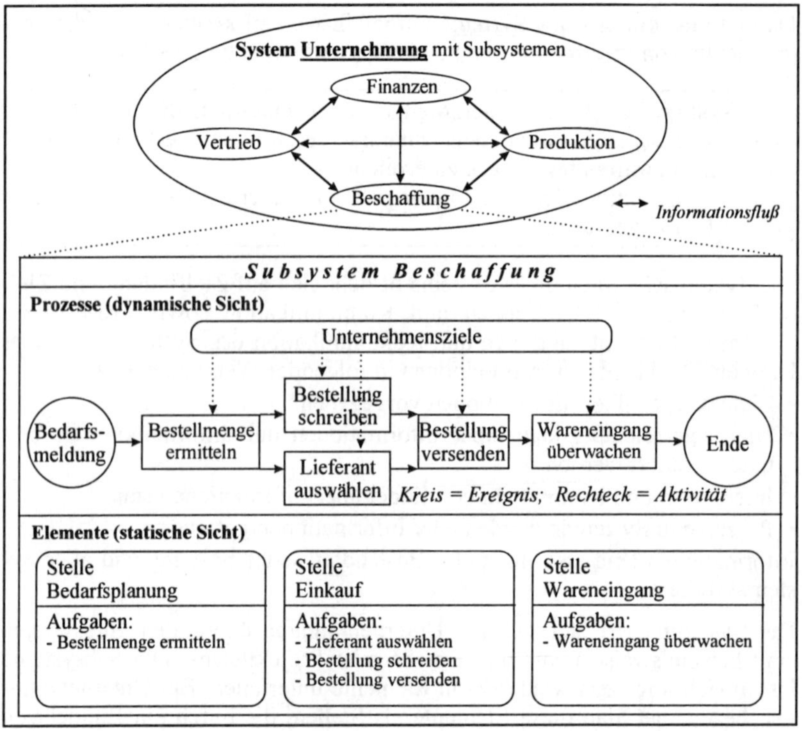

Abb. 1.2.1: Ausschnitt aus einem System Unternehmung

Die zentrale Rolle von Information in einem System „Unternehmung" rechtfertigt alleine schon ein IM, ebenso wie die Überlegungen des folgenden Abschnitts.

21 Dazu ist darauf hinzuweisen, daß Prozesse sich meistens nicht auf einen Funktionsbereich beschränken, sondern häufig mehrere Funktionsbereiche tangieren. Entsprechend sind dann auch Stellen aus verschiedenen Bereichen der Unternehmung an der Durchführung eines Prozesses beteiligt.

1.2.3 Informationen als Basis des Managementhandelns

Wie bereits aus dem vorhergehenden Abschnitt hervorgeht, haben Informationen eine besondere Bedeutung für das Management oder für die Führung einer Unternehmung.

> Die Managementaufgaben Planung, Steuerung und Kontrolle bestehen wesentlich aus Beschaffung, Selektion, Aufbereitung, Präsentation und Weitergabe von Informationen.

Ohne Informationen und IV-Systeme kann ein Management seine Aufgaben nicht erfüllen. Der Informationsinput für das Management kommt dabei aus internen und externen Quellen. Der Informationsoutput oder die Informationsverwendung geht in drei Richtungen:

- **Informationsverteilung an die Mitarbeiter** zur Steuerung der operativen Aufgaben,
- **Informationsweitergabe an Außenstehende** zur Kundeninformation und -akquisition, aus wettbewerbsstrategischen Gründen und zur Positionierung der Unternehmung in der Öffentlichkeit,
- Verwendung von **Informationen für strategische Aufgaben** (Modelle, Pläne usw.).

Abb. 1.2.2 veranschaulicht diesen „Informationsfluß".

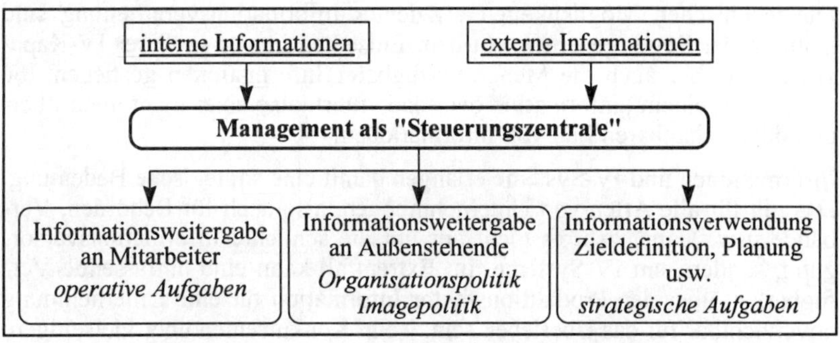

Abb. 1.2.2: „Informationsfluß" im Management

1.2.4 Strategische Bedeutung von Information und von IV-Systemen

Die Situation, in der sich viele Unternehmungen heute befinden, läßt sich kurz durch Schlagworte wie

- hohe Umweltdynamik,
- stetig steigenden Wettbewerbsdruck und/oder
- sich verkürzende Produktlebenszyklen

beschreiben. Die schnelle Identifikation und Erschließung von Marktpotentialen spielt in einer solchen Situation eine wesentliche Rolle für die Sicherung von Wettbewerbsvorteilen und für die Festigung strategischer Marktpositionen. In diesem Zusammenhang gewinnt der Faktor Information zunehmend eine neue Rolle.

Während Informationen traditionell zur Abwicklung und Dokumentation der Geschäftstätigkeit von Unternehmungen dienten und damit vorwiegend administrativen Charakter hatten, erhalten Informationen heute zunehmend eine strategische Bedeutung. Führung, Controlling oder Stabsbereiche einer Unternehmung müssen ständig über die Entwicklung wichtiger interner oder marktlicher Phänomene informiert sein, um möglichst schnell auf Veränderungen im Marktumfeld (z. B. Nachfrageänderungen) oder Schwachstellen in der Unternehmung (z. B. Qualitätsprobleme) reagieren zu können.

Marktinformationen und eine effiziente Informationsverarbeitung sind heute eine wesentliche Voraussetzung, um Produkte zielgruppengerecht und schnell entwickeln und vermarkten zu können. Sie sind auch die Voraussetzung für die Umsetzung neuer Managementkonzepte. Das Entstehen virtueller Unternehmungen oder Konzepte wie das Simultaneous Engineering sind ohne effiziente IV-Systeme nicht vorstellbar.

Die technischen Möglichkeiten effizienter Informationsverarbeitung sind heute in der Regel gegeben. Mit dem Entstehen immer größerer IV-Kapazitäten ist aber auch die Menge verfügbarer Informationen gestiegen, die vielfach zu einem „information overload" führt, also einer nicht mehr über- und durchschaubaren Flut von Informationen.

Informationen und IV-Systeme erlangen damit eine strategische Bedeutung. Das gilt für alle Arten von Unternehmungen, also auch für Behörden, Verbände usw. Dabei geht es nicht nur um die schlichte Informationsversorgung, sondern um IV-Systeme. Im Extremfall kann eine umfassende Verfügbarkeit über den Produktionsfaktor Information für eine Unternehmung unverzichtbar für das Überleben sein, wenn Konkurrenten über vielseitigere und/oder aktuellere Informationen verfügen[22].

In vielen Fällen werden IV-Systeme strategisch vom Markt erzwungen, weil Konkurrenten ähnliche Systeme entwickelt und/oder eingeführt haben. Für einen dauerhaften Wettbewerbsvorteil ist dann eine der folgenden Situationen Voraussetzung[23]:

---

22 Vgl. HEILMANN [1990].

23 Vgl. dazu CLEMONS/ROW [1987].

- Wettbewerber wollen ein strategisch konzipiertes IV-System nicht kopieren, weil sie von der zugrundeliegenden Strategie nicht überzeugt sind.
- Konkurrenten können ein strategisches IV-System nicht kopieren, weil sie nicht in der Lage sind, den in einem strategischen IV-System enthaltenen Vorsprung aufzuholen. Grund dafür kann sein, daß das IV-System laufend verbessert wird oder daß der Markt durch die betreffende Unternehmung vorbesetzt ist.
- Konkurrenten versprechen sich von einem vergleichbaren IV-System keinen Vorteil.

Letztendlich geht es hier um die Frage, ob die für eine Unternehmung insgesamt verfügbaren IV-Systeme Veränderungen von Märkten, Leistungsangeboten und Kundenbeziehungen bewirken. Wettbewerbsstrategische Überlegungen müssen dieses Phänomen heute einbeziehen. Eine Anpassung von IV-Systemen an die Unternehmungsstrategie im klassischen Sinne reicht nicht aus. Es ist erforderlich, Unternehmungsstrategien durch Nutzung informationstechnischer Möglichkeiten neu zu gestalten.

Aus der strategischen Bedeutung von Informationen und IV-Systemen läßt sich ebenfalls die Forderung nach einem IM, insbesondere einem strategischen IM, ableiten[24].

1.3 Der Produktionsfaktor Information

1.3.1 Information als Produktionsfaktor

Grundlage jeden ökonomischen (aber auch nichtökonomischen) Handelns und Entscheidens ist Wissen. Dieses Wissen ist in aller Regel zweckorientiert, d. h. es handelt sich um **Informationen**[25].

Diese Informationen sind außerordentlich vielfältig und beziehen sich auf Personen, auf Gegenstände, auf Prozesse, aber auch auf immaterielle Tatbestände, z. B.

- Produktionsfaktoren und Produktionsprozesse,
- Konkurrenzprodukte und deren Preise,
- Marktanteile der eigenen Unternehmung oder der Konkurrenz,
- momentan verfügbare liquide Mittel,
- Kosten eines bestimmten Produkts oder einer Periode,
- die Bonität eines Kunden,
- Ausbildung, Gehalt und Familienstand eines Mitarbeiters.

24 Vgl. dazu auch FRÖHLING [1992].

25 Vgl. dazu die Definition auf S. 24.

Informationen prägen jedes wirtschaftliche Handeln und Entscheiden. Sie gehören zum Input jedes Leistungserstellungsprozesses. Information ist deshalb ein **eigenständiger Produktionsfaktor**.

In der Volkswirtschaftslehre wird schon länger **technischer Fortschritt** bzw. **Wissen** als eigener Produktionsfaktor berücksichtigt, in der betriebswirtschaftlichen Literatur erst seit Anfang der 80er Jahre. Erste Hinweise gibt WITTMANN [1982, S. 127ff.]. In seinem System der Produktionsfaktoren diskutiert er u. a. die „immateriellen Potentialfaktoren" und darunter vor allem das Wissen, das er dann ausdrücklich als Information konkretisiert. Im Zusammenhang mit der Erörterung dieses Produktionsfaktors betrachtet WITTMANN dann auch Datenverarbeitung, Datenverarbeitungsanlagen, Dokumentation und Kommunikation.

Mitte der achtziger Jahre finden sich weitere Quellen mit - allerdings nur kurzen - Hinweisen auf „Information als Produktionsfaktor"[26]. Anfang der neunziger Jahre ist eine Dissertation zu diesem Problemkreis fertiggestellt worden[27].

Gegenüber materiellen Faktoren besitzt Information als Produktionsfaktor einige typische Eigenschaften, die in Abb. 1.3.1 zusammengestellt sind.

Materielles Wirtschaftsgut	**Information**
Hohe Vervielfältigungskosten	Niedrige Vervielfältigungskosten
Individueller Besitz	Vielfacher Besitz möglich
Wertverlust durch Teilung	Wertgewinn durch Teilung
Identifikations- & Schutzmöglichkeit	Probleme bei Datenschutz & -sicherheit
Schwierige Verbreitung	Einfache Verbreitung
Preis/Wert objektiv ermittelbar	Preis/Wert nur subjektiv bestimmbar
Kosten leicht zu ermitteln	Kosten nur schwer zu ermitteln
Bestandsbewertung möglich	Bestandsbewertung problematisch
Theorien und Modelle verfügbar	Theorie- und Modelldefizite

Abb. 1.3.1: Charakteristika von Informationen und materiellen Wirtschaftsgütern[28]

26 Vgl. z. B. NIEDEREICHHOLZ/WENTZEL [1985, S. 286], SCHWEIM [1984, S. 333], WINKLER [1985, S. 136], ZEIDLER [1984, S. 196]. Bemerkenswert ist dabei, daß auch im Zusammenhang mit betriebswirtschaftlichen Fragen mitunter die volkswirtschaftliche Produktionsfaktoreinteilung benutzt wird (so z.B. bei HEILMANN [1990] und SCHWEIM [1984]).

27 Vgl. BODE [1993].

28 Vgl. dazu MARTINY/KLOTZ [1990, S. 14].

Die Beschäftigung mit Information als Produktionsfaktor führt zu verschiedenen Aufgaben- bzw. Fragestellungen, z. B.

- Einordnung von Information in das System der Produktionsfaktoren.
- Operationale Definition von Information als Produktionsfaktor.
- Untersuchung der Rolle des Produktionsfaktors Information im betrieblichen Leistungserstellungsprozeß. Wird dadurch z. B. die Produktions- und Kostentheorie verändert? Ansätze in dieser Richtung finden sich beispielsweise bei der Berücksichtigung von Lernprozessen.
- Durchführung stellenbezogener Informationsbedarfsanalysen.
- Entwurf von Konzepten für eine anforderungs- und bedarfsgerechte Informationspräsentation.
- Bewertung von Informationen.
- Wie werden Wert und Bedeutung von Informationen vom Kontext bestimmt? Häufig sind Informationen z. B. erst in Verbindung mit anderen Informationen nützlich.
- Untersuchung des Zeitaspekts. Nutzen von Informationen hängt meistens sehr stark vom Zeitpunkt der Verfügbarkeit ab.
- Optimierungsprobleme bei der Beschaffung, Verarbeitung und Speicherung von Informationen. Dazu gibt es bereits Beiträge im Rahmen der betriebswirtschaftlichen Entscheidungslehre[29].
- Optimierung der Informationsversorgung in der Unternehmung.

Diese Fragestellungen fallen in den Aufgabenbereich eines IM, teilweise aber auch in die Betriebswirtschaftslehre.

EXKURS: Einige theoretische Überlegungen zu Information als Produktionsfaktor

a) Erweiterung des Systems der Produktionsfaktoren um den Produktionsfaktor Information

Produktionsfaktoren dienen der Erstellung von Gütern oder Dienstleistungen. Sie werden in der Betriebswirtschaftslehre in ganz bestimmter Weise systematisiert. Weit verbreitet ist das Produktionsfaktorsystem von GUTENBERG[30], das in Abb. 1.3.2 (S. 32) dargestellt ist. Dieses Produktionsfaktorsystem ist allerdings nur bedingt verwendbar, denn Dienstleistungen, aber auch andere Güter oder Leistungen, können nicht durch eine Kombination der in Abb. 1.3.2 aufgeführten Produktionsfaktoren erstellt werden. Aus diesem Grunde wurden umfassendere Produktionsfaktorsysteme entwickelt.

29 Zur betriebswirtschaftlichen Entscheidungslehre vgl. z. B. MAG [1977].

30 Vgl. GUTENBERG [1983, S. 2ff.]

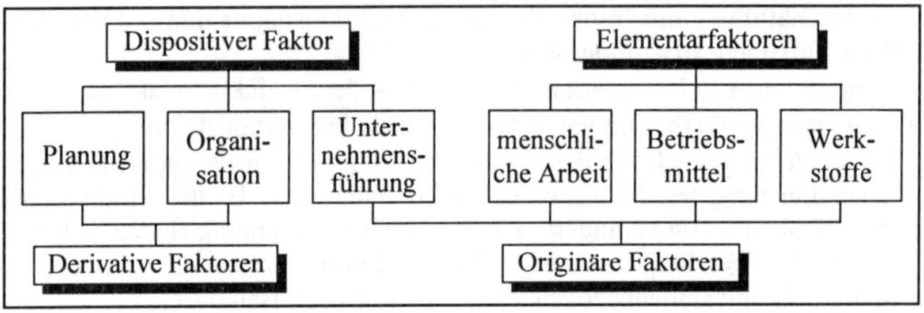

Abb. 1.3.2: Produktionsfaktorsystem nach GUTENBERG

Der Produktionsfaktor Information ist in neueren Faktorsystemen sowohl zusätzlicher Faktor, neben elementaren und dispositiven Faktoren, als auch Bestandteil der elementaren und dispositiven Faktoren, z. B. in Form von Kenntnissen über Betriebsmittel.
Ein früher Ansatz in dieser Richtung ist in Abb. 1.3.3 dargestellt.

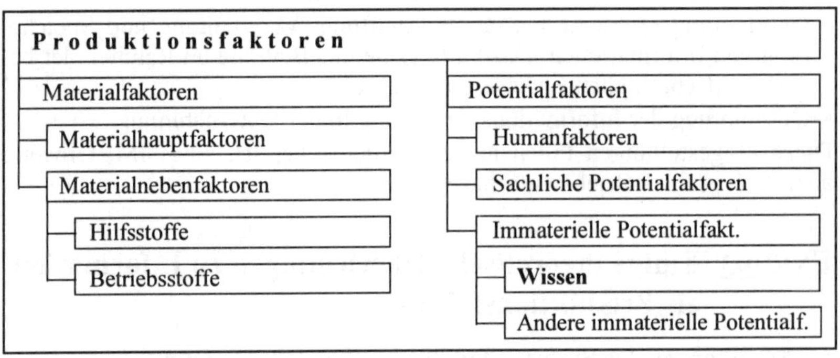

Abb. 1.3.3: Produktionsfaktorsystem nach WITTMANN[31]

Explizit ist Information in dem Produktionsfaktorsystem in Abb. 1.3.4 (S. 33) enthalten.

In der neueren betriebswirtschaftlichen Literatur ist inzwischen allgemein anerkannt, daß Produktionsprozesse ohne Information nicht vorstellbar sind[32]. Der Produktionsfaktor Information kann dabei allerdings unterschiedliche Rollen einnehmen, die im folgenden Abschnitt kurz erläutert werden.

31 Vgl. WITTMANN [1982].
32 Vgl. BODE [1993, S. 74ff.].

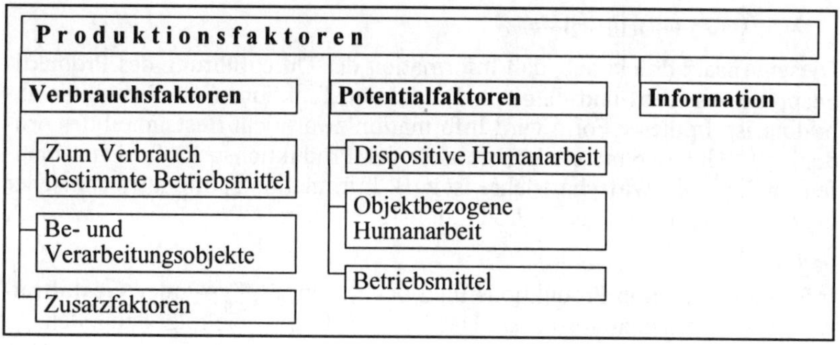

Abb. 1.3.4: Produktionsfaktorsystem nach KERN[33]

b) Berücksichtigung des Produktionsfaktors Information in Produktionsfunktionen

Der Produktionsfaktor „Information" kann auf unterschiedliche Art in Produktionsfunktionen berücksichtigt werden. Vier mögliche Ansätze werden nachfolgend kurz vorgestellt. Dabei erfolgt eine Beschränkung auf Ansätze zur Beschreibung von Produktionsprozessen für die Erstellung einer Leistungsart (ein Gut).

Es werden folgende Bezeichnungen verwendet.

x produzierte Leistung (Output)
r_j j-ter Produktionsfaktor, $j = 1,...,n$
i_k k-ter Informations-Produktionsfaktor, $k = 1,...,m$

Fall 1:
Information kann als unabhängige Variable in einer Produktionsfunktion berücksichtigt werden. Die Produktionsfunktion lautet dann:

$$x = f(r_1, r_2, ..., r_n, i_1, i_2, ..., i_m)$$

Ist Information unabhängige Variable in einer Produktionsfunktion, bezeichnet man sie auch als **Objektfaktor**. Sie bekommt so den gleichen Stellenwert wie z. B. Rohstoffe. Information ist damit fester Bestandteil im Produktionsprozeß und geht in die Produkte ein.

Fall 2:
Wegen der schwierigen Operationalisierbarkeit von Information kann es zweckmäßig sein, **Information als Parameter in Produktionsfunktionen** zu berücksichtigen. Das ergibt folgende allgemeine Produktionsfunktion:

33 Vgl. KERN [1992].

$$x = f(r_1, r_2, \ldots, r_n \mid i_1, i_2, \ldots, i_m)$$

Dieser Ansatz drückt aus, daß Information der Durchführung des Produktionsprozesses dient und damit in Produktionsfunktionen als Parameter abbildbar ist. In dieser Form wird Information zwar nicht Bestandteil des produzierten Gutes, ohne sie könnte aber der Produktionsprozeß nicht ablaufen. In der Volkswirtschaftslehre ist z. B. Information häufig als technischer Fortschritt ein Parameter in Produktionsfunktionen.

Fall 3:
Information kann in Produktionsfunktionen auch **als Typ- oder Gestaltparameter** berücksichtigt werden. Das läßt sich formal wie folgt darstellen.

$$x = f_I(r_1, r_2, \ldots, r_n) \text{ mit } I = \{i_1, i_2, \ldots, i_m\} \text{ oder}$$

$$x = f_{i_1, i_2, \ldots, i_m}(r_1, r_2, \ldots, r_n)$$

In diesem Ansatz bestimmt der Produktionsfaktor Information den Typ oder die Gestalt der Produktionsfunktion, ohne explizit als Inputgröße berücksichtigt zu werden. So kann beispielsweise über Informationen bzw. den Informationsstand festgelegt werden, ob ein Produktionsprozeß durch eine lineare, eine stückweise lineare oder eine gekrümmte Produktionsfunktion abbildbar ist.

Fall 4:
Neben den oben erwähnten Formen des expliziten Einflusses von Information in Produktionsfunktionen sind auch Ansätze denkbar, in denen **Information einen impliziten Einfluß** ausübt. Das bedeutet, daß Information ein Bestandteil anderer Produktionsfaktoren ist. Beispielhaft zu nennen sind hier Kenntnisse über die Durchführung von Arbeitsvorgängen oder die Software einer CNC-Maschine. Formal führt das zu folgendem Ansatz:

$$x = f(r_1, r_2, \ldots, r_n) \text{ mit } r_j = g_j(i_1, i_2, \ldots, i_m) \text{ für } j = 1, \ldots, n.$$

c) Beschreibung von IV-Prozessen über produktionstheoretische Ansätze

IV-Prozesse sind Produktionsprozesse, deren wichtigster Input und wichtigster Output Informationen sind. Da Informationen immer an ein Trägermedium gebunden sind, gehen auf jeden Fall auch andere Produktionsfaktoren in Informationsproduktionsprozesse ein. Diese Faktoren spielen allerdings meist eine untergeordnete Bedeutung. Der Ablauf eines Informationsproduktionsprozesses ist in Abb. 1.3.5 schematisch dargestellt.
Während des Informationsproduktionsprozesses werden die Inputinformationen zu Outputinformationen umgewandelt. Dies geschieht im Rahmen der Informationsverarbeitung, also dem Produktionsprozeß i.e.S.

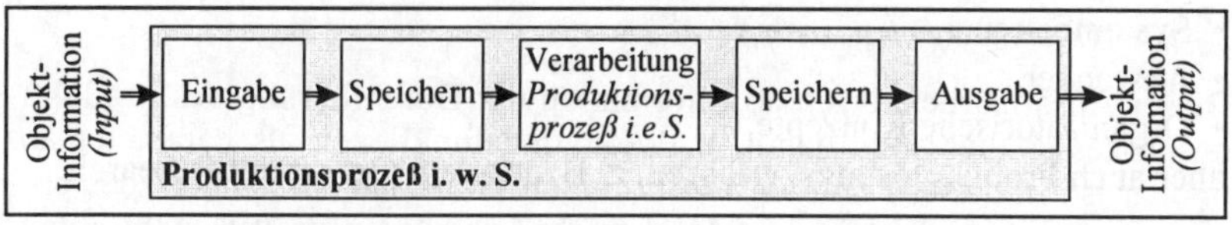

Abb. 1.3.5: Schema eines Informationsproduktionsprozesses[34]

In Informationsproduktionsprozessen kann die Verarbeitung grundsätzlich in die vier folgenden Verarbeitungsformen unterteilt werden[35]:

- Translation,
- Transmission,
- Transport,
- Transformation.

Bei einer **Translation** wird bei einer Information nur deren Beschreibungssprache gewechselt, inhaltlich bleibt sie unverändert. Beispiele sind die Übersetzung eines Textes vom Deutschen ins Englische oder die Wandlung eines analogen Signals in ein digitales.

Auch bei der Transmission und beim Transport wird der Informationsinhalt nicht verändert. Während einer **Transmission** wechselt eine Information lediglich ihr Trägermedium. Durch **Transport** von Informationen werden Raum und/oder Zeit überbrückt.

Die einzige Verarbeitungsform, bei der Informationen inhaltlich verändert werden, ist die **Transformation**. Dabei kann zwischen Routinetransformationen und innovativen Transformationen unterschieden werden.

Eine Transformation wird **Routinetransformation** genannt, wenn das Transformationsverfahren bekannt ist, z. B. die Berechnung einer monatlichen Tilgungsrate aus Kreditbetrag, Zinssatz und Laufzeit.

Bei **innovativen Transformationen** können bestenfalls Heuristiken angegeben werden, z. B beim Problemlösen eines menschlichen Experten. Der Informationsoutput ist in einem solchen Fall meistens vorher nicht exakt bestimmbar.

Typische Inputfaktoren für Informationsproduktionsprozesse sind:

- Informationen,
- Hardware,
- Software,
- andere Betriebsmittel,
- Systementwickler,

34 In Anlehnung an BODE [1993, S. 99].

35 Vgl. dazu BODE [1993, S. 101ff.].

- Systembetreuer,
- Anwender,
- Organisatorische Konzepte,

aber auch Problemlösungsverfahren, z. B. aus dem Operations Research.

Output von Informationsproduktionsprozessen sind vor allem Informationen und Problemlösungen.

Informationen als Objekte in Informationsproduktionsprozessen sind vergleichbar mit Werkstoffen in der Sachgüterproduktion. Sie gehen als Input in den Produktionsprozeß ein, werden in seinem Verlauf hinsichtlich ihrer Eigenschaften verändert und verlassen schließlich den Produktionsprozeß als Endprodukt. Objekte eines Informationsproduktionsprozesses „Berechnung eines optimalen Produktionsprogramms" sind dann z. B. Informationen über Produktarten, Preis, Kapazitäten und evtl. weitere Sachverhalte. Diese werden zu einem optimalen Produktionsprogramm transformiert und verlieren dadurch ihre originären Ausprägungen. Vgl. hierzu die Veranschaulichung in Abb. 1.3.6.

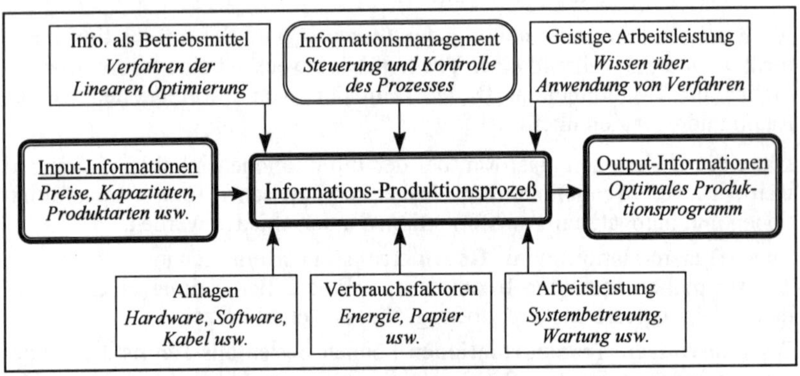

Abb. 1.3.6: Objekte und Ressourcen in Informationsproduktionsprozessen

Im Gegensatz zu Informationen mit Objektcharakter gehen die Informationen mit Ressourcencharakter in Informationsproduktionsprozessen nicht unter[36]. Sie sind Hilfsmittel, die zur Produktion des informatorischen Endprodukts notwendig sind. Sie haben die Eigenschaft eines

- Betriebsmittels (z. B. Verfahren aus der Mathematik, der Statistik oder dem Operations Research) oder einer
- geistigen Arbeitsleistung (z. B. Wissen über die Verfahren).

36 Die Inputinformationen gehen häufig ebenfalls nicht unter, sondern werden gespeichert.

Dazu kommen Ressourcen in Informationsproduktionsprozessen, die nicht Informationen sind, wie Anlagen (z. B. ein Computer, der als aktiver Teil den eigentlichen Kombinationsprozeß durchführt, oder Software), Energie usw. (siehe dazu Abb. 1.3.6, S. 36).

Entsprechend der Sachgüterproduktion lassen sich auch Informationsproduktionsprozesse durch Produktionsfunktionen beschreiben[37]. Ein einfacher Ansatz für eine Produktionsfunktion für Informationsproduktionsprozesse ist mit den auf S. 33 erläuterten Bezeichnungen der folgende:

$$i_{output} = f(r_1, r_2, \ldots, r_n, i_1, i_2, \ldots, i_m).$$

Hinsichtlich einer solchen Darstellung von Informationsverarbeitungsprozessen sind allerdings auch einige Kritikpunkte zu nennen. In Informationsproduktionsfunktionen werden Informationen sowohl quantitativ (Informationsmengen, Beziehung zwischen Input und Outputinformationen) als auch qualitativ (Informationsarten) abgebildet. Eine derartige Abbildung setzt also eine quantitative und qualitative Meßbarkeit des Faktors Information voraus. Aufgrund des hohen Komplexitätsgrades von Information ist eine Meßbarkeit jedoch, bedingt durch eine mangelnde Operationalität, problematisch. Beispielsweise läßt sich ein Entscheidungsprozeß des Managements nur schwer formal beschreiben und ist zudem meist zeitlich instabil.

Grundsätzlich können diese Meßprobleme allerdings gelöst werden. Durch eine detaillierte Differenzierung von Informationsarten lassen sich häufig Elemente identifizieren, die quantitativ meßbar sind.

Z. B. kann die Produktion der Information „wirtschaftliche Entwicklung von Deutschland in den letzten fünf Jahren" durch die Informationsart „Bruttosozialprodukt in Deutschland" abgebildet werden. Element ist hier das Bruttosozialprodukt eines Jahres. Von diesem Element werden fünf Einheiten für die Informationsproduktion benötigt.

1.3.2 Information als Objekt wirtschaftlichen Handelns

Die Untersuchung von Information als eigenständigem Produktionsfaktor muß zwangsläufig dazu führen, daß Information auch als wirtschaftliches Gut angesehen und untersucht werden muß. Darauf gibt es Mitte der 80er Jahre erste Hinweise[38]. Dabei spielen Informationen nicht nur auf der Input-, sondern auch auf der Output-Seite betrieblicher Prozesse eine Rolle, denn bei der Informationsverarbeitung werden Input-Informationen in Output-Informationen transformiert. Diese Sichtweise führt dazu, daß Informationsverarbeitung als spezieller Produktionsprozeß aufgefaßt und untersucht werden kann.

---

37 Vgl. z. B. MÜLLER/PETERS/DREYER [1976, S. 18ff.]. Eine Übersicht dazu findet man bei BODE [1993, S. 120f.].

38 Vgl. z. B. ALBACH [1983], HEINRICH [1986, S. 68], NIEDEREICHHOLZ/WENTZEL [1985, S. 285].

Information ist ein wirtschaftliches Gut, das eine Unternehmung durch Einsatz anderer Produktionsfaktoren (Menschen, Informationen, Computer, Datenübertragungsleitungen, Software usw.) selbst produzieren oder von außen beziehen kann.

Hinzuweisen ist auf die Tatsache, daß es inzwischen weltweite **Informationsmärkte** gibt[39], auf denen Informationen gehandelt werden, wie sonst andere wirtschaftliche Güter[40], beispielsweise:

- Informationsmärkte konventioneller Art, z. B. Auskunfteien,
- Bücher und Medien (Zeitungen, Zeitschriften, Hörfunk, Fernsehen),
- Elektronische Informationsmärkte:
  - Online Datenbanken,
  - Offline Datenbanken (z. B. auf CD-ROM),
  - Internet und WWW (World Wide Webb),

usw.

Externes Wissen kann auf diesen Informationsmärkten zum Teil kostenlos oder fast kostenlos bezogen werden (öffentliche Bibliotheken, Zeitungen usw.) oder gegen zum Teil hohe Entgelte (Datenbankrecherchen, Unternehmungsberatungen usw.).

Neben reinen Informationsmärkten gibt es Märkte, die nicht primär Informationsmärkte sind, in denen aber „auch" mit Informationen gehandelt wird, wobei Informationen häufig den Charakter eines Kuppelprodukts haben. Beispiele sind Werbung und Öffentlichkeitsarbeit.

Wird Information explizit als wirtschaftliches Gut angesehen, ist eine Beschäftigung damit sowohl in der Wissenschaft als auch in der Praxis erforderlich. Dabei stellen sich eine Reihe von Problemen, die teilweise mit den Aufgaben und Problemen bei der Betrachtung von Information als Produktionsfaktor übereinstimmen. Spezielle Probleme sind:

- Auswahl, Produktion und/oder Beschaffung aller unternehmungsrelevanten Informationen zu minimalen Kosten.
- Transformation extern beschaffter Informationen in betriebsnotwendige und operationale Ausprägungen.
- Installation von IV-Systemen, die den Prozeß der Beschaffung, Analyse, Bewertung und anwendungsgerechten Präsentation von Informationen, aber auch deren Speicherung übernehmen.

Hieraus ergibt sich ein weiterer Grund für die Entstehung eines IM.

---

39 Solche Informationsmärkte hat es schon immer gegeben. So gab es z. B. schon im Altertum Spitzel oder Spione, die Informationen gegen Entgelt weitergegeben haben. Erinnert sei an das bekannte Beispiel aus dem Neuen Testament.

40 Zu Informationsmärkten sei verwiesen auf KUHLEN [1995].

1.4 Von der EDV zum IM[41]

Informationsverarbeitung fand einige Jahrzehnte als EDV[42] auf einem aus heutiger Sicht eher bescheidenen Niveau statt. Deshalb beschäftigte man sich mit EDV vorwiegend im Sinne eines technischen Werkzeugs oder Hilfsmittels. Noch Mitte der 80er Jahre konnte man deshalb mit der folgenden These große Skepsis auslösen:

Betriebe brauchen für heutige und zukünftige Aufgaben der Beschaffung, Verarbeitung, Speicherung und Übertragung von Informationen ein umfassendes und organisatorisch auf der obersten Führungsebene verankertes Informationsmanagement.

Noch skeptischer wurden die Reaktionen, wenn man diese These mit folgender Forderung verband:

Die Betriebswirtschaftslehre muß um eine neue Funktionenlehre „Informationswirtschaft" erweitert werden, und Information muß als Produktionsfaktor angesehen werden.

Mit der Entwicklung von isolierten EDV-Systemen für einzelne Aufgabenbereiche zu integrierten IV-Systemen und den dadurch bedingten vielfältigen organisatorischen Implikationen und mit dem Technischen Fortschritt im Bereich IuK-Technologien hat sich diese Einstellung gewandelt:

- Es gibt in der Gesellschaft für Informatik Aktivitäten, die sich in Fachgruppen und Arbeitskreisen mit verschiedenen Aspekten des IM beschäftigen.
- Hochschulen bieten Studiengänge, Vertiefungsrichtungen oder Weiterbildungsstudiengänge zum IM an.
- Es gibt Lehrstühle für IM.
- In der Wirtschaft wird IM als Stellen- oder Abteilungsbezeichnung verwendet.
- Zahlreiche Seminare und Tagungen haben IM als Thema.
- Es gibt inzwischen zahlreiche Veröffentlichungen zu diesem Thema.

1987 erschien eine erste Monographie über IM[43], und es wurden erste Dissertationen zum IM abgeschlossen[44]. Etwa zur gleichen Zeit wurde das Thema in Aufsätzen aufgegriffen, wobei das IM teilweise aus sehr unterschiedlichen Blickwinkeln diskutiert wurde[45]. In einigen dieser Arbeiten

---

41 Vgl. hierzu ausführlich SCHWARZE [1983] und [1984].

42 Elektronische Datenverarbeitung

43 Inzwischen in 5. Auflage: HEINRICH [1996].

44 Vgl. z. B. MARTINY [1987].

45 Vgl. beispielsweise die frühen Aufsätze von FINKE [1987] und [1988]; GAZDAR [1987]; LABEK [1988]; NIEDEREICHHOLZ/WENTZEL [1985].

steht der Informationsmanager und seine Aufgaben im Vordergrund[46]. Inzwischen mehren sich die Publikationen zum IM, es gibt eine Fülle von Aufsätzen sowie mehrere Monographien[47] und Handbücher[48].

Fast alle Autoren sind sich in der Überzeugung einig, daß ein IM heute sowohl für Unternehmungen als auch für öffentliche Verwaltungen unverzichtbar ist. Auch andere Organisationen, wie Vereine, Verbände usw., benötigen ein IM. Eine Durchsicht der Literatur zeigt aber auch, daß es keine einheitliche Sichtweise über Inhalte und Aufgaben eines IM und seine eventuelle Institutionalisierung gibt.

46 Vgl. z. B. KRAUSE [1988], SCHWARZE [1988].

47 Vgl. BECKER [1994], BEYER [1992], BRENNER [1994], BROSDA/JASPERSEN [1995], FIKKENSCHER u. a. [1990], HEINRICH [1996], HILDEBRAND [1995], HÜBNER [1996], KRCMAR [1997], MARTINY/KLOTZ [1990], PFEIFFER [1990], SCHMIDT [1996], SCHNEIDER [1990].

48 Vgl. z. B. BULLINGER [1991] und SCHEER [1993].

2 Zum Begriff Informationsmanagement

Dieses Kapitel beschäftigt sich zunächst mit den verschiedenen Auffassungen und Definitionen von Informationsmanagement (IM). Der Überblick dazu kann und will keinen Anspruch auf Vollständigkeit erheben, sondern soll vor allem die Vielfalt der Ansichten zum IM verdeutlichen. In Abschnitt 2.3 folgt eine Definition von IM, die diesem Buch zugrunde liegt. Anschließend werden zwei grundlegende IM-Sichten vorgestellt.

2.1 Grundauffassungen zum IM-Begriff

Informationsmanagement ist ein Begriff, der weder in der wissenschaftlichen Literatur noch in der Praxis einheitlich benutzt wird. Bei einer groben Betrachtung kann man folgende **Grundauffassungen** über IM finden:

- **IM als Management von Informationen oder Daten**, die in Form von Büchern, Zeitschriften und Dokumenten vorliegen. Diese Auffassung bringt das IM in unmittelbare Nähe von **Bibliothekswissenschaften** und **Dokumentationswissenschaften**[1].
- IM als Synonym für **Datenmanagement**[2]. Dabei geht es dann in erster Linie um die Aufgaben des Entwurfs und des Betriebs von Datenbanken und die Gewährleistung von Datensicherheit und Datenschutz unter Einsatz spezieller IV-Systeme.
- IM als **Management der „Informatik-Ressourcen“** in einer Unternehmung. Mit Informatik-Ressourcen werden dabei vor allem die eingesetzten Hardware- und Softwaresysteme bezeichnet. Diese Begriffsauffassung ist technologieorientiert[3]. Manchmal spricht man in diesem Zusammenhang auch von **Informatik-Management**.

---

1 Vgl. zu dieser Begriffsauffassung beispielsweise die Beiträge in DÚZS, J. u. a. (Hrsg.): Information Management - Practice and Education. Budapest 1990.

2 Die auf Datenmanagement eingeengte Auffassung von IM vertreten z. B. MEIK [1997] und NIEDEREICHHOLZ/WENTZEL [1985]. Vgl. zum Datenmanagement z. B. KORTH/SILBERSCHATZ [1991], MCFADDEN/HOFFER [1994] und ZEHNDER [1989].

3 Vgl. dazu z. B. PFEIFFER [1990, S. 18f.].

- IM als Synonym für den Begriff **Wirtschaftsinformatik**[4].
- **IM als spezielle Managementaufgabe** oder als **spezielle betriebswirtschaftliche Funktion**, die alle Aktivitäten der Beschaffung, Verarbeitung, Speicherung, Übertragung und Bereitstellung von Informationen umfaßt[5]. Nach dieser Begriffsauffassung gehören zum IM strategische Aufgaben des Technikeinsatzes, Informationsbedarfsermittlung, Optimierung der Informationsversorgung, Planung, Realisierung und Betreuung der Informationsinfrastruktur, Entwurf und Betrieb von Datenbanken und die damit zusammenhängenden Aufgaben[6], operative Aufgaben des Betriebs von IV-Systemen, Sicherheits- und Katastrophenmanagement für die Informationsinfrastruktur und eine Vielzahl weiterer Aufgaben.

Diesem Buch liegt die letztgenannte Begriffsauffassung zugrunde. Eine operable Definition folgt in Abschnitt 2.3.
Überlegungen in Richtung Bibliotheks- und Dokumentationswissenschaften werden nicht weiter verfolgt. Datenmanagement und Informatik-Management werden als ein Teil des IM angesehen. Andererseits wird IM als Teil der Wirtschaftsinformatik an der Schnittstelle zur Betriebswirtschaftslehre aufgefaßt. Dabei ist zu beachten, daß bei der hier verwendeten Begriffsauffassung zwei verschiedene Sichtweisen möglich sind:

- Betriebswirtschaftliche Sichtweise, bei der betriebswirtschaftliche Aspekte im Vordergrund stehen und IM eher den Charakter einer Informationswirtschaft (neben Produktionswirtschaft, Finanzwirtschaft usw.) erhält.
- Wirtschaftsinformatik-Sicht, die zwar auch die betriebswirtschaftlichen Aspekte aufgreift, aber eher die Managementaufgaben der Wirtschaftsinformatik sieht.

2.2 Der IM-Begriff in der Literatur

In der Literatur wird IM - wenn überhaupt - unterschiedlich definiert. Die folgende Auswahl gibt einen Überblick über die Vielfalt der Begriffsdefinitionen bzw. -abgrenzungen und macht deutlich, daß es „das" IM (heute noch) nicht gibt.

---

4 So z. B. RAUH [1990, S. 18] der IM zwar eingeengt definiert „als die Menge aller Tätigkeiten, welche die Datenverarbeitung (DV) eines Betriebs und ihre Gestaltung zum Ziel haben." Dazu wird betont, daß IM sich nicht auf Führungsaufgaben beschränkt, sondern alle Tätigkeiten einschließt, die traditionell mit einer Abteilung Datenverarbeitung im Betrieb verbunden sind. Die Lektüre des Buches von RAUH macht aber offensichtlich, daß er *Informationsmanagement* eher als Synonym für *Wirtschaftsinformatik* benutzt.

5 Diese betriebswirtschaftlich orientierte Auffassung von IM hat zwei Sichtweisen: **IM als Institution** und **IM als Funktion**. Darauf wird in Abschnitt 2.4 (S. 46ff.) eingegangen.

6 Diese Begriffsauffassung sieht also das Datenmanagement als einen Teil des IM an.

BIETHAHN u. a. [1994, S. 10] geben folgende Begriffsdefinition: „Unter Informationsmanagement (IM) in einem Betrieb versteht man also die Beschäftigung mit der aufeinander abgestimmten Sammlung, Erfassung, Be- und Verarbeitung, Aufbewahrung und Bereitstellung von Informationen sowie der hierfür erforderlichen Organisation."

Für BRENNER [1994, S. 5] ist IM „der Teil der Unternehmensführung, der für das Erkennen und Umsetzen der Potentiale der Informationstechnik in Lösungen verantwortlich ist".

Für CHRISTMANN [1988, S. 68] ist IM „die wirtschaftliche Produktion, Verteilung und Nutzung des Produktionsfaktors Information für alle Bereiche und Ebenen betrieblicher Aufgabenbearbeitung".

In der Monographie von FICKENSCHER u. a. [1990, S. 15] wird IM wie folgt definiert: „Informationsmanagement (IM) bedeutet: Analysieren, Bewerten, Gestalten, Steuern der Informationen, Informationsstrukturen und Informationsflüsse in einem Unternehmen derart, daß die gesetzten Unternehmensziele möglichst optimal erreicht werden." Dabei wird darauf hingewiesen, daß gegenüber der traditionellen Betriebswirtschaftslehre IM einen völlig anderen Ansatz bedeutet, da dabei Information als wesentlicher Produktionsfaktor berücksichtigt wird.

FUCHS [1991, S. 126] definiert wie folgt: IM „heißt, durch Führungsentscheidungen sicherstellen, daß im Rahmen der Aufgabenerfüllung der Verwaltung die richtigen Informationen, am richtigen Ort, zum richtigen Zeitpunkt zur Verfügung stehen".

Nach HEINRICH [1996, S. 8] wird mit „dem Konstrukt ‚Informationsmanagement' also das Leitungshandeln (Management) in einer Organisation in bezug auf Information und Kommunikation bezeichnet, folglich alle Führungsaufgaben, die sich mit Information und Kommunikation in der Betriebswirtschaft befassen."

HILDEBRAND [1995, S. 35] sagt: IM „beinhaltet alle Aufgaben bezüglich der Planung, Gestaltung, Organisation, Koordination und Kontrolle von technikgestützter Information und Kommunikation im Unternehmen, mit dem Ziel, den Unternehmenserfolg zu steigern".

HÜBNER [1996, S. 12] definiert zunächst das Objekt des IM: IM „gilt somit der Information, die zur Durchführung fachlicher Aufgaben und Entscheidungen in den verschiedensten Arten von Institutionen benötigt wird." Er definiert dann Management, das „dem Begriff der Unternehmensführung gleichzusetzen [ist], welche bei instrumenteller Betrachtung vor allem die Tätigkeiten Planen, Ingangsetzen, Organisieren, Treffen von Entscheidungen und Kontrollieren beinhaltet." IM „kann dann generell verstanden werden als Wahrnehmung der genannten Führungstätigkeiten, bezogen auf das Informationswesen der jeweiligen Institution."

KRCMAR [1997, S. 1] bezeichnet IM „als Management von Information, von IV-Systemen (IS) und von Informations- und Kommunikationstechnologie".

MARTINY/KLOTZ [1990, S. 18] definieren IM als spezielles Management, „das sämtliche, die Informationsversorgung eines Unternehmens betreffende Führungsaufgaben wahrnimmt".

MERTENS u. a. [1996, S. 180] schreiben: „Aus Sicht des Gesamtunternehmens wird unter dem Management der betrieblichen IV die wirtschaftliche Versorgung aller Stellen mit den Informationen verstanden, die zum Erreichen der Unternehmensziele benötigt werden. Die damit verbundenen Aufgaben bezeichnet man auch als *Informationsmanagement.*"

ÖSTERLE u. a. [1991, S. 26] sprechen vom IV-System-Management, das „sich auf die Entwicklung und den Betrieb des IV-Systems von Unternehmen" erstreckt. An anderer Stelle definiert ÖSTERLE [1989, S. 27] wie folgt: „Informationsmanagement heißt Gestaltung der Informationsverarbeitung eines Unternehmens unter Ausschöpfung der Möglichkeiten, die uns die Informationstechnik liefert."

PICOT/REICHWALD [1991, S. 264] definieren IM über dessen Aufgabe: „Aufgabe des Informationsmanagement ist es, dafür zu sorgen, daß Informationen effektiv (zielgerichtet) und effizient (wirtschaftlich) eingesetzt werden."

SCHMIDT [1996, S. 7] definiert IM ebenfalls aufgabenbezogen: „Aufgabe des IM ist der Entwurf, die Entwicklung und der Einsatz von betrieblichen Informations- und Kommunikationssystemen."

Nach SCHOBER [1993, S. 297] werden unter IM „alle Planungs-, Entscheidungs- und Kontrollprozesse verstanden, die sich mit der Bereitstellung von Informationen im Unternehmen befassen."

WEBER [1993, S. 635ff.] diskutiert vier Varianten des Begriffs Informationsmanagement Variante 1 bezieht sich auf die Ebene der Informationen und umfaßt das Informationssystem und alle diesbezüglichen systembildenden und systemkoppelnden Aktivitäten.
Variante 2 bezieht sich auf „alle vom Menschen getragenen Datenerfassungs-, -verarbeitungs-, -speicherungs- und -abgabeprozesse sowie die gesamte Transformation von Daten in Informationen".
Variante 3 betrifft die klassische betriebliche EDV.
Variante 4 erweitert Variante 3 um die wirtschaftliche Gestaltung aller nicht-menschenbezogenen Kommunikationskanäle.

Für ZAHN/RÜTTLER [1990, S. 9] umfaßt Informationsmanagement „die systematische Planung, Gestaltung, Koordination und Kontrolle aller Informationsaktivitäten eines Unternehmens, mit dem letztendlichen Ziel, den Unternehmenserfolg nachhaltig zu steigern. Informationsmanagement impliziert damit allerdings noch nicht eine zentrale Funktion oder neue Instanz, die wie eine Spinne im Netz über alle betrieblichen Informationen herrscht und je nach Wohlverhalten Informationen zuteilt oder zurückhält; vielmehr bedeutet es einen zielbewußten Umgang mit der Ressource Information."

Abb. 2.2.1 zeigt zusammenfassend ohne die Varianten von WEBER, wie die Akzente bei den verschiedenen Definitionen schwerpunktmäßig gesetzt werden. Dabei ist zu beachten, daß eine völlig zweifelsfreie Zuordnung nicht immer möglich war.

Dominierender Aspekt	**Autoren**
Entwicklung und Betrieb von IV-Systemen	ÖSTERLE u. a.[1991] ÖSTERLE [1989]
Entwicklung von IV-Systemen	SCHMIDT [1996]
Management der Ressource Information	CHRISTMANN [1988] ZAHN/RÜTTLER [1990]
Informationsversorgung	FUCHS [1991] HÜBNER[1996] PICOT/REICHWALD [1991] SCHOBER [1993]
Informationsinfrastruktur	BIETHAHN u. a. [1994] BRENNER [1994] FICKENSCHER u. a. [1990] MERTENS u. a. [1996]
umfassend	HEINRICH [1996] HILDEBRAND [1996] KRCMAR [1997] (MARTINY/KLOTZ [1990])

Abb. 2.2.1: Schwerpunkt der IM-Definitionen

Insgesamt erscheint der gegenwärtige Klärungszustand von Begriff und Inhalt des IM bislang wegen der inhaltlichen Bandbreite nicht befriedigend.

2.3 Definition eines IM-Begriffs

Wie bereits in Abschnitt 2.1 erwähnt, wird in diesem Buch eine Definition zugrunde gelegt, bei der IM als Disziplin an der Schnittstelle zwischen Betriebswirtschaftslehre, Informatik und Wirtschaftsinformatik sowie anderen Disziplinen angesiedelt ist und alle Aufgaben der Beschaffung, Verarbeitung, Speicherung, Übertragung und Bereitstellung von Informationen in einer Organisation (Unternehmung, Verwaltung usw.) umfaßt. IM umfaßt demnach Inhalte der Wirtschaftsinformatik, der Informatik, der Betriebswirtschaftslehre und gegebenenfalls Inhalte weiterer Disziplinen, wie beispielsweise Mathematik, Naturwissenschaften, Technik, Medizin, Psychologie, Soziologie, Arbeitswissenschaften, Recht. Abb. 2.3.1 veranschaulicht diese Einordnung des IM.

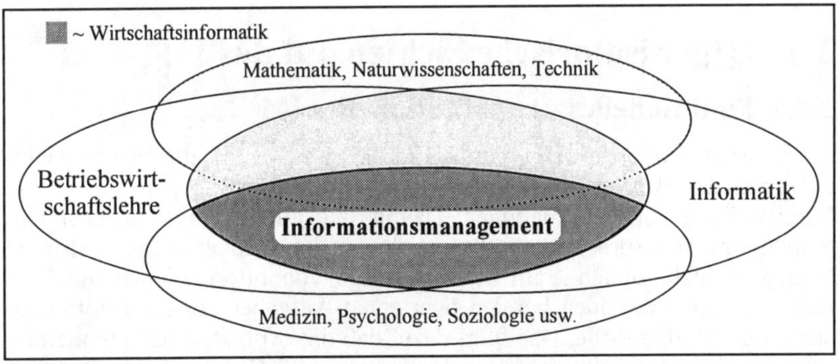

Abb. 2.3.1: Einordnung des IM

Auf dieser Grundlage wird IM folgendermaßen inhaltlich abgegrenzt:

> **Informationsmanagement**
> umfaßt alle Managementaufgaben (Planen, Führen, Koordinieren und Kontrollieren) der Beschaffung, Verarbeitung, Übertragung, Speicherung und Bereitstellung von Informationen zur Unterstützung der Erreichung der Ziele einer Unternehmung.

Zum IM gehören nicht nur alle mit Hard- und Software im weiteren Sinne zusammenhängenden Aufgaben, konzeptionelle und organisatorische Überlegungen sowie die Umsetzung von Informationspotentialen, sondern auch Randgebiete, wie z. B. Personalplanung und die Behandlung von Rechtsfragen. IM umfaßt aber auch alle Bereiche konventioneller Datenverarbeitung einschl. Telefon, Registratur, Formulargestaltung usw.

IM ist also mehr als das Management von Informationen. Es ist umfassender, nämlich das ganzheitliche Management des gesamten IV-Systems einer Organisation und seiner einzelnen Komponenten und aller Informationen.

IM wird hier sehr stark im Sinne einer **Informationswirtschaft** analog zu anderen betriebswirtschaftlichen Funktionen gesehen. Abgrenzungsschwierigkeiten können sich dabei zum betrieblichen Rechnungswesen ergeben, dem klassischen Informationsverarbeitungs- und -speicherungsbereich einer Unternehmung. Dabei wäre vor allem zu klären, ob das Rechnungswesen als Teilbereich dem IM unterzuordnen ist, ob das IM Teilaufgabe des Rechnungswesens ist[7] oder ob das Rechnungswesen nur eine der durch das IM zu betreuenden Anwendungsbereiche bzw. Fachabteilungen ist, ebenso wie die Bereiche Material, Produktion usw. Eine relative Nähe des IM besteht auch zum Controlling[8].

2.4 Organisatorische Sichten auf das IM

2.4.1 Funktionelles vs. institutionelles IM

Nach der Definition in Abschnitt 2.3 (S. 45) umfaßt IM alle Managementaufgaben der Beschaffung, Verarbeitung, Übertragung, Speicherung und Bereitstellung von Informationen. Davon sind alle Bereiche in einer Unternehmung angesprochen, da Planen, Steuern und Kontrollieren - also die Managementaktivitäten - auf der Grundlage von Informationen durchgeführt werden. Aber auch bei den operativen Aufgaben spielen Informationen eine wichtige Rolle. Das führt dazu, daß die explizite Implementierung eines IM in einer Unternehmung Integration und Ganzheitlichkeit in den Vordergrund rückt. **Integration** entsteht durch Informationsverknüpfungen und vor allem durch integrierte IV-Systeme. Ganzheitlichkeit wird nicht durch schlichte physische Zusammenfügung der Produktionsfaktoren und die Gesamtheit der Mitarbeiter erzeugt, sondern erst durch Zielvorgaben und eine ganzheitliche Steuerung, aber auch durch ganzheitliche Aufgabenübertragung.

Dieser Integrationsgedanke muß in der Organisation des IM Berücksichtigung finden, und IM muß als integrierende und übergreifende Managementfunktion angesehen werden, die in sämtliche Funktionsbereiche bzw. Führungsaufgaben hineinreicht. Andererseits bedarf es, vor allem in größeren Organisationen, eines organisatorisch selbständigen Bereichs IM, der für alle zentralen Planungs-, Koordinierungs-, Steuerungs- und Betriebsaufgaben zuständig ist.

7 Vgl. z.B. die Hinweise bei HEINRICH [1996, S. 41f.] und MARTINY [1987, S. 70].

8 Zur Abgrenzung der beiden Gebiete vgl. beispielsweise NILSSON [1990] sowie die Ausführungen zum IV-Controlling in Kapitel 15.

Damit ergeben sich für das IM **zwei Sichtweisen**.

Funktionelles und institutionelles IM

„Führen" bedeutet in einem hohen Maße Umgang mit Informationen. IM ist deshalb zweifelsfrei eine Führungsaufgabe, die dezentral in allen Fachabteilungen wahrgenommen werden muß. Das führt zum **funktionellen IM**.

Zur Erfüllung zahlreicher IM-Aufgaben ist es, zumindest in größeren Unternehmungen, erforderlich, daß zentrale IM-Aufgaben organisatorisch in einem **institutionellen IM** zusammengefaßt werden.

Zur Entwicklung beider Sichtweisen ist folgendes zu sagen:

Anwendungssysteme konventioneller, nichtelektronischer Informationsverarbeitung waren in den Unternehmungen dezentralisiert. Einzelne Sachbearbeiter haben Aufgaben bearbeitet und die dazu erforderlichen Daten verwaltet und weitergeleitet. Es gab also eine eher funktionelle Sicht.

In der „klassischen" EDV fand Informationsverarbeitung in zentralen Rechenzentren oder EDV-Abteilungen statt. Es dominierte eine institutionelle Sichtweise.

Mit dem Aufkommen von PCs fand der Computer Eingang in die Fachabteilungen. Damit verbunden war eine intensive Dezentralisierung aller mit der elektronischen Verarbeitung, Speicherung und Übertragung von Daten zusammenhängenden Aufgaben, d. h. es rückte wieder eine funktionelle Sicht in den Vordergrund.

Diese Dezentralisierungsphase ging in eine erneute Zentralisierungsphase mit institutioneller Sicht über, da ohne zentrale Steuerung und Koordinierung die intensive Durchdringung der Fachabteilungen mit Hard- und Software außer Kontrolle zu geraten drohte.

Die Entwicklung hat insgesamt zu folgendem geführt:

Die Betrachtung eines eigenständigen Produktionsfaktors Information und der Aufbau einer umfassenden Informationsinfrastruktur in einer Unternehmung verlangen zwangsläufig eine Neuordnung der Informationsfunktion und eine Verlagerung von Aufgaben und Verantwortlichkeiten in Richtung Fachmanagement[9]. IM findet zunehmend dezentral in den Fachabteilungen statt.

Die „Manager der Fachressorts verantworten auch die Entwicklung der Fachkonzepte und wägen ab, ob diese an interne und externe Dienstleister vergeben werden"[10]. Diese Dezentralisierung von IM-Aufgaben und IM-

9 Vgl. dazu beispielsweise ANGERMEYER [1990, S. 36]; BENJAMIN u. a. [1986]; FINKE [1988, S. 57]; KRAUSE [1988, S. 63].

10 DOSTAL [1992].

Kompetenzen verbunden mit zentraler Verantwortung für grundsätzliche Aufgaben des IM findet sich in größeren Unternehmungen auch in anderen Bereichen. Budget und Personal werden beispielsweise operativ dezentral gemanagt mit einer zentralisierten Unterstützung in strategischen Fragen und grundsätzlichen Überlegungen[11]. Zusammengefaßt bedeutet das:

In den **Fachabteilungen** muß ausreichend Kompetenz für die Bewältigung von Aufgaben zur Beschaffung, Verarbeitung, Übertragung, Speicherung und Bereitstellung von Informationen vorhanden sein, d.h. es wird ein **funktionelles** IM benötigt.
Für Planungs-, Koordinierungs- und Steuerungsaufgaben, für die Unterstützung der Fachabteilungen und für zentrale operative Aufgaben ist ein zentrales **institutionelles** IM erforderlich.

2.4.2 Institutionelles IM

Institutionalisierung eines IM bedeutet die organisatorische Schaffung eines eigenen Verantwortungsbereichs in Form einer Abteilung, Hauptabteilung oder ähnlichem, der alle zentral wahrzunehmenden Aufgaben eines IM übernimmt.

Institutionelles IM
ist eine zentrale Einheit in einer Organisation, die zwei Aufgabenbereiche eines IM übernimmt:
(1) Zentrale Koordinierung, Unterstützung und Betreuung von IM-Aufgaben, die operativ in Fachabteilungen dezentral abgewickelt werden, z. B. durch einen Benutzerservice, bei Beschaffungsmaßnahmen für Hard- und Software, bei fachspezifischer Anwendungsentwicklung oder beim Customizing.
(2) Nicht dezentralisierbare IM-Aufgaben, z. B. Betrieb zentraler Daten- und Softwarebanken, Betrieb zentraler Rechnerkapazitäten, Netzmanagement, Sicherheitsmanagement, strategische Planung der Informationsinfrastruktur.

Je nach Größe einer Unternehmung kann ein institutionelles IM unterschiedlich tief gegliedert sein.

An ein institutionelles IM sind einige Grundforderungen zu stellen:

- In einem institutionellen IM sollten alle zentralen Aufgaben und Verantwortungen der Beschaffung, Verarbeitung, Übertragung, Speicherung und Bereitstellung von Informationen organisatorisch zusammengefaßt

11 Vgl. dazu beispielsweise WIGAND [1988, S. 25].

werden, und zwar sowohl in kaufmännischer und technischer Hinsicht als auch im Hinblick auf rechtliche, soziale und andere Fragen. Das IM umfaßt damit auch die Verantwortung für die gesamte konventionelle Datenverarbeitung (Telefon, Registratur, Berichtswesen, Formularwesen usw.).

- Die Aufgaben eines institutionellen IM berühren in den meisten Fällen die Aktivitäten aller anderen Unternehmungsbereiche. Für eine zielgerechte Aufgabenerfüllung des IM muß dieses deshalb mit ausreichenden und verbindlich definierten Entscheidungsbefugnissen ausgestattet sein, um die entwickelten Vorgaben auch in anderen betrieblichen Bereichen durchsetzen zu können. Der Umfang der Kompetenzen hängt im Detail vom gewählten Organisationsmodell ab[12].
- Für die organisatorische Einordnung eines institutionellen IM ist ein der Gesamtorganisation angemessenes Organisationsmodell zu entwickeln. Dabei ist zu beachten, daß die Verantwortung für das institutionelle IM in der Unternehmungshierarchie hoch angesiedelt sein sollte.
- Der innere Aufbau eines institutionellen IM bedarf einer adäquaten organisatorischen Struktur.
- Die Aufgaben eines institutionellen IM sind mit den Aufgaben des funktionellen IM in den Fachabteilungen abzustimmen.

Man beachte, daß die Ausgeprägtheit und die Organisationsform eines institutionellen IM von der Unternehmungsgröße abhängt (siehe Abschnitt 2.4.4, S. 50).

2.4.3 Funktionelles IM

Vielfach geht es beim IM weniger um die Bildung von Stellen und Instanzen, als vor allem um den Aufbau einer unternehmensweiten Informationskultur bzw. Informationspartnerschaft, die einen freien Informationsfluß gewährleistet. IM kann deshalb nicht einzelnen Personen oder Abteilungen vorbehalten sein. In ein erfolgreiches IM müssen alle hierarchischen Führungsebenen, letztendlich sogar alle Mitarbeiter eingebunden werden[13].

Allgemein gilt folgender Grundsatz:

IM ist eine Führungsaufgabe, die die gesamte Führungshierarchie einer Unternehmung betrifft.

Dieser Grundsatz liefert die Begründung für ein funktionelles IM.

12 Vgl. dazu Kapitel 13.

13 Vgl. dazu ZAHN/RÜTTLER [1990, S. 11].

Funktionelles IM
ist der Teil des IM, der von **allen** Führungskräften in einer Organisation wahrgenommen wird.

Bei einer weiten Fassung des Begriffs IM könnte man sagen, daß Management in hohem Maße Informationsmanagement ist.

Der funktionelle Ansatz weist den einzelnen Managementebenen bzw. -bereichen in einer Unternehmung unterschiedliche IM-Aufgaben zu[14]:

- Für die Unternehmungsleitung hat IM eine strategische Dimension.
- Für das institutionelle IM geht es um zentrale koordinierende und betreuende Aufgaben im strategischen, adminstrativen und operativen Bereich.
- Das Fachmanagement muß in die IM-Aufgaben und die Verantwortung des IM integriert werden, vor allem im Hinblick auf anwendungssystembezogene administrative und operative Aufgaben.

2.4.4 Beziehungen zwischen IM und Unternehmungsgröße

Wie ausgeprägt ein IM in einer Organisation ist, hängt naturgemäß sehr stark von der Größe der Organisation ab. Ein institutionelles IM in Form einer Abteilung oder dergl. ist nur in größeren Organisationen sinnvoll und ökonomisch vertretbar. In kleineren Organisationen wird man keine eigene Abteilung und manchmal auch keine eigene Stelle schaffen (können). Dennoch ist auch bei Klein- und Mittelbetrieben die Verankerung von Verantwortung und Kompetenz für zentrale IM-Aufgaben an einer Stelle zweckmäßig[15]. In sehr kleinen Organisationen wird dieser Bereich bei der Führung bzw. Leitung mit angesiedelt sein.

Funktionelles IM gibt es in kleinen und großen Organisationen. In großen Organisationen wird das IM-Bewußtsein allerdings häufig stärker ausgeprägt sein, ausgelöst vor allem durch das institutionelle IM und seine zentrale Lenkung und Koordinierung.

14 Vgl. dazu die Ausführungen bei ANGERMEYER [1990, S. 39].

15 Zu Fragen des IM bei Klein- und Mittelbetrieben vgl. beispielsweise BIETHAHN [1990], MATTERSDORFER [1995] und SCHOBER [1993].

3 Ziele, Objekte und Aufgaben eines IM

In diesem Kapitel werden die Ziele, Objekte und Aufgaben eines IM behandelt. Dabei wird - wie bereits beim IM-Begriff - auch exemplarisch auf die Vielfalt der Sichtweisen dazu in der Literatur eingegangen. Zusätzlich werden auch wichtige Voraussetzungen für ein erfolgreiches IM untersucht.

3.1 Ziele eines IM

3.1.1 Verschiedene Sichtweisen zu den Zielen eines IM

In der Literatur finden sich unterschiedliche Äußerungen darüber, welche Ziele mit einem IM verfolgt werden sollen. Dabei fällt auf, daß von relativ vielen Autoren kein explizites Zielsystem für das IM angeführt wird.

FICKENSCHER u. a. [1990, S. 14] führen beispielhaft folgende Ziele eines IM an:

- „Verbesserung der Wettbewerbsfähigkeit durch zielgerichtete und beschleunigte Informationen.
- Produktivität und Wirtschaftlichkeit der Administration durch Informations-Aktualität und Informations-Rationalisierung erhöhen.
- Höhere Informationsgeschwindigkeit erreichen als der Material-, Waren- und Produktionsfluß.
- Komplexe Entscheidungsprozesse ermöglichen, unterstützen und/oder beschleunigen.
- Informations-Inhalte herausstellen.
- Informationsflut beseitigen, da diese zur Entwertung der Information beiträgt.
- Informations-Verwertung verbessern (Informations-Wert entsteht durch Informations-Verwertung bzw. Informations-Nutzung).
- Informations-Werte herausstellen.
- Differenzierung in Informations-Bearbeitung und Informations-Verarbeitung.
- Das wilde Datenwachstum in Bahnen lenken.
- Beseitigung von Medienbrüchen und langen Übertragungszeiten, deshalb wirtschaftliche Informations-Verarbeitung durch ein geschlossenes Informationsmanagement-Gesamtkonzept."

HEINRICH [1996, S. 21f.] unterscheidet Sachziele und Formalziele. Sachziele beschreiben den Zweck des IM, Formalziele die Qualität, mit der die Sachziele erreicht werden sollen. Generelles Sachziel ist „das Leistungspotential der Informationsfunktion für die Erreichung strategischer Unternehmensziele durch die Schaffung und Aufrechterhaltung einer geeigneten Informationsinfrastruktur in Unternehmenserfolg umzusetzen." Generelle Formalziele sind Wirksamkeit und Wirtschaftlichkeit.

Für PFEIFFER [1990] ist „die Entwicklung, Erhaltung und Nutzung einer unternehmensindividuellen Informationsinfrastruktur zur Erfüllung der Informationsbedürfnisse aller Mitarbeiter und sonstiger Beteiligter“ das Ziel des IM.

Bei RAUH [1990, S. 23] findet sich folgende allgemeine Zielsetzung: „Das Informationsmanagement soll die Datenverarbeitung eines Unternehmens so gestalten und verwalten, daß deren Elemente harmonisch aufeinander abgestimmt und miteinander verbunden sind und die Marktstellung des Unternehmens optimal gefördert wird. Dazu ist es nötig, innerhalb der strategischen Unternehmensplanung auch die Datenverarbeitung zu planen.“

VOGEL [1986, S. 82] geht vom Produktionsfaktor Information aus und definiert folgende grundlegenden Ziele eines IM:

- Maximierung des Wertes und des Nutzens von Informationen,
- Minimierung der Kosten für Beschaffung, Verarbeitung, Übertragung, Benutzung und Speicherung von Informationen,
- Übertragung der Verantwortung für eine effiziente Nutzung von Informationen auf spezielle Organisationseinheiten und
- Gewährleistungen einer optimalen Informationsversorgung aller unternehmensinternen und externen Stellen.

Daraus lassen sich eine Reihe konkreter Einzelziele ableiten, z. B.:

- Führungskräfte und Mitarbeiter eines Unternehmens zu einem aktiven und offenen Informationsverhalten zu motivieren und zu befähigen.
- Individuelle Informationsbedarfe schnell und wirtschaftlich zu ermitteln.
- Optimale und wirtschaftliche Informationsversorgung auf allen Ebenen sicherzustellen.
- Die informationstechnologische Infrastruktur mit dem Ziel der Optimierung der Informationsfähigkeit zu planen und zu betreiben, wobei weniger Rationalisierungsaspekte als Wettbewerbsgesichtspunkte im Vordergrund stehen.

Für die Realisierung der Ziele eines IM gibt WIGAND [1988] folgende Grundsätze an:

- Konzeption eines unternehmensweiten IM
- Aufstellung von verbindlichen Regeln für den Umgang mit dem Produktionsfaktor Information,
- Strategische Planung der Informationsinfrastruktur mit
  - Datenarchitektur,
  - Hardwarearchitektur,
  - Anwendungssystemarchitektur,
  - Organisatorisches Konzept,
- Entwicklung bzw. Einführung von Standards,
- Integration.

Der Überblick über Zielformulierungen für ein IM in der Literatur zeigt die Heterogenität der Ziele. Deshalb wird im folgenden Abschnitt versucht, ein eigenes Zielsystem zu entwickeln.

3.1.2 Ein Zielsystem für das IM

Die Ziele eines IM beziehen sich auf die Beschaffung, Verarbeitung, Übertragung, Speicherung und Bereitstellung von Informationen in einer Organisation.

Die beiden **grundlegenden Ziele eines IM** sind:

- Wirtschaftliche Informationsversorgung aller internen und externen Stellen entsprechend dem individuellen Informationsbedarf.
- Effektive und wirtschaftliche Nutzung der Informationsinfrastruktur.

Die Informationsversorgung soll
- zum richtigen Zeitpunkt,
- in einer adressatengerechten Präsentationsform,
- in ausreichender Qualität und Aktualität,
- im notwendigen Kontext

erfolgen. Der individuelle Informationsbedarf wird dabei aus den Arbeitsaufgaben bei internen Stellen bzw. Informationsansprüchen bei externen Stellen abgeleitet.

Für eine differenziertere Betrachtung lassen sich die Ziele in die folgenden beiden Klassen untergliedern[1]:
- Allgemeine oder **formale Ziele**, die sich herleiten lassen aus
  - allgemeinen Unternehmungszielen,
  - Zielen zum Aufbau und zum Betrieb der Informationsinfrastruktur,
  - Organisationszielen,
  - Zielen der Nutzung der Systeme.
- Inhaltliche oder **sachbezogene Ziele**, die sich auf den Gegenstands- bzw. Aufgabenbereich des IM beziehen.

Eine Systematik möglicher formaler Ziele enthält Abb. 3.1.1.

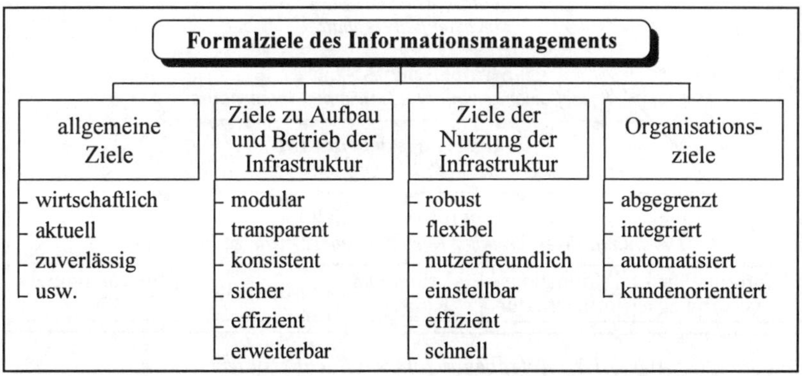

Abb. 3.1.1: Formalzielsystem des IM

Man beachte, daß die Systematik in Abb. 3.1.1 nur exemplarischen Charakter haben kann, und daß eine Trennung zwischen Anforderungen[2] und

1 Diese Zweiteilung orientiert sich an der auf S. 51 erwähnten Systematik von HEINRICH [1996, S.21].

2 Zu einer Systematik von allgemeinen Anforderungen im Zusammenhang mit der Entwicklung von IV-Systemen vgl. z. B. SCHWARZE [1995, S. 36ff.]

Zielen häufig schwierig ist. Eine Konkretisierung und Differenzierung ist nur unter Berücksichtigung individueller Gegebenheiten sinnvoll.

Sachziele des IM sind jeweils individuell festzulegen und lassen sich kaum generell systematisieren. Allgemeine Sachziele sind z. B.:

- Optimale Informationsversorgung aller Stellen in einer Organisation. Das schließt die Vermeidung von Unter- und Überinformation ein.
- Installation und Betrieb einer organisationsadäquaten Informationsinfrastruktur.
- Optimierung der Verfahren, der Konzepte und des Geräteeinsatzes zur Beschaffung, Verarbeitung, Übertragung, Speicherung und Bereitstellung von Informationen.
- Motivation und Qualifikation der Mitarbeiter.
- Schaffung einer „Informationskultur".

Abb. 3.1.2 enthält ein Sachzielsystem, das sich an den Aufgabenbereichen[3] eines IM ortientiert[4] und auch IM-Objekte enthält.

Abb. 3.1.2: Aufgabenorientiertes Sachzielsystem des IM

3.1.3 Kritische Erfolgsfaktoren

Mit den Zielen eines IM stehen die sog. kritischen Erfolgsfaktoren in Zusammenhang, die heute in der Betriebswirtschaftslehre, aber auch bei der Planung und Beurteilung von IV-Systemen, eine zunehmende Rolle spielen.

3 Vgl. dazu Abschnitt 3.4.2, S. 65.

4 Vgl. dazu auch RÜTTLER [1991, S. 272f.].

Erfolgsfaktoren sind die Größen, die den Unternehmungserfolg bestimmen.
Die **kritischen Erfolgsfaktoren** beeinflussen die Entwicklung einer Unternehmung maßgeblich.

Über kritische Erfolgsfaktoren versucht man, die wesentlichen Richtlinien und Maßstäbe, an denen Führungskräfte ihre Entscheidungen orientieren, zu konkretisieren. Darüber können dann die für die Entscheidungen notwendigen Informationen fixiert werden. Auf diese Weise erfolgt eine Unterstützung des Managements bei der Festlegung des Bedarfs an Informationen und für die Entwicklung bedarfsgerechter Informations- und Kommunikationssysteme.

Kritische Erfolgsfaktoren gibt es für Branchen, für Unternehmungen, für organisatorische Teilsysteme und für einzelne Unternehmungsaktivitäten. Die Fixierung der Erfolgsfaktoren ist allerdings grundsätzlich subjektiv geprägt und kann nicht nach absoluten, objektiven Maßstäben erfolgen.

Allgemeine Erfolgsfaktoren des Managements lassen sich aus fünf Quellen herleiten. Abb. 3.1.3 gibt dazu eine zusammenfassende Übersicht.

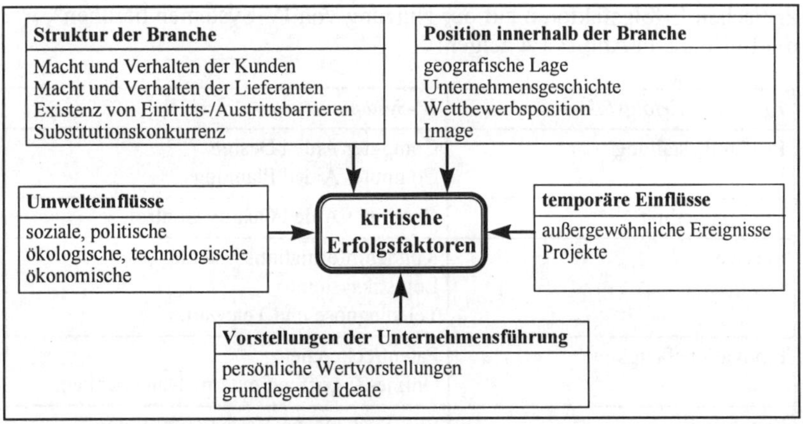

Abb. 3.1.3: Quellen kritischer Erfolgsfaktoren[5]

Für das IM ergeben sich kritische Erfolgsfaktoren beispielsweise aus folgenden Bereichen[6]:

5 In Anlehnung an KLOTZ/STRAUCH [1990, S. 39].

6 Vgl. dazu auch die Ausführungen bei LEHNER [1995].

- Angemessenheit der eingesetzten Technologie,
- Schaffung eines adäquaten organisatorischen Konzepts,
- Qualifikation und Motivation der Mitarbeiter,
- Datenschutz und Sicherheit.

Einzelne Erfolgsfaktoren für ein Informationsmanagement sind z. B.[7]:

- eine auf die allgemeine Unternehmungsstrategie abgestimmte Informatik-Strategie,
- klar definierte Ziele,
- eindeutige Planungs-, Steuerungs- und Kontrollprozesse,
- eindeutig definierte Entscheidungskompetenzen,
- Personifizierung von Verantwortungen,
- verursachungsorientierte Kostenverantwortung,
- Einsatz adäquater Methoden und Tools,
- angemessene Organisation des IM,
- Qualifikationen des IM-Personals,
- Qualifikationen der Nutzer.

Für das IM ist von besonderer Bedeutung, daß die meisten „allgemeinen" kritischen Erfolgsfaktoren auf der Nutzung von IV-Systemen beruhen[8], wie die Beispiele in Abb. 3.1.4 zeigen:

Kritischer Erfolgsfaktor	*IV-Systemnutzung*
Produktgestaltung	Computer Aided Design Computer Aided Planning
Produktqualität	Computer Aided Quality Control
Service	Kundeninformationssysteme Logistiksysteme Telediagnose und Telewartung
Innovationsfähigkeit	Patentrecherchen Online-Zugriff auf externe Datenbanken
Flexibilität	PPS-Systeme zur Variantenfertigung Workflow-Management-Systeme

Abb. 3.1.4: Beeinflussung kritischer Erfolgsfaktoren durch IV-Systeme[9]

7 Vgl. dazu SOKOLOVSKY [1993, S. 535].

8 Vgl. dazu KARGL [1996, S. 3].

9 In Anlehnung an KARGL [1996, S. 3].

3.2 Voraussetzungen eines IM

Um die Ideen und Konzepte eines IM erfolgreich zu realisieren, müssen bestimmte Voraussetzungen erfüllt sein. Diese Voraussetzungen hängen naturgemäß teilweise mit den in Abschnitt 3.1.3 behandelten kritischen Erfolgsfaktoren zusammen.

Wichtige Voraussetzungen sind:

- Das obere Management muß überzeugt hinter einem IM stehen und Strategien und langfristige Planungen daran ausrichten.
- Für das IM muß ein langfristiges, strategisches Konzept entwickelt werden.
- Alle Führungskräfte müssen die zentrale Bedeutung von Information und Kommunikation für die strategische Unternehmungsplanung, für die Stellung von Unternehmungen im Markt, aber auch für die operativen Aufgaben begreifen und sich auch als „Informationsmanager" verstehen.
- Die Mitarbeiter sind durch entsprechende Maßnahmen zum Umgang mit den neuen Technologien ausreichend zu motivieren.
- Für Führungskräfte und andere Mitarbeiter ist ein strategisches Qualifizierungskonzept zu entwickeln, das Personalplanung und Personalentwicklung, Ausbildungskonzepte und Weiterbildungsmaßnahmen umfaßt. Dazu gehören auch Stellen- und Anforderungsprofile.
- Für ein IM müssen adäquate organisatorischen Voraussetzungen geschaffen werden.

3.3 Objekte des IM

In diesem Abschnitt wird auf die Objekte des IM eingegangen, auf die sich die Aufgaben eines IM beziehen.

3.3.1 Definition und Überblick

Allgemein kann man Objekte eines IM wie folgt definieren:

Ein **IM-Objekt** ist ein Gegenstand des IM-Handelns.

Für die Entwicklung eines IM-Modells in Kapitel 4 werden hier - ausgehend von den Zielsetzungen des IM - Kernobjekte und Querschnittsobjekte[10] unterschieden.

10 Im Sinne neuerer Informatikansätze handelt es sich genau genommen um Objektklassen.

Informatikobjekte oder **Kernobjekte** sind die folgenden:

- **Informationsressourcen**, die in interne und externe Informationen aufgeteilt und über Metainformationen beschrieben und verwaltet werden können.
- **IV-Systeme**, wobei es nicht nur um neue Systeme geht, sondern auch um Weiterentwicklungen und Anpassungen existierender Systeme und um die Integration der Systeme.
- **IuK-Technologien**.

Unterstützungsobjekte oder **Querschnittsobjekte** sind:

- **IV-Personal** für Entwicklung, Betrieb und Wartung von Informationsressourcen, IV-Systemen und IuK-Technologien.
- **Sicherheit und Datenschutz** sind ein Querschnittsobjekt, das sich auf alle drei Kernobjekte bezieht. Dazu kommt die Möglichkeit von **Katastrophensituationen** und daraus abgeleitet ein Konzept zur Bewältigung von Katastrophensituationen.
- **Qualität** betrifft ebenfalls alle drei Kernobjekte.

In Abb. 3.3.1 sind die Objekte des IM veranschaulicht[11].

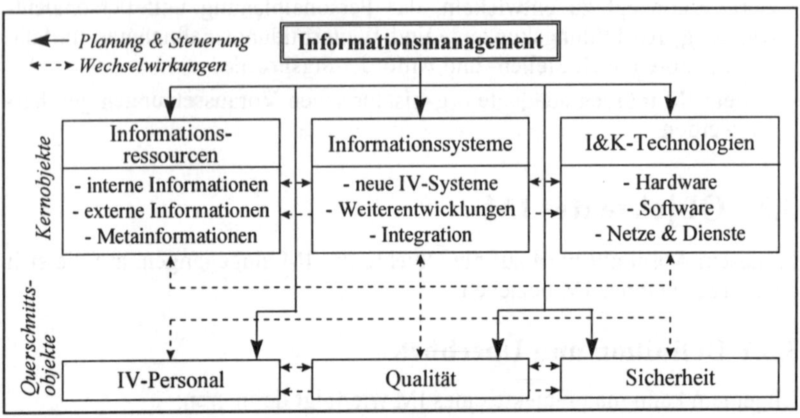

Abb. 3.3.1: Objekte des IM

11 Eine andere Systematik der Objekte findet sich bei GRUDOWSKI [1996, S. 353]:

- **Information** als zweckorientiertes Wissen, als Rationalisierungsgrundlage, als lebensweltliches Hintergrundwissen und als Handlungsform;
- **Technik des Informierens**, mit Informationsvermittlung, Dokumentation sowie Informationsproduktion und -beschaffung;
- **Technologien bzw. Medien** mit Informationstechnologien, Kommunikationstechnologien, Informations- und Kommunikationssystemen.

Planung und Steuerung des Einsatzes der Objekte geschieht durch das IM. Zwischen den Objekten existieren paarweise wechselseitige Beziehungen, die in Abb. 3.3.1 ebenfalls dargestellt sind.

Bei den Objekten „IV-Personal", „Sicherheit und Katastrophensituationen" sowie „Qualität" bestehen unmittelbare Korrespondenzen zu den entsprechenden Querschnittsaufgaben des IM[12].

In den folgenden Unterabschnitten werden die Objekte näher erläutert.

3.3.2 Kernobjekte des IM

Zu den **Informationsressourcen** gehören alle internen und externen Informationen und Metainformationen.

Interne Informationsressourcen sind die Informationen, die innerhalb einer Unternehmung entstehen. Sie spiegeln die innerbetrieblichen Beziehungen zwischen den Organisationseinheiten ebenso wider wie deren Beziehungen zur Unternehmungsumwelt (Kunden, Lieferanten usw.). Informationsträger sind außer magnetischen, elektronischen oder optischen Speichermedien auch Belege, Abrechnungsberichte, Pflichtenhefte u. a. Die Informationen selbst sind in der Form von Dateien, Datenbanken, Karteien, Registraturen oder Archiven organisiert.

Externe Informationsressourcen beziehen sich auf die Informationen, die außerhalb einer Unternehmung entstehen, verarbeitet und vertrieben werden. Sie beschreiben das externe Umfeld der Unternehmung, z. B.

- politisches System,
- soziale Struktur,
- rechtliche Rahmenbedingungen,
- Innovationen,
- Patente,
- Märkte,
- Wettbewerber.

Externe Informationsquellen können beispielsweise Bibliotheken, Handels- und Wirtschaftskammern, Medien, Messen, On-line-Datenbanken und inzwischen zunehmend das Internet sein. Der Vertrieb von externen Informationen erfolgt on-line oder off-line[13].

Metainformationen (bzw. Daten- und Informationskataloge) enthalten Daten über die in einer Unternehmung benutzten internen und externen Informationen (Informationsart, Endbenutzer, Informationsquellen, Zugriffsbestimmungen usw.).

---

12 Vgl. dazu Abschnitt 3.4.3 (S. 68).

13 Auf Magnetbändern, Disketten, CD-ROM oder schriftlich.

IV-Systeme setzen sich zusammen aus Hardware, Software, Daten, Organisation und IV-Personal, die gemeinsam Informationen für bestimmte Zwekke beschaffen, verarbeiten, speichern und übertragen sowie für die Endbenutzer bereitstellen. Bei dem Kernobjekt IV-Systeme steht - im Gegensatz zu den IuK-Technologien - der jeweilige Anwendungsaspekt im Vordergrund. Das Kernobjekt betrifft also die Anwendungsseite der Informationsinfrastruktur.

Das Kernobjekt IV-Systeme kann unterteilt werden in:

- Neuentwicklungen von IV-Systemen,
- Weiterentwicklung, Erweiterung und Ergänzung sowie Anpassung vorhandener IV-Systeme,
- Integration der IV-Systeme in die Gesamtorganisation.

Das Kernobjekt **IuK-Technologien** betrifft die technische Seite der Informationsinfrastruktur und umfaßt:

- Hardware,
- Software (Betriebssysteme, Anwendungsprogramme),
- Netze und andere Kommunikationsmittel.

3.3.3 Querschnittsobjekte des IM

Unter **IV-Personal** werden hier alle Mitarbeiter in einer Unternehmung verstanden, die mit der Beschaffung, Verarbeitung, Speicherung, Übertragung und Bereitstellung von Informationen, mit der Entwicklung von IV-Systemen oder mit Beschaffung, Betrieb, Nutzung und Wartung von IuK-Technologien befaßt sind. Das Querschnittsobjekt IV-Personal hat eine quantitative und eine qualitative Dimension.

IM muß sich auch mit verschiedenen Aspekten der **Sicherheit** und der Bewältigung von **Katastrophensituationen** befassen. Sie werden hier als ein Querschnittsobjekt, d. h. genaugenommen als eine Objektklasse, aufgefaßt.

Zur **Sicherheit** gehören z. B.

- Datensicherheit,
- Datenschutz,
- Back-up-Maßnahmen.

Katastrophensituationen sind plötzlich und unvorhersehbar eintretende Ereignisse, die zu (meistens größeren) Schäden führen. Ursachen von Katastrophen können z. B. sein:

- Feuer,
- Überschwemmung und Unwetter,
- Erdbeben,
- Krieg.

Qualität der Beschaffung, Verarbeitung, Übertragung, Speicherung und Bereitstellung von Informationen ist ebenfalls ein Querschnittsobjekt des IM. Dabei hat für das IM Qualität verschiedene Dimensionen:

- Qualität der Informationen,
- Qualität der Informationsversorgung,
- Qualität der IV-Systeme,
- Qualität der IuK-Technologien,
- Qualität des Betriebs der IV-Systeme und der IuK-Technologien,
- Qualität der Anwenderbetreuung bzw. eines Benutzerservice,
- Qualität des Managements der Kernobjekte.

3.4 Aufgaben eines IM

3.4.1 Aufgabentypologien in der Literatur

Bei der Beschäftigung mit IM werden in der Literatur unterschiedliche Einteilungen und Klassifizierungen von IM-Aufgaben behandelt. Nachfolgend werden anhand ausgewählter Quellen verschiedene Betrachtungsweisen und unterschiedliche Aufgabenstrukturierungen vorgestellt.

BIETHAHN u. a. [1994, S. 11ff.] unterscheiden folgende Aufgabenbereiche:

- **Strategische Aufgaben**:
  - Auswahl und Festlegung einer Informationsstrategie,
  - Analyse und Festlegung der Informationsinfrastruktur,
  - Personalplanung und Personalentwicklungsplanung,
  - Datenmanagement,
  - Sicherheitsmanagement,
  - IV-System-Controlling,
  - Planung und Kontrolle,
  - Innovationsmanagement.
- **Administrative/operative Aufgaben**:
  - Management der Entwicklung und Aktualisierung von IV-Systemen,
  - Konfigurations- und Netzwerkmanagement,
  - Sicherungs- und Katastrophenmanagement,
  - Rechnerbetrieb und Wartung,
  - Personalmanagement.

FRENZEL [1990] gliedert die IM-Aufgaben in den Bereichen Strategie, Anwendungen, Netze, Controlling und Personal.

GRIESE [1990] unterscheidet

- **strategisches IM** und
- **operatives IM**,

  beide jeweils mit den Teilbereichen

- Mitarbeiter,	- IV-Technik,	- Kapital,
- Entwicklung/Wartung,	- Betrieb,	- Planung und Kontrolle,
- Organisation,	- Sicherheit,	- Innovation.

GRUDOWSKI [1996] definiert fünf Hauptfunktionen des IM:

- Informationelle Unterstützung des organisationsgebundenen Handelns,
- Entwicklung rationaler Informationskonzepte,
- Planung und Steuerung des Informationshandelns der Organisationsmitglieder,

- Wissensorganisation und -repräsentation im Unternehmen,
- IuK-Technologie-Management.

HEINRICH [1996] unterscheidet
- **Strategische Aufgaben**:
  - Strategische Situationsanalyse,
  - Strategische Zielplanung,
  - Strategieentwicklung,
  - Strategische Maßnahmenplanung,
  - Qualitätsmanagement,
  - Technologiemanagement,
  - Controlling,
  - Revision;
- **Administrative Aufgaben**:
  - Projektmanagement,
  - Personalmanagement,
  - Datenmanagement,
  - Lebenszyklusmanagement,
  - Sicherheitsmanagement,
  - Katastrophenmanagement,
  - Vertragsmanagement;
- **Operative Aufgaben**:
  - Produktionsmanagement,
  - Problemmanagement,
  - Benutzerservice.

HILDEBRAND [1995] gliedert die Aufgaben in
- **Strategische Aufgaben** mit
  - strategischer IV-Systemplanung,
  - Informationsverarbeitungs-Controlling,
  - Innovationsmanagement;
- **Taktische Aufgaben** mit
  - Datenmanagement,
  - Kommunikationsmanagement,
  - Software- und Systementwicklung,
  - Reengineering,
  - Personalmanagement,
  - Sicherheits- und Katastrophenmanagement,
  - Methoden- und Toolmanagement,
  - Anwendungssystemmanagement;
- **Operative Aufgaben** mit
  - Produktionsmanagement,
  - Endbenutzerunterstützung,
  - Problemmanagement.

KRCMAR [1997] unterscheidet in
- **Management der Informationswirtschaft** mit:
  - Management der Informationsnachfrage,
  - Management des Informationsangebots,
  - Management der Informationsverwendung,
  - Managementprozeß der Informationswirtschaft;
- **Management der IV-Systeme** mit folgenden Bereichen:
  - Management der Prozesse,
  - Management der Daten,
  - Management des Anwendungslebenszyklus,
  - Managementprozeß der IV-Systeme;
- **Management der IuK-Technologien**:
  - Management der Basisfunktionalitäten und Basistechnologien,
  - Management von Technologiebündeln und Funktionsorientierten Technologiebündeln,
  - Management der Technologieaneignung,
  - Managementprozeß der IuK-Technologien;
- **Führungsaufgaben des IM**, zu denen folgende Bereiche gehören:
  - IM und Unternehmensstrategie,
  - Organisation des IM als Institution,
  - Management der Mitarbeiter,
  - IV-Controlling.

MARTINY/KLOTZ [1990, S. 111] befassen sich nur mit strategischem IM und unterscheiden:
- Planung der Informationsverarbeitungsfunktion,
- Management der Informationsverarbeitungsfunktion,
- Nutzerunterstützung,
- Interne Dienste der Informationsverarbeitungsfunktion.

ÖSTERLE u. a. [1991] unterscheiden:
- **IS-Konzept** mit den Teilaufgaben
  - Planung,
  - Verabschiedung,
  - Umsetzung,
  - Kontrolle;
- **Architektur** mit den gleichen Teilaufgaben;
- **IS-Projektportfolio** mit den Teilaufgaben
  - Entwicklung von IS-Anträgen,
  - Bewertung der IS-Anträge,
  - Machbarkeitsstudie,
  - IS-Entwicklungsplanung,
  - IS-Entwicklungskontrolle;
- **IS-Projekt** mit den Teilaufgaben
  - Vorstudie,
  - Konzept,
  - Realisierung,
  - Systemtest,
  - Einführung;
- **IS-Betreuung** mit den Teilaufgaben
  - Änderungsmanagement,
  - Schulung,
  - Monitoring[14],
  - Benutzersupport.

PFEIFFER [1990, S. 164ff.] unterscheidet folgende Aufgabenfelder für das IM:
- Informationsstrategie,
- Organisation des IM,
- Organisationsanalyse,
- IV-System,
- Personale Aufgaben,
- Methoden, Techniken, Tools,
- Wirtschaftliche Aufgaben.

RAUH [1990] unterscheidet folgendermaßen:
- **Strategisches IM**, das er nach dem Ablauf der strategischen Planung in folgende Bereiche untergliedert:
  - Konstruktion eines vorläufigen Unternehmensfunktionsmodells,
  - EDV-Bestandsaufnahme,
  - Feststellung des DV-Status,
  - Strategische Analyse,
  - Planung von DV-Maßnahmen,
  - Machbarkeitsprüfung und Nutzenermittlung,
  - Festlegung der DV-Strategien, und zwar im einzelnen Datenstrategie, Softwarestrategie, Konfigurationsstrategie, Personalstrategie, Methoden und Organisation;
- **Taktisches IM**, zu dem fünf Aufgabengebiete gehören, nämlich:
  - Gestaltung der Anwendungssoftware,
  - Konfigurationsmanagement,
  - Sicherheitsmanagement,
  - Personalmanagement,
  - Datenadministration;
- **Operatives IM** mit folgenden Teilbereichen:
  - Produktionsmanagement,
  - Problemmanagement,
  - Endbenutzerunterstützung.

SEIBT [1990] unterscheidet drei Aufgabenkomplexe mit verschiedenen Einzelaufgaben:
- **Management der Hard-/Software-Systeme**, das sich auf die technischen Ressourcen bezieht, mit:
  - Strategische Planung des Technikeinsatzes,
  - Management der Netze und Rechnersysteme,
  - Sicherheitsmanagement,
  - Controlling des Erfolgs des Technikeinsatzes,
  - Aus- und Weiterbildung;
- **Management des Systemlebenszyklus**, das sich auf IV-Systeme als Mensch-Maschine-Systeme bezieht, und zu dem gehören:
  - Systemlebenszyklen infrastruktureller Anwendungssysteme,
  - Systemlebenszyklen funktionsorientierter, bereichsspezifischer Anwendungssysteme,
  - Systemlebenszyklen benutzerspezifischer Anwendungssysteme,

14 Leistungsmessung und Beobachtung des zeitlichen Ablaufs in Datenverarbeitungssystemen.

- Systemlebenszyklen überbetrieblicher Anwendungssysteme,
- Management der „Querschnittsaufgaben", wie organisatorische Implementierung, Qualitätssicherung, Sicherungsmanagement usw.,
- Controlling des Erfolgs der Aktivitäten in den Systemlebenszyklen;

• **Management von Informationsanalyse, -beschaffung, -verteilung, -einsatz**, das sich auf Informationen zum Zwecke der Leistungssteigerung und Erfolgsverbesserung des Unternehmens bezieht. Dazu gehören:
- Strategische Planung der betrieblichen Informations- und Wissensversorgung,
- Globale Daten- und Funktionenmodellierung,
- Architektur von Anwendungssystemen,
- Organisationsentwicklung,
- Wissensmanagement,
- Controlling des Erfolgs der Informations- und Wissensversorgung.

ZAHN/RÜTTLER [1990, S. 11ff] unterscheiden:

• **Strategisches IM** mit
- Erarbeitung und Verbreitung einer Informationsstrategie,
- Management der unternehmensorganisatorischen und -kulturellen Entwicklung,
- Strategisches Management der betrieblichen Humanressourcen,
- Technologiemanagement;

• **operatives IM** mit IV-Systemmanagement und Endbenutzermanagement.

Abb. 3.4.1 enthält eine Zusammenfassung der dargestellten Aufgabenuntergliederungen, wobei einige Zuordnungen eine gewisse Unschärfe wegen unterschiedlicher Terminologien haben.

	Biethahn u.a.	Frenzel	Griese	Grudowski	Heinrich	Hildebrand	Krcmar	Martiny/Klotz	Österle u.a.	Pfeiffer	Rauh	Seibt	Zahn/Rüttler
Strategische Aufgaben	x		x		x	x		x			x		x
Administrative/Taktische Aufgaben	A }				A	T					T		
Operative Aufgaben	x		x		x	x					x		x
Informationswirtschaft/-versorgung				x			x					x	
Management der Technologien				x			x						
Management der IV-Systeme							x			x			
Führungsaufgaben (Org./Pers. ...)							x			x			
Hard-/Software-Systeme												x	
Systemlebenszyklus												x	
IV-System-Konzepte									x				
Architektur									x				
IV-System-Projektportfolio									x				
IV-System-Projekte									x				
IV-System-Betreuung									x				
Strategie/Anw./Netze/Contr./Personal		x											

Abb. 3.4.1: Übersicht über Aufgabenklassifikationen

An Abb. 3.4.1 fällt folgendes auf:

- Vier Autoren verwenden die gleiche Unterteilung in strategisch, administrativ/taktisch und operativ und zwei Autoren gliedern in strategisch und operativ (Zuordnungen im oberen Bereich der Übersicht).
- Die übrigen Aufgabensystematiken für das IM sind sehr heterogen.

Für die folgenden Ausführungen werden die IM-Aufgaben zunächst in zwei Bereiche eingeteilt: Kernaufgaben (Abschnitt 3.4.2[15]) und Querschnittsaufgaben (Abschnitt 3.4.3[16]).

3.4.2 Kernaufgaben des IM

> Die **Kernaufgaben** sind der Hauptaufgabenbereich des IM. Sie beziehen sich auf die in Abschnitt 3.3.2 behandelten Kernobjekte.

Die Kernaufgaben werden hier nach den vier Grundfunktionen untergliedert, wie sie auch in anderen Managementbereichen zu finden sind. Das sind zunächst die im vorhergehenden Abschnitt erwähnten Bereiche strategische Aufgaben und operative Aufgaben. Anstelle von administrativen oder taktischen Aufgaben wird eine Aufgabenkategorie „Realisierungsaufgaben" gebildet. Dazu werden noch „Analyseaufgaben" des IM betrachtet. Damit ergibt sich:

> **Kernaufgaben** des IM umfassen die Bereiche
> - Analyseaufgaben,
> - strategische Aufgaben,
> - Realisierungsaufgaben und
> - operative Aufgaben.

Zu jedem dieser vier Aufgabenbereiche lassen sich jeweils eine Reihe von Einzelaufgaben anführen[17].

- **Analyseaufgaben**
  eines IM beziehen sich sowohl auf interne Fragestellungen, z. B.
  - Informationsbedarfsanalysen,
  - Kommunikationsbedarfsanalysen,
  - Situationsanalysen,
  - Organisationsanalysen,
  - Ermittlung von Rationalisierungserfordernissen,

15 Ausführlich werden die Kernaufgaben in Teil II behandelt.

16 Ausführlich werden die Querschnittsaufgaben in Teil III behandelt.

17 Teilweise angelehnt an SCHWARZE [1990].

- Personalbedarfsanalysen,
- Ermittlung von Sicherheitsanforderungen und Sicherheitsbedürfnissen,
- Identifizierung und - falls möglich - Quantifizierung von Risiken, die zu Katastrophensituationen führen können,

als auch auf externe Aspekte, z. B.
- Marktbeobachtung für Hard- und Software,
- technologisches Innovationsmanagement.

- **Strategische Aufgaben**
  sind langfristig orientiert und betreffen die Entwicklungsrichtung, grundlegende Konzepte, Organisationsstrukturen und dergl. Sie können charakterisiert werden als die Führungsaufgaben der Informationsfunktion, die für die Organisation als Ganzes von grundsätzlicher Bedeutung sind, deren Wirkungen langfristig sind und die zu bindenden Vorgaben für die nachgeordneten Ebenen des IM führen[18]. Zu den strategischen Aufgaben gehören u. a.:
  - Entwicklung einer Informatikstrategie,
  - Entwicklung einer IV-Systemarchitektur,
  - strategische Planung der Informationsinfrastruktur,
  - strategisches Datenmanagement,
  - strategische Organisationsplanung,
  - strategisches Personalmanagement,
  - strategischer Entwurf eines Sicherheitskonzepts und eines Katastrophenmanagements,
  - Überlegungen zum Outsourcing,
  - strategische Gesamtplanung des IM unter Verwendung von IV-System-Portfolios.

- **Realisierungsaufgaben**
  beziehen sich auf die Umsetzung der im strategischen Bereich entworfenen Konzepte und Planungen unter Beachtung der Ziele und der Vorgaben aus der Informatikstrategie. Sie umfassen u. a. folgende Bereiche:
  - Organisationsentwicklung,
  - Systementwicklung,
  - Systementwicklungsprojektmanagement,
  - Qualitätsmanagement,
  - Hard- und Softwarebeschaffung,
  - Konfigurationsmanagement,
  - Einführung von IV-Systemen und Umstellungsmaßnahmen,
  - Personalbeschaffung und Personalqualifizierung,
  - Entwurf und Implementierung von Datenbanken,
  - Installation von Sicherheitskonzepten.

18 In Anlehnung an HEINRICH [1996, S. 22].

- **Operative Aufgaben des Betriebs von IV-Systemen**
  beziehen sich auf den Betrieb der installierten Systeme und aller damit zusammenhängenden Fragen. Die Orientierung ist kurzfristig. Folgende Einzelaufgaben gehören u. a. dazu:
  - Technikorientierte Aufgaben (insbesondere Hardwarebeschaffung, -installation und -wartung),
  - Rechenzentrumsbetrieb,
  - Netzmanagement,
  - Softwareorientierte Aufgaben,
  - Datenmanagement,
  - Benutzerservice und Informationszentrum,
  - Sicherheits- und Katastrophenmanagement,
  - Informationsverarbeitungs-Revision,
  - Abrechnung.

In der Aufgaben-Systematik tauchen bestimmte IM-Aufgaben, die sich auf die Querschnittsobjekte beziehen, in allen Aufgabenbereichen auf. Das betrifft Personalmanagement, Datenmanagement sowie Sicherheits- und Katastrophenmanagement. Diese Aufgaben werden deshalb nicht zu den Kernaufgaben gezählt, sondern zu den im folgenden Abschnitt behandelten Querschnittsaufgaben.

Abb. 3.4.2 zeigt eine zusammenfassende Übersicht über die Kernaufgaben des IM.

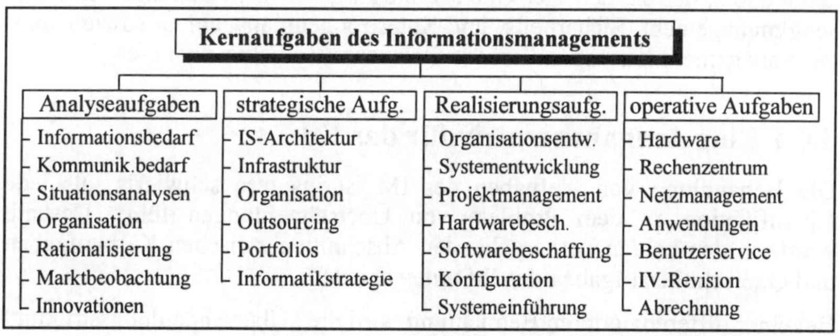

Abb. 3.4.2: Kernaufgaben des IM

Das Management der Sachressourcen wird allgemein oder bezüglich der Beschaffung, Verarbeitung, Übertragung, Speicherung und Bereitstellung von Informationen manchmal auch als „Facility Management"[19] oder „Fa-

19 Vgl. beispielsweise HEINRICH [1996, S. 25]. EUGSTER/THOMMEN [1996, S. 76] beziehen den Begriff „Facility Management" explizit auf Outsourcing des operativen Betriebs.

cilities Management"[20] bezeichnet. Das schließt Analyseaufgaben, strategische Aufgaben, Realisierungsaufgaben und operative Aufgaben ein[21].

3.4.3 Querschnittsaufgaben des IM

Die **Querschnittsaufgaben** des IM haben Unterstützungsfunktion und beziehen sich teilweise unmittelbar auf die Querschnittsobjekte.

Die Querschnittsaufgaben tangieren die Kernaufgaben des IM. Beispielsweise gehören in bezug auf IV-Personal zu den Querschnittsaufgaben Personalbedarfsanalysen (Analyseaufgaben), langfristige Personalentwicklung (strategische Aufgaben), Einstellung, Umsetzung oder Qualifizierung von Personal (Realisierungsaufgaben) sowie „operative" Personalführung.

Querschnittsaufgaben des IM betreffen die Bereiche
- Datenmanagement,
- Personalmanagement,
- Sicherheits- und Katastrophenmanagement,
- alle Aufgaben in Zusammenhang mit Rechtsfragen sowie
- Qualitätsmanagement.

Auf diese Querschnittsaufgaben wird im dritten Teil eingegangen. Man beachte dabei, daß zu den vier Querschnittsaufgaben Datenmanagement, Personalmanagement, Sicherheits- und Katastrophenmanagement sowie Qualitätsmanagement korrespondierende Querschnittsobjekte existieren[22].

3.4.4 Eine Aufgabenmatrix für das IM

Die Behandlung von Aufgaben des IM ist insofern schwierig, als jede Klassifikation zu dem Problem von Überschneidungen führt. Deshalb wurde in den beiden vorhergehenden Abschnitten zwischen Kernaufgaben und Querschnittsaufgaben des IM unterschieden.

Bei einer differenzierteren Betrachtung wird die „Überschneidungsstruktur" noch vielfältiger. In Abb. 3.4.3 (S. 70 und 71) wurde deshalb versucht, die „funktionellen" Aufgaben des IM den vier Kernaufgabenbereichen in Form einer Matrix zuzuordnen. Diese Darstellung kann wegen der Komplexität und Vielfalt der Aufgaben allerdings nur exemplarischen Charakter haben.

20 Vgl. z. B. SZYPERSKI [1993, S. 34].

21 Zum Facility Management wird verwiesen auf SCHWARZE [1991] und [1992a].

22 Vgl. dazu Abschnitt 3.3.3 (S. 60).

3.4.5 Zusammenfassende Übersicht zu den Aufgaben

Aus den Abschnitten 3.4.2 bis 3.4.4 folgt, daß eine einfache und überschneidungsfreie Systematik der IM-Aufgaben kaum möglich ist. Hier wurde deshalb eine zweidimensionale Aufgabengliederung verwendet.

Die **Kernaufgaben** des IM umfassen die in Abschnitt 3.4.2 erläuterten Bereiche:

- Analyseaufgaben,
- strategische Aufgaben,
- Realisierungsaufgaben,
- operative Aufgaben.

Diese vier Aufgabenbereiche werden im Teil II näher betrachtet.

Zu den Unterstützungs- oder **Querschnittsaufgaben**[23] gehören:

- Datenmanagement,
- Personalmanagement,
- Sicherungs- und Katastrophenmanagement,
- Rechtsfragen eines IM und
- Qualitätsmanagement.

Auf die Querschnittsaufgaben wird in Teil III eingegangen.

Die Aufgaben eines IM werden häufig noch ergänzt durch ein **IV-Controlling**, das wie folgt definiert werden kann: „Das Controlling von Informations- und Kommunikationssystemen leitet sich aus den generellen Controllingaufgaben einer Unternehmung ab und unterscheidet sich wesentlich vom Controlling ‚klassischer Prägung'. Steht beim Controlling klassischer Prägung primär die Ergebnisorientierung im Vordergrund, so ist es beim Controlling im hier verstandenen Sinne primär die Zielorientierung. Diese Aufgabenerfüllung erfordert somit:

- ein Konzept zur Bildung des Zielsystems,
- ein Konzept zur geeigneten Strukturierung des Informations- und Kommunikationssystems,
- ein Konzept zur Entwicklung von Meßvorschriften,
- ein Konzept zur Bildung des situationsgerechten Controllingmodells (Meßsystem).“[24]

---

23 In der Literatur finden sich auch andere Systematiken von Querschnittsaufgaben, z. B. bei BRENNER [1995, S. 23], der die Querschnittsaufgaben Personalmanagement, Sicherheitsmanagement, Finanz- und Rechnungswesen, Methoden und Tools sowie Beschaffung unterscheidet.

24 ROITHMAYR [1990, S. 728]. Vgl. zum IV-Controlling vor allem auch die Monographie von KARGL [1996].

	Analyse-aufgaben	**strategische Aufgaben**	**Realisierungs-aufgaben**	**operative Aufgaben**
Informatik-strategie	vorhandene & gewünschte Potentiale feststellen	Strategie-entwicklung	Vermittlung der Strategien an die Mitarbeiter	laufende Überprüfung der Strategie
Innovationen	Marktanalysen (Hard-, Software, Org.-Konzepte)	Strategie zur Adaption von Innovationen	organisations-spezifische Evaluierung	
Informations-bedarf	Ermittlung von Info.bedarf & Info.defiziten, Defizitursachen	Konzept zur optimalen Informations-versorgung	detaillierter Informations-bedarfsplan	laufende Revision & Aktualisierung des Informations-bedarfs
Kommuni-kations-bedarf	Kommunikations-bedarfsanalyse (Zeit, Partner usw.), Defizite	Entwicklung eines Kommunikations-konzepts	Kommunikations-plan, Kommuni-kationsnetz	laufende Revision & Aktualisierung des Kommuni-kationsbedarfs
Technologie-bedarf	Technologiebe-darf: Art, Umfang benötigter techni-scher Systeme	Technologieplan (Architektur, Komponenten, Art der Technik)	Festlegung der zu erfüllenden Tech-nologiebedarfe	laufende Revision & Aktualisierung des Technologie-bedarfs
Informations-infrastruktur: Hardware	benötigte Hard-warekomponen-ten, Kapazitäten, Leistungsdaten	Entwicklung einer Hardware-architektur	Beschaffung, Installation, Einstellung	Betrieb, Wartung
Informations-infrastruktur: Zentral-rechner	nötige Hardware-komponenten, Kapazitäten, Lei-stungsfähigkeit	Konzept für zentral zu bearbeitende Aufgaben	Beschaffung, Installation, Einstellung	Betrieb, Wartung
Informations-infrastruktur: dezentrale Systeme	nötige Hardware-komponenten, Kapazitäten, Lei-stungsfähigkeit	Konzept für dezentral zu bearbeitende Aufgaben	zentrale Beschaf-fung, Beratung der Anwender, Schulung	Betrieb, Wartung Anwender-betreuung
Informations-infrastruktur: Netze	vorhandene Netze, bauliche & andere Bedingungen für Netzinstallation	Netzarchitektur, Topologie, Vernetzungsgrad	Installation	Betrieb, Wartung
Informations-infrastruktur: Software, allgemein	Ermittlung des Softwarebedarfs	strategische Ge-samtplanung, Ent-wicklung eines IS-Portfolios	Schulung, Umstellungspla-nung, Einführung	Anwender-betreuung
Informations-infrastruktur: Standard-Software	Marktanalyse	Software-Archi-tektur, Vergleich mit Individual-Software	Beschaffung, Installation, Customizing	Betrieb, Wartung, Anpassung, Aktualisierung, Erweiterung
Informations-infrastruktur: Individual-Software		Software-Archi-tektur, Vergleich mit Standard-Software	System-entwicklung	Betrieb, Wartung, Anpassung, Aktualisierung, Erweiterung

Abb. 3.4.3: Aufgabenmatrix des IM (Teil1)

Organisation	Organisations-analysen, Schwachstellen-analysen	strategische Organisationsplanung: Gesamt & IV-Systeme	Konzepte realisieren, Reorganisation, Aufgabenzuordnungen usw.	laufende Revision und Anpassung
Benutzer-service	Untersuchung des Bedarfs an Unterstützung der Anwender durch einen zentralen Benutzerservice	Gesamtkonzept, Festlegung Aufgabenteilung zwischen Benutzer-service & Fachabteilungen	Einrichtung einer Stelle, Bestimmung von Regelungen und Verfahrensvorschriften	Beratung & Unterstützung bei Hard- & Software, Entwurf neuer Systeme usw., Schulung
externe Informations-beschaffung	Marktanalyse	Abstimmung externer Informationsbeschaffung mit Gesamtkonzept zur Informationsversorgung	Installation der Infrastruktur für externe Informationsbeschaffung, Schulung	konkrete Beschaffungs-maßnahmen, z. B. Datenbank-recherchen
Controlling		Controlling-Konzept entwerfen	Konzept umsetzen, Instrumente festlegen	IV-Controlling
Rechnungs-wesen / Abrechnung	Kostenarten, -stellen, -träger, Kostenanalysen (fix/variabel; direkt/indirekt usw.)	Kostenrechnungs-konzept, Voll-/Teilk. Ist-/Plank., interne Leistungs-verrechnung	Umsetzung des Kostenrechnungs-konzepts	Kostenrechnung, Kostenkontrolle, interne Leistungs-verrechnung
Informations-bereitstellung	Anforderungen an die Bereitstellung	Konzept für optimale Informations-bereitstellung	Benutzerschnitt-stellen, bedarfsgerechte Präsentation	Bereitstellung: richtige Inform., Zeitpunkt, Ort & Adressat
Daten	Analyse der Datenstrukturen, Mengen, Zugriffshäufig-keiten usw.	Datenbanken & Datenmodelle, Zugriffskonzept, Entwurf Sicherungssysteme	Realisierung Datenbanksystem, Hardware-voraussetzungen	Pflege, Aktualisierung, Zugriffs-kontrollen, Back-ups
IV-Personal	quantitative & qualitative Bedarfsanalysen	Personalentwick-lungsplanung	Einstellung, Weiterbildung und Schulung	Einsatzplanung, Mitarbeiter-beurteilung
Sicherheit	Ermittlung der Datenschutz-erfordernisse und der Sicher-heitsbedürfnisse	strategisches Sicherheits-konzept	konkrete Sicherheitskonzepte: Hard- & Software, räumliche Maßn., Schulung	laufende Kontrolle, Analyse der Verletzung von Sicher-heitsvorschriften
Katastrophen	Analyse möglicher Katastrophensituationen, -risiken, -folgen	Katastrophen-konzept	Katastrophenplan, Installation von Reserve-kapazitäten	Katastrophen-übungen
Rechtsfragen	Analyse von Rechtsvorschr., rechtl. Regelungs-bedürfnissen usw.		Vertragsr., Datenschutzr., Urheberr., Arbeitsr., Mitbestimmungsr.	Überprüfung der Einhaltung rechtlicher Vorschriften

Abb. 3.4.3: Aufgabenmatrix des IM (Teil 2)

Schließlich kommen noch Aufgaben hinzu, die die **Organisation** des IM betreffen. Auf organisatorische Fragen (Kapitel 14) und auf IV-Controlling (Kapitel 15) wird im Teil IV eingegangen.

Die hier gewählte Aufgabensystematik führt zu dem in Abb. 3.4.4 veranschaulichten zweidimensionalen **Aufgabenmodell des IM**. Dabei wurde das IV-Controlling als übergeordnete Aufgabe angesehen.

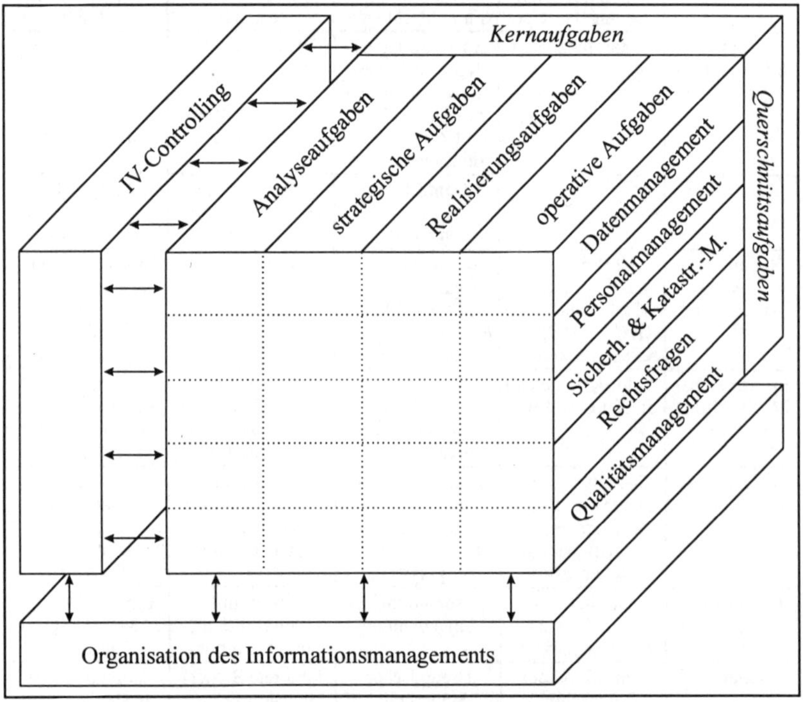

Abb. 3.4.4: Zweidimensionales Aufgabenmodell für das IM

4 IM-Modelle

In diesem Abschnitt wird versucht, ein allgemeines Konzept für das IM zu entwickeln[1]. Das geschieht in Form von IM-Modellen. Die hier vorgeschlagenen IM-Modelle stellen sich dazu die Aufgabe, eine klare Antwort auf die Fragen

„Was ist zu managen?"

und

„Wie und womit wird gemanagt?"

auf der Basis einer Abgrenzung zwischen IM-Objekten, IM-Aufgaben und Beschränkungen des IM zu geben. Dabei sollen auch die entstehenden bzw. existierenden Querschnittsbeziehungen und die Vorgehensweise des IM in einer Unternehmung berücksichtigt werden.

4.1 Aufgaben von IM-Modellen

Generell ist ein **Modell** eine vereinfachende und abstrahierende Darstellung oder Nachbildung eines Gegenstands oder eines Systems um Aufbau bzw. Strukturen, Eigenschaften, Funktionen oder/und Abläufe sichtbar zu machen und/oder zu analysieren.

> Ein **IM-Modell** ist eine vereinfachende Darstellung des Subsystems IM, das die Analyse der Strukturen, Abläufe und Wirkungszusammenhänge des IM ermöglicht

Je nach Sichtweise sind dabei unterschiedliche Modelle möglich, wie das zweidimensionale Aufgabenmodell des IM in Abschnitt 3.4.5 und die Modelle in den nachfolgenden Abschnitten dieses Kapitels deutlich machen.

IM-Modelle können für die Konzeption eines IM und dessen Eingliederung in die Organisation benutzt werden. Sie können auch für die Umsetzung der

1 Vgl. dazu SCHWARZE/DOBREV [1995].

strategischen Pläne des IM bis hin zum operativen Betrieb von IV-Systemen benutzt werden. Damit können IM-Modelle unterschiedliche Aufgaben erfüllen. Einzelheiten ergeben sich aus den folgenden Abschnitten.

4.2 IM-Modelle in der Literatur

In der Literatur gibt es nur wenige Ansätze für IM-Modelle. Die meisten Autoren verzichten auf die Entwicklung eines solchen Modells. Zu einer ausführlichen Betrachtung der nachfolgend skizzierten Modelle wird auf die angegebene Literatur verwiesen.

Für HEINRICH besteht ein IM-Modell „aus den zweckmäßig strukturierten Aufgaben des IM und den Methoden und Techniken, die unternehmensweit und miteinander verbunden zur Unterstützung dieser Aufgaben eingesetzt werden können"[2]. Er geht davon aus, „daß für die Erklärung der Aufgaben des IM ein **Drei-Ebenen-Modell** verwendet werden sollte, das (top-down betrachtet) aus der strategischen, der administrativen und der operativen Ebene besteht."[3]

Ein Drei-Ebenen-Modell wird auch von WOLLNIK [1988] entwickelt, das sich allerdings nicht an den Aufgabenbereichen orientiert. Dieses Modell ist in Abb. 4.2.1 dargestellt[4].

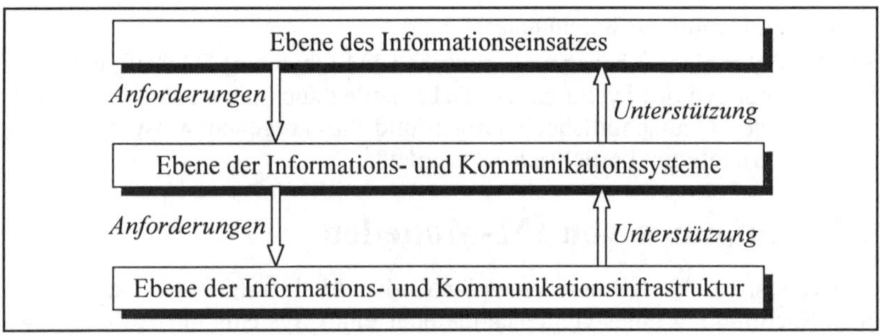

Abb. 4.2.1: Ebenenmodell des IM[5]

Die drei Ebenen des Modells werden jeweils in die drei Managementbereiche Planung, Organisation und Kontrolle und außerdem in verschiedene Aktionsfelder unterteilt.

In Anlehnung an dieses Modell entwickelt KRCMAR [1997, S. 43ff.] das in Abb. 4.2.2 (S. 75) dargestellte Modell, das diese Ebenen mit den Aufgaben des IM verbindet.

ÖSTERLE u. a. [1990, S. 40ff.] betrachten das Informationssystem-Management und verwenden dafür das in Abb. 4.2.3 (S. 75) wiedergegebene Modell.

2 HEINRICH [1996, S. 31].

3 HEINRICH [1996, S. 32].

4 Dieses Modell wird von PICOT/REICHWALD [1991, S. 267f.] sowie PICOT/REICHWALD/WIGAND [1998] übernommen.

5 Vgl. WOLLNIK [1988, S. 38].

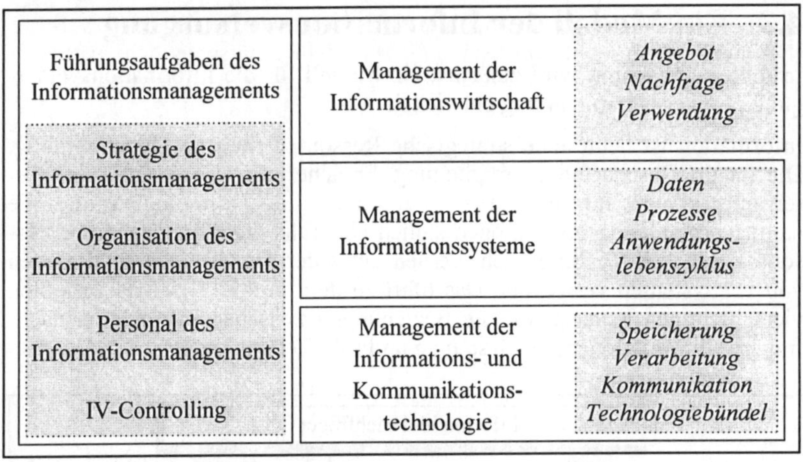

Abb. 4.2.2: IM-Modell mit Ebenen und Aufgaben[6]

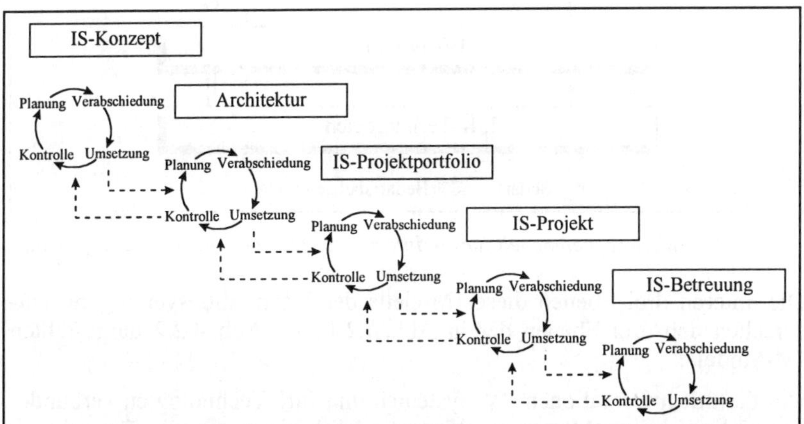

Abb. 4.2.3: Konzept des St. Galler Informationssystem-Managements[7]

Wie Abb. 4.2.3 zeigt, besteht das Modell des St. Galler Informationssystem-Managements aus zwei Schichten. Die aufgabenbezogene obere Schicht enthält die fünf aus der Abbildung ersichtlichen Aufgabenbereiche. Die managementbezogene Schicht enthält zu jedem Aufgabenbereich einen eigenen Führungskreislauf mit den Teilfunktionen Planung, Verabschiedung, Umsetzung und Kontrolle.

6 Vgl. KRCMAR [1997, S. 44].
7 Nach ÖSTERLE u. a. [1990, S. 44].

4.3 Ein Modell der Informationsversorgung

In diesem Abschnitt wird zunächst ein Modell für die Informationsversorgung in einer Unternehmung entwickelt.

Information ist heute eine strategische Ressource für jede Unternehmung. Die für die Beschaffung, Verarbeitung, Speicherung, Übertragung und Bereitstellung von Informationen eingesetzten IuK-Technologien und die damit verbundenen Investitionen stellen ebenfalls eine Unternehmungsressource dar. IuK-Technologien werden entweder einzeln oder im Rahmen von IV-Systemen verwendet. Das führt zu dem in Abb. 4.3.1 dargestellten vierschichtigen Konzept für die Beziehungen zwischen Informationsnachfragern, Informationen, IV-Systemen und IuK-Technologien.

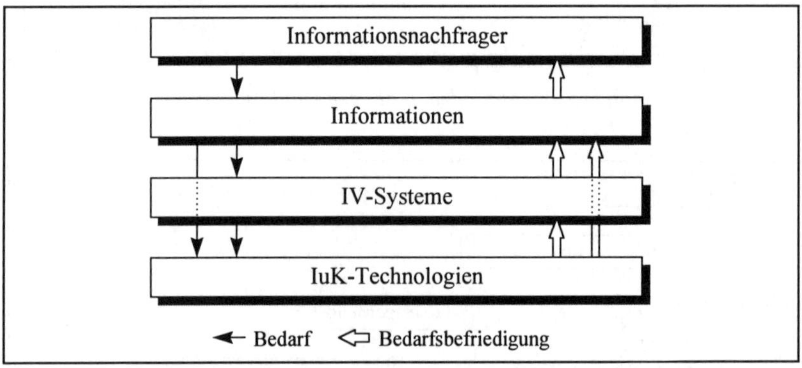

Abb. 4.3.1: Mehrebenenmodell für die Informationsversorgung des Managements

Die unteren drei Ebenen dieses Modells der Informationsversorgung entsprechen den drei Ebenen der in Abb. 4.2.1 und Abb. 4.2.2 dargestellten IM-Modelle.

Um die mit Informationen, IV-Systemen und IuK-Technologien verbundenen vielschichtigen Managementfragen zu diskutieren, ist eine Betrachtung wie in Abb. 4.3.1 nicht ausreichend, denn wie alle anderen Unternehmungsressourcen müssen auch Informationen verwaltet werden.

Die wachsende Bedeutung von Informationen für die Wettbewerbsposition einer Unternehmung und für jedes unternehmerische Handeln sowie die Vielfalt von IuK-Technologien verlangen nicht nur, daß das Management Informationsbedürfnisse artikuliert und daraufhin die entsprechende Informationsversorgung erhält, sondern daß es auch aktiv auf Informationsprozesse, auf IV-Prozesse und auf die Ausnutzung der IuK-Technologien einwirkt.

Diese Managementaufgaben bezüglich der Informationen, der IV-Systeme und der IuK-Technologien sind in Abb. 4.3.2 zusätzlich veranschaulicht. Außerdem berücksichtigt Abb. 4.3.2 den Einfluß der ebenfalls vom Management gesteuerten Querschnittsobjekte „Personal", „Qualität" sowie „Sicherheit und Katastrophensituationen".

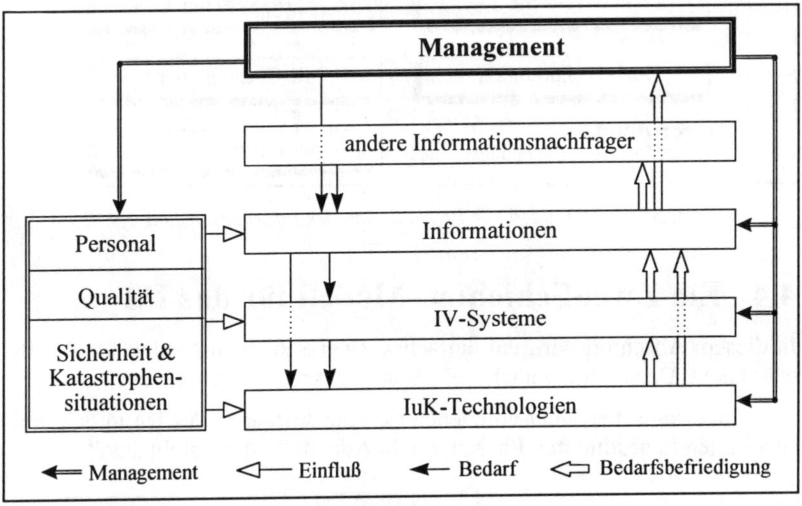

Abb. 4.3.2: Mehrebenenmodell für die Informationsversorgung mit Managementbeziehungen

Betrachtet man primär die Befriedigung des Informationsbedarfs, dann ergibt sich folgendes:

Der **Informationsbedarf** in einer Unternehmung wird durch interne und externe Informationen befriedigt.

Die **internen Informationen** werden von den IV-Systemen in einer Unternehmung unter Nutzung der verfügbaren IuK-Technologien bereitgestellt.

Externe Informationen werden mit Hilfe von IuK-Technologien aus externen Informationsquellen (Internet, externen Datenbanken, Informationsrecherchen usw.) bezogen. Dabei werden ebenfalls IV-Systeme benötigt, und zwar sowohl für den Zugriff auf die externen Informationen als auch für deren Aufbereitung.

In Abb. 4.3.3 sind diese beiden Wege zur Deckung des Informationsbedarfs veranschaulicht.

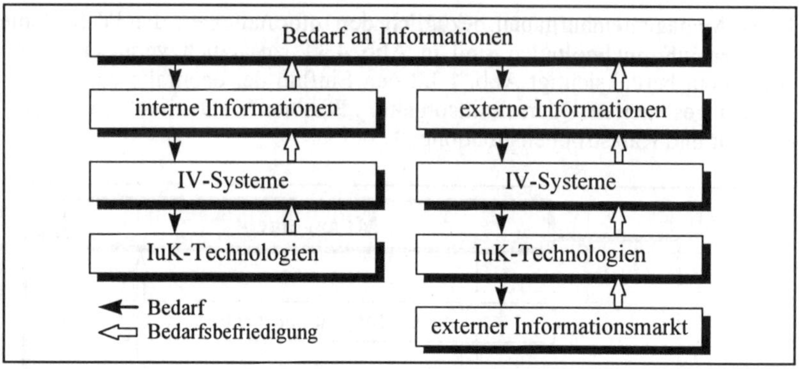

Abb. 4.3.3: Modell zur Befriedigung des Informationsbedarfs

4.4 Ein Zwei-Schichten-Modell für das IM

In diesem Abschnitt wird ein einfaches Zwei-Schichten-Modell für das IM entwickelt. Dazu wird zunächst ein Vorgehensmodell betrachtet[8].

Aus ablauflogischer Sicht vollziehen sich die Aufgaben des IM in den meisten Fällen in bestimmten Phasen, die in Abb. 4.4.1 dargestellt sind[9].

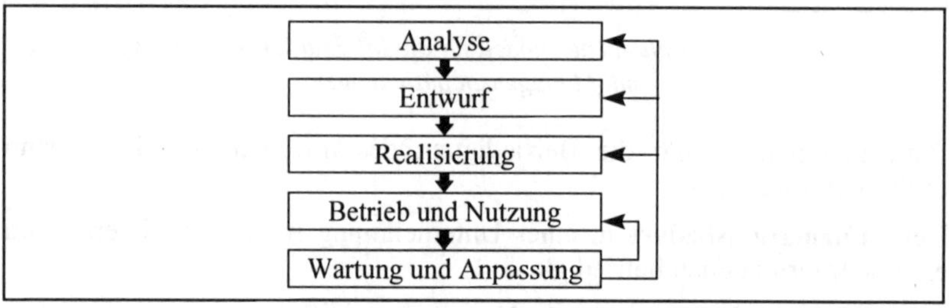

Abb. 4.4.1: Ein Vorgehensmodell für das IM

Jede Vorgehensphase besteht aus verschiedenen Aufgaben, deren Spezifikation von den IM-Objekten bestimmt wird (vgl. Abb. 4.4.2, S. 79). Eine exemplarische Darstellung von IM-Aufgaben aus den Vorgehensphasen für die verschiedenen IM-Objekte enthält Abb. 4.5.2 (S. 82) als Teil des IM-Querschnittsmodells.

8 Einzelheiten zu Vorgehensmodellen finden sich z. B. in SCHWARZE [1995, S. 49ff.] und SCHWARZE [1995a].

9 Die „Schleifen" zeigen an, daß Rücksprünge in diesem Vorgehensmodell „normal" sind.

Aus betriebswirtschaftlicher Sicht können die Aufgaben des IM in die Managementfunktionen

- Planung,
- Kontrolle,
- Organisation,
- Koordinierung

gegliedert werden. Diese sind zusammen mit den Vorgehensphasen und den in Kapitel 3 behandelten IM-Objekten in Abb. 4.4.2 veranschaulicht.

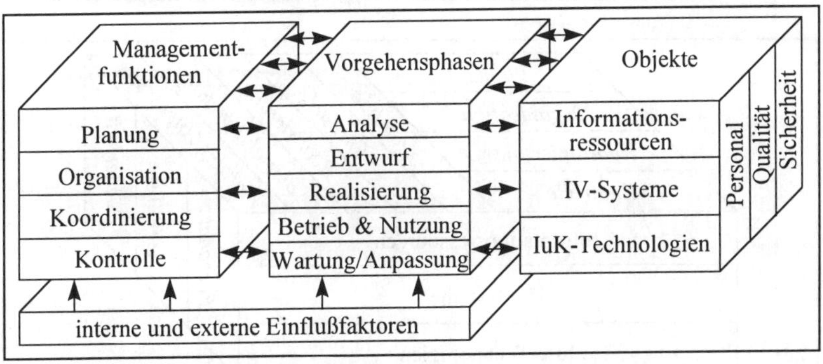

Abb. 4.4.2: Sichten auf die IM-Aufgaben

In Abb. 4.4.2 sind auch die auf die Managementfunktionen des IM und die auf die Vorgehensphasen mit den einzelnen Aufgaben einwirkenden Einflußfaktoren berücksichtigt. Diese Einflußfaktoren können in zwei Gruppen unterschieden werden:

- **Interne Einflußfaktoren**, z. B.
  - Unternehmungsstruktur,
  - Finanzpotentiale,
  - Erfolgs- und Wettbewerbsposition.
- **Externe Einflußfaktoren**, beispielsweise
  - politisches Umfeld,
  - soziales Umfeld,
  - rechtliches Umfeld,
  - wirtschaftliches Umfeld,
  - Umfeld der IuK-Technologien.

Objekte, Vorgehensphasen und Managementfunktionen sind drei Sichten, die bei einem IM-Ansatz zu berücksichtigen sind.

- Die Spezifikation der IM-Objekte gibt Antwort auf die Frage „Was ist zu managen?“

- Die Managementfunktionen des IM spezifizieren die Art der Aufgaben, die das IM ausführt.
- Die IM-Vorgehensphasen und die dazu gehörigen Detailaufgaben zeigen, wie und womit die Managementfunktionen des IM im einzelnen ausgeführt werden.
- Die internen und externen Einflußgrößen spezifizieren die zu beachtenden Randbedingungen und Beschränkungen.

Aus Objekten, Managementfunktionen und Vorgehensphasen kann man ein integrierendes IM-Modell entwickeln, wie es in Abb. 4.4.3 dargestellt ist.

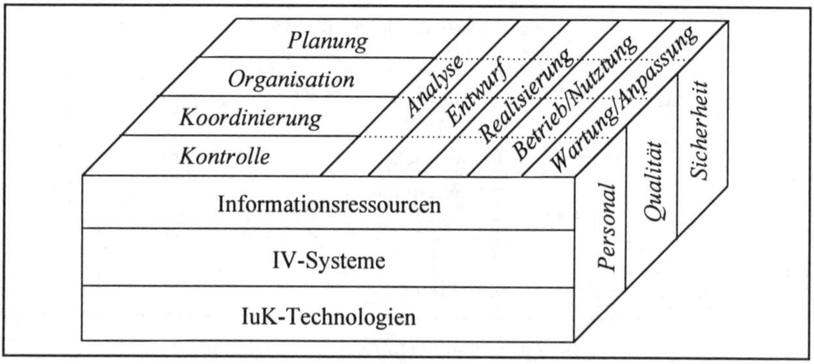

Abb. 4.4.3: Sichtenintegrierendes IM-Modell

Das IM-Modell in Abb. 4.4.3 kann dadurch erweitert werden, daß man in allgemeine IM-Aufgaben und objektbezogene IM-Aufgaben differenziert. Das führt zu einem Zwei-Schichten-Modell für das IM, das in Abb. 4.4.4 (S. 81) dargestellt ist.

In der oberen Schicht werden die Aufgaben durchgeführt, die die gesamte Informations- und Organisationsinfrastruktur in einer Unternehmung aufbauen und koordinieren sollen. Die untere Schicht enthält die Aufgaben des IM, die sich auf das Management der einzelnen IM-Objekte beziehen. Hinsichtlich der Kernobjekte des IM kann man dann unterteilen in:

- Informationsressourcen-Management,
- IV-System-Management und
- Konfigurations- und Netzmanagement bzw. Technologiemanagement.

Die IM-Potentiale liegen vor allem in der allgemeinen Schicht, denn die dort angesiedelten Aufgaben führen zu Einheitlichkeit, Integrität und Effektivität bei der Informationsversorgung und bei der Nutzung von Informations- und Organisationsinfrastruktur.

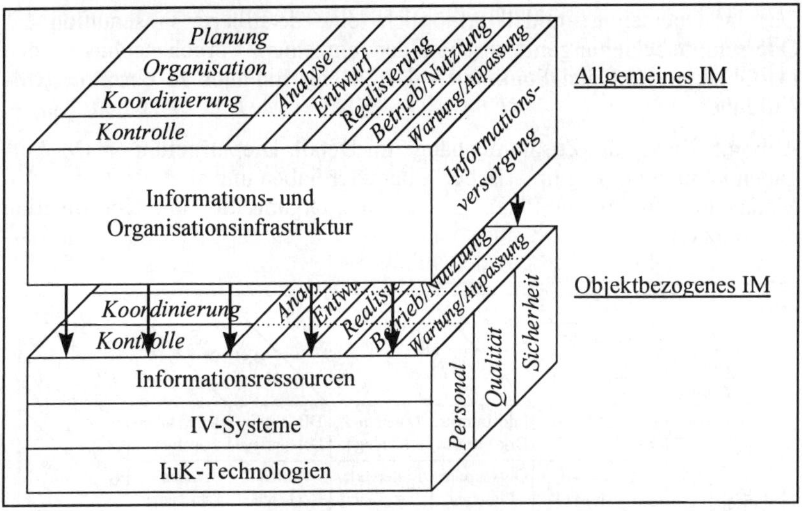

Abb. 4.4.4: Zwei-Schichten-Modell des IM

4.5 Ein IM-Querschnittsmodell

Es wird zunächst ausgegangen von den Objekten, den Vorgehensphasen und den Funktionen des IM. Diese können zu einem dreidimensionalen IM-Querschnittsmodell verknüpft werden, dessen Grundstruktur aus Abb. 4.5.1 ersichtlich ist.

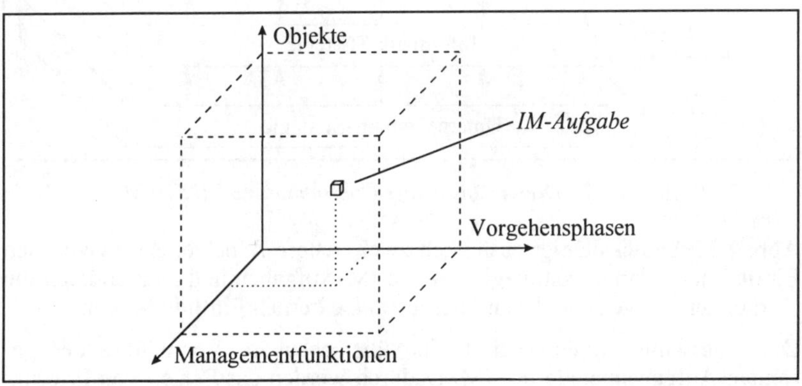

Abb. 4.5.1: Dimensionen des IM-Querschnittsmodells

Das IM-Querschnittsmodell ermöglicht eine detaillierte Präsentation der Querschnittsbeziehungen zwischen den einzelnen Vorgehensphasen, den IM-Objekten und den Funktionen des IM bis hinunter zu einzelnen IM-Aufgaben.

Abb. 4.5.2 zeigt die Zusammenhänge im Detail. Die aufgeführten IM-Aufgaben können nur exemplarischen Charakter haben und sind nicht nach den Managementfunktionen Planung, Kontrolle, Organisation und Koordination differenziert.

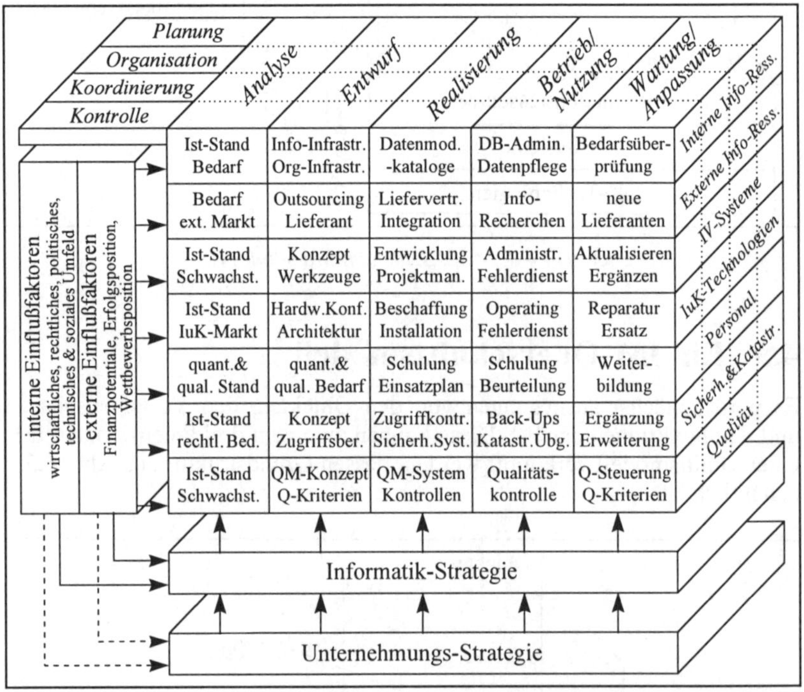

Abb. 4.5.2: Dreidimensionales Querschnittsmodell des IM

Abb. 4.5.2 berücksichtigt zusätzlich zwei weitere Aspekte. Zum einen den Einfluß der Informatikstrategie auf alle IM-Aufgaben und zum anderen die Wirkungen der verschiedenen internen und externen Einflußfaktoren.

Das Querschnittsmodell liefert eine überschaubare Vorstellung der gesamten Aufgabenpalette des IM. Dadurch werden das Setzen von Prioritäten und die Aufgabenverteilung im Rahmen der Vorgehensphasen wesentlich erleichtert.

Die dreidimensionale Darstellung bietet in einer modifizierten Form auch die Möglichkeit, jedem IM-Objekt quantitative Werte einer Vorgehensphase und eines bestimmten kritischen Erfolgsfaktors zuzuordnen. Neben den Dimensionen „Objekte" und „Vorgehensphasen" wird an Stelle der Dimension „Managementfunktionen" die Dimension „Einflußfaktoren" verwendet. Auf diese Weise kann der Umfang jeder Aufgabe und das erwartete Ergebnis eingeschätzt werden. Zwei Beispiele dazu zeigt Abb. 4.5.3.

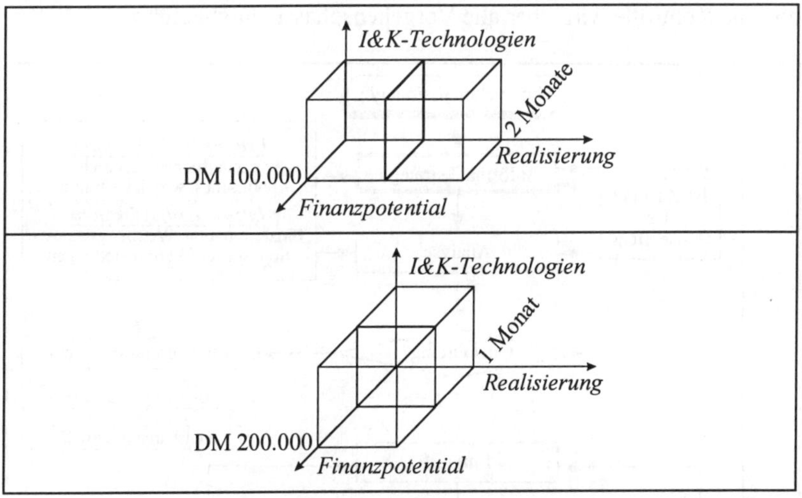

Abb. 4.5.3: Dreidimensionale Aufgabenspezifizierungen

Anwendungsbereiche des Querschnittsmodells können beispielsweise folgende sein:
- Hilfsmittel bei der Entwicklung einer Informatikstrategie,
- IM-Gestaltung in der Unternehmung,
- Strukturierung von Lehrveranstaltungen und Seminaren.

4.6 Ein IM-Aktivitätenmodell

Das Aktivitätenmodell des IM entsteht aus dem IM-Querschnittsmodell und stellt in der Form eines Flußdiagramms den Ablauf der IM-Aufgaben unabhängig von den IM-Objekten dar. Es kann für jedes Objekt, aber auch für objektübergreifende Aufgaben verwendet werden. In Abb. 4.6.1 (S. 84) ist das Aktivitätenmodell mit dem Ablauf der IM-Vorgehensphasen, den IM-Funktionen und den Einflußfaktoren dargestellt. Dabei ist auch die Möglichkeit eines Outsourcing von IM-Aufgaben berücksichtigt.

Ausgangspunkt für das Aktivitätenmodell ist die Informatikstrategie, die aus der Unternehmungsstrategie abgeleitet wird. Auf Grund der Analyse des Ist-Zustands des IM-Bereichs in einer Unternehmung und des externen Umfelds erfolgen Entwürfe von Plänen, Architekturen, Strukturen, Projekten, Vorschriften, Standards, Pflichtenheften, Regeln und Kriterien, die einerseits die IM-Funktionen unterstützen, aber auch die notwendigen Voraussetzungen für die Realisierung der IM-Aufgaben gewährleisten. Die Erfüllung sämtlicher Aufgaben ist eingebettet in die Organisationsinfrastruktur. Die Kontrolle wird über alle Vorgehensphasen durchgeführt.

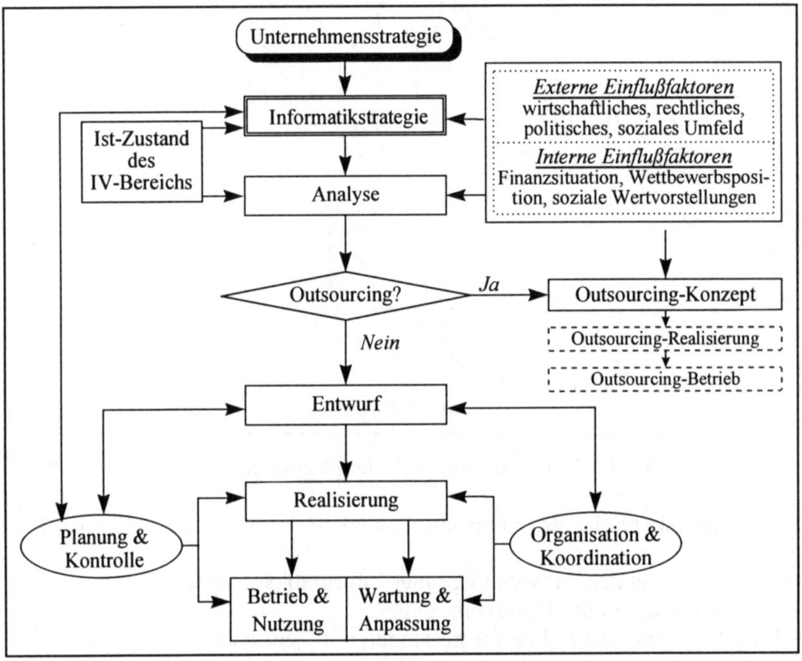

Abb. 4.6.1: Aktivitätenmodell des IM

Abb. 4.6.2 (S. 85) enthält eine detaillierte Darstellung des IM-Aktivitätenmodells.

Anwendungsbereich des IM-Aktivitätenmodells ist vor allem die Planung und Organisation der Durchführung der IM-Aufgaben in der Unternehmung. Gleichzeitig ist das Modell ein gutes Hilfsmittel für den Informationsmanager, um den Ablauf und die Erfüllung der IM-Aufgaben zu verfolgen, zu koordinieren und zu kontrollieren.

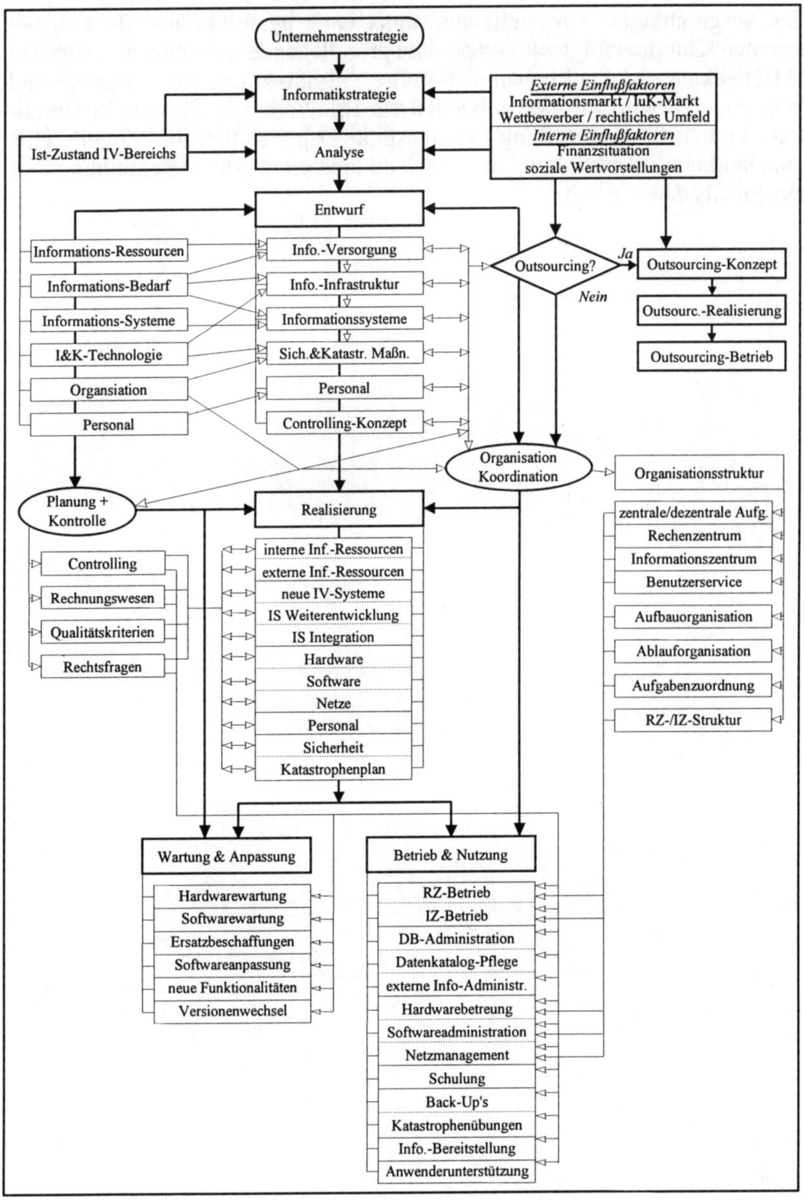

Abb. 4.6.2: Detailliertes IM-Aktivitätenmodell

Die vorgeschlagenen Modelle sind unter einer gemeinsamen Sicht zu betrachten. Damit erfolgt zum einen eine grundlegende Abgrenzung zwischen IM-Objekten, IM-Funktionen, IM-Vorgehensphasen und IM-Aufgaben und zum anderen wird mit den Modellen ein IM-Werkzeug für die IM-Gestaltung und Aufgabenerfüllung bereitgestellt. Dabei stellen die Modelle eine ganzheitliche, strukturierte und anwendungsorientierte Beschreibung des IM-Profils dar.

TEIL II: KERNAUFGABEN DES INFORMATIONSMANAGEMENTS

Im zweiten Teil werden die Kernaufgaben des IM behandelt:
- Analyseaufgaben,
- strategisch-konzeptionelle Aufgaben,
- Realisierungsaufgaben,
- operative Aufgaben.

Dabei können nicht alle Aufgaben ausführlich behandelt werden, da einige Aufgaben bzw. Aufgabenbereiche eigene Monographien erfordern würden, wie z. B. die wichtige Realisierungsaufgabe „Systementwicklung“[1].

5 Analyseaufgaben

5.1 Überblick

Die Analyseaufgaben des IM dienen der Erfassung und Systematisierung von Ist-Zuständen, Zielen, Anforderungen und dergl. Einige dieser Analyseaufgaben haben einen rein internen Charakter. Dazu gehören
- Informationsbedarfsanalysen,
- Kommunikationsbedarfsanalysen,
- Situationsanalysen,
- Organisationsanalysen,
- Personalbedarfsanalysen.

Andere Analyseaufgaben sind auch nach außen gerichtet, z. B.
- Marktbeobachtung und Marktanalysen für Hard- und Software,
- Technologiebedarfsanalysen und Eignungsanalysen für Innovationen.

---

1 Vgl. dazu beispielsweise SCHWARZE [1995].

5.2 Informationsbedarfsanalysen[2]

5.2.1 Begriffe und Ziele

Aus Sicht des IM ist folgende Unterscheidung wichtig.

> **Informationsbedarf** bezeichnet die für eine optimale Aufgabenerfüllung objektiv benötigten Informationen.
> **Informationsnachfrage** bezieht sich auf die von einer Stelle oder einem Stelleninhaber subjektiv gewünschten oder verlangten Informationen.
> **Informationsangebot** bezeichnet die verfügbaren bzw. bereitgestellten Informationen.

Die Unterscheidung von Informationsbedarf, Informationsnachfrage und Informationsangebot führt zu folgendem Problem:
Nach der Definition von Informationsbedarf könnte man darauf schließen, daß dieser gleich der Informationsnachfrage ist. Dies ist jedoch meistens nicht der Fall, da die Informationsnachfrager ihren Informationsbedarf hinsichtlich Qualität und Quantität häufig nicht ausreichend genau artikulieren können. Dadurch kommt es zu Inkongruenzen zwischen Informationsbedarf und Informationsnachfrage. Werden dabei objektiv benötigte Informationen nicht nachgefragt, kommt es zu einer **Informationsunterversorgung**. Werden Informationen nachgefragt, die objektiv nicht benötigt werden, liegt **Informationsüberversorgung** vor.
Auf der Informationsangebotsseite können ebenfalls Verzerrungen bei der Wahrnehmung des Informationsbedarfs auftreten. Diese können z. B. durch mangelnde Kommunikation zwischen IM-Bereich und Fachabteilungen oder durch technische Restriktionen hervorgerufen werden. Auch dadurch kann es zu Informationsüber- bzw. Informationsunterversorgung kommen.

Abb. 5.2.1 (S. 89) veranschaulicht die Beziehungen von Informationsbedarf, Informationsangebot und Informationsnachfrage.

Da eine Informationsbereitstellung immer mit Kosten (Personalkosten, Sachkosten und evtl. Kosten für die Information an sich) verbunden ist, ist ein wirtschaftlicher Umgang mit dem Gut Information zu fordern. Eine Informationsbereitstellung über den objektiven Bedarf hinaus, also eine **Informationsüberversorgung**, sollte aus diesem Grund nicht stattfinden.
Eine **Informationsunterversorgung** ist ebenfalls zu vermeiden. Durch sie kann es dazu kommen, daß einzelne Aufgaben gar nicht oder nur noch unzureichend durchgeführt werden können. Eine optimale Zielerreichung ist dann nicht mehr gewährleistet.

2 An einigen Stellen lehnt sich dieser Abschnitt an ROSENHAGEN [1993] an.

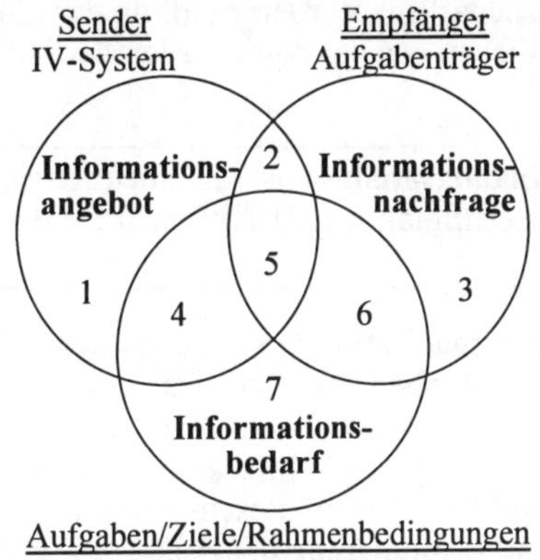

1 ~ angebotene, aber nicht benötigte und nicht nachgefragte Informationen
2 ~ angebotene und nachgefragte, aber nicht benötigte Informationen
3 ~ nachgefragte, aber nicht angebotene und nicht benötigte Informationen
4 ~ angebotene und benötigte, aber nicht nachgefragte Informationen
5 ~ angebotene, benötigte und nachgefragte Informationen (effizienter Bereich)
6 ~ nachgefragte und benötigte, aber nicht angebotene Informationen
7 ~ benötigte, aber weder angebotene noch nachgefragte Informationen

Abb. 5.2.1: Informationsbedarf, Informationsangebot und Informationsnachfrage

Daraus ergibt sich in Ergänzung zu den Ausführungen in Abschnitt 3.1 ein weiteres Ziel für das IM.

Ziel eines IM ist es, die Kongruenz von Informationsangebot, Informationsnachfrage und Informationsbedarf herzustellen.

Problematisch sind dabei vor allem
- die objektive Ermittlung des Informationsbedarfs und
- der Konflikt zwischen optimaler Zielerreichung und beschränkten Ressourcen für die Informationsbereitstellung.

In diesem Zusammenhang taucht folgendes Optimierungsproblem auf:
Informationen stiften einen Nutzen. Die Informationsversorgung verursacht Kosten. Unter Berücksichtigung von Nutzen und Kosten ist eine optimale Informationsversorgung zu bestimmen. Dabei kann es zu partieller Informationsunterversorgung kommen, wenn nämlich der Nutzen der nicht bereitgestellten Informationen geringer ist als die Kosten der Bereitstellung dieser Informationen.

Der Informationsbedarf kann wie folgt unterschieden werden.

Der **individuelle Informationsbedarf** sind die von einer einzelnen Stelle für eine optimale Aufgabenerfüllung benötigten Informationen.
Der **globale Informationsbedarf** umfaßt die Informationen, die insgesamt in einer Organisation zur optimalen Erreichung der Ziele unter Berücksichtigung gegebener Ressourcen notwendig sind.

Hier steht der individuelle Informationsbedarf im Vordergrund, da der globale Informationsbedarf sich im wesentlichen aus der Aggregation der individuellen Informationsbedarfe ergibt.

Generelles **Ziel einer Informationsbedarfsanalyse** ist die Identifizierung aller für eine optimale Aufgabenerfüllung erforderlichen Informationen.

Dabei geht man vom Ist-Zustand einer Organisation aus, d. h. bestehende Arbeitsabläufe bzw. Prozesse, Stellen, Aufgaben mit Arbeitsanweisungen usw. werden hinsichtlich der in den Zielerreichungssprozeß eingehenden Informationen analysiert. Vorstellbar sind aber auch Informationsbedarfsanalysen, die primär auf den Soll-Zustand abzielen. In diesem Fall wird der Informationsbedarf aus der strategischen Positionierung der Aufgaben- oder Geschäftsfelder abgeleitet. Weisen Informationen ein hohes Potential für das Erreichen der geplanten Marktposition auf, spricht man auch von „Information als strategischer Waffe“[3].

5.2.2 Dimensionen des Informationsbedarfs

Informationsbedarfsanalysen sind für die Optimierung der Informationsversorgung notwendig. Dazu ist eine Präzisierung des Informationsbedarfs erforderlich.

Informationsbedarf muß immer in den Dimensionen
- Informationsinhalt,
- Zeitpunkt,
- Darstellungsform,
- Kontext

betrachtet werden.

Informationsinhalt stellt den eigentlichen Kern der Information dar. Durch ihn ist eine Information in ihrer Qualität beschrieben. Dennoch ist die Festlegung des Informationsinhalts für die Ermittlung des Informationsbedarfs nicht hinreichend.

Für den Informationsempfänger ist auch die **Darstellungsform** von Informationen wichtig. Je nach Situation kann z. B. eine graphische, eine tabellarische oder eine binäre Darstellungsform für bestimmte Informationen unterschiedlich günstig sein. Die Geschwindigkeit und die Genauigkeit der Aufnahme von Informationen hängt häufig von Layout, Typographie und Farbgestaltung der Informationsdarstellung ab.

3 Vgl. z. B. MERTENS/PLATTFAUT [1986].

Informationsbedarf ist meistens zeitlich nicht stabil, sondern kann sich im Zeitablauf ändern. So kann z. B. nach einem bestimmten **Zeitpunkt** ein Bedarf bezüglich einer bestimmten Information nicht mehr vorhanden sein[4].

Informationsbedarf muß immer **zeitpunktbezogen** ermittelt werden.

Neben dem Zeitpunkt ist auch der **Kontext** für den Informationsbedarf von Bedeutung. Durch die Kontextbezogenheit soll ausgedrückt werden, daß zwischen der semantischen Interpretation einer Information und der Situation (dem Kontext) Wirkungszusammenhänge bestehen. Ein Informationsbedarf bezieht sich also nicht nur auf einen konkreten Zeitpunkt, sondern auch auf einen bestimmten Kontext.

5.2.3 Arten von Informationen

Unabhängig davon, wie man den Informationsbegriff definiert, scheint es offenkundig, daß es nicht **die** Information schlechthin, sondern eine Vielzahl verschiedener Informationsarten gibt, die nach verschiedenen Merkmalen klassifiziert werden können[5]. Abb. 5.2.2 (S. 92) gibt eine Übersicht über häufig genannte Klassifizierungen von Informationen und die diesen Klassifizierungen zugrundeliegenden Merkmale.

Neben den Klassifikationen in Abb. 5.2.2 existieren zahlreiche Informationsdichotomien, von denen einige für die praktische Arbeit eine besondere Bedeutung besitzen, wie beispielsweise[6]:

- Aktions- und Nichtaktionsinformationen,
- periodische und nichtperiodische Informationen,
- dokumentierte und nichtdokumentierte Informationen,
- unternehmungsinterne und unternehmungsexterne Informationen,
- Vergangenheits- und Zukunftsinformationen und
- Führungs- und Ausführungsinformationen.

Ausführungsinformationen sind Informationen, die zur Erfüllung operativer Aufgaben benötigt werden. Es handelt sich dabei überwiegend um detaillierte, interne Informationen. Führungsinformationen unterstützen die Erfüllung von Führungsaufgaben. Ihr Detaillierungsgrad ist geringer und der Anteil externer Informationen höher als bei Ausführungsinformationen. Die Grenzen zwischen Führungs- und Ausführungsinformationen sind, wie Abb. 5.2.3 (S. 92) veranschaulicht, fließend.

4 So besteht beispielsweise vor Abgabe eines Angebots ein Bedarf nach Informationen über die Preise von Konkurrenzangeboten, nach Angebotsabgabe aber nicht mehr.

5 Vgl. HETTICH [1981, S. 18].

6 Vgl. dazu DEARDEN/MCFARLAN [1966, S. 4 ff.] und HORVÁTH [1996].

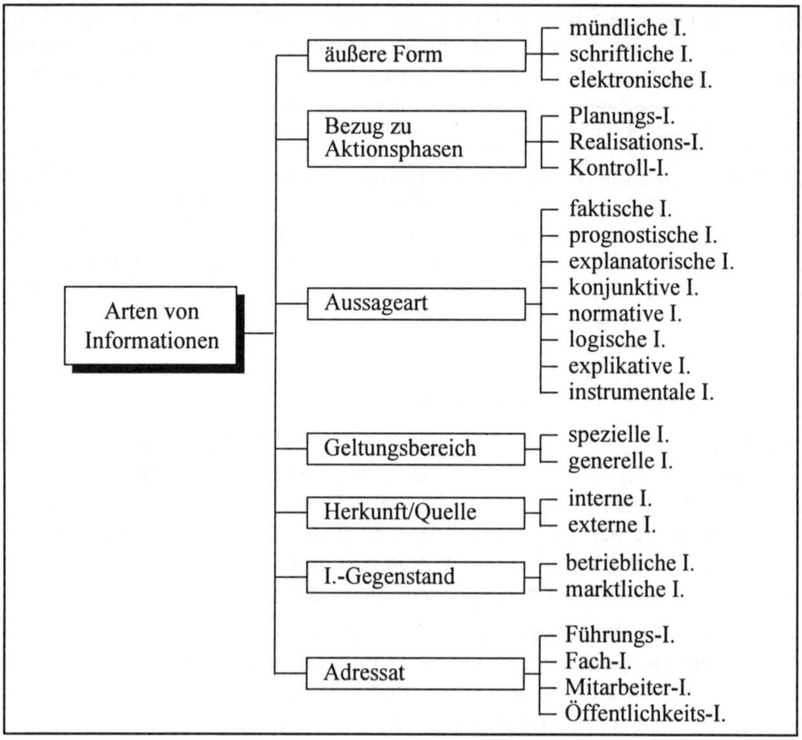

Abb. 5.2.2: Arten von Information[7]

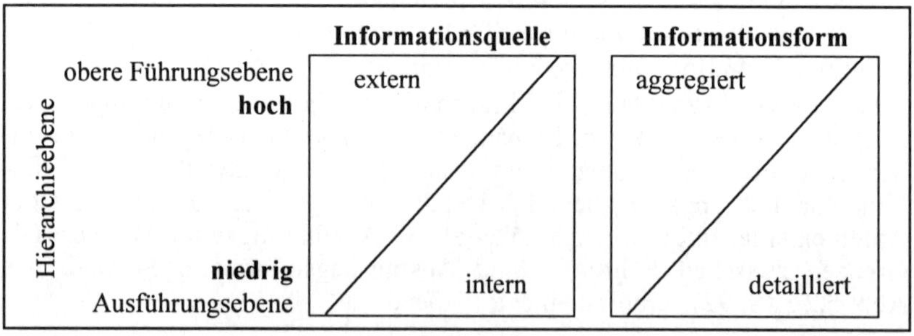

Abb. 5.2.3: Einfluß der Hierarchieebene auf Informationsquelle und -form[8]

7 In Anlehnung an HETTICH [1981, S. 19]; vgl. dazu auch BEYER [1992, S. 174ff.].

8 In Anlehnung an MCLEOD [1990, S. 49].

Zusammenfassend läßt sich festhalten, daß es verschiedene Arten von Informationen gibt, die unterschiedliche Zwecke erfüllen können. Ungeachtet dessen gilt, daß es keine richtige oder falsche Kategorisierung von Informationen gibt, sondern allenfalls eine zweckmäßige oder unzweckmäßige.

5.2.4 Quellen von Informationen

Generell können Informationen aus einer Vielzahl interner und externer Quellen gewonnen werden. Interne Quellen sind beispielsweise Rechnungswesen, Berichte und Konferenzen, unternehmungsexterne Quellen sind u. a. Presseveröffentlichungen, Verbandsmitteilungen und Veröffentlichungen von Forschungsinstituten[9]. Eine Übersicht möglicher externer Informationsquellen enthält Abb. 5.2.4.

Rundfunk	statistische Ämter
Fernsehen	Zeitungsausschnittdienste
regionale Tageszeitungen	Werbeagenturen
überregionale Tageszeitungen	Marktforschungsinstitute
Fachzeitschriften	Kreditinstitute
Wirtschaftsmagazine	Auskunfteien
Nachrichtenmagazine	Technologie-Transfer-Stellen
Illustrierte	Online-Datenbanken
Presse- und Informationdienste	persönliche Erfahrungen
Verbände	berufliche Kontakte
Industrie- und Handelskammern	private Kontakte
Unternehmungsberater	Konferenzen, Messen, Tagungen
Überbetriebl. Erfahrungsaustausch	Internet
Wirtschaftsforschungsinstitut	WWW

Abb. 5.2.4: Quellen Unternehmungsexterner Information

Die Vielzahl der verfügbaren Informationen kann nach den Dimensionen Herkunft oder Informationsquelle (intern und extern) sowie Formalisierung bzw. Informationsform (formal und informal) systematisiert werden[10]. Eine andere Möglichkeit ist die Differenzierung nach Informationsobjekt (Unternehmung und Umwelt) sowie Informationsquelle (intern und extern)[11]. Faßt man beide Systematisierungen zusammen, entsteht eine dreidimensio-

9 Eine ausführliche Darstellung verschiedener betrieblicher Informationsquellen findet sich bei MERTENS/SCHRAMMEL [1977].

10 Vgl. ALTER [1992, S. 147].

11 Vgl. BIRCHER [1976, S. 156].

nale Klassifikation von Informationen nach Quelle, Form und Objekt, die in Abb. 5.2.5 veranschaulicht ist.

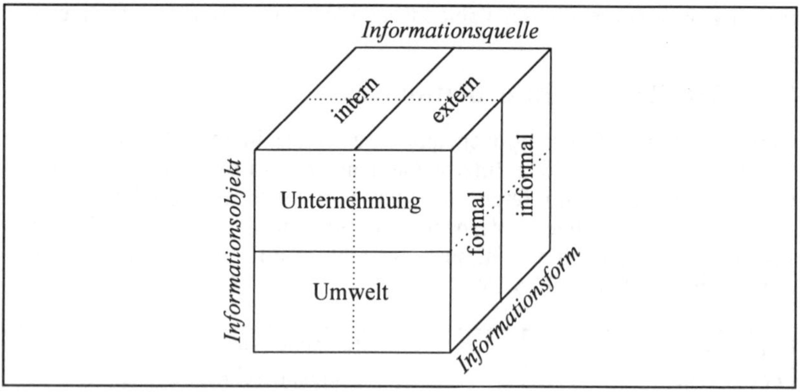

Abb. 5.2.5: Differenzierung von Informationsquellen

Informationen können auf formalem Wege, beispielsweise über ein institutionalisiertes Berichtswesen, wie auch auf informalem Wege, z. B. Gespräch beim Mittagessen, gewonnen werden. Ferner können Informationen sowohl aus unternehmungsinternen als auch aus unternehmungsexternen Quellen, z. B. Presseveröffentlichungen, stammen. Will eine Führungskraft umfassend informiert sein, reicht es nicht, die Informationsbeschaffung auf ein einzelnes Segment des in Abb. 5.2.5 dargestellten Kubus zu beschränken. Es ist erforderlich, alle Segmente zu beachten, um daraus die jeweils erforderlichen Informationen zu gewinnen.

5.2.5 Allgemeine Anforderungen an Informationen

An Informationen bzw. an die Qualität von Informationen sind bestimmte Anforderungen zu stellen. Hierbei stellt sich jedoch das Problem, daß das immaterielle Gut Information, im Gegensatz zu materiellen Gütern, nur schwer nach festgelegten Qualitätskriterien bzw. Qualitätsmerkmalen beurteilt werden kann. Geeignete Qualitätsmerkmale oder Anforderungen an Informationen sind[12]:

- **Relevanz**: Eine Information ist relevant, wenn sie geeignet ist, den Informationsempfänger bei der Erfüllung einer Aufgabe zu unterstützen.
- **Rechtzeitigkeit**: Eine Information ist rechtzeitig, wenn sie zum Zeitpunkt des Informationsbedarfs verfügbar ist.

12 Vgl. dazu z. B. BEYER [1992, S. 174] und GROTZ-MARTIN [1976, S. 26 ff.].

- **Aktualität**: Informationen können nur dann zweckorientiert eingesetzt werden, wenn sie aktuell sind. Aktualität bedeutet also, daß der Informationsempfänger bei sich ändernden Sachverhalten immer Informationen über die derzeitige Situation besitzen muß[13].
- **Verläßlichkeit**: Informationen müssen richtig und widerspruchsfrei sein sowie sich auf den vom Empfänger gemeinten Sachverhalt beziehen. Bei der Beurteilung der Verläßlichkeit einer Information ist auch zu prüfen, inwieweit die Verfahren der Informationsgewinnung, -verarbeitung und -weiterleitung Einfluß auf die Information selbst haben.
- **Genauigkeit**: Das Kriterium Genauigkeit bezieht sich einerseits auf die Eindeutigkeit der Sprache, die zur Beschreibung von Sachverhalten verwendet wird. Andererseits steht Genauigkeit in einem direkten Zusammenhang mit dem Inhalt einer Information: Genauigkeit ist in diesem Kontext Maßstab für den Bestimmtheitsgrad einer Information.
- **Vollständigkeit**: Die relevanten internen und externen Informationen müssen vollständig verfügbar sein.
- **Selektion**: Es sollen nur die jeweils relevanten Informationen bereitgestellt werden.
- **Verständlichkeit**: Informationen sollen so aufbereitet sein und so präsentiert werden, daß der Adressat die Informationsinhalte problemlos und zweifelsfrei aufnehmen kann.
- **Operationalität**: Informationen müssen so dargeboten werden, daß sie für die vorgesehenen Zwecke unmittelbar verwendet werden können.
- **Wirtschaftlichkeit**.

5.2.6 Anforderungen an Führungsinformationen

In empirischen Studien wurden die **von Führungskräften bevorzugten Informationen** untersucht[14], aus denen sich spezielle Anforderungen ergeben. Dies sind:

- **Aktualität**: Es erscheint wichtiger eine schnelle, als eine absolut korrekte Information zu erhalten.
- **Stimulanz**: Führungskräfte ziehen Informationen, die als Stimuli oder Auslöser wirken, aggregierten Informationen allgemeiner Art vor.
- **Verbalität**: Führungskräfte bevorzugen verbale Informationen, die eher die aktuellen, auslösenden Informationen liefern, die benötigt werden.

---

13 In dem hier verstandenen Sinn von Aktualität kann auch eine „alte" Information aktuell sein, wenn sie noch gültig ist. Das ist beispielsweise bei Informationen über Vertragsbedingungen der Fall, wenn sich diese Vertragsbedingungen über einen längeren Zeitablauf nicht ändern.

14 Vgl. dazu MINTZBERG [1980, S. 149].

Die drei Anforderungen werden nach Ansicht von MINTZBERG in den meisten IV-Systemen für Führungskräfte nicht ausreichend berücksichtigt. Er faßt das Problem in der folgenden Aussage zusammen: „While the manager seeks trigger, speculative, current information, the formal system usually gives him aggregated, precise, historical information“[15]. Er stellt weiter fest, daß Führungskräfte nach externen Informationen verlangen, während die formalen Systeme überwiegend interne Informationen bereitstellen. Diese dienen dann vorwiegend Kontrollzwecken und sind auf Angehörige mittlerer und unterer Unternehmungsebenen zugeschnitten. Informationen, die Führungskräfte für ihre Entscheidungen benötigen, werden nicht bereitgestellt[16].

Die genannten Unzulänglichkeiten eines IV-Systems führen dazu, daß „as a result the manager must often ignore the formal information system. Instead he designs his own system, which provides him with the information that he believes he needs“[17].

Aus der Kritik MINTZBERGs ergibt sich generell die Forderung nach **optimaler Informationsversorgung**:
Ein IV-System soll der Führungskraft soviel Informationen zur Verfügung stellen, wie sie benötigt, ohne jedoch soviel Informationen bereitzustellen, daß sie davon erdrückt wird[18].
Daraus ergeben sich spezielle Anforderungen an die Informationsversorgung, z. B.:

- **Adressatengerechte Präsentation**: Die Darstellung der Information soll dem kognitiven Stil der Führungskraft entsprechen[19].
- **Führungsrelevanz**: Die Information muß der Aufgabe und dem Verantwortungsbereich angemessen sein, d. h. eine Führungskraft sollte keine Informationen erhalten, die eher einer operativen Tätigkeit zuzuordnen sind[20].
- **Bedarfsgerecht**: Es sollen Informationen bereitgestellt werden, die die Führungskräfte verlangen und nicht solche, die sie nach Ansicht Dritter vermeintlich benötigen.

Eine formale Anforderung an Information ist die **Aufbereitung**: Ebenso, wie es nicht ausreicht, *irgendeine* Information bereitzustellen, reicht es auch nicht aus, eine Information *irgendwie* bereitzustellen. Neben dem Inhalt der Informationen ist auch deren Form für ihre Verwendung - und damit für die

15 MINTZBERG [1972, S. 96].
16 Vgl. MINTZBERG [1980, S. 149].
17 MINTZBERG [1980, S. 149].
18 Vgl. BUSH/ROBBINS [1991, S. 7].
19 Vgl. BUSH/ROBBINS [1991, S. 7].
20 Vgl. KOREIMANN [1976, S. 45].

Zweckeignung - entscheidend[21]. Informationen sind also in angemessener Form aufzubereiten. Bei der Aufbereitung der Informationen sind die Dimensionen Inhalt, Darstellung und Zeit zu beachten.

Die größte Bedeutung bei der Aufbereitung von Informationen hat deren Inhalt. Die Aufbereitung des Inhalts muß dem Niveau des Informationsempfängers entsprechen[22]. Ferner muß die Tatsache, daß Führungskräfte neben entscheidungsrelevanten Informationen meistens eine Vielzahl irrelevanter Informationen erhalten, zu einer Betonung von Informationsfilterung und -verdichtung führen[23].

Aggregation bzw. **Verdichtung** kann sowohl bei quantitativen als auch bei qualitativen Informationen dazu dienen, Redundanzen abzubauen. Dabei ist auf die Gefahr des Verlustes von Einzelinformationen zu achten[24]. Ausnahmefälle dürfen in einer Verdichtung nicht untergehen[25].

Die **Darstellung der Information** als weitere Dimension der Informationsaufbereitung muß sich an Zweck, Inhalt und Empfänger der Information orientieren. So kann Information beispielsweise in Form von Zahlenreihen, in Tabellenform, als Grafik, als Text oder als Kombination dieser Formen dargestellt werden.

Bei der **zeitlichen Dimension der Aufbereitung** von Informationen ist zu berücksichtigen, daß der Wert einer Information sinkt, wenn sie zu spät erstellt oder verteilt wird. Informationen, die zur Bewältigung täglich auftretender Problemstellungen erforderlich sind, z. B. Informationen über die Liquiditätssituation, müssen entsprechend täglich bereitgestellt werden. Andere Informationen, die weniger starken Veränderungen unterworfen sind, sollten in entsprechend größeren Zeiträumen verfügbar sein. Generell gilt, daß Informationen direkt nach ihrer Fälligkeit erstellt werden müssen.

Informationen, die in schriftlicher Form weitergegeben werden, werden üblicherweise in Form von Berichten bereitgestellt. Dabei kann man die folgenden Typen unterscheiden[26]:

- **Standardberichte** für eine regelmäßige, vollständige Berichterstattung.
- **Abweichungsberichte**, die die Notwendigkeit eines Eingreifens signalisieren. Das ist der Fall, wenn die Abweichung bestimmter Werte von vorher festgelegten Sollwerten bestimmte Toleranzgrenzen überschreitet.
- **Bedarfsberichte**, die nur fallweise auf Anforderung erstellt werden.

---

21 Vgl. BECKER [1974, S. 35].
22 Vgl. BECKER [1974, S. 36] und BIRCHER [1976, S. 203].
23 Vgl. ACKOFF [1967, S. B-148].
24 Vgl. BIRCHER [1976, S. 207].
25 Vgl. BRÖNIMANN [1969, S. 73].
26 Vgl. RÖMHELD [1973, S. 60 ff].

Neben den genannten Formen der Aufbereitung von Informationen können diese auch als Rohdaten, d. h. in nicht-aufbereiteter Form, zur Verfügung gestellt werden. Hierbei werden die Informationen direkt ihren jeweiligen Quellen entnommen, z. B. den operativen betrieblichen DV-Systemen, und den Informationsempfängern ohne weitere Aufbereitung vorgelegt.

Eine andere Forderung ist die der optimalen und bedarfsgerechten **Informationsweitergabe**, die auf unterschiedliche Art erfolgen kann[27]:

synchron, z. B. durch
- persönliche Gespräche
- Telefongespräche,
- geplante Treffen,
- ungeplante Treffen,

asynchron, z. B. durch
- Schriftverkehr,
- E-Mail,
- Diskussionsforen.

Eine Beschränkung auf diese fünf Formen der Informationsweitergabe scheint im Hinblick auf Führungsinformationssysteme jedoch nicht ausreichend. Es sollen daher verschiedene Dimensionen der Informationsweitergabe unterschieden werden, die anhand der Unterscheidungen

- formale und informale Informationsweitergabe,
- regelmäßige und unregelmäßige Informationsweitergabe sowie
- schriftliche, mündliche und elektronische Informationsweitergabe

gebildet werden, und in Abb. 5.2.6 veranschaulicht sind.

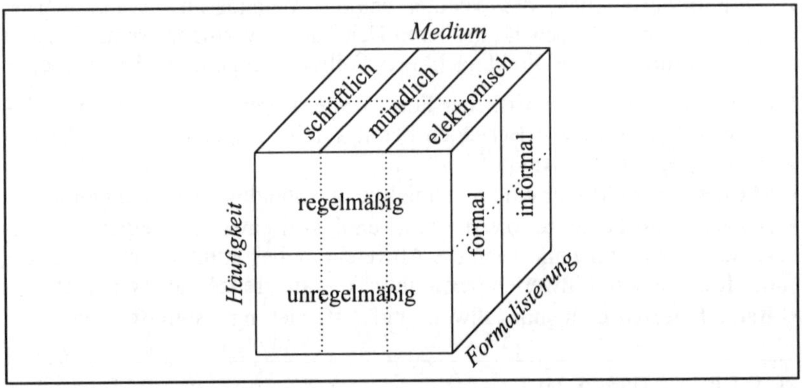

Abb. 5.2.6: Dimensionen der Informationsweitergabe

27 Vgl. MINTZBERG [1980, S. 39 ff.].

Eine formale Weitergabe von Informationen erfolgt auf fest vorgegebenen Berichtswegen. Ein Beispiel hierfür ist das von HENRI FAYOL vorgeschlagene Prinzip der Einheit der Auftragserteilung[28]. Eine informale Informationsweitergabe erfolgt im Rahmen eines Systems persönlicher Beziehungen, das sich die betreffende Person selbst aufgebaut hat[29].

Im Rahmen der regelmäßigen Informationsweitergabe werden Informationen regelmäßig, d. h. zu bestimmten Terminen oder aufgrund bestimmter auslösender Ereignisse, bereitgestellt. Ein Beispiel für eine regelmäßige Informationsweitergabe ist der Jahresabschluß einer Unternehmung. Eine unregelmäßige Informationsweitergabe liegt vor, wenn sie nicht gebunden an bestimmte Termine oder Ereignisse erfolgt.

Bei der schriftlichen Informationsweitergabe werden die Informationen dem Informationsempfänger auf Papier oder einem anderen Medium zur Verfügung gestellt. Die mündliche Informationsweitergabe erfolgt dagegen in persönlichen Gesprächen. Bei der elektronischen Informationsübermittlung werden transportierbare Datenträger (z. B. CD-ROM, Diskette) oder Datenübertragungsleitungen verwendet. Die Präsentation der Informationen erfolgt am Bildschirm oder auf andere Art.

Wie Abb. 5.2.6 zeigt, ist eine Informationsweitergabe immer durch ein gleichzeitiges Auftreten aller drei Dimensionen gekennzeichnet. Innerhalb einer Unternehmung werden Informationen auf jede der durch die Kombination der drei Dimensionen darstellbare Art weitergegeben. Welches Verfahren dabei dominiert, hängt von verschiedenen Faktoren ab, die vor allem in Größe und Tätigkeitsbereich der Unternehmung[30] sowie Person und Aufgabe des Informationsempfängers[31] begründet liegen.

5.2.7 Klassische Ansätze der Informationsbedarfsbestimmung

Im folgenden werden verschiedene klassische Ansätze zur Bestimmung des Informationsbedarfs von Führungskräften dargestellt. Dies sind die Nebenprodukttechnik, die Nullmethode, das System der Schlüsselindikatoren und das System der Bedarfserhebung[32]. Ferner wird auf Informationskataloge eingegangen.

---

28 Vgl. PICOT [1990, S. 128 f.].

29 Vgl. z. B. MINTZBERG [1972, S. 93].

30 Vgl. z. B. DANIEL [1961, S. 112].

31 Vgl. z. B. MINTZBERG [1980, S. 38 ff.] und O. V. [1979, S. 10 f.].

32 Vgl. ROCKART [1980, S. 46 ff.].

a) Nebenprodukttechnik

Die Nebenprodukttechnik mißt dem tatsächlichen Informationsbedarf von Führungskräften nur eine geringe Bedeutung zu. Im Mittelpunkt stehen Systeme zur Verarbeitung der Daten einzelner Funktionsbereiche, z. B. Kostenrechnung[33]. Aus diesen werden dann Informationen gewonnen, die nach einer ebenen- und funktionsorientierten Verdichtung allen interessierten Managern zur Verfügung gestellt werden. Einige dieser Daten werden dann weiter aggregiert und an das obere Management berichtet.

Die Informationen werden also als Nebenprodukte operativer Systeme gewonnen. Sofern diese Systeme nicht computergestützt sind, findet die Aufbereitung oftmals manuell statt. Es werden dann häufig Informationen bereitgestellt, die untergeordnete Ebenen für nützlich halten oder die das Management früher einmal benötigt hat[34]. Die Bestimmung des Informationsbedarfs - sofern man in diesem Zusammenhang überhaupt davon sprechen kann - erfolgt also durch Ableitung der Informationsbedürfnisse aus bestehenden Systemen bzw. den von diesen bereitgestellten Informationen.

Die Gewinnung von Informationen als Nebenprodukt operativer Systeme führt dazu, daß Führungskräfte mit einer steigenden Menge von Informationen überhäuft werden. Diese Informationen besitzen, wenn überhaupt, lediglich für das Tagesgeschäft einen Nutzen. Trotzdem ist die Nebenprodukttechnik häufig das vorherrschende Verfahren zur Bestimmung des Informationsbedarfs[35].

Vorteile der Nebenprodukttechnik liegen in den niedrigen Kosten. Nachteile sind darin zu sehen, daß den Führungskräften Informationen isoliert zur Verfügung gestellt werden, d. h. ohne Zusammenhang zu anderen relevanten Informationen[36].

b) Nullmethode

Die Nullmethode basiert auf der Vorstellung, daß Unternehmungen sich in einer dynamischen, von Diskontinuität geprägten Umwelt behaupten müssen. Die Tätigkeit der Führungskräfte unterliegt daher einem stetigen Wandel. Ein Informationsbedarf läßt sich aus diesem Grunde nicht vorherbestimmen[37].

Informationen, die Führungskräfte für Entscheidungen in bestimmten Situationen benötigen, sind wegen der erforderlichen Zukunftsorientierung übli-

---

33 Vgl. MILLET/MAWHINNEY/KALLMAN [1992, S. 130].
34 Vgl. ROCKART [1980, S. 46].
35 Vgl. ROCKART [1980, S. 46].
36 Vgl. ROCKART [1980, S. 48].
37 Vgl. HORVÁTH [1996, S. 354].

cherweise subjektiv und müssen ad hoc zusammengetragen werden[38]. Dazu eignet sich ein Data-Warehouse[39].

Der Vorteil der Nullmethode liegt besonders darin, daß sie Unternehmungen vor Investitionen in nutzlose IV-Systeme bewahrt. Nachteilig ist die starke Betonung der strategischen Aufgaben der Führungskräfte, die die Kontrollfunktionen weitgehend unberücksichtigt läßt[40].

c) System der Schlüsselindikatoren

Das System der Schlüsselindikatoren geht davon aus, daß sich jede Unternehmung bzw. jeder Unternehmungsbereich durch einige Schlüsselgrößen charakterisieren läßt[41]. Für diese Schlüsselgrößen werden Zielvorgaben aufgestellt, deren Entwicklungen im Zeitablauf dann kontrolliert werden.

Nach der Identifikation der relevanten Schlüsselgrößen können zwei wesentliche Konzepte verfolgt werden. Entweder werden regelmäßig Informationen über die Indikatoren zusammengetragen und dem Management berichtet, oder es werden dem Management im Rahmen einer Ausnahmeberichterstattung nur Informationen über solche Schlüsselgrößen geliefert, die signifikante Abweichungen von vorher bestimmten Sollwerten aufweisen[42].

Der Vorteil des Verfahrens der Schlüsselindikatoren liegt in der relativ unproblematischen Beschaffung von Informationen. Nachteilig ist vor allem die dominante Ausrichtung auf das operative Geschehen[43]. Ferner finden die spezifischen Informationsbedürfnisse einzelner Führungskräfte keine Berücksichtigung[44].

d) Bedarfserhebung

Bei der Ermittlung des Informationsbedarfs über Bedarfserhebungen werden Führungskräften Fragen über ihren Informationsbedarf vorgelegt. Aus der Vielzahl der Antworten wird dann der Informationsbedarf ermittelt. Durch einen Vergleich des Informationsbedarfs mit dem vorhandenen Informationsangebot werden auf dieser Basis Systeme zur Bereitstellung der derzeit nicht verfügbaren Informationen abgeleitet[45].

---

38 Vgl. ROCKART [1980, S. 47].
39 Vgl. dazu die Ausführungen in Abschnitt 9.7.
40 Vgl. ROCKART [1980, S. 48f.].
41 Vgl. JANSON [1982, S. 58f.].
42 Vgl. ROCKART [1980, S. 47] und MILLET/MAWHINNEY/KALLMAN [1992, S. 130f.].
43 Vgl. HORVÁTH [1996, S. 354f.] und JANSON [1982, S. 64f.].
44 Vgl. ROCKART [1980, S. 49].
45 Vgl. dazu ROCKART [1980, S. 48].

Die Ermittlung des Informationsbedarfs durch Befragung der späteren Informationsempfänger setzt voraus, daß diese ihren Informationsbedarf artikulieren und spezifizieren können[46]. Dies impliziert, daß sie jede mögliche zu treffende Entscheidung kennen und auch über ein geeignetes Entscheidungsmodell dafür verfügen[47]. Üblicherweise ist diese Voraussetzung nicht gegeben. Meistens sind die Befragten nur in der Lage, einen Teil ihres Informationsbedarfs zu identifizieren[48].

Die beschriebenen Probleme der Bedarfserhebung können teilweise durch Befragung einer größeren Anzahl von Personen kompensiert werden. Objektivität kann nämlich - zumindest näherungsweise - auch dadurch hergestellt werden, daß verschiedene, unabhängig voneinander befragte Personen hinsichtlich des für eine Aufgabe erforderlichen Informationsbedarfs zu gleichen Ergebnissen gelangen[49].

Trotz der beschriebenen Probleme wird ein Vorteil des Systems der Bedarfserhebung darin gesehen, daß es den Informationsbedarf ausführlich erfaßt und so auf fehlende Informationen und IV-Systeme hinweisen kann. Nachteilig sind neben den vorgenannten Schwierigkeiten die generellen Probleme einer Totalerhebung, nämlich der hohe Zeit- und Kostenbedarf sowie die Datenfülle[50].

e) Informationskataloge

Die herkömmlichen Verfahren zur Informationsbedarfsanalyse bauen auf grundlegenden Verfahren wie Aufgabenanalyse, Dokumentenanalyse oder der Berichtsmethode auf. Um den Problemen herkömmlicher Verfahren zu begegnen, werden oftmals Informationskataloge erstellt, in denen versucht wird, sämtliche für eine Entscheidung oder für einen Entscheidungsbereich erforderlichen Informationen aufzulisten[51]. Abb. 5.2.7 (S. 103) zeigt einen Auszug aus einem Informationskatalog für den Bereich Personalwesen.

Die Vorteile von Informationskatalogen liegen darin, daß den Informationsempfängern Möglichkeiten aufgezeigt und stimulierende Eindrücke vermittelt werden[52].

---

46 Vgl. KIRSCH/KLEIN [1977, S. 46].

47 Vgl. ACKOFF [1967, S. B-149].

48 Vgl. dazu auch Abschnitt 5.2.1 (S. 88ff.).

49 Vgl. dazu PICOT/FRANCK [1988, S. 609], die aber darauf hinweisen, daß auch eine solche Lösung nicht frei von Subjektivität ist, da es durchaus möglich ist, daß die befragten Personen über den gleichen begrenzten Kenntnisstand bzw. das gleiche eingeschränkte Erkenntnissystem verfügen.

50 Vgl. ROCKART [1980, S. 49].

51 Vgl. WELGE [1988, S. 352].

52 Vgl. RÖMHELD [1973, S. 66].

Personalwesen
Personalkosten Ist / Geplant Personalstruktur Ist / Geplant Personalbedarf Personalbeschaffung und -freisetzung Fluktuation (nicht durch die Unternehmung veranlaßt) Arbeitszufriedenheit der Mitarbeiter Betriebliches Vorschlagswesen Beurteilungen Unfälle Krankenstand Arbeitsmarktsituation und externes Lohnniveau personelle Vergleichszahlen mit der Konkurrenz mögliche Veränderungen auf den Arbeitsmarkt Entwicklung von Löhnen, Gehältern, Sozialleistungen Aus- und Fortbildungsmaßnahmen Personalentwicklungsplanung für Führungskräfte

Abb. 5.2.7: Auszug aus einem Informationskatalog

Der Nachteil von Informationskatalogen liegt darin, daß viele Informationen ungewichtet und unspezifisch aufgeführt werden[53]. Dies kann u. U. zu einer Beeinflussung der Informationsempfänger führen, da die Auswahl bestimmter Informationen bei der Erstellung des Informationskatalogs eine Vorentscheidung hinsichtlich des zu gestaltenden Systems darstellt[54].

5.2.8 Verfahren der kritischen Erfolgsfaktoren[55]

Das Verfahren der kritischen Erfolgsfaktoren (KEF) basiert auf der Idee, daß für jede Unternehmung einige Faktoren existieren, die über Erfolg und Mißerfolg entscheiden. ROCKART stellt dazu fest: „In jedem Unternehmen gibt es also eine begrenzte Zahl kritischer Geschäftsbereiche, die zur Sicherung des Erfolgs im Wettbewerb zumindest befriedigende Resultate erzielen müssen“[56]. Kritische Erfolgsfaktoren sind die Bereiche oder Faktoren geschäftlicher Aktivitäten, die das Management permanent und sorgfältig

53 Vgl. HORVÁTH [1990, S. 373].
54 Vgl. RÖMHELD [1973, S. 67].
55 Vgl. zu den kritischen Erfolgsfaktoren auch Abschnitt 3.1.3.
56 ROCKART [1980, S. 50].

beobachten sollte[57]. Bei der Bereitstellung von Informationen sollte sich ein Führungsinformationssystem auf diese für den Erfolg maßgeblichen Faktoren konzentrieren[58].

Die Bestimmung der kritischen Erfolgsfaktoren erfolgt mehrstufig[59]. Zunächst sind die strategischen Pläne und - falls vorhanden - die Schlüsselziele der Unternehmung zu bestimmen. Ferner sind die Ziele der jeweiligen Führungskraft zu bestimmen. Anschließend werden die Schlüsselbereiche festgelegt, auf die sich die Führungskraft konzentrieren soll. Ist dies geschehen, sind geeignete Maßgrößen und Indikatoren festzulegen, anhand derer die Entwicklung der kritischen Erfolgsfaktoren beurteilt werden kann.

Kritische Erfolgsfaktoren haben verschiedene Grundlagen[60]:
- Struktur des Wirtschaftszweigs,
- Wettbewerbsstrategie, Marktstellung der Unternehmung und geographischer Standort,
- Umweltfaktoren,
- temporale Faktoren.

Kritische Erfolgsfaktoren unterliegen aufgrund der dynamischen Umwelt Veränderungen im Zeitablauf. Führungskräfte müssen deshalb jederzeit die Faktoren definieren können, die für den Erfolg der Unternehmung in dem anvisierten Planungszeitraum wichtig sind[61].

Letztlich reicht es aber nicht aus, die Ursachen unterschiedlicher Erfolgsfaktoren lediglich in der Existenz unterschiedlicher Organisationen zu suchen. Wie bereits angedeutet, können kritische Erfolgsfaktoren unter sonst gleichen Bedingungen von Person zu Person variieren. Im Gegensatz zu den bisher dargestellten Vorgehensweisen, setzt das Verfahren der kritischen Erfolgsfaktoren unmittelbar beim Informationsbedarf der einzelnen Führungskraft an und bezieht sowohl harte wie auch weiche Informationen mit ein. Auch wird der Tatsache Rechnung getragen, daß der Informationsbedarf von Führungskräften sowohl im Zeitablauf als auch von Person zu Person unterschiedlich ist[62]. Die Ursachen liegen sowohl in unterschiedlichen Zielvorstellungen als auch in unterschiedlichen Arbeitsweisen.

Wesentlicher Vorteil des Verfahrens ist die Berücksichtigung des individuellen Informationsbedarfs der einzelnen Führungskraft. Nachteilig wirkt sich besonders der zur Bestimmung der individuellen kritischen Erfolgsfak-

---

57 Vgl. ROCKART/DE LONG [1988, S. 203].

58 Vgl. z. B. DANIEL [1961, S. 116] und WATSON/FROLICK [1992, S. 39].

59 Vgl. ROCKART/DE LONG [1988, S. 203f.] und ALTER [1992, S. 589ff.].

60 Vgl.dazu ROCKART [1980, S. 51].

61 Vgl. ROCKART [1980, S. 51].

62 Vgl. ROCKART [1980, S. 49] und o. V. [1979, S. 6f.].

toren erforderliche Zeitaufwand aus, der nur von der Führungskraft selbst geleistet werden kann, wenn sinnvolle Ergebnisse erzielt werden sollen[63]. Ein weiterer Nachteil des Verfahrens wird u. U. bei der Umsetzung der Ergebnisse in ein IV-System deutlich. Es besteht die Gefahr, daß die Vielzahl der von Führungskraft zu Führungskraft variierenden kritischen Erfolgsfaktoren zu einer ebenso großen Zahl individueller IV-Systeme führt.

Abb. 5.2.8 veranschaulicht die Informationsbedarfsermittlung auf Basis der kritischen Erfolgsfaktoren.

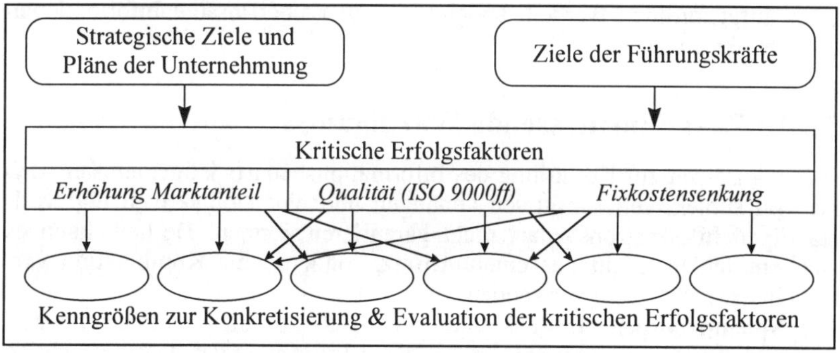

Abb. 5.2.8: Informationsbedarfsermittlung auf Basis der kritischen Erfolgsfaktoren

5.2.9 Experimentelle Ermittlung des Informationsbedarfs

Im Rahmen des experimentellen Vorgehens wird zunächst eine Ausgangsmenge an Informationen ausgewählt und in einem prototypischen IV-System implementiert[64]. Die Verwendung dieses Prototypen führt dazu, daß Informationsbedürfnisse besser verstanden werden und spätere Versionen des IV-Systems die neu erkannten Informationsbedürfnisse berücksichtigen.

Ein Vorteil des experimentellen Vorgehens ist, daß auf diese Weise das Interesse der Führungskräfte an einem Führungsinformationssystem geweckt werden kann. Wenn ein Prototyp erstellt wurde, werden Führungskräfte oftmals in der Lage sein zu beschreiben, was ihnen daran gefällt bzw. nicht gefällt und welche Informationen sie zusätzlich benötigen bzw. nicht benötigen[65]. Durch die frühzeitige Einbindung der Endbenutzer und den damit verbundenen Lernprozeß verbessert sich die Akzeptanz des IV-Systems[66]

63 Vgl. ROCKART/DE LONG [1988, S. 204 f.].

64 Vgl. WATSON/FROLICK [1992b, S. 39].

65 Vgl. BARROW [1992, S. 112f.].

66 Vgl. ROCKART/DE LONG [1988, S. 202].

und verringert sich die Gefahr, an den Bedürfnissen vorbei zu entwickeln. Weiterer Vorteil sind die Entwicklungskosten, die langfristig geringer sind als bei einem konventionellen Vorgehen, da Modifikationen des Systems seltener erforderlich werden.

Nachteile der experimentellen Vorgehensweise liegen vor allem in der Art der Bestimmung des Informationsbedarfs. Die hier praktizierte Vorgehensweise ähnelt dem System der Bedarfserhebung und ist auch mit deren Nachteilen verbunden. Eine besondere Gefahr liegt darin, daß zwar immer neue, nach Ansicht der Testperson erforderliche Informationen in das System aufgenommen werden, andererseits aber überflüssige Informationen nicht entfernt werden.

5.2.10 Zusammenfassende Würdigung

Allen Ansätzen zur Ermittlung des Informationsbedarfs ist gemeinsam, daß sie von subjektiven Einflüssen abhängen und einen objektiven und vollständigen Informationsbedarf nicht garantieren können. Deshalb kann es sich empfehlen, nicht nur einen Ansatz, sondern eine Kombination verschiedener Ansätze zu verwenden.
Die **Nebenproduktechnik** ist eher ein Ansatz zur Informationsbereitstellung bzw. Informationserzeugung. Welche Informationen dann tatsächlich den einzelnen Bedarfsträgern zur Verfügung gestellt werden, muß mit einem anderen Ansatz, vor allem Bedarfserhebung oder Informationskataloge, ermittelt werden.
Die **Nullmethode** ist letztendlich kein echter Ansatz der Informationsbedarfsermittlung.
Schlüsselindikatoren sind vor allem als Ergänzung zu anderen Informationen geeignet, so daß dieser Ansatz nicht alleine verwendet werden sollte.
Bedarfserhebung ist ein geeigneter Ansatz, der allerdings das Problem der Subjektivität enthält und mit dem eher die Informationsnachfrage als der Informationsbedarf ermittelt wird.
Informationskataloge können auch zur Unterstützung der Bedarfserhebung dienen und auf der Basis aller verfügbaren Informationen (Nebenproduktechnik!) aufgestellt werden.
Kritische Erfolgsfaktoren sollten immer ermittelt werden, betreffen aber nur einen Teilaspekt des Informationsbedarfs.
Experimentelle Ermittlung des Informationsbedarfs wird in vielen Fällen wegen des Aufwands kaum in Frage kommen.

Nicht abgedeckt wird durch Informationsbedarfsanalyse das Problem des Ad-hoc-Informationsbedarfs. Dafür sind IV-Systeme, die spontanen individuellen Informationsbedarf befriedigen können, erforderlich, wobei insbesondere auf das Data-Warehouse-Konzept hinzuweisen ist.

5.3 Kommunikationsbedarfsanalyse

Ebenso wie der Informationsbedarf ist auch der Kommunikationsbedarf zu ermitteln. Die Kommunikationsbedarfsanalyse baut zweckmäßigerweise auf der Informationsbedarfsanalyse auf, da Kommunikation den Austausch von Informationen bedeutet[67].

Als Grundlage für eine Kommunikationsbedarfsanalyse ist bei der Informationsbedarfsanalyse der Informationsbedarf nicht nur in den Dimensionen Informationsinhalt, Darstellungsform, Zeitpunkt und Kontext zu betrachten (vgl. S. 90), sondern auch nach der **Informationsherkunft**.

Aus der Informationsherkunft lassen sich dann die notwendigen oder die gewünschten Kommunikationserfordernisse und Kommunikationsbeziehungen herleiten.

Die **Kommunikationserfordernisse** sind bei der Kommunikationsbedarfsanalyse zu spezifizieren nach[68]
- Kommunikationspartnern,
- Kommunikationsverbindung,
- Kommunikationsmedium,
- Zeitbezug der Kommunikation,
- Kommunikationsarchitektur.

Kommunikationspartner sind Stellen innerhalb der Unternehmung oder externe Stellen. Letztere können explizit als Kommunikationspartner aufgeführt werden, oder es werden nur die Schnittstellen angegeben, über die die Kommunikation erfolgt.

Es wird in direkte und indirekte **Kommunikationsverbindungen** unterschieden. Bei der **direkten Kommunikation** stehen die Kommunikationspartner in einem unmittelbaren Kontakt (z. B. Gespräch), während bei der **indirekten Kommunikation** die Informationen über ein Speichermedium vom Sender zum Empfänger gelangen (z. B. Brief).

Kommunikationsmedien können in (transportierbare) Datenträger und Leitungen klassifiziert werden. Ein besonderes Medium ist die Luft bei der Kommunikation über Sprache.

---

67 Üblicherweise definiert man Kommunikation als Austausch von Nachrichten. Nachrichten sind Informationen in einer zur Übertragung geeigneten Form. Vgl. dazu beispielsweise SCHWARZE [1997, S. 111].

68 Vgl. hierzu und zu den folgenden Erläuterungen auch SCHWARZE [1997, S. 111f.].

Beim **Zeitbezug** wird differenziert nach simultaner und verzögerter Kommunikation. Bei **simultaner Kommunikation** erreicht eine abgesandte Nachricht den Empfänger sofort[69], wie beim Telefonieren, während sie bei der **verzögerten Kommunikation** zeitversetzt eintrifft, wie beispielsweise bei Kommunikation durch einen Brief.

Die **Architektur** bezieht sich auf den Aufbau des Kommunikationssystems. Ein **geschlossenes Kommunikationssystem** steht nur systemseitig bestimmten Kommunikationspartnern zur Verfügung und ermöglicht Dritten keinen Zugang. Bei einem **offenen System** gibt es freien Zugang für beliebige Teilnehmer. Das Telefonnetz bietet offene Kommunikation.

Zur Kommunikationsbedarfsanalyse gehört auch die Ermittlung von Anforderungen an die Übertragungssicherheit.

5.4 Situationsanalyse

5.4.1 Aufgaben der Situationsanalyse

Im Rahmen des IM hat eine Situationsanalyse die Aufgabe, die strategische Rolle der Informationsfunktion zu bestimmen[70]. Unter der strategischen Position der Informationsfunktion ist dabei die Rolle der Information für das Erreichen der Unternehmungsziele zu verstehen. Voraussetzung für die Bestimmung der strategischen Position der Informationsfunktion ist deshalb eine Analyse der Wettbewerbssituation der Unternehmung.

Die Informationsfunktion selbst bestimmt wiederum die Informationsinfrastruktur, welche nötig ist, die angestrebte Wettbewerbsposition der Unternehmung zu realisieren. Abb. 5.4.1 verdeutlicht den Zusammenhang.

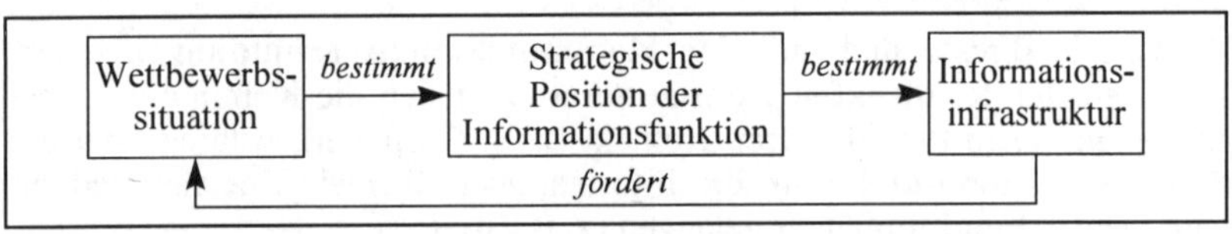

Abb. 5.4.1: Komponenten der Situationsanalyse des IM

Eine Situationsanalyse im IM besteht also aus

- Analyse der Wettbewerbssituation,
- Analyse der Position der Informationsfunktion sowie
- Analyse der Informationsinfrastruktur.

69 Es muß allerdings die Zeit für die Nachrichtenübertragung berücksichtigt werden.

70 Vgl. HEINRICH [1996, S. 90].

Die Ergebnisse der Situationsanalyse bestimmen letztlich den Aufgabenumfang des IM und konkretisieren die Aufgabeninhalte. Eine Situationsanalyse ist aus diesen Gründen eine wichtige Voraussetzung für die zielgerichtete Organisation des IM und muß der Aufgabenplanung vorgeschaltet sein.

5.4.2 Analyse der Wettbewerbssituation

Durch die Analyse der Wettbewerbssituation werden die Position der Unternehmung im Markt und alle relevanten Eigenschaften des Marktes bestimmt, z. B. Marktvolumen, Marktwachstum, rechtliche Restriktionen. Die Marktposition der Unternehmung wird dabei meistens getrennt für jede strategische Geschäftseinheit bzw. für jedes Produkt ermittelt und mit Hilfe sog. Wettbewerbsfaktoren ausgedrückt. Wettbewerbsfaktoren können z. B. Produktpreise, Lieferzeiten oder die Produktqualität sein.

Für die Durchführung einer Wettbewerbsanalyse eignet sich ein Vorgehensmodell wie in Abb. 5.4.2.

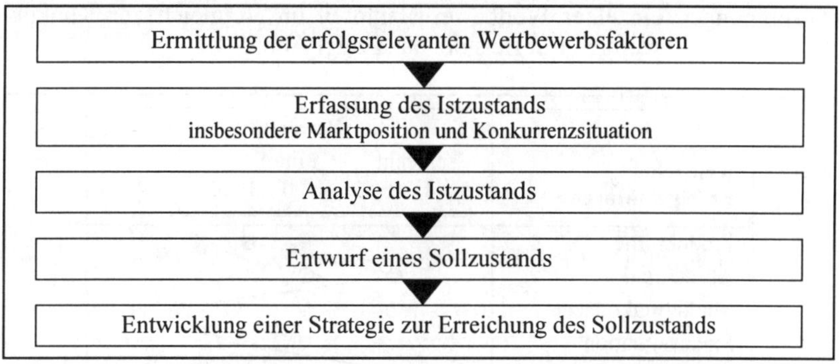

Abb. 5.4.2: Vorgehensmodell für eine Wettbewerbsanalyse[71]

Eine häufig verwendete Technik zur Visualisierung der Wettbewerbssituation ist die **Portfoliotechnik**. Durch sie können sowohl die Istausprägungen der Wettbewerbsfaktoren der strategischen Geschäftseinheiten (Dimension der relativen Stärke) als auch relevante Markteigenschaften (Dimension der Marktattraktivität) graphisch dargestellt werden. Abb. 5.4.3 zeigt ein Beispiel. Zu jeder Geschäftseinheit gehört ein Kreis. Die Kreisfläche entspricht dem Umsatzvolumen.

71 In Anlehnung an HEINRICH [1996, S. 94f.].

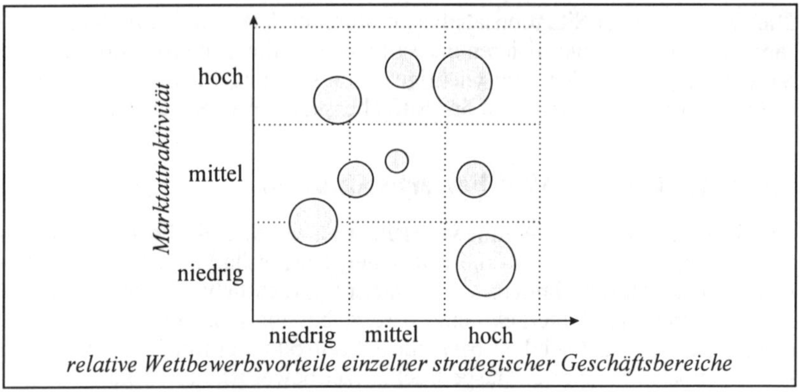

Abb. 5.4.3: Beispiel eines Portfolios[72]

Ein anderes Instrument zur Analyse der Wettbewerbsposition ist die sog. **Stärken-Schwächen-Analyse**, bei der mit Hilfe eines **Polaritätsprofils** die Ausprägungen einzelner Wettbewerbsfaktoren im Vergleich zur Konkurrenz dargestellt werden. Ein Beispiel dazu zeigt Abb. 5.4.4.

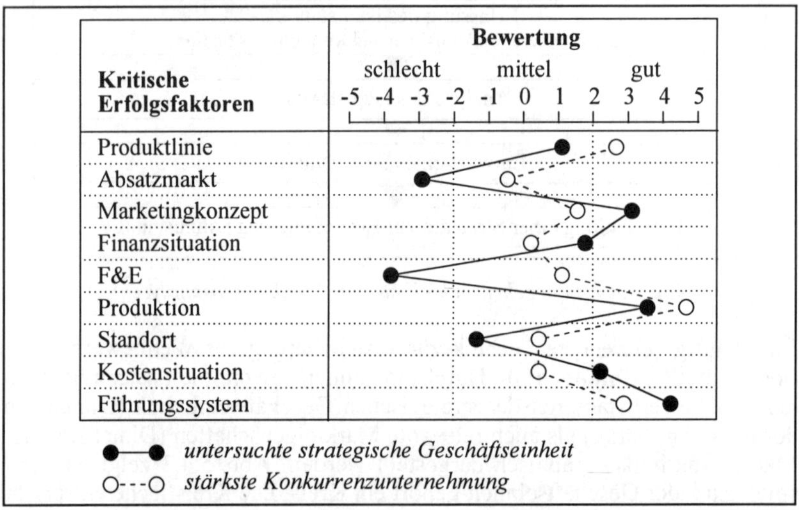

Abb. 5.4.4: Stärken-Schwächen-Profil einer Unternehmung[73]

72 Vgl. HINTERHUBER [1989, S. 121].

73 In Anlehnung an HINTERHUBER [1989, S. 94].

Defizite und Vorsprünge der Unternehmung gegenüber dem Markt können mit einem solchen Polaritätsprofil identifiziert und bei einer strategischen Neuausrichtung berücksichtigt werden.

Je nach Positionierung der strategischen Geschäftseinheiten lassen sich für diese unterschiedliche Strategien ableiten, z. B. folgende Basisstrategien[74]:

- Kostenführerschaft und
- Differenzierung.

Eine andere Unterscheidung ist die in

- Investitionsstrategie,
- Desinvestitionsstrategie und
- selektive Strategie[75].

Durch die Wahl einer dieser Strategien lassen sich angestrebte Marktpositionen für die betrachteten strategischen Geschäftseinheiten ermitteln. Sollausprägungen der Wettbewerbsfaktoren können so bestimmt werden.

5.4.3 Analyse der Position der Informationsfunktion

Bei der Analyse der Position der Informationsfunktion sind die Ergebnisse der Wettbewerbsanalyse hinsichtlich ihrer Wirkung auf die Informationsfunktion zu beurteilen. Die Rolle des Faktors Information für das Erreichen der angestrebten Wettbewerbsposition - und damit auch der Sollausprägung der Wettbewerbsfaktoren - wird dabei ermittelt. Diese Rolle kann man als das Leistungspotential der Informationsfunktion für die Erreichung strategischer Unternehmungsziele bezeichnen[76] und daraus das in Abb. 5.4.5 dargestellte Vier-Felder-Schema entwickeln.

Zukünftiges Leistungspotential		*Gegenwärtiges Leistungspotential*: gering	*Gegenwärtiges Leistungspotential*: groß
	groß	Typ III Durchbruch	Typ IV Waffe
	gering	Typ I Unterstützung	Typ II Fabrik

Abb. 5.4.5: Unternehmungstypologie nach dem Leistungspotential der Informationsfunktion[77]

74 Vgl. PORTER [1992, S. 31f.].
75 Vgl. HINTERHUBER [1989, S. 132f.].
76 Vgl. HEINRICH [1996, S. 90].
77 Quelle: HEINRICH [1996, S. 91].

Aus der strategischen Position der Informationsfunktion kann dann die interne Bedeutung des IM abgeleitet werden. Z. B. ist bei einer Unternehmung vom Typ I die Bedeutung der Informationsfunktion für die strategischen Unternehmungsziele gegenwärtig und zukünftig gering. Entsprechend ist auch der Stellenwert des IM für diese Unternehmungen nur gering. Die Aufgaben des IM werden sich in diesem Fall auf die Nutzung vorhandener IV-Systeme, also auf den operativen Bereich, beschränken.

Bedeutung und Aufgabenumfang des IM nehmen von Unternehmungen des Typ I bis Unternehmungen des Typs IV kontinuierlich zu. Zu den Aufgaben gehören bei Unternehmungen des Typ IV sowohl operative Aufgaben als auch Aufgaben der Realisierung und strategische Aufgaben (vgl. Kapitel 6 bis 8).

In Abhängigkeit von der typologischen Einordnung einer Unternehmung werden an die Informationsinfrastruktur unterschiedlich hohe Anforderungen gestellt, denn die Informationsinfrastruktur muß letztlich einen Beitrag für die Realisierung der geplanten Wettbewerbssituation leisten. Letztes Element der Situationsanalyse ist daher die Analyse der Informationsinfrastruktur

5.4.4 Analyse der Informationsinfrastruktur

Im vorhergehenden Abschnitt wurde das strategische Leistungspotential der Informationsfunktion behandelt. Darauf aufbauend ist nun zu analysieren, inwiefern die Informationsinfrastruktur dieses Potential realisieren kann.

Informationsinfrastruktur umfaßt sämtliche Hard- und Software, organisatorischen Konzepte und Regelungen, Mitarbeiter, Entwicklungswerkzeuge und Methoden für die Beschaffung, Verarbeitung, Speicherung, Übertragung und Bereitstellung von Informationen[78].

Die Fähigkeit oder die Eignung der Informationsinfrastruktur, die strategischen Potentiale der Informationsfunktion umzusetzen, ist die bei der Analyse zu ermittelnde **Wirksamkeit** der Informationsinfrastruktur. Da eine bestimmte strategische Position in der Regel durch unterschiedliche Informationsinfrastrukturen realisiert werden kann, ist außerdem ihre **Wirtschaftlichkeit** von Interesse.

Aus den zwei Dimensionen Wirksamkeit und Wirtschaftlichkeit der Informationsinfrastruktur läßt sich wiederum ein Vier-Felder-Schema entwikkeln, wie es in Abb. 5.4.6 dargestellt ist.

78 SCHWARZE [1997, S. 393].

Wirtschaftlichkeit der Informationsinfrastruktur \ *Wirksamkeit der Informationsinfrastruktur*	gering	hoch
hoch	Strategische Vergeudung	Strategisches Gleichgewicht
gering	Strategische Überdehnung	Strategische Verschwendung

Abb. 5.4.6: Verhältnis von Wirtschaftlichkeit und Wirksamkeit der Informationsinfrastruktur[79]

Ist sowohl die Wirksamkeit als auch die Wirtschaftlichkeit der Informationsinfrastruktur hoch, so befinden sich Informationsfunktion und Informationsinfrastruktur in einem strategischen Gleichgewicht. Sind Wirksamkeit und/oder Wirtschaftlichkeit gering, herrscht die Situation eines strategischen Ungleichgewichts. Die in Abbildung 5.4.6 erkennbare Differenzierung dieses Ungleichgewichts in eine strategische Verschwendung, eine strategische Vergeudung und eine strategische Überdehnung kann Ansatzpunkte für eine Ursachenanalyse geben[80].

Aufgabe des IM ist es, ein Gleichgewicht zwischen Informationsfunktion und Informationsinfrastruktur herzustellen bzw. ein bestehendes Gleichgewicht zu stabilisieren und so das Erreichen der angestrebten Wettbewerbsposition optimal zu fördern.

5.5 Analysen des organisatorischen Umfelds

Eine Informationsinfrastruktur ist immer in ein organisatorisches Umfeld eingebettet. Zu den Analyseaufgaben des IM gehören deshalb auch Analysen der Organisation und speziell der Arbeitsabläufe oder Prozesse.

5.5.1 Organisationsanalysen

Während sich die im letzten Abschnitt vorgestellte Situationsanalyse mit dem Verhältnis von Informationsfunktion und Wettbewerb beschäftigt, also eher eine externe Orientierung aufweist, untersucht die Organisationsanalyse im Rahmen des IM das Verhältnis von Unternehmungsorganisation und Informationsfunktion. Sie ist demnach primär intern orientiert. Allerdings erfordert eine umfassende Organisationsanalyse auch die Analyse der organisatorischen Umwelt, z. B.

79 Quelle: HEINRICH [1996, S. 92].

80 Vgl. HEINRICH [1996, S. 92f.].

- organisatorische Schnittstellen zu Kunden, Lieferanten und anderen externen Organisationen,
- organisatorische Einbindung in die Wertschöpfungskette.

Eine besonderen Rolle kann hier die Analyse von Organisationsstrukturen und Organisationsbeziehungen bei Unternehmungsnetzwerken und virtuellen Unternehmungen[81] sowie bei überbetrieblich integrierten IV-Systemen[82] spielen.

Die Notwendigkeit einer Organisationsanalyse ergibt sich aus der Tatsache, daß die Implementierung von IV-Systemen in Unternehmungen immer auch zu Veränderungen in der Unternehmungsorganisation führt. Die organisatorische Einbettung muß deshalb schon bei der Planung von IV-Systemen berücksichtigt werden.

Ziel einer Organisationsanalyse ist zum einen die bestehende Struktur und die bestehenden Abläufe darzustellen, um Transparenz für die Unternehmungsplanung zu schaffen (Ist-Analyse). Ein weiteres Ziel ist es Schwachstellen der bestehenden Abläufe zu identifizieren und dadurch konkrete Verbesserungsansätze für das IM aufzuzeigen. Schließlich ist es auch Ziel der Organisationsanalyse, Anforderungen an die Informationsinfrastruktur zu ermitteln und zu analysieren[83].

Organisatorische Abläufe und Aufgabenabwicklungen werden sehr stark vom Grad der Automatisierung der Informationsverarbeitung und -übertragung geprägt. Ebenfalls für Abläufe aber auch für die Organisationsstruktur und für Aufgabenverteilungen spielt der Integrationsgrad von IV-Systemen eine wichtige Rolle. Die Analyse von

- Automatisierungspotentialen und Automatisierungszielen sowie von
- Integrationspotentialen und Integrationserfordernissen

gehört deshalb ebenso zu den Aufgabenbereichen einer Organisationsanalyse wie die Ermittlung von Rationalisierungserfordernissen, die das IM tangieren.

5.5.2 Prozeßanalysen

Da sich gerade im Zusammenhang mit dem Einsatz neuerer IuK-Technologien ein Wandel von einer statischen, hierarchieorientierten Organisationssicht zu einer dynamischen Prozeßorientierung vollzieht, gehören zu den Analyseaufgaben des IM auch Prozeßanalysen.

---

81 Vgl. dazu PICOT/REICHWALD/WIGAND [1998].

82 Vgl. dazu beispielsweise SCHWARZE [1992].

83 Zu Einzelheiten wird verwiesen auf KRÜGER [1993] und SCHWARZE [1995, insbesondere Kapitel 3 und 5].

Grundlage der **Prozeßorganisation** sind Geschäftsprozesse.

Ein **Geschäftsprozeß** (Unternehmungsprozeß, Business Process):
- besteht aus logisch zusammengehörigen Vorgängen,
- ist ziel- bzw. ergebnisorientiert,
- ist verbunden mit dem Austausch von Informationen bzw. Leistungen zwischen Objekten in der Organisation,
- wird durch ein auslösendes Startereignis aktiviert (Informationsinput),
- wird durch ein Endereignis beendet (Informationsoutput).

Ein **Vorgang** besteht aus einer oder mehreren Aufgaben oder Aktivitäten, die durch Stellen unter Anwendung bestimmter Verfahren oder Methoden und unter Einsatz von Ressourcen ausgeführt werden. Die logisch zusammengehörigen Vorgänge bezeichnet man auch als **Vorgangskette**.

Geschäftsprozesse sind meistens abteilungs- und funktionsübergreifend und unabhängig von der Aufbau- oder Strukturorganisation.

Abb. 5.5.1 zeigt ein einfaches Beispiel eines Geschäftsprozesses.

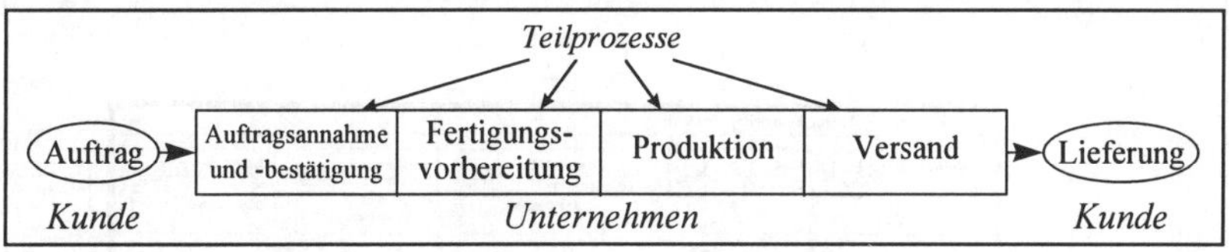

Abb. 5.5.1: Beispiel eines Geschäftsprozesses

Die Hierarchie der Begriffe ist in Abb. 5.5.2 veranschaulicht.

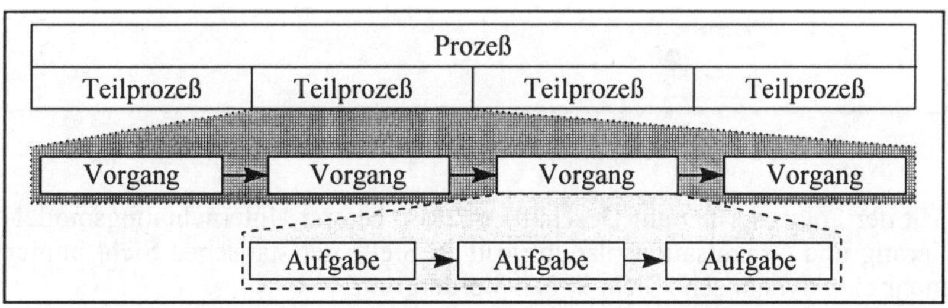

Abb. 5.5.2: Hierarchie prozeßbezogener Begriffe

Abb. 5.5.3 (S. 116) enthält im oberen Teil ein Beispiel eines Prozesses mit Detailinformationen. Im unteren Teil ist eine zusätzliche Differenzierung eines Prozeßschritts gezeigt: Der Prozeßschritt „Antrag bearbeiten“ wird dabei in einzelne zu erledigende Aufgaben unterteilt. Eine solche Differenzierung kann gegebenenfalls auch über mehrere Stufen erfolgen.

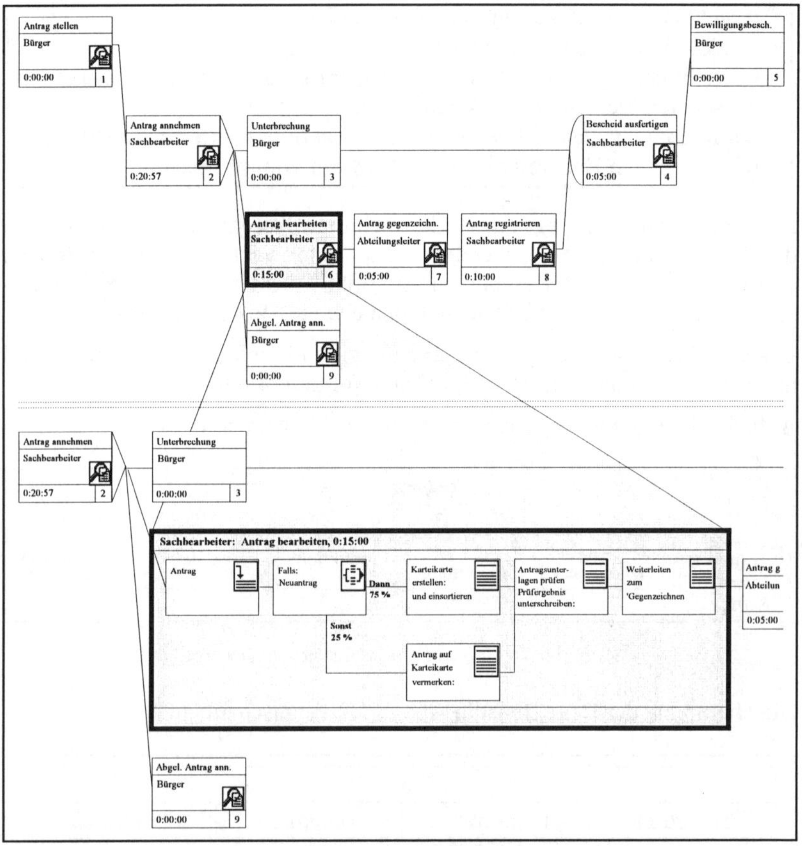

Abb. 5.5.3: Prozeßmodell mit Prozeßschrittdifferenzierung[84]

Mit der Fokussierung auf Geschäftsprozesse bei der Unternehmungsmodellierung und Organisationsplanung tritt an Stelle der statischen Sicht immer mehr eine dynamische Sicht in den Vordergrund.

Die unterschiedlichen Sicht- bzw. Vorgehensweisen stellt Abb. 5.5.4 gegenüber.

84 Aus SCHWARZE/KOß [1996, S. 33].

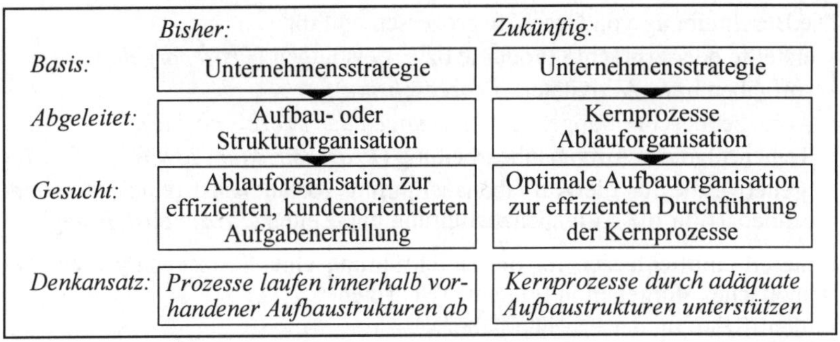

Abb. 5.5.4: Bisheriger und zukünftiger Ansatz der Unternehmungsmodellierung[85]

Die Betrachtung und Analyse von Geschäftsprozessen orientiert sich häufig an der sog. **Wertschöpfungskette**, wie sie in Abb. 5.5.5 unternehmungsbezogen dargestellt worden ist.

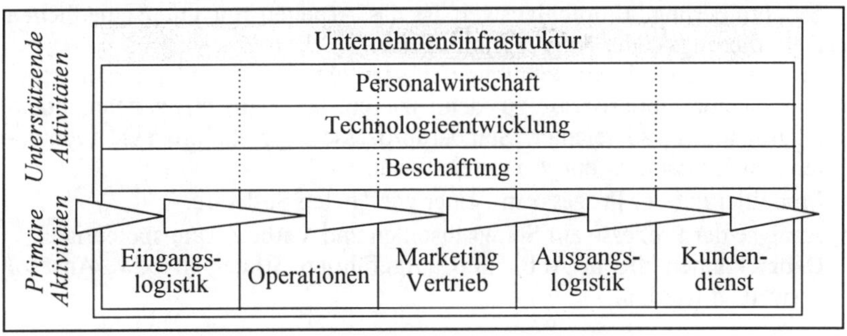

Abb. 5.5.5: Modell einer Wertschöpfungskette

Mit der Fokussierung auf Geschäftsprozesse wird die Aufbauorganisation „nur noch" zu einem Koordinierungsinstrument zur Optimierung der Geschäftsprozesse.

Erste Aufgabe einer Prozeßanalyse ist die Identifizierung der Prozesse. Dabei geht man in den meisten Fällen vom Prozeßergebnis, also einem Produkt oder einer Leistung, aus[86]. Danach werden die zur Erbringung der Leistung bzw. Erstellung des Produkts erforderlichen Aktivitäten identifiziert und ein Prozeßmodell entwickelt (vgl. Abb. 5.5.1 (S. 115) und Abb. 5.5.3 (S. 116)). Anschließend erfolgt eine Schwachstellenanalyse.

85 In Anlehnung an KRÜGER [1993, S. 120].

86 Hierbei kann es sich auch um interne Produkte oder Leistungen handeln.

Die Beschreibung von Geschäftsprozessen umfaßt[87]:

- erstellte oder erbrachte Produkte bzw. Leistungen (*Prozeßergebnisse*),
- Aufgaben bzw. Aktivitäten (*Prozeßschritte*),
- Aufgabenbeschreibungen (*Erläuterungen der Prozeßschritte*),
- Reihenfolge der Aufgabenbearbeitung (*Prozeßstruktur*) sowie
- Stelle(n), die für die Aufgabenausführung zuständig ist (sind), Ressourcenbedarf für die Aufgabenausführung und Zeiten (*Prozeßausführung*).

Generell empfiehlt sich für die Durchführung einer Prozeßanalyse ein systematisches Vorgehen in folgenden Schritten[88]:

- Identifizierung der Prozeßergebnisse,
  da in vielen Fällen das Ergebnis Ausgangspunkt für die Identifizierung und Modellierung eines Prozesses ist.
- Identifizierung der Prozeßaktivitäten,
  wobei unterschiedlich detailliert vorgegangen werden kann. Mit zunehmendem Detaillierungsgrad steigen sowohl die Erkennungswahrscheinlichkeit für Verbesserungspotentiale als auch der Aufwand für eine Prozeßoptimierung. Empfehlenswert ist das Arbeiten mit unterschiedlichen Detaillierungs- oder Aggregationsebenen.
  In Verbindung damit sollte immer versucht werden, Standardprozesse oder Standardteilprozesse zu identifizieren. Das wird mit zunehmendem Aggregationsgrad leichter. Standardprozesse oder -teilprozesse reduzieren den Erfassungs- und Analyseaufwand.
- Modellierung der Prozesse mit einer geeigneten Software.
- Analyse der Prozesse auf Schwachstellen und Verbesserungspotentiale. Dabei können die in Abb. 5.5.6 aufgeführten Strategien bzw. Ansätze verwendet werden.

Welche Prozeßschritte sind entbehrlich?
Wo können durch Reihenfolgeänderung Transport- und Wartevorgänge wegfallen?
Können Aufgaben an einem Arbeitsplatz zusammengelegt werden?
Können alle Prozeßschritte einer Organisationseinheit zugeordnet werden?

Dazu können weitere Fragen kommen. Die Fragen können weiter differenziert werden.

Abb. 5.5.6: Checkliste zur Identifizierung von Prozeßverbesserungspotentialen

87 Vgl. SCHWARZE [1997a, S. 151].

88 Vgl. SCHWARZE/KOß [1996, S. 234f.].

- Evaluierung der Schwachstellen und Verbesserungspotentiale unter Verwendung von Informationen aus der Kosten- und Leistungsrechnung.
- Entwicklung eines Konzepts für die Durchsetzung der Prozeßverbesserungen.

Die aufgeführten Schritte kann man zu dem in Abb. 5.5.7 dargestellten Vorgehensmodell zusammenfassen. Dabei ist zu beachten, daß die beiden letzten Phasen keine Analyseaufgaben im engeren Sinne mehr sind.

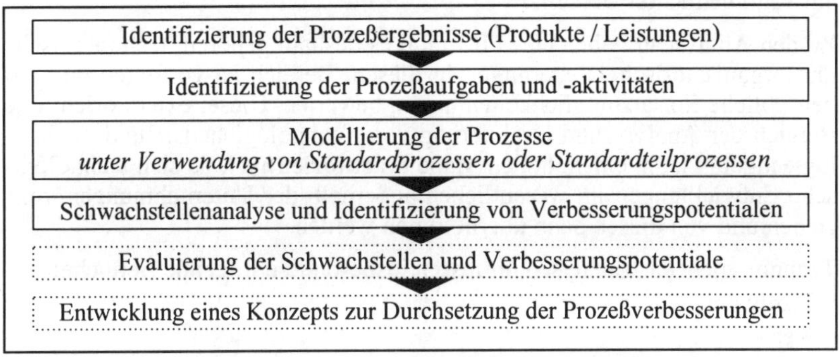

Abb. 5.5.7: Vorgehensmodell zur Prozeßoptimierung[89]

Charakteristika einer Geschäftsprozeßanalyse sind:
- Visualisierung des Prozeßablaufs,
- Darstellung der Ressourcenbeanspruchung durch den Prozeß,
- Aufdeckung von Schwachstellen im Prozeß,
- Basis für Prozeßoptimierung.

5.6 Technologiebedarfsanalysen

Zu den Analyseaufgaben des IM gehören schließlich auch Technologiebedarfsanalysen, denn die Realisierung von Konzepten und Systemen der Beschaffung, Verarbeitung, Speicherung, Übertragung und Bereitstellung von Informationen vollzieht sich in einem Umfeld schnellen technologischen und organisatorischen Wandels. Dieser schnelle Wandel verlangt sowohl intern als auch extern laufende Analysen des Technologiebedarfs und des Technologieangebots.

89 Vgl. SCHWARZE [1997a, S. 159].

„Die Durchdringung des Unternehmens mit Informationstechnologie ist wie F&E ein Prozeß, der mit jedem Technologiesprung, definiert als das Aufkommen wesentlich neuer Produkte, Methoden oder Verfahren der Informationsverarbeitung, von neuem einsetzt. Da die Stellung eines Unternehmens am Markt sehr stark davon abhängt, wie schnell technologische Änderungen jeglicher Art, also auch der Informationstechnologie, adaptiert und in Form von Produkten, Methoden, Verfahren oder Dienstleistungen umgesetzt werden können, muß die Analyse der technischen Entwicklung als konstante Aufgabe festgeschrieben und als Forschungs- und Entwicklungsaufwand betrachtet werden.“[90]

Zu den Analyseaufgaben eines IM muß es deshalb gehören, technologische und organisatorische Neuerungen in diesem Bereich zu verfolgen und auf betriebliche Einsatzmöglichkeiten hin zu bewerten. Dieser extern orientierte Bereich der Analyse und Evaluierung von Technologiebedarf und Technologieangebot ist in einem hohen Maße **marktorientiert**, da sich technologische Entwicklungen im wesentlichen außerhalb der Unternehmungen vollziehen und von diesen dann übernommen werden.

Technologiebedarfsanalysen umfassen insbesondere folgende Bereiche:
- Hardware,
- Netze,
- Software,
- Systemarchitektur.

Intern orientierte Aufgaben der Technologiebedarfsanalyse ergeben sich aus folgenden Gründen:
- Technologische und organisatorische Konzepte und Lösungsverfahren sind neu zu entwickeln, weiterzuentwickeln oder es ist deren Entwicklung aktiv zu beeinflussen. Die Anregungen dazu können aus innerbetrieblichen Erfordernissen, aber auch aus eigener Initiative stammen.
- Für alle potentiellen Einsatzbereiche von IuK-Technologien ist der Technologiebedarf der Organisation und/oder einzelner Anwender zu ermitteln. Daraus ergibt sich dann der Technologierahmen für Einzelinvestitionen.

Zu den Aufgaben des IM gehören deshalb sicherlich auch **Technologieeinsatz-Entscheidungen**, da diese grundlegende Bedeutung für die Informationsinfrastruktur haben.

90 MARTINY/KLOTZ [1989, S. 123f.].

6 Strategische Aufgaben eines Informationsmanagements

6.1 Überblick

Die Notwendigkeit eines strategischen IM ist seit einigen Jahren unbestritten[1]. Allerdings wird beim strategischen IM von z. T. sehr unterschiedlichen inhaltlichen Festlegungen ausgegangen[2]. Es kommen jedoch fast überall strategische Aufgaben vor, die die einzusetzende Technik, die Anwendungssysteme, die strategische Personalplanung im Informationssektor, die organisatorischen Konzepte und die Planung bezüglich Aufbau- und Ablauforganisation betreffen. Nachfolgend wird von folgenden Bereichen strategischer Aufgaben eines IM ausgegangen:

- Entwicklung einer Informatikstrategie,
- Entwicklung einer Informationssystem-Architektur,
- strategische Planung der Informationsinfrastruktur,
- organisatorische Überlegungen,
- strategische Überlegungen zum Outsourcing,
- strategische Gesamtplanung mit Hilfe von IV-System-Portfolios bzw. IS-Portfolios,
- strategisches Datenmanagement,
- strategisches Personalmanagement,
- strategischer Entwurf eines Sicherheitskonzepts und eines Katastrophenmanagements.

Auf die strategischen IM-Aufgaben in den Bereichen Datenmanagement, Personalmanagement sowie Sicherheits- und Katastrophenmanagement wird erst im dritten Teil eingegangen.

---

1 Vgl. z. B. GRIESE [1990], HEINRICH [1996], HEINRICH/LEHNER [1989], KLOTZ/STRAUCH [1990], MARTINY/KLOTZ [1989] und ZAHN/RÜTTLER [1990].

2 Vgl. dazu die Übersicht in Abschnitt 3.3.1.

6.2 Entwicklung einer Informatikstrategie

6.2.1 Begriff der Informatikstrategie

Eine spezielle Aufgabe des strategischen IM ist die Erarbeitung einer **Informatikstrategie**[3] oder einer **Informationsstrategie**[4] für eine Unternehmung. In der Literatur finden sich unterschiedliche Ansätze zur Definition und inhaltlichen Festlegung dessen was unter Informations- oder Informatikstrategie zu verstehen ist. Das beginnt bereits bei dem Begriff. Neben den beiden bereits erwähnten Begriffen werden auch **IM-Strategie**[5] und **Informationsverarbeitungsstrategie**[6] verwendet.

Nach BIETHAHN u. a. [1994, S. 20] bezieht sich die Informationsstrategie darauf, „welche Bedeutung den Informationen, der Informationsbereitstellung und der Kommunikation für das Unternehmen insgesamt zukommt und wie die Ziele des Zielsystems des Unternehmens für den Bereich der Informationsverarbeitung aussehen." Die Autoren benutzen aber auch den Begriff Informatikstrategie, den sie auf die „langfristig geplante Informationsverarbeitung" beziehen[7].

HEINRICH [1996, S. 112] definiert Informatikstrategie als „die Teilstrategie der Unternehmensstrategie, mit welcher der Handlungsspielraum für die unternehmensweite, langfristige Gestaltung der Informationsinfrastruktur festgelegt wird."

Eine ausführliche Diskussion des Begriffs findet sich bei HEINRICH/LEHNER [1989, S. 19-21]. Sie sagen, „Informatikstrategie ist ein Führungsinstrument und damit Grundlage für das Informationsmanagement." Folgende Definition wird von ihnen verwendet:
„Die Strategie ist ein Rahmen für alle Entscheidungen, welche die Art und die Richtung der Unternehmensaktivitäten bestimmen. Die Informatikstrategie umfaßt daher alle Handlungsrichtlinien und einen Gestaltungsrahmen für die langfristige, globale und unternehmensweite Planung der Informationsinfrastruktur, sowie Aussagen über Ziele, Maßnahmen und Mittel zur Erreichung der Unternehmensziele."

Nach HILDEBRAND [1995, S. 88] „repräsentiert die Informationsmanagementstrategie (IM-Strategie) die Maßnahmen zur Erreichung der strategischen Ziele des IM."

Nach HÜBNER [1996, S. 120] bildet die Informatikstrategie „den Rahmen und die Leitlinie einer geplanten evolutionären Entwicklung von überschaubaren 'DV-Projekten' für bestimmte Aufgabenbereiche, wobei personelle und finanzielle Gegebenheiten bzw. Grenzen ebenso berücksichtigt werden können, wie Ergebnisse fachlicher und sozialer Lernprozesse."

Nach PFEIFFER [1990, S. 164] ist die Informationsstrategie „ein Maßnahmenprogramm zur Entwicklung, Erhaltung und Nutzung von Informationen als Erfolgspotentiale."

Für ZAHN/RÜTTLER [1990, S. 12] ist eine wichtige Aufgabe des IM die „Erarbeitung und Kommunikation einer Informationsstrategie, die mit den betriebsindividuellen Gegebenheiten und der bestehenden Unternehmensstrategie, -struktur und -kultur konsistent sein muß und als Orientierungsrahmen für die operative Ausgestaltung des Informationsmanagement dient. Bei der Entwicklung einer solchen Strategie sollten zunächst die strategische Rolle von Informationen und Informationstechnologien im Unternehmen und in der Branche bestimmt

3 Diesen Begriff verwenden beispielsweise HEINRICH [1996, S. 112], HEINRICH/LEHNER [1989, S. 19-21], HÜBNER [1996, S. 111].

4 Diesen Begriff benutzen z. B. BIETHAHN u. a. [1994, S. 20], PFEIFFER [1990, S. 138ff.] und ZAHN/RÜTTLER [1990, S. 12].

5 Vgl. HILDEBRAND [1995, S. 88].

6 Vgl. z. B. MARTINY/KLOTZ [1989, S. 90].

7 Vgl. BIETHAHN u. a. [1994, S. 16].

sowie, davon abgeleitet, die zu erringenden strategischen Ziele definiert und Planungsrichtlinien festgelegt werden."

Hier wird von folgender Definition ausgegangen:

Die **Informatikstrategie** enthält die grundlegenden Richtlinien und Rahmenbedingungen für das IM. Sie wird immer aus einer Unternehmungsstrategie hergeleitet.

Eine Informatikstrategie ist zu unterscheiden von der in Abschnitt 6.2.6 (S. 127) erläuterten Verhaltensstrategie des IM.

6.2.2 Bedeutung der Informatikstrategie

Die Bedeutung einer Informatikstrategie ergibt sich einmal daraus, daß sie einen Rahmen für das IM bildet, und zum anderen aus der hohen strategischen Bedeutung von Information und IV-Systemen für die Unternehmungsstrategie.

Beschaffung, Verarbeitung, Speicherung, Übertragung und Bereitstellung von Informationen erlangt in allen Organisationen zunehmende Bedeutung, nicht zuletzt deshalb, weil Informationen und IV-Systeme eingesetzt werden, um die strategische Position von Unternehmungen zu verbessern[8]. Die jederzeitige aktuelle Verfügbarkeit über unternehmungsspezifische Planungs-, Steuerungs- und Kontrolldaten stellt hohe Anforderungen an die Leistungsfähigkeit der Informationstechnik und entscheidet wesentlich über die Wirksamkeit betrieblicher Faktorkombinationen und damit über die Konkurrenzfähigkeit der Unternehmung im wettbewerbspolitischen Umfeld. Die betriebliche Anpassungsfähigkeit wird immer stärker durch computergestützte Systeme geprägt.

Besonders pointiert wird die Bedeutung der IuK-Technologien für Unternehmungen in dem folgenden Zitat ausgedrückt, das über 10 Jahre alt ist, aber immer noch zutrifft:

„Heute bewerten Wall-Street-Analysten Dienstleistungsunternehmen wie Banken, Versicherungen und Handelshäuser immer weniger nach den klassischen Bilanzwerten, sondern zunehmend nach deren informations- und kommunikationstechnischer Infrastruktur; dieses neue ‚Asset' setze künftig die Grenzen unternehmerischer Expansion und schreibe die Fähigkeit, Managementkreativität in Marktvorsprung umzusetzen, fest. Das Gleiche gilt für ganze Volkswirtschaften. Insbesondere gilt dies für die westlichen Industrieländer, denen ihre natürlichen Ressourcen und die Höhe der Arbeitskosten Expansionsgrenzen im klassischen Industriesektor aufzwingen. Die einzige unbeschränkte Reserve liegt in der Information und ihrer marktgerechten Veredelung."[9]

Im Extremfall kann eine umfassende Verfügbarkeit über den Produktionsfaktor „Information" für eine Unternehmung unverzichtbar für das Überle-

8 Vgl. dazu auch die Ausführungen in Abschnitt 1.2.3.

9 LEISTER [1984].

ben sein, wenn Konkurrenten über vielseitigere und/oder aktuellere Informationen verfügen[10].

Aus der strategischen Bedeutung von Information und IV-Systemen folgt unmittelbar die Notwendigkeit zu einer Informatikstrategie, durch die langfristige und ganzheitliche Vorgaben für das IM festgelegt werden.

6.2.3 Anforderungen an eine Informatikstrategie

Bei der Entwicklung einer Informatikstrategie sind verschiedene Anforderungen zu beachten:

- Zunächst muß grundsätzlich berücksichtigt werden, daß die Planung des Einsatzes von IV-Systemen in einer Unternehmung auf der Grundlage der unternehmerischen Wettbewerbsstrategie erfolgen muß.
- Andererseits muß bei der Entwicklung einer Wettbewerbsstrategie das Potential, das die Informationsinfrastruktur der Unternehmung bietet, als Einflußfaktor berücksichtigt werden.

Aus beiden Forderungen ergibt sich eine Wechselwirkung zwischen Wettbewerbsstrategie und Informatikstrategie in einer Unternehmung.

Darüber hinaus sind u. a. folgende Forderungen zu beachten:

- Die Entwicklung einer Informatikstrategie hat grundsätzlich unter Einbeziehung der Unternehmungsführung zu erfolgen, da nur so die notwendige unternehmungsweite Akzeptanz geschaffen werden kann.
- Informatikstrategien tangieren alle Teilbereiche einer Unternehmung. Deshalb können wirksame Informatikstrategien nur entwickelt werden, wenn jeweils sämtliche Betroffenen beteiligt werden.
- Informatikstrategien sollten grundsätzlich auf verschiedenen Ebenen entwickelt werden. Dabei werden Unternehmungsgesamtkonzepte Top-down in Strategien für einzelne Teilbereiche entwickelt.

6.2.4 Vorgehensmodelle für die Entwicklung einer Informatikstrategie

Für die Entwicklung einer Informatikstrategie stellen HEINRICH/LEHNER zunächst einen umfangreichen Katalog von Inhalten für die Strategieentwicklung auf und unterscheiden dann in extern und intern orientierte Informatikstrategien[11]. Für beide Strategien entwickeln sie getrennte, aber ähnliche Vorgehensmodelle, die Abb. 6.2.1 zeigt.

10 Vgl. HEILMANN [1990].

11 Vgl. HEINRICH/LEHNER [1989].

Abb. 6.2.1: Vorgehensmodelle für die Entwicklung von Informatikstrategien[12]

Berücksichtigt man den Einfluß der Unternehmungsziele und der Unternehmungsstrategie, ergibt sich ein Vorgehensmodell wie in Abb. 6.2.2, in dem auch die Beziehungen zur Unternehmungsstrategie und zu den Zielen dargestellt sind.

Abb. 6.2.2: Vorgehensmodell zur Entwicklung einer Informatikstrategie aus der Unternehmungsstrategie

12 Nach HEINRICH/LEHNER [1989, S. 26ff.].

6.2.5 Inhalte einer Informatikstrategie

Inhaltlich werden mit einer Informatikstrategie Vorgaben und Rahmenbedingungen für das IM gesetzt, die sich prinzipiell auf zwei Bereiche beziehen:

- Grundsätzliche und langfristig wirkende Festlegungen zu
  - IV-System-Architekturen (vgl. Abschnitt 6.3, S. 128ff.),
  - Informationsinfrastruktur (vgl. Abschnitt 6.4, S. 133ff.),
  - Organisationskonzepten (vgl. Abschnitt 6.5, S. 139ff.),
  - Outsourcing (vgl. Abschnitt 6.6, S. 148ff.),
  - Dimensionen von IS-Portfolios (vgl. Abschnitt 6.7, S. 173ff., insbesondere S. 174 und S. 175).
- Strategisches Gesamtkonzept für das IM.

Bei differenzierter Betrachtung lassen sich beispielsweise folgende Inhalte einer Informatikstrategie identifizieren[13]:

- Ziele des IM,
- strategische Rolle von Information sowie IuK-Technologien in der Unternehmung,
- Verhältnis von Mensch und Informationstechnologie,
- Art und Umfang einer Anwenderbeteiligung,
- Risikobereitschaft bei Adaption von Innovationen (vgl. Abschnitt 6.2.6),
- Personalentwicklungsstrategie,
- Festlegung von Standards und Normen,
- Vorgaben zum Methodeneinsatz,
- Festlegungen hinsichtlich Werkzeugen, Programmiersprachen usw.,
- Hardwarepolitik einschl. Art und Umfang einer Vernetzung,
- Softwarepolitik,
- Festlegung eines Zentralisierungs- bzw. Dezentralisierungsgrades für Hardware und Datenmanagement,
- grundsätzliches Organisationskonzept für das IM,
- Art und Umfang eines Outsourcing,
- Festlegung von Verantwortlichkeiten,
- Vorgaben für ein Sicherheitskonzept,
- strategische Vorgaben für eine Risikopolitik im Hinblick auf mögliche Katastrophensituationen,
- Budgetierungen und Finanzpläne.

---

13 Vgl. dazu auch HEINRICH/LEHNER [1989, S. 25f.].

6.2.6 Verhaltensstrategien des IM

Die Informatikstrategie setzt Ziele, Richtlinien und Rahmenbedingungen. Für die Erfüllung der Aufgaben und für die Realisierung der Ziele eines IM sind unterschiedliche Verhaltensweisen denkbar, die sich als Verhaltensstrategien formulieren lassen.

> Eine **Verhaltensstrategie des IM** gibt an, mit welcher Intensität Neuerungen durchgesetzt werden, um die Ziele des IM zu erreichen und die IM-Aufgaben zu erledigen.

Verhaltensstrategien können wie folgt kategorisiert werden[14]:

- **Explosive Strategie,**
  die dazu führt, daß Neuerungen sprunghaft, schnell und mit äußerster Intensität realisiert werden.
- **Aggressive Strategie,**
  die permanente Weiterentwicklung von Systemkonzepten, Einsatz neuester Technologien und steten Fortschrittswillen einschließt. Eine aggressive Strategie führt dazu, daß im Bereich Information und Kommunikation stets der neueste Stand realisiert wird.
- **Moderate Strategie,**
  die ebenfalls mit einem generellen Vorwärtsstreben und Schritthalten mit neueren Entwicklungen verbunden ist. Neuerungen werden aber im Regelfall erst nach ihrer Bewährung übernommen.
- **Retardierende Strategie,**
  die durch eine prinzipiell abwartende Haltung geprägt ist. Bei einer retardierenden Strategie werden Neuerungen erst aufgegriffen, wenn sie allgemeiner Standard sind.
- **Defensive Strategie,**
  die am Althergebrachten festhält und dieses gegen Neuerungen verteidigt.
- **Destruktive Strategie,**
  die nicht nur abwehrend gegenüber Neuerungen ist, sondern die Einführung und Durchsetzung von Neuerungen auch mit „Gewalt" zu verhindern versucht.

Die beiden letztgenannten Strategien sind für ein IM atypisch. Mit diesen Strategien muß sich das IM jedoch möglicherweise auseinandersetzen, wenn das übrige Management oder die Anwender danach handeln.

Die einzelnen Strategien müssen sich nicht jeweils immer auf die Gesamtkonzeption beziehen, sondern für einzelne Teilbereiche des IM können durchaus unterschiedliche Strategien verfolgt werden.

---

14 Erweiterung einer Kategorisierung von HEINRICH [1996, S. 113f.].

6.3 Entwicklung einer Informationssystem-Architektur

6.3.1 Begriff der Informationssystem-Architektur

IV-Systeme weisen immer eine bestimmte Architektur auf. In der Literatur wird der Begriff der Informationssystem-Architektur (IS-Architektur) unterschiedlich definiert.

- IS-Architektur „ist die gesamtheitliche Beschreibung der logischen Strukturen von Organisation, Applikationen, Datenbanken und Kommunikationsbeziehungen“[15].
- „IS-Architektur beschreibt ‚Zweck und Form‘ der einzelnen *Informationssysteme*, die zur Umsetzung der logischen und physischen Architektur-Modelle in eine nutzbare Informationsinfrastruktur erforderlich sind“[16].
- Unter Informationsarchitektur versteht man „eine stark verdichtete Sicht auf die Anordnung von Vorgängen bzw. Prozessen und Programmkomplexen ('Anwendungsarchitektur') einerseits und Hardware-Bausteinen ('Informationstechnikarchitektur') andererseits“[17].
- IS-Architektur ist „der konzeptionelle Rahmen für die Entwicklung von Organisation, Applikationen und Datenbanken eines zentralen Bereichs. Sie beschreibt den Sollzustand des IV-Systems, der in den nächsten fünf (+/– drei) Jahren erreicht werden soll“[18].
- IS-Architektur bedeutet, „daß die einzelnen Bausteine, aus denen ein IV-System besteht, hinsichtlich ihrer Art, funktionalen Eigenschaften und ihres Zusammenwirkens beschrieben werden müssen.“ Dabei „werden mit dem Begriff Architektur Begriffe wie Planung, Verfolgung von Regeln, Strukturierung oder Koordination mehrerer Partner assoziiert, die Problemen von IV-Systemen entsprechen.“[19]

Hier wird folgende Definition zugrunde gelegt.

IS-Architektur ist die Gesamtheit aller Regeln, Vorschriften und Konzepte, die dem Aufbau eines IV-Systems oder der gesamten Informationsinfrastruktur zugrunde liegen.

Wichtige Aufgabe einer IS-Architektur ist die Festlegung von Standards für die Entwicklung von IV-Systemen. Dadurch werden einzelne Anwendungssysteme besser untereinander und auf Anwenderbedürfnisse abgestimmt.

6.3.2 Sichten einer Informationssystem-Architektur

Eine IS-Architektur ist mehrdimensional bzw. berücksichtigt verschiedene Aspekte. Das wird deutlich, wenn man die Architektur eines IV-Systems unter verschiedenen Sichten betrachtet. Eine Sicht beschränkt sich dabei auf einen bestimmten Aspekt und vernachlässigt die anderen Aspekte.

---

15 HANSEN [1996, S. 124].

16 HEINRICH [1996, S. 69].

17 MERTENS [1997, S. 22].

18 ÖSTERLE u. a. [1991, S. 69].

19 SCHEER [1992, S. 2].

Mögliche Sichten einer IS-Architektur sind:

- **Funktionssicht**, bei der die Funktionen des Systems betrachtet werden. Dabei interessiert man sich z. B. für die angewendeten oder anzuwendenden Methoden, Verfahren oder Algorithmen.
- **Prozeßsicht**, die sich auf die Abläufe bzw. Prozesse konzentriert. Dabei werden insbesondere die Prozeßaktivitäten und deren Reihenfolge betrachtet.
- **Organisationssicht**, die sich auf den organisatorischen Rahmen und die Organisationsstrukturen des IV-Systems konzentriert.
- **Ressourcensicht**, die die eingesetzten Produktionsfaktoren in den Vordergrund stellt[20].
- **Datensicht**, in der Daten, Datenstrukturen, Datenmodelle, Datenbankkonzepte usw. beschrieben werden.
- **Informationssicht**, bei der es um die Bereitstellung von Informationen für den Systembenutzer geht.
- **Kommunikationssicht** auf die zur Aufgabenerfüllung nötigen Kommunikationsbeziehungen.
- **Steuerungssicht** auf die Managementaufgaben.

Abb. 6.3.1 veranschaulicht die Sichten auf eine IS-Architektur.

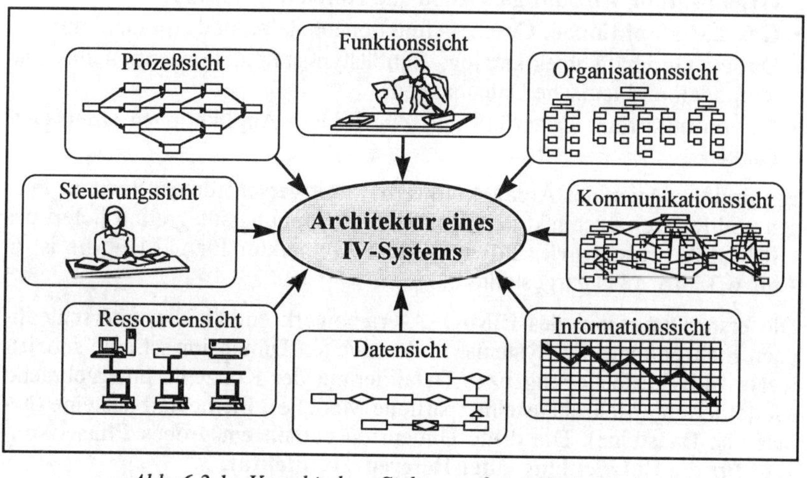

Abb. 6.3.1: Verschiedene Sichten auf eine IS-Architektur

20 Vgl. dazu auch S. 135.

6.3.3 Vergleich verschiedener Architekturkonzepte

Nachfolgend werden ausgewählte Architekturkonzepte und mit diesen verwandte Konzepte aus der Literatur kurz vorgestellt.

Der sog. **Ansatz des St. Galler Informationssystem-Managements** geht von einem Fünf-Ebenen-Modell für das Informationssystem-Management aus, in dem die Architektur die 2. Ebene darstellt (vgl. Abb. 6.3.2).

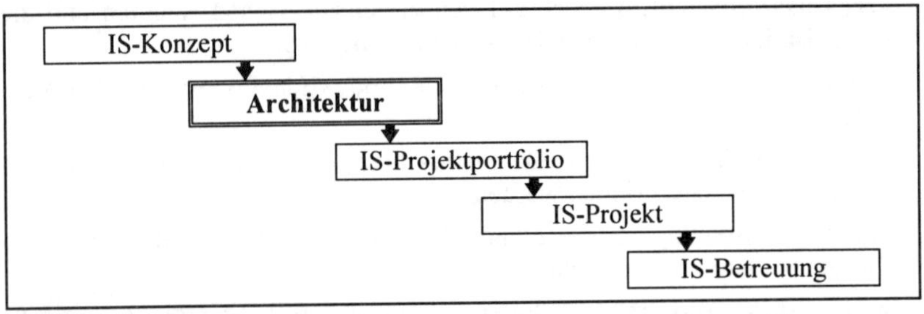

Abb. 6.3.2: Ebenen des Informationssystem-Managements[21]

Die Architekturebene umfaßt vier Schichten, die aus folgenden Dokumenten hervorgehen[22]:

- **Organisation**: Ablauforganisation und Aufbauorganisation,
- **Geschäftsfunktionen**: Geschäftsfunktionenkatalog und Applikationen,
- **Daten**: Geschäftsobjektkatalog, Entitätstypkatalog, konzeptionelles Datenmodell und logische Datenbanken,
- **Kommunikation**: Datenfluß und Zugriff von Applikationen auf Datenbanken.

Ein dreidimensionales Architekturkonzept mit verschiedenen Sichten, Phasen und Referenzarchitekturen für die Unternehmungsintegration liefert das **CIM-OSA-Framework** (Offene System Architektur für CIM)[23]. Es ist in Abb. 6.3.3 (S. 131) dargestellt.

Die erste Dimension des CIM-OSA-Framework enthält die unterschiedlichen **Sichten** eines IV-Systems. In der zweiten Dimension ist eine **schrittweise Individualisierung** bzw. Detaillierung der Konzepte untergebracht: Modellierung, Makrobausteine (partielle Modelle), Elementarbausteine (generische Bausteine). Die dritte Dimension enthält ein grobes **Phasenkonzept für die Entwicklung einer Referenzarchitektur**.

21 Vgl. ÖSTERLE u. a. [1991, S. 41].

22 Vgl. ÖSTERLE u. a. [1991, S. 178].

23 Vgl. ESPRIT [1989].

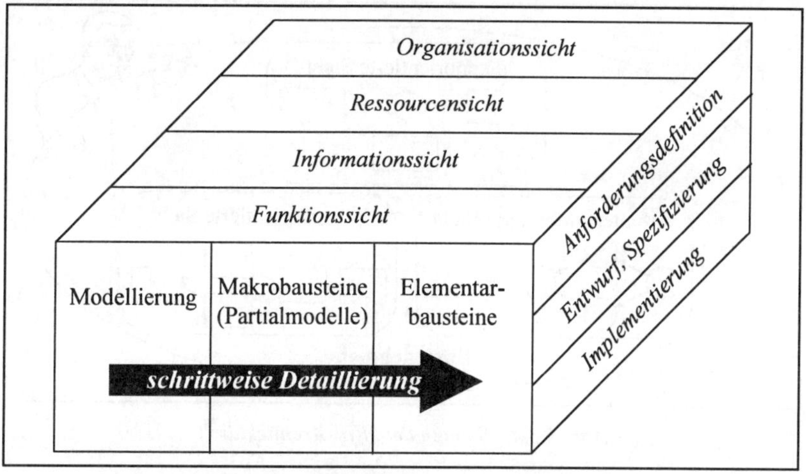

Abb. 6.3.3: CIM-OSA-Framework

Von der Working Group 8.1 der IFIP (International Federation for Information Processing) wurde die **IFIP WG 8.1 Architektur** mit 3 Sichten entwickelt[24], die möglichst viele existierende Ansätze umfassen soll. Diese Architektur verwendet drei Sichten:

- **datenorientierte Sicht**,
- **prozeßorientierte Sicht**, durch die Vorgänge oder Aktivitäten und deren Reihenfolgebedingungen beschrieben werden,
- **verhaltensorientierte Sicht**, die sich auf Ereignisse und deren Vorgänger- und Nachfolger-Beziehungen richtet.

Abb. 6.3.4 (S. 132) veranschaulicht die Sichten der IFIP-Architektur.

Für den Entwicklungsprozeß wird ein 12-stufiges, umfassendes Lebenszyklus-Modell vorgeschlagen. Dazu gehören u. a. die folgenden 3 Stufen:

- Information Systems Planning (= strategische Planung)
- Business Analysis (= deskriptiv orientierte Analyse)
- System Design (= Entwurf eines IV-Systems).

Die **Architektur integrierter Informationssysteme** (ARIS) will Basis eines systematischen und effizienten Methodeneinsatzes bei der Entwicklung von IV-Systemen sein und ist folgendermaßen aufgebaut[25]:

24 Vgl. dazu SCHEER [1992, S. 24].
25 Vgl. dazu SCHEER [1998a] und [1998b].

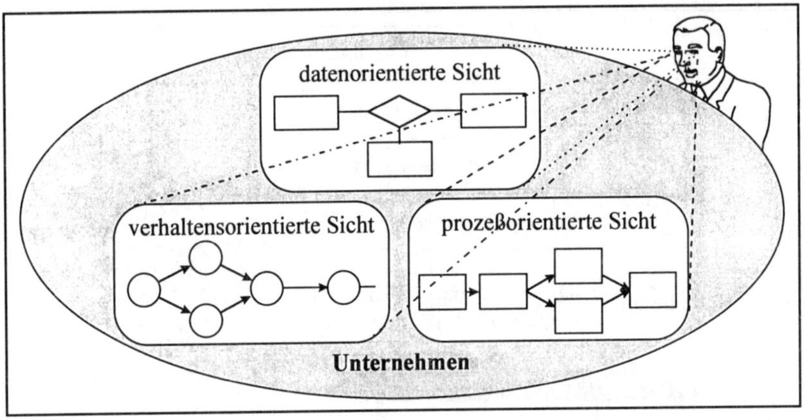

Abb. 6.3.4: Sichten der IFIP-Architektur[26]

Ausgangspunkt sind **Prozeßmodelle** bzw. ein Modell für Unternehmungsprozesse, die durch **Vorgangskettendiagramme** dargestellt werden. Wegen der Komplexität wird das Modell in fünf Beschreibungssichten zerlegt:

- Datensicht,
- Funktionssicht,
- Organisationssicht,
- Leistungssicht,
- Steuerungs- oder Prozeßsicht.

Ressourcen werden in den Beschreibungssichten für Daten, Funktionen und Organisation auf der Ebene des DV-Konzepts und der Implementierung mit behandelt.
Die Steuerungssicht bzw. Prozeßsicht stellt die Verbindung zu den drei anderen Sichten her.

Für jede der fünf Sichten verwendet das Modell drei verschiedene Beschreibungsebenen mit unterschiedlicher Nähe zur IV-Technik:

- Fachkonzept,
- DV-Konzept,
- Implementierung.

Abb. 6.3.5 (S. 133) zeigt das Grundmuster der ARIS-Architektur.

Auf spezielle Architekturen, wie z. B. Client-Server-Architektur oder Agentensysteme, wird hier nicht eingegangen[27].

26 In Anlehnung an SCHEER [1992, S. 26].
27 Vgl. dazu beispielsweise SCHWARZE [1997, S. 162ff.].

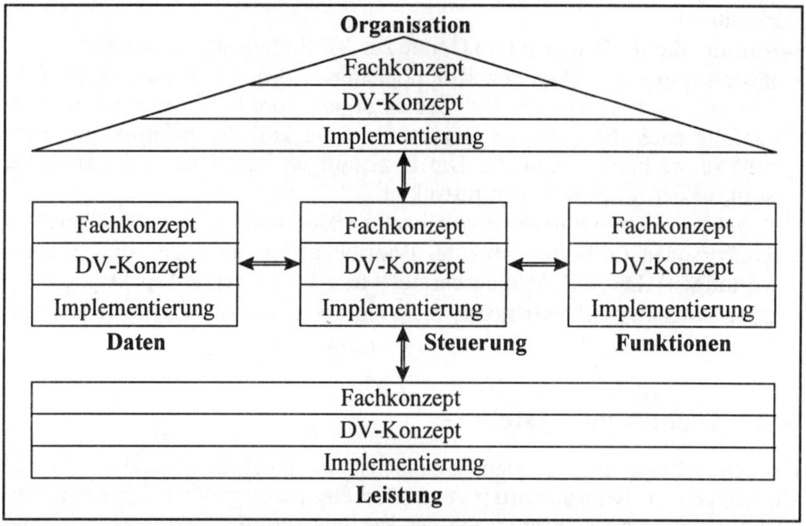

Abb. 6.3.5: Struktur von ARIS[28]

6.4 Strategische Planung der Informationsinfrastruktur

6.4.1 Begriff der Informationsinfrastruktur

Informationsinfrastruktur wurde bereits in Abschnitt 5.4.4 definiert. Sie umfaßt sämtliche Hard- und Software, organisatorischen Konzepte und Regelungen, Mitarbeiter, Entwicklungswerkzeuge und Methoden für die Beschaffung, Verarbeitung, Speicherung, Übertragung und Bereitstellung von Informationen. Im einzelnen gehören dazu[29]:

- **Komponenten** der Informations- und Kommunikationssysteme, die materiellen (z. B. Hardware, System- und Anwendungssoftware, Daten, Sachmittel, Dokumentation) oder immateriellen Charakter (z. B. Werkzeuge, Methoden, Standards) haben können.
  Die Komponenten werden untergliedert in
  - technische Informationsinfrastruktur,
  - Dateninfrastruktur und
  - Methodeninfrastruktur.

28 Vgl. SCHEER [1998a, S. 41].
29 Vgl. dazu HEINRICH/LEHNER [1989, S. 22f.].

- **Personen**.
- **Räume**, die für Personal und Geräte zur Verfügung stehen müssen.
- **Beziehungen** zwischen den Komponenten und den Personen (z. B. Vernetzung, Aufbauorganisation, Projektorganisation). Dabei sind gegebenenfalls auch die externen Beziehungen als Teil der Informationsinfrastruktur zu berücksichtigen. Die Beziehungen beschreiben die statische Struktur der Informationsinfrastruktur.
- **Regeln zur Koordination** der einzelnen Komponenten und der beteiligten Personen (z. B. für Abläufe, Prioritäten, Kompetenzen und Verantwortungen). Diese Regeln beschreiben den dynamischer Aspekt.
- **Unterstützungsinfrastruktur**, z. B. Notorganisation, Wartungsvereinbarungen, Beratungsvereinbarungen, Benutzerservice.

6.4.2 Technische Systeme

Bei den technischen Systemen ist zunächst eine langfristige Strategie für die einzusetzenden **Komponenten** zu entwickeln. Dazu gehören Überlegungen bezüglich Art und Konfiguration der Rechner und der Peripherie, Art und Umfang einer eventuellen Vernetzung usw.

Dieses **strategische Komponenten-Management** muß sich beispielsweise mit folgenden Fragen auseinandersetzen:

- Mit welchen Hardwarekomponenten kann die IV-System-Architektur optimal realisiert werden?
- Soll die in der Unternehmung einzusetzende Hardware nur von einem Hersteller bezogen werden, oder will man Hardwarekomponenten auch von verschiedenen Herstellern kaufen?
- Welche Netztopologie, welches Kommunikationsprotokoll und welche Netzwerksoftware sollen verwendet werden?
- Welche Ausstattung mit Peripherie ist notwendig?

Dabei ist zu beachten, daß auf Grund der schnellen technischen Entwicklung eine langfristige Konzeption kaum möglich ist.

Die strategische Planung der IV-Komponenten (Hardware-Komponenten) basiert auf einer sorgfältigen Analyse und Dokumentation der vorhandenen Ressourcen. Diese Untersuchung ist im Hinblick auf folgende, für die strategische Planung wichtigen Aspekte vorzunehmen[30]:

- Anzahl, Typen, Leistungsmerkmale und Kapazität der Rechner, Massenspeicher und zentralen Drucker,
- Anzahl und (anwendungsbezogene) Widmung der Arbeitsplatzsysteme und Workstations,

30 Vgl. dazu HANSEN/RIEDL [1990, S. 673].

- Anzahl, Leistungsmerkmale und Kapazität der sonstigen Ein- und Ausgabegeräte,
- Rechnernetze und ihre Architektur,
- externe Telekommunikationsverbindungen,
- Standorte der Hardware,
- Verfügbarkeit und Antwortzeiten (Normal- und Spitzenbelastungen) der Zentralrechner und der dezentralen Rechner,
- Auslastung der Rechner (CPU-Belastung, Speicherbelegung),
- „Entwicklungsgeschichte" (Zuwachsraten, Leistungs- und Kapazitätsentwicklung) der zentralen und dezentralen Hardware,
- Angaben zur Ausbaufähigkeit der Hardwarekomponenten,
- Angaben zu Herstellern und Lieferanten (insbesondere Zuverlässigkeit und Zufriedenheit),
- Angaben zu Kauf/Miete/Leasing bzw. Bindungsdauern,
- Angaben zu Wartung und Service.

Im Zusammenhang mit der strategischen Komponenten-Planung sind auch Überlegungen über die **Art der einzusetzenden Technologie** (z. B. Glasfaserkabel oder Kupferkabel für die Datenübertragung; magnetische, elektronische oder optische Speicherung) anzustellen. Das ist allerdings eher eine Aufgabe des technologischen Innovationsmanagements.

Technische Systeme bestehen nicht nur aus ihren Komponenten und deren Technik, sondern auch aus einer bestimmten **Architektur**. Aufgaben für ein strategisches IM beziehen sich hier auf

- Rechnerarchitekturen,
- Netzarchitekturen,
- Architektur integrierter IV-Systeme,
- Architektur verteilter IV-Systeme und verteilter Datenbanken,
- Telekommunikationsarchitektur.

Mit der Architektur in engem Zusammenhang stehen Überlegungen über den Zentralisierungs- bzw. Dezentralisierungsgrad. Auch Verantwortlichkeiten und Organisationskonzepte müssen in die strategische Architekturplanung einbezogen werden.

Aus diesen Überlegungen ergibt sich zusammenfassend folgendes:

Die **strategische Planung der technischen Systeme** umfaßt die drei Bereiche

- Komponenten-Management,
- Technologie-Management und
- Architektur-Management.

6.4.3 Anwendungssysteme

Die Entwicklung von Anwendungssystemen berührt um so mehr die strategischen Aufgaben eines IM, je höher der Integrationsgrad ist. Dabei ergeben sich eine Reihe von strategischen Einzelaufgaben, z. B.:

- Soll vorwiegend (oder sogar ausschließlich) Standardsoftware eingesetzt werden, oder will man möglichst viele Anwendungsbereiche über Individualsoftware erschließen?
- Im Rahmen von strategischen Überlegungen für Individualsoftware sind u. a. folgende Festlegungen zu treffen:
  - Programmiersprache,
  - zu verwendende Werkzeuge,
  - Vorgehensmodell,
  - Strategien[31],
  - Anforderungen.

  Aufgabe eines strategischen IM in diesem Bereich muß es auch sein, generelle Richtlinien oder Standards für Benutzeroberflächen und Benutzerführungen festzulegen.
- Gegenstand der strategischen Anwendungssystemplanung sind auch:
  - **Technisierungsgrad**, d.h. in welchem Ausmaß einzelne Arbeitsplätze mit technischen Geräten ausgestattet werden sollen. Das betrifft Art der Geräte, Anzahl der Geräte und Technologie der Geräte.
  - **Automatisierungsgrad**, d.h. in welchem Ausmaß, in den zu konzipierenden Systemen auf menschliche Intervention verzichtet werden soll bzw. kann. Diese Entscheidung über einen Automatisierungsgrad ist im allgemeinen keine generelle, sondern kann für einzelne Bereiche oder Teilsysteme unterschiedlich sein.
  - **Durchdringungsgrad**, d.h. das Ausmaß, in dem die betrieblichen Arbeitsplätze und Aufgabenbereiche mit IV-Technologien ausgestattet werden sollen.
- Schließlich spielt auch der **Integrationsgrad** eine Rolle, der Umfang und Intensität der Verknüpfung von Teilbereichen ausdrückt.

> Ein **integriertes IV-System** übernimmt Aufgaben aus mehreren Funktionsbereichen und verknüpft einzelne Verarbeitungsbereiche systemintern zu einem Gesamtsystem.

Heute reicht die Integration zunehmend über Unternehmungsgrenzen hinweg[32].

---

31 Vgl. zu Vorgehensmodellen und Strategien SCHWARZE [1995, Kapitel 2].

32 Vgl. dazu PICOT u. a. [1996].

Bei der Betrachtung von Integration ist zu beachten, daß diese auf unterschiedliche Art entstehen kann. Abb. 6.4.1 zeigt verschiedene Ansätze und Aspekte von Integration[33].

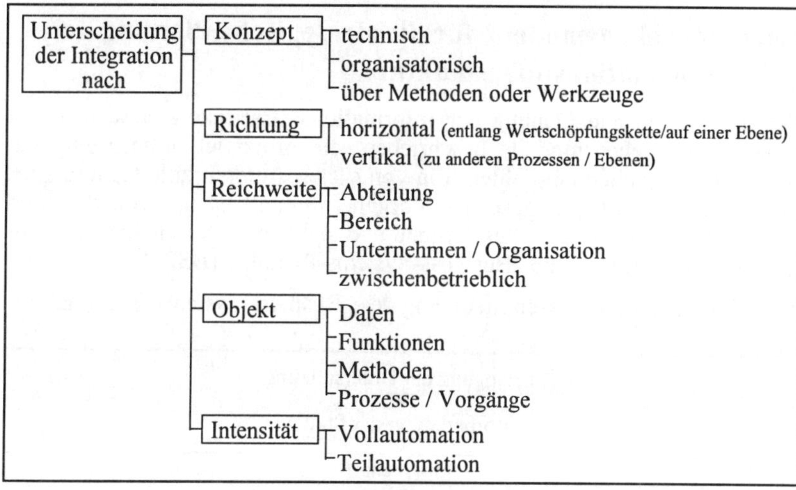

Abb. 6.4.1: Integrationsarten[34]

Ziele integrierter IV-Systeme sind u. a.[35]:

- Realitätsgerechte Abbildung von Prozessen und Strukturen, unabhängig von oft künstlichen Abteilungsgrenzen.
- Reduzierung des Aufwands für Dateneingabe und damit auch Reduzierung der Wahrscheinlichkeit von möglichen Eingabefehlern.
- Schnellere Bearbeitungs- und Reaktionszeiten.

Man beachte, daß auch beim Kauf einer relativ einfachen Standardsoftware für einen PC strategische Überlegungen erforderlich sind, da ein solcher Kauf erfahrungsgemäß eine langfristige Festlegung auf ein bestimmtes Produkt eines bestimmten Herstellers bedeutet. Das liegt u. a. daran, daß beinahe für alle Softwareprodukte ein erheblicher Einarbeitungsaufwand erforderlich ist. Mitarbeiter werden nur ungern und nur mit hohem Zeitaufwand für die Bearbeitung eines bestimmten Problemkreises von einem Softwareprodukt auf ein anderes umsteigen. Das betrifft auch Textverarbeitungssoftware, Grafiksoftware oder Tabellenkalkulationsprogramme.

33 Vgl. dazu z. B. HEILMANN [1990, S. 120ff.] und MERTENS [1995, S. 1ff.].

34 Vgl. hierzu auch die Systematik bei MERTENS [1997, S. 2].

35 Vgl. MERTENS [1997, S. 9f.].

Grundsätzlich ist es nicht sinnvoll, jeden Versionenwechsel einer Software mitzumachen. Umstellungs- und Einarbeitungsaufwand stehen dabei meistens in einer wirtschaftlich nicht zu rechtfertigenden Relation zum Nutzen.

6.4.4 Vorgehensmodelle für die strategische Planung der Informationsinfrastruktur

Für die strategische Planung der Informationsinfrastruktur werden in der Literatur Vorgehensmodelle beschrieben, die prinzipiell immer ein phasenweises Vorgehen empfehlen. Ein von vielen Autoren zitiertes und auch in der Praxis häufig eingesetztes Vorgehensmodell ist das von der IBM etwa Mitte der 60er Jahre geschaffene und seitdem in verschiedenen Richtungen weiter entwickelte „Business-Systems-Planning (BSP)“.

Abb. 6.4.2 zeigt die Phasengliederung des „Business-Systems-Planning“.

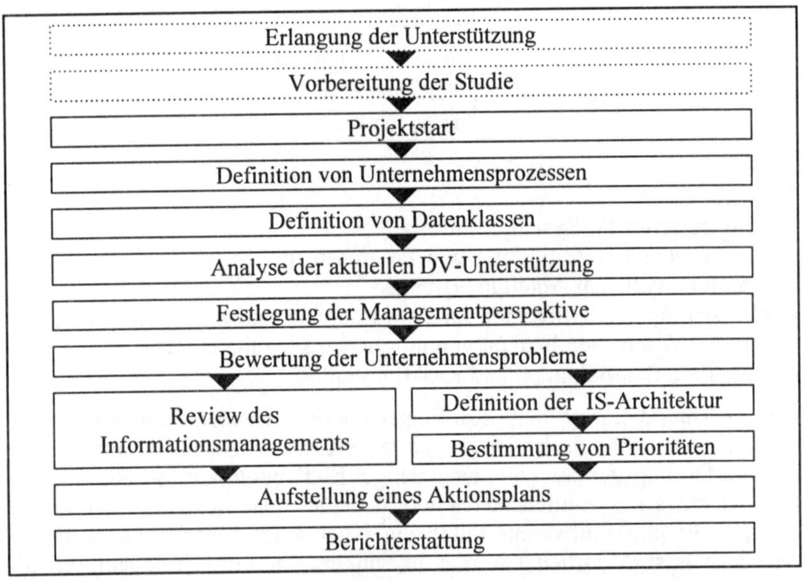

Abb. 6.4.2: Konzept des Business-Systems-Planning (BSP)[36]

Auf der Basis einer umfangreicheren Literaturrecherche entstand das aus sechs Aufgabenkomplexen bestehende Vorgehensmodell in Abb. 6.4.3[37].

36 In Anlehnung an KLOTZ/STRAUCH [1990, S. 23].

37 Vgl. KLOTZ/STRAUCH [1990, S. 25-30].

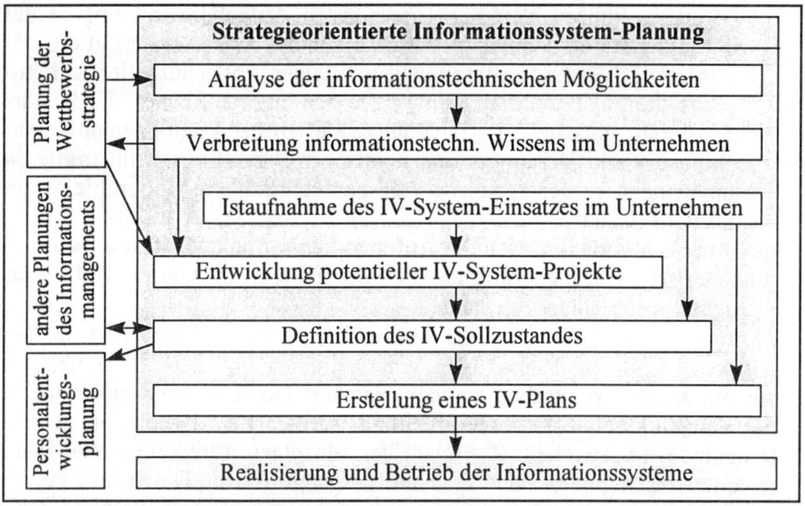

Abb. 6.4.3: Vorgehensmodell strategieorientierter IV-System-Planung[38]

6.5 Organisatorische Überlegungen

Die strategische Planung der Informationsinfrastruktur betrifft immer auch die Organisationsplanung. Wegen der grundlegenden Bedeutung der Organisationsplanung für die strategische Unternehmungsplanung wird hier - ergänzend zu den vorangegangenen Abschnitten - gesondert auf organisatorische Überlegungen im strategischen IM eingegangen.

6.5.1 Strategische Organisationsplanung

Die strategische Bedeutung des Aufbaus von IV-Systemen und deren organisatorischer Integration ergibt sich vor allem aus folgenden Überlegungen:

- IV-Systeme beeinflussen und verändern die **Aufbauorganisation** u. a. auf folgende Weise:
  - Individuelle Datenverarbeitung hat zu arbeitsplatzbezogenen IV-Kapazitäten und damit zu einer Dezentralisierung geführt.
  - Bürokommunikationssysteme[39] und Vernetzung von Arbeitsplätzen haben neue Kommunikationsstrukturen geschaffen und das Entstehen integrierter Systeme gefördert.

38 Nach KLOTZ/STRAUCH [1990, S. 28].

39 Vgl. dazu SCHWARZE [1988a].

- IV-Systeme führen häufig zu veränderten Aufgabenverteilungen und -zuordnungen und dadurch zu Änderungen der Aufbauorganisation.
- Integrierte IV-Systeme führen häufig zu einer Abflachung der Aufbauorganisation, insbesondere dann, wenn den unteren Ebenen der Hierarchie durch entscheidungsunterstützende Systemkomponenten mehr Kompetenz und Verantwortung übertragen wird. Ebenen im mittleren Management werden auf diese Weise entbehrlich, die Hierarchie insgesamt wird flacher.
- Schließlich verändert sich die Aufbauorganisation auch durch die organisatorische Eingliederung des IM. Darauf wird im vierten Teil dieses Buches noch näher eingegangen.

- IV-Systeme verändern auch die **Ablauforganisation**. Das betrifft Inhalte, Abgrenzungen und Reihenfolge von Aufgaben und deren Ausführung. An einfachen Arbeitsabläufen läßt sich das leicht veranschaulichen. In der konventionellen Datenverarbeitung werden viele Arbeitsfolgen hintereinander abgewickelt. Zwischen den einzelnen Tätigkeiten sind dann jeweils Übertragungs- oder Transportvorgänge für die Daten (auf Papier oder einem anderen Datenträger) notwendig (gegebenenfalls auch Zwischenlagerung). Informationsverarbeitung ist heute zunehmend durch Integration und ganzheitliche Aufgabenübertragung gekennzeichnet. Dadurch können Transport- bzw. Übertragungsvorgänge entfallen, Arbeitsschritte an einem Arbeitsplatz zusammengefaßt werden, Arbeitsschritte durch Automatisierung entfallen usw.
- IV-Systeme führen im Regelfall zu **veränderten Informations- bzw. Datenstrukturen**. Das betrifft nicht nur Datendefinitionen und Datenmodelle, sondern auch Art, Inhalt, Umfang und Aktualität der Informationen. Hinzu kommen zentrale Datenbanksysteme mit entsprechenden Informations- und Abfragesystemen. Daraus resultiert eine Fülle strategischer Aufgaben hinsichtlich Konzeption und Entwicklung geeigneter Organisationsmodelle.
- Schließlich ist auch darauf zu verweisen, daß IV-Systeme die **Schnittstellen der Unternehmung zu seiner Umwelt** verändern. Das betrifft sowohl den Informationsinput, beispielsweise durch die Möglichkeiten der Informationsbeschaffung im Internet und des Online-Zugriffs auf externe Datenbanken, aber auch den Informationsoutput. Besonders hervorzuheben ist hier die zunehmende Tendenz zu überbetrieblich integrierten IV-Systemen, in die Kunden und Lieferanten eingebunden werden.

Aus diesen Überlegungen wird deutlich, daß IV-Systeme organisatorische Abläufe und Strukturen tiefgreifend und nachhaltig verändern. Organisationsplanung gehört damit zu den wichtigsten strategischen Aufgaben eines IM, wobei die Grenzen zu den anderen strategischen Aufgabenbereichen naturgemäß fließend sind. Strategische Organisationsplanung muß auch immer Informationsinfrastrukturplanung, Technologieplanung, Datenmodellierung und Datenbankmodellierung sowie betriebswirtschaftliche Überlegungen langfristiger Planung, Organisation usw. mit einschließen.

Im Zusammenhang mit der strategischen Organisationsplanung muß auch der Zentralisierungs- bzw. Dezentralisierungsgrad für die Informationsinfrastruktur festgelegt werden[40]. Dezentralisierung erfordert offene Systeme sowie Standardisierung und Normierung, und zwar sowohl intern als auch extern. Die Zentralisierung erfordert aber insbesondere auch eine zentrale Koordination, damit sich in den einzelnen betrieblichen Bereichen IV-Systeme nicht unterschiedlich entwickeln.

6.5.2 Unternehmungsmodelle als Basis für die Organisationsplanung

Wichtige Grundlage einer Organisationsplanung aber auch für die strategische Planung der Informationsinfrastruktur sind Unternehmungsmodelle. Obwohl Unternehmungsmodellierung eine Aufgabe der Betriebswirtschaftslehre, speziell der Organisationslehre, ist, wird sie vorwiegend innerhalb der Wirtschaftsinformatik diskutiert. In den folgenden Ausführungen können nur einige wesentliche Grundgedanken skizziert werden.

> Ein **Unternehmungsmodell** ist die (abstrahierende) Beschreibung der statischen und der dynamischen Strukturen und Prozesse einer Unternehmung[41].

Klassische Unternehmungsmodelle, wie sie in der betriebswirtschaftlichen Organisationslehre behandelt werden, verwenden 2 Sichten:

Die **statische Sicht** betrachtet die **Aufbauorganisation**, wobei man sich vor allem für folgende Aspekte interessiert:

- Untergliederung einer Unternehmung in Bereiche, Abteilungen, Stellen,
- Über- und Unterordnungsverhältnisse (Entscheidungshierarchie),
- Stellenbeschreibungen,
- Zuordnung von Aufgaben zu Stellen.

Modelliert bzw. dargestellt werden die ersten beiden Aspekte der statischen Sicht üblicherweise über Organigramme wie in Abb. 6.5.1 (S. 142).

40 Im einzelnen wird hierzu auf MERTENS/KNOLMAYER [1998] verwiesen.

41 Die Ausführungen zu Unternehmungsmodellen und die Konzepte von Unternehmungsmodellen lassen sich auch auf öffentliche Verwaltungen und andere Organisationen übertragen (vgl. z. B. SCHWARZE/KOß [1996]).

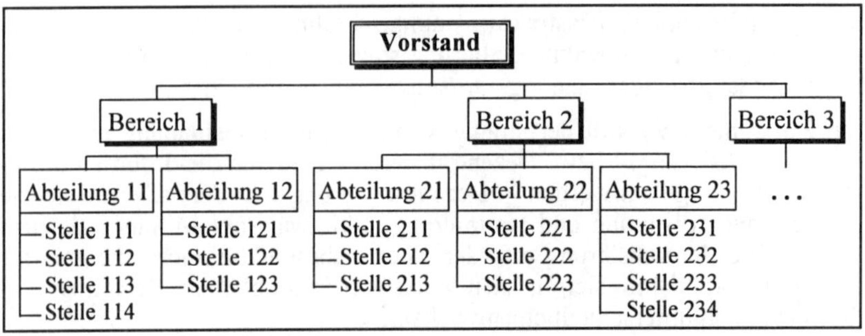

Abb. 6.5.1: Statische Sicht einer Unternehmung (Organigramm)

Bei der statischen Sicht orientiert man sich sehr häufig an einer funktionsorientierten Gliederung mit den Bereichen Beschaffung, Materialwirtschaft, Produktion, Absatz, Finanzen usw.

Die **dynamische Sicht** auf eine Unternehmung stellt die **Ablauforganisation** bzw. die in einer Unternehmung oder einer Verwaltung ablaufenden **Prozesse** in den Vordergrund. Dabei betrachtet man folgende Aspekte[42]:

- Aufgaben, Aktionen oder Aktivitäten,
- Aufgabenbeschreibungen,
- Reihenfolge der Aufgabenbearbeitung,
- Ressourcenbedarf für die Aufgabenausführung,
- für die Aufgabenausführung verantwortliche Stellen.

Abb. 6.5.2 zeigt ein Arbeitsablauf- oder Prozeßdiagramm.

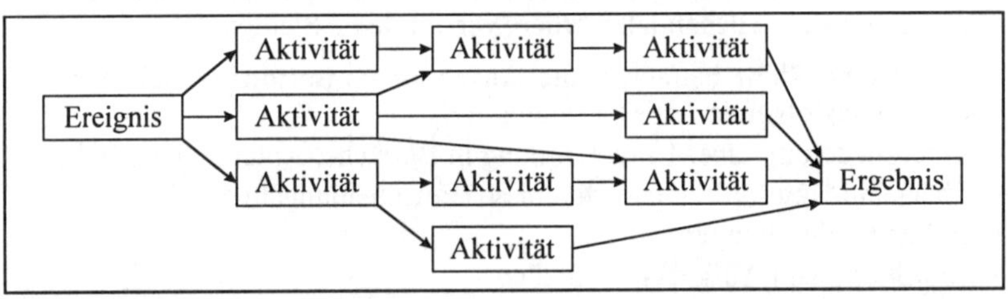

Abb. 6.5.2: Dynamische Sicht einer Unternehmung (Prozeßdiagramm)

Bei der dynamischen Sichtweise ist zu beachten, daß Prozesse innerhalb der funktionsorientierten Aufbauorganisation ablaufen. Das veranschaulicht Abb. 6.5.3.

42 Vgl. dazu auch Abschnitt 6.5.4 S. 144ff.

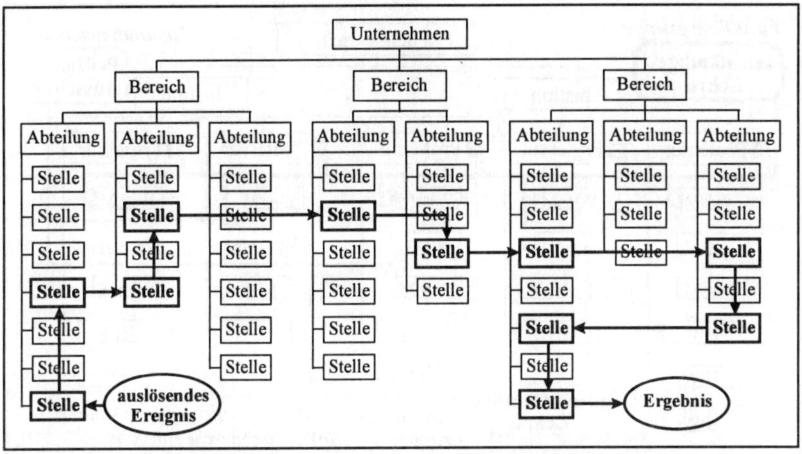

Abb. 6.5.3: Verknüpfung von statischer und dynamischer Organisationssicht

Die häufig verwendeten Beschreibungen von Aufbauorganisationen durch Organigramme und von Ablauforganisationen durch Arbeitsablauf- oder Prozeßdiagramme sind meistens unvollständig. Für eine vielseitig verwendbare Organisationsmodellierung sollten die Modelle der Aufbauorganisation um folgende Konzepte ergänzt werden:

- Die mit der Regelung von Unter- bzw. Überordnung verbundenen Weisungsbefugnisse sollten in **fachliche, disziplinarische und projektbezogene Befugnisse** unterschieden werden.
- In einer Organisation können aus Stelleninhabern verschiedener Ebenen Ausschüsse oder Kommissionen gebildet werden. Die statische Aufbauorganisation wird zur Berücksichtigung dieses Aspekts um eine entsprechende **Zusammensetzungsstruktur** ergänzt, durch die festgelegt wird, welche Stellen bzw. Stelleninhaber bestimmten Ausschüssen oder Kommissionen zugeordnet werden (vgl. Abb. 6.5.4, S. 144).
- Stelleninhaber auf unterschiedlichen Ebenen können bestimmte Funktionen ausüben. Das kann durch **Funktionsgruppen** berücksichtigt werden, in denen alle Stellen, die bestimmte Funktionen ausüben, zusammengefaßt werden (vgl. Abb. 6.5.4, S. 144).
- Schließlich ist darauf hinzuweisen, daß die Aufbauorganisation im Hinblick auf unterschiedliche Fragestellungen betrachtet werden kann, z. B. Abwicklung von Projekten in der Organisation, Weisungsbefugnisse, Unterschriftsberechtigung usw. Dazu kann die statische Sicht um ein **Rollenkonzept** erweitert werden.

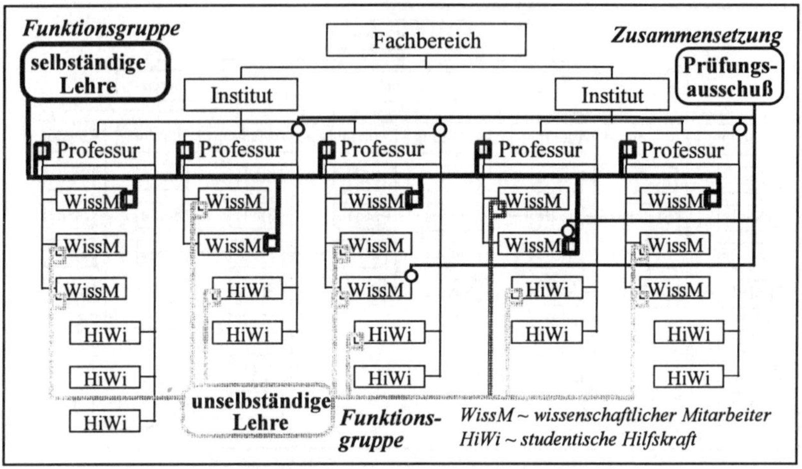

Abb. 6.5.4: Erweiterung der klassischen Aufbauorganisation um Funktionsgruppen und Zusammensetzungsstrukturen

Geht man von den Elementen der Unternehmungsmodellierung aus, gilt folgendes: Das klassische Organisationsverständnis geht aus von Zielen und Strategien, die mit bestimmten Aufgaben erreicht bzw. realisiert werden sollen. Deshalb werden bei der Organisationsmodellierung Aufgaben modelliert und die Daten, die für die Aufgabenausführung benötigt werden. Die Aufgaben werden dabei meistens über die hierarchische Aufbaustruktur einer Organisation abgebildet. Die Erreichung der Ziele durch die Aufgaben geschieht unter Einsatz von Personal und Sachmitteln, die entsprechend beschafft werden müssen. Mitarbeiter und Sachmittel werden ebenfalls durch Daten beschrieben. Abb. 6.5.5 (S. 145) stellt das schematisch dar.

6.5.3 Prozeßorganisation

Auf die Grundlagen der Prozeßorientierung wurde bereits in Abschnitt 5.5.2 eingegangen. Zu den strategischen Aufgaben eines IM gehört die Entwicklung eines strategischen Konzepts für eine Prozeßorientierung der Organisation. Das gilt insbesondere beim Einsatz integrierter IV-Systeme.

Da sich bei einer Fokussierung auf Prozesse strategische Aufgaben sowie Aufgaben der Prozeßanalyse und der Realisierung einer Prozeßorganisation nicht immer scharf voneinander trennen lassen, werden nachfolgend in Fortführung der Überlegungen in Abschnitt 5.5 die grundlegenden Aspekte der Prozeßorientierung behandelt. In den Kapiteln 7 (Realisierungsaufgaben) und 8 (operative Aufgaben) wird darauf nicht weiter eingegangen.

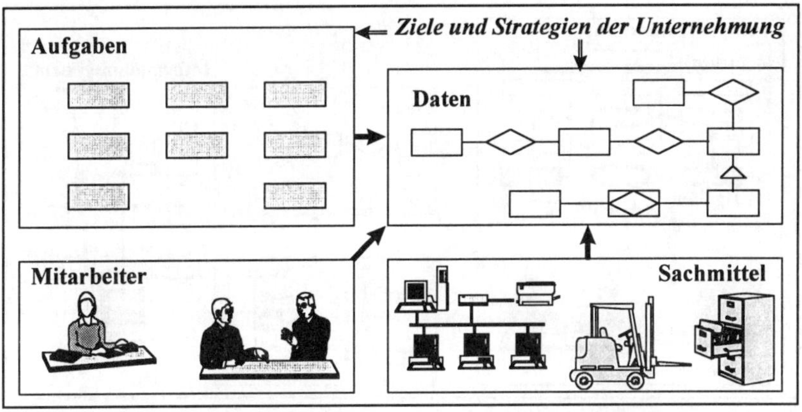

Abb. 6.5.5: Elemente der klassischen Organisationsmodellierung

Aufgabe des IM sind **Identifizierung und Modellierung der Prozesse**. Die Prozeßmodelle dienen zugleich der Prozeßgestaltung. Spezielle Gestaltungsaufgaben sind dabei:

- Planung und Optimierung der Prozesse in zeitlicher, räumlicher und organisatorischer Hinsicht.
- Interne Integration, da Geschäftsprozesse Abteilungsgrenzen überschreiten. **Prozeßorganisation ist zu einem erheblichen Teil Schnittstellenorganisation.**
- Externe Integration von Kunden, Lieferanten, Banken, Verbänden, Staat usw. in die Prozeßmodelle.

Die ganzheitliche Modellierung der Geschäftsprozesse in einer Organisation zeigt, wie die Informationsprozesse in die Gesamtabläufe eingebunden sind. Damit werden Abhängigkeiten, strategische Relevanzen und dergl. transparent.

In Abb. 6.5.6 (S. 146) sind diese Zusammenhänge vereinfacht dargestellt:

- Aufgabenbearbeitung führt zu Abläufen, die als Prozesse modelliert werden.
- Aufgaben der Prozeßabwicklung sind Stellen zugeordnet.
- Die Stellen sind in die Aufbauorganisation eingebunden.
- Mitarbeiter und Sachmittel sind Stellen und darüber auch Aufgaben zugeordnet.
- Die Steuerung der Prozesse und die Verwaltung der Ressourcen orientiert sich an Zielen und Strategien des Managements und erfolgt durch dieses häufig unter Einsatz von IV-Systemen.

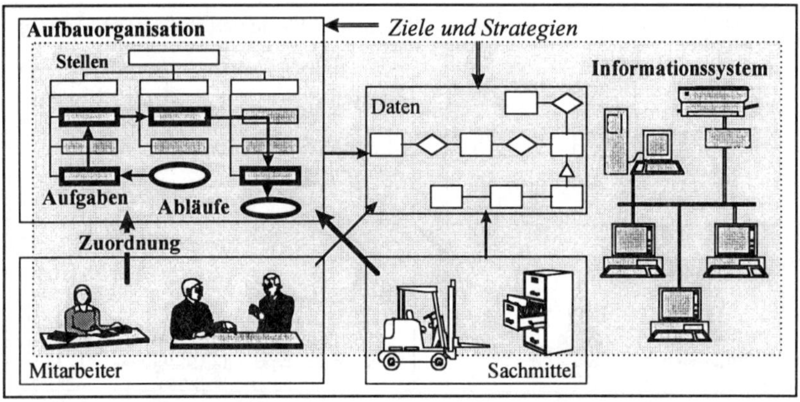

Abb. 6.5.6: Elemente einer Organisationsmodellierung

Für eine optimale Organisationsplanung reicht eine Identifizierung und Modellierung von Prozessen nicht aus. Zur Realisierung zielgerichteter, strategischer Konzepte sind folgende Einzelaufgaben zu nennen[43]:

- **Prozeßplanung** bzw. Ablaufplanung,
- Prozeßbeschreibungen,
- Aufgabenbeschreibungen,
- Schaffung einer prozeßadäquaten **Aufbauorganisation**,
- Zuordnung der Prozeßaktivitäten zu einzelnen **Stellen**,
- Stellenbeschreibungen,
- Bestimmung der prozeßrelevanten **Sachmittelausstattung**,
- Planung und Realisierung eines Prozeß-**Steuerungs-** und Prozeß-**Kontroll-Systems**,
- Realisierung von IV-Systemen.

Die Prozeßmodellierung wird durch diese Aufgabenerweiterung zu einer Organisationsmodellierung[44].

Definition, Modellierung und Analyse der Prozesse der Leistungserbringung schaffen im einzelnen die Grundlage für die Ausschöpfung folgender Potentiale:

- Optimierung der Abläufe und damit – neben der Kostensenkung – Effizienzsteigerung und Beschleunigung, d. h. Leistungsverbesserung.
- Dokumentation der internen Abläufe bzw. Leistungsprozesse und der Leistungsverflechtungen.

43 Vgl. SCHWARZE/KOß [1996, S. 36].

44 Vgl. dazu SCHWARZE [1995, S. 177ff.].

- Aufgabenzusammenlegung bzw. ganzheitliche Aufgabenübertragung und damit Kompetenzsteigerung und Erhöhung der Mitarbeitermotivation bei der Aufgabenerfüllung.
- Neuregelung von Verantwortungsbereichen und Reduzierung verzichtbarer Hierarchiestufen.
- Vermeidung von „Umwegen" in der Aufgabenerledigung, d. h. in den Prozeßabläufen.
- Homogene, prozeßorientierte Aufgabenübertragung.
- Aufzeigen von Schnittstellen nach außen.
- Berücksichtigung von Kosten für Transport und Bereitstellung von Informationen, für die Einbindung bzw. Beteiligung „prozeßexterner" Stellen sowie für „externe Zulieferungen".

Eine ausführliche Diskussion der Möglichkeiten zur Prozeßoptimierung kann hier nicht erfolgen, da jede Optimierung auf einen konkreten Einzelfall bezogen ist und nicht verallgemeinert werden kann.

Konkrete Optimierungen können über folgende Ansätze geschehen[45]:

- **Reduzierung der Anzahl der Prozeßschritte**: Identifizierung und Eliminierung unnötiger Prozeßaktivitäten.
- **Ablaufänderung**: Änderung der Vorgangsreihenfolge bei einem Prozeß, um dadurch Transportvorgänge und Liegezeiten einzusparen.
- **Bildung von Prozeßklassen**: Zusammenführung ähnlicher Prozesse oder Teilprozesse zu Prozeßklassen zur Erzielung von Synergieeffekten.
- **Ganzheitliche Aufgabenübertragung**: Zuordnung von Einzelaufgaben, die bisher von verschiedenen Stellen erledigt wurden, zu einer Stelle. Dadurch können Einarbeitungen entfallen, wird die Motivation der Mitarbeiter erhöht, und es tritt durch beschleunigte Prozeßabwicklung eine Leistungsverbesserung für den Bürger ein.
- **Zusammenfassung aller Prozeßschritte in einer Organisationseinheit**, um Transfer- und Transportvorgänge zwischen verschiedenen Verantwortungsbereichen und Mehrfachzuständigkeiten zu vermeiden.
  Das impliziert eine **prozeßadäquate Aufbauorganisation**, d. h. Ausrichtung der hierarchischen Organisation (Aufbauorganisation) an den Prozessen, also Bildung von Abteilungen und Bereichen nach Prozessen bzw. Prozeßverantwortlichkeiten.

Voraussetzungen für Prozeßoptimierungen sind[46]

- uneingeschränkter Wille des Managements zur Reorganisation,
- Entwicklung eines langfristigen Konzepts.

---

45 Vgl. SCHWARZE/KOß [1996, S. 227ff.].

46 Vgl. SCHWARZE/KOß [1996, S. 233f.].

- Qualifizierung von Mitarbeitern, um über die erforderlichen Personalkapazitäten für diese Aufgabe(n) zu verfügen.
- Festlegung von Prioritäten.
- Information und Motivation der Mitarbeiter.

Bei umfangreicheren Maßnahmen ist auch die Auswahl und Beschaffung von Softwaretools zur Unterstützung bei der Prozeßmodellierung und -optimierung erforderlich.

Ein spezielles Problem der strategischen Organisationsplanung sind Überlegungen zu einem Outsourcing von IM-Aufgaben. Darauf wird im nächsten Abschnitt eingegangen.

6.6 Strategische Überlegungen zum Outsourcing[47]

6.6.1 Begriff und Entstehung von Outsourcing sowie seine Bedeutung für das IM

Zu den grundlegenden strategischen Aufgaben des IM gehört auch die Klärung der Frage, ob alle Aufgaben der Beschaffung, Verarbeitung, Übertragung, Speicherung und Bereitstellung von Informationen in „eigener Regie" abgewickelt werden sollen, oder ob die Aufgabenausführung auch an externe Dienstleister vergeben werden kann bzw. soll. Die damit zusammenhängenden Probleme werden heute unter der Überschrift Outsourcing diskutiert.

Outsourcing ist die mittel- und langfristige Auslagerung von IM-Aufgaben an eine am Markt tätige Dienstleistungsunternehmung, den **Outsourcing-Dienstleister**.

Mit Outsourcing versucht man, eine Sekundärfunktion auf einen externen, dafür kompetenten Dienstleister zu verlagern[48], um dadurch eine stärkere Konzentration auf die Primär- oder Kernfunktionen zu fördern. Dabei ist folgendes zu beachten:
Vom Grundansatz her handelt es sich bei Outsourcing nicht um eine Innovation der Informatikentwicklung, sondern unter der Überschrift „Eigenfertigung oder Fremdbezug" bzw. „Make or Buy" um eine klassische be-

47 Einige Ausführungen in diesem Abschnitt sind angelehnt an SCHWARZE [1994a], SCHWARZE [1994b] und SCHWARZE [1995b].

48 Vgl. SZYPERSKY u. a. [1993, S. 229], die Outsourcing definieren als „mittel- bis langfristig angelegte Auslagerung von Sekundärfunktionen, insbesondere Informationsfunktionen, an einen externen Partner."

triebswirtschaftliche Fragestellung[49]. Allerdings bezieht sich diese klassische Fragestellung üblicherweise auf Fremdbezug von Leistungen bzw. Teilleistungen des Produktionsbereichs, die relativ einfach zu definieren und zu kontrollieren sind. Die auslagerbaren Aufgaben des IM weisen demgegenüber verschiedene Besonderheiten auf, z. B. im Bereich der Qualitätsprüfung der vom Outsourcing-Dienstleister erbrachten Leistungen[50].

Outsourcing von IM-Aufgaben ist nicht neu. Schon in den 50er Jahren gab es in Deutschland Outsourcing im EDV-Bereich[51]. Seit einigen Jahren gibt es allerdings eine zunehmende Tendenz zum Outsourcing von IM-Aufgaben, wobei Outsourcing das „letzte Glied" in der Entwicklung grundlegender Konzepte der Informationsinfrastruktur in Unternehmungen darstellt:

- Klassische EDV-Abteilungen oder Rechenzentren wurden als Closed-Shop betrieben, als ein den Fachabteilungen und Nutzern nicht zugänglicher interner Dienstleistungsbereich.
- Die Hardwareentwicklung hat zu intensiver Dezentralisierung und direkt verfügbarer IV-Kapazität am Arbeitsplatz geführt. Dieses Downsizing (es wäre richtiger von Rightsizing zu sprechen) und die Individuelle Informationsverarbeitung wurden ermöglicht durch kompakte und benutzerfreundliche Hard- und Software. Allerdings haben gleichzeitig zunehmende Komplexität der Systeme, kurze Innovationszyklen und wachsende Qualifikationsdefizite einen hohen Beratungs- und Unterstützungsbedarf erzeugt, und es sind Benutzerservice- oder Informationszentren entstanden.
- Trotz zentraler Beratungs- und Unterstützungsabteilungen nehmen die Probleme im Hinblick auf einen optimalen, sicheren und fehlerfreien Einsatz von IV-Systemen zu, so daß es nahe liegt, IV-Aufgaben auf externe Dienstleister zu übertragen.

Abb. 6.6.1 (S. 150) veranschaulicht diese drei Stufen der Entwicklung.

---

49 Inzwischen wird der Begriff „Outsourcing" in der Betriebswirtschaftslehre für jede Art von Aufgabenauslagerung verwendet. Dazu ist kritisch anzumerken, daß mit der Begriffswandlung „Eigenfertigung oder Fremdbezug" → „Make or Buy" → „Outsourcing" kein entsprechender Erkenntniszuwachs zu verzeichnen ist, sondern eher „alter Wein in neuen Schläuchen" verkauft wird.
BÜHNER/TUSCHKE [1997, S. 21] unterscheiden zwischen Outsourcing im engeren Sinne, das sich auf die Fremdvergabe von Aufgaben der Informationsverarbeitung konzentriert, und Outsourcing im weiteren Sinne, das sich auf die Auslagerung jeder Form von Sekundärfunktion einer Unternehmung bezieht.
Eine ausführliche Diskussion des Outsourcing-Begriffs findet sich bei BONGARD [1994, S. 80ff.].

50 Vgl. dazu HEINRICH [1969] sowie BONGARD [1994, S. 79f.].

51 Ein typisches Beispiel dafür ist die Abwicklung von EDV-Aufgaben durch die damals „Lohnarbeitsbüro" genannten Servicezentren der IBM.

Abb. 6.6.1: Entwicklung zum Outsourcing

Durch Outsourcing, auch wenn dieses sehr weit betrieben wird, wird das IM nicht überflüssig - im Gegenteil: Ein externer Outsourcing-Dienstleister kann sicherlich fast alle operativen Aufgaben und einen großen Teil der Realisierungsaufgaben des IM übernehmen, die Verantwortung für die strategische Dimension dieser IM-Aufgaben kann aber ebensowenig ausgelagert werden wie das Informationshandling und vor allem die Informationsnutzung in der Unternehmung. Auch bestimmte Planungs- und Kontrollfunktionen sind nicht auslagerbar[52]. Outsourcing erfordert ein starkes IM für eine zielgerichtete Koordination zwischen ausgelagerten und in der Unternehmung verbliebenen IM-Aufgaben[53].

6.6.2 Arten des Outsourcing

Outsourcing von Aufgaben des IM kann auf unterschiedliche Art differenziert oder klassifiziert werden. Nachfolgend werden wichtige Klassifizierungsansätze wiedergegeben, wobei nicht darauf eingegangen wird, wie gut sich die einzelnen Kategorien für ein Outsourcing eignen[54].

Geht man von der **Aufgabenklassifikation** in Kapitel 3 aus, kann unterschieden werden in:

---

52 Problematisch erscheint in diesem Zusammenhang die Outsourcing-Definition bei LUX/ SCHÖN [1997, S. 3] „DV-Outsourcing ist die teilweise oder vollständige Auslagerung der betrieblichen Informationsverarbeitung inkl. sämtlicher Planungs-, Steuerungs- und Kontrollfunktionen an ein Dienstleistungsunternehmen".

53 Vgl. dazu SZYPERSKY u. a. [1993, S. 229].

54 Vgl. dazu die Ausführungen in Abschnitt 6.6.6 (S. 159ff.).

- **Outsourcing von Kernaufgaben**, und zwar
  - Analyseaufgaben,
  - strategische Aufgaben,
  - Realisierungsaufgaben,
  - operative Aufgaben,
- **Outsourcing von Querschnittsaufgaben**
  - Aufgaben des Datenmanagements,
  - Aufgaben des Personalmanagements,
  - Aufgaben des Sicherheits- und Katastrophenmanagements,
  - rechtliche Aufgaben,
  - Aufgaben des Qualitätsmanagements.

Jede dieser Kategorien kann bei Bedarf weiter differenziert werden.

Nach **Anwendungsbereichen** kann man unterscheiden in Outsourcing von IM-Aufgaben aus den Bereichen

- Beschaffung,
- Produktion,
- Finanzwirtschaft,
- Forschung und Entwicklung,
- Materialwirtschaft,
- Vertrieb,
- Rechnungswesen,
- Projektmanagement.

Nach dem **Outsourcingobjekt** kann man klassifizieren in Outsourcing von

- **Basissystemen**, also Hardware und Systemsoftware,
- **Anwendungssystemen**, wobei weiter nach den oben angegebenen Bereichen untergliedert werden kann,
- **Netzwerkmanagement**,
- **Desktopservices**, d. h. Aufgaben bezüglich PCs, Workstations, Vernetzung, Peripheriegeräte[55], wie z. B.
  - Auswahl und Bereitstellung von Hard- und Software,
  - Installation von Netzen,
  - Hard- und Softwarewartung und -service,
  - Unterstützung bei der Einführung neuer Softwareprodukte,
  - Entwicklung neuer Softwarelösungen.

Nach dem **Umfang des Outsourcing**[56] kann man unterscheiden in[57]

- **selektives Outsourcing** einzelner Teilbereiche oder Funktionen,
- **Facility Management**, das sich nur auf den operativen Betrieb bezieht[58],
- **Full-Outsourcing**, bei dem der gesamte IM-Bereich einschl. der Ressourcen (Personal, Systeme usw.) ausgelagert wird.

---

55 Vgl. dazu auch CUNNINGHAM/FRÖSCHL [1995, S. 32f.].

56 Vgl. dazu im einzelnen Abschnitt 6.6.6 (S. 159ff.).

57 Vgl. EUGSTER/THOMMEN [1996, S. 76].

58 Man beachte, daß der Begriff „Facility Management" in der Literatur nicht einheitlich verwendet wird.

Diese Klassifikation kann auch zu einer Zweiteilung vereinfacht werden[59]:
- **totales Outsourcing** oder **Komplett-Outsourcing**, bei dem ein Aufgabenbereich vollständig ausgelagert wird, und
- **partielles Outsourcing** oder **Modul-Outsourcing**, bei dem nur Teile eines Aufgabenbereichs ausgelagert werden.

Eine andere Zweiteilung[60] ist die in
- **Facilities Management**, d. h. die Auslagerung der Entwicklung, der Implementierung, des Betriebs und der Verwaltung von Einrichtungen der betrieblichen Informationsverarbeitung, und
- **Systems Management**, zu dem strategische Planung, Integration von Anwendungssystemen sowie Hard- und Softwareauswahl gehören.

Eine andere Differenzierung[61] ist die in
- **Professional Services**, wobei nur bestimmte EDV-Projekte ausgelagert werden,
- **System Integration**, wobei komplexe Lösungen unter Einsatz von Hardware, Software, Netzen ausgelagert werden,
- **Facility Management**, bei dem der Outsourcing-Dienstleister die Verantwortung für die gesamte Informationsverarbeitung oder Teilbereiche übernimmt.

6.6.3 Outsourcinggründe und Outsourcingrisiken

Outsourcingbestrebungen werden vor allem ausgelöst durch die von der schnellen Entwicklung im Bereich IM induzierten Probleme, z. B.[62]:
- Immer kürzere Innovationszyklen bei Hard- und Software und dadurch bedingte Adaptions- und Anpassungsprobleme.
- Notwendigkeit zur Realisierung neuer Konzepte, z. B. verteilte Systeme einschl. verteilter Datenbanken oder Client-Server-Architekturen.
- Zu wenig qualifizierte Mitarbeiter und zu niedrige Qualifikation der verfügbaren Mitarbeiter.
- Sicherheitsprobleme und Ausfallrisiken bei den Systemen.

Hauptmotive für Outsourcingentscheidungen sind häufig[63]:
- Reduzierung von Kosten bzw. zu hohe Kosten im Bereich Informationsverarbeitung,
- Nutzung externen Know-hows zu Verbesserung der IV-Qualität.

---

59 Vgl. BÜHNER/TUSCHKE [1997, S. 21]
60 Vgl. PICOT/MAIER [1992, S. 16].
61 Vgl. LUX/SCHÖN [1997, S. 4f.].
62 Vgl. AICHINGER [1993, S. 816f.].
63 Vgl. CUNNINGHAM/FRÖSCHL [1995, S. 73f.].

Noch aggregierter kann man wie folgt argumentieren:
„Konzentration auf das Kerngeschäft und Freisetzung der in bisher selbst ausgeführten Funktionen gebundenen Ressourcen ist die eigentliche strategische Wirkung des Outsourcing. Die Unternehmung wird vom Tagesgeschäft, das - gerade im Informationsbereich - oft viel ressourcenverzehrender als geplant ist, befreit und hat mehr Kapazität für die Bereiche, in denen seine Wettbewerbsvorteile liegen, verfügbar."[64]

Im einzelnen gibt es für ein Outsourcing von IM-Aufgaben ein breites Spektrum an Gründen. Die nachfolgende Übersicht kann keinen Anspruch auf Vollständigkeit erheben[65].

Interne Gründe:

- Strategische Gründe:
  - Zunehmende Prozeß- und Projektorientierung, man orientiert sich an Geschäftsfeldern, Produkten, Kunden, Projekten und nicht mehr an Funktionen.
  - „Strukturell reorganisieren sich Unternehmungen in zunehmendem Maße nach folgendem Muster:
    - Aufbau marktorientierter Geschäftseinheiten,
    - Management Holding als gemeinsames Dach,
    - Abbau bestehender Zentralbereiche,
    - Ausgliederung von Serviceeinheiten,
    - Verkürzung der Hierarchieebenen."[66]
  - Stärkere Konzentration auf Kerntätigkeiten und Auslagerung von Sekundärfunktionen: „do what you can best - outsource the rest"[67],
  - Risiken können auf den Outsourcing-Dienstleister abgewälzt werden.
- Personelle Gründe:
  - unzureichende Qualifikationen bei den Anwendern,
  - zu wenig qualifiziertes Personal,
  - unzureichende Qualifikationen des vorhandenen Personals.
- Organisatorische Gründe:
  - Kompetenzprobleme zwischen „Fachmanagement" und „IM".
- Wirtschaftliche Gründe:
  - allgemeiner Kosten- und/oder Rationalisierungsdruck,
  - fehlende Kostentransparenz bei interner Abwicklung von IM-Aufgaben, die bei Outsourcing durch periodische Abrechnung seitens des externen Dienstleisters geschaffen wird[68],

---

64 SZYPERSKI [1993, S. 33].

65 Vgl. zu Outsourcinggründen auch BONGARD [1994, S. 152], CUNNINGHAM/ FRÖSCHL [1995, S. 19f.], EUGSTER/THOMMEN [1996, S. 78], KÖHLER-FROST [1995, S. 27], HEINRICH [1992], KNOLMAYER [1993], LACITY u. a. [1993], LANG [1992], LUX/SCHÖN [1997, S. 7ff.], MICHELS [1995, S. 91f.], SZYPERSKI [1993, S. 34], SZYPERSKI u. a. [1993].

66 LANG [1992, S. 56].

67 SZYPERSKI u. a. [1993, S. 237].

68 Vgl. GRÄBER [1994, S. 30].

  - zu hohe Hardware-, Software-, Personal-, Raumkosten,
  - knappe Investitionsmittel,
  - Synergie- und Multiplikatoreffekte beim Outsourcing-Dienstleister,
  - unnötige Leistungen und Informationsangebote werden vermieden.
- Gründe, die sich aus der bisherigen Abwicklung von IM-Aufgaben ergeben:
  - mangelnde Qualität der Informationsverarbeitung, manchmal durch Nichterreichung von „kritischen Mengen" verursacht,
  - kurze Innovationszyklen verbunden mit Forderung nach ständig aktueller Hard- und Software,
  - zunehmende Komplexität im IuK-Bereich,
  - Probleme beim Hardware- und beim Netzmanagement,
  - Kapazitätsengpässe bei Spitzenbelastungen,
  - Probleme beim Softwaremanagement, z. B. Anpassung existierender Systeme an neu strukturierte Organisationen und Geschäftsprozesse, Übergang zu offenen und verteilten Systemarchitekturen, Notwendigkeit ganzheitlicher Unternehmungs- und Datenmodelle, Ersatz alter Software durch neue Systeme und Konzepte[69],
  - Sicherheitsprobleme.

Externe Gründe kommen aus dem Markt oder vom IV-Dienstleister. Sie enthalten meistens keine neuen Aspekte, sondern sind eher Gegenpole zu internen Gründen.

- Mehrfachverwendung des Mitarbeiterwissens,
- hohe Mitarbeiterqualifikation und -spezialisierung,
- Einsatz moderner IV-Systeme,
- kurze Innovationszyklen bei Hard- und Software,
- problemloses Auffangen von Kapazitätsbelastungsspitzen,
- größeres Automatisierungspotential im System- und Netzbetrieb,
- bessere Wiederinbetriebnahmezeiten im Katastrophenfall.

Den Gründen für ein Outsourcing sind die **Nachteile** und/oder **Risiken eines Outsourcing** gegenüberzustellen. Zu diesen Risiken gehören[70]:

- Kostenrisiken, z. B. durch
  - zusätzliche Koordinations- und Kommunikationskosten,
  - Nichterreichung anvisierter Einsparpotentiale.
- Sicherheitsrisiken durch
  - Sicherheitsprobleme bei der Datenübertragung,
  - Unzuverlässigkeit des Outsourcing-Dienstleisters.

---

69 Vgl. LANG [1992, S. 60].

70 Vgl. dazu auch BONGARD [1994, S. 153], CUNNINGHAM/FRÖSCHL [1995, S. 21f.], HEINZL [1992, S. 38ff.], KNOLMAYER [1993], LUX/SCHÖN [1997, S. 11ff.], SZYPERSKI [1993, S. 34], SZYPERSKI u. a. [1993].

- Risiken im Personalbereich:
  - Verlust von Kompetenz und Know-how,
  - Probleme durch Personalfreisetzung als Folge des Outsourcing, z. B. durch Kündigungsschutz.
- Technologische Risiken durch
  - Bindung an die Technologie des Outsourcing-Dienstleisters,
  - keinen oder nur geringen Einfluß auf den Einsatz neuer Technologien.
- Allgemeine Risiken:
  - Abhängigkeit vom Outsourcing-Dienstleister und langfristige vertragliche Bindung,
  - kurz- und mittelfristige Irreversibilität der Outsourcing-Entscheidung.

Bei einer Umfrage unter Informationsmanagern[71] wurden folgende Nachteile eines Outsourcing genannt[72]:

- Verzicht auf eigene Steuerung des Unternehmungsfaktors Informationstechnik (53%),
- Abhängigkeit von technologischen Entscheidungen des Outsourcing-Partners (51%),
- Risiko bei wirtschaftlicher Instabilität der Outsourcing-Unternehmung (44%),
- Irreversibilität der Entscheidung (42%),
- Kosten bei Outsourcing sind nicht günstiger (31%),
- erschwerter Schutz von Datenbeständen und Firmen Know-how (24%),
- Einflußverlust des IM wegen fehlender operativer Kapazitäten (21%),
- Verlust von Wettbewerbsvorteilen bei strategischer Bedeutung der Informationstechnik (20%),
- Arbeitsrechtsprobleme mit bisherigem Personal (10%).

6.6.4 Kosten-Nutzen-Überlegungen zum Outsourcing

Outsourcing kann man als eine spezielle Organisationsform für den Betrieb von IV-Systemen auffassen. Die IV-Leistungen werden ganz oder teilweise von einem externen Dienstleister erbracht. Planung und Realisierung von Outsourcing bedürfen deshalb, ebenso wie andere Entwicklungen von IV-Systemen, Durchführbarkeitsuntersuchungen, insbesondere Wirtschaftlichkeitsanalysen[73]. Dazu können prinzipiell die einschlägigen Ansätze, wie sie aus der Betriebswirtschaftslehre bekannt sind, verwendet werden, aber auch Nutzwertanalyse und Nutzenanalyse[74]. Auf Einzelheiten dazu wird hier verzichtet.

Eine besonderes Problem ergibt sich bei der Vorbereitung von Outsourcingentscheidungen durch die Abhängigkeit der auslagernden Unternehmung vom Dienstleister in einem Bereich existentieller Sekundärfunktionen. Dazu sind besondere Risikoanalysen erforderlich.

---

71 Vgl. dazu den Bericht von STREICHER [1993].

72 Vgl. STREICHER [1993, S. 44].

73 Vgl. dazu etwa SCHWARZE [1995, S. 221ff.].

74 Vgl. dazu SCHWARZE [1995] sowie BOEHM [1986] und NAGEL [1990].

Grundsätzlich ist beim Outsourcing zu beachten, daß es kein Allheilmittel für Probleme des IM sein kann. Die letztendliche Verantwortung für Informationsprozesse bleibt beim IM der auslagernden Unternehmung, auch bei umfassender Unterstützung auf hohem Leistungsniveau.

Mit Outsourcing sind Vor- und Nachteile verbunden[75], die man in einer **Argumentenbilanz** zusammenstellen kann. Abb. 6.6.2 (S. 157) zeigt eine solche Argumentenbilanz, ohne Anspruch auf Vollständigkeit.

Mit Outsourcing sind auch Auswirkungen verbunden, die man nicht ohne weiteres in eine der Kategorien Vorteile oder Probleme/Nachteile einordnen kann. So führt Outsourcing z. B. zu veränderten Aufgabenstrukturen für das IM. Im strategischen Bereich ist eine Outsourcing-Strategie zu entwickeln, die die Wahl eines Outsourcing-Partners ebenso einschließt wie die Entwicklung strategischer Konzepte für Outsourcingbreite und -tiefe. Im operativen Bereich muß eine IM-Funktion für die Steuerung und Kontrolle des Outsourcing geschaffen werden. Wichtig sind auch die grundsätzlichen Aufgaben der Kontaktpflege zum Outsourcing-Partner[76]. Veränderungen ergeben sich auch in dem oben schon erwähnten Bereich der Schnittstellen zwischen Outsourcing-Dienstleister und der auslagernden Unternehmung.

6.6.5 Kooperationsformen des Outsourcing

Eine wichtige strategische Aufgabe des IM ist die Festlegung von Richtlinien und Konzepten für die Beziehungen mit dem Outsourcing-Dienstleister. Dafür sind eine Reihe unterschiedlicher Ansätze denkbar, die von einem in rechtlicher und wirtschaftlicher Hinsicht völlig unabhängigen Outsourcing-Dienstleister bis hin zu einer nur für die eigene Unternehmung oder die eigene Behörde Dienstleistungen erbringenden Tochter reichen. Letzterer Fall wird manchmal auch mit der wenig schönen Wortschöpfung „Inhouse-Outsourcing" bezeichnet[77].

Aus Sicht einer auslagernden Unternehmung oder einer auslagernden Behörde gibt es verschiedene Möglichkeiten der Kooperation mit einem Outsourcing-Dienstleister[78], die anhand von Abb. 6.6.3 (S. 158) erläutert werden:

---

75 Vgl. z. B. AICHINGER [1993], BONGARD [1994, S. 152f.], HEINRICH [1993], HEINRICH [1993a], KNOLMAYER [1994], LANG [1992, S. 74-80], SOMMERLAD [1993].

76 Vgl. SZYPERSKI u. a. [1993, S. 237].

77 Vgl. dazu beispielsweise BONGARD [1994, S. 88], MICHELS [1995, S. 92] und STREICHER [1993, S. 43].

78 In der Literatur finden sich teilweise andere Auffassungen. So unterscheidet beispielsweise HEINZL [1992, S. 33ff.] Ausgliederung (1) an eine Tochterunternehmung, (2) an eine Gemeinschaftsunternehmung und (3) an eine Beteiligungsunternehmung.

Strategische Aspekte	
Vorteile	**Nachteile**
+ Konzentration auf Kerngeschäft + Kooperation statt Hierarchie + höhere Kostentransparenz + verbessertes Controlling + Flexibilität + Risikotransfer + Standardisierung + Reduktion der Komplexität der IV + Zugriff auf Know-how + weniger technische Risiken + weniger personelle Risiken + Zugang zu Innovation & Kompetenz	– starke, langfristige Abhängigkeit vom Outsourcing-Partner – Partnerwechsel schwierig, fast unmöglich – Abfluß von Kompetenz und Know-how – irreversible Abhängigkeiten – Akzeptanzprobleme in Fachabteilungen – unterschiedliche Unternehmungskultur – Risiko der Zusammenarbeit – Monopolbeziehungen bei Individuallösung
Leistungs-Aspekte	
+ hohe und vielfältige Kompetenz beim Outsourcing-Partner + klar definierte Leistungen und Verantwortlichkeiten + starke Serviceorientierung + schnelle Verfügbarkeit von Kapazitäten + Kapazitätsfreisetzung + weniger Kapazitätsengpässe	– Know-how-Verlust – räumliche Distanzen – Übervorteilung durch Informationsdefizite – wenig informelle Kommunikation – Koordinierungsprobleme – Abrechnungsprobleme – arbeitsrechtliche Probleme – Risiko schlechter Leistungen – schwierige Kontrolle – Reibungsverluste – hoher Kontrollaufwand
Finanzielle Aspekte	
+ Kapitalfreisetzung für Investitionen + Auswirkungen auf Jahresabschluß	
Personelle Aspekte	
+ Reduktion der Personalprobleme	– Motivationsprobleme der Mitarbeiter
Kosten-Aspekte	
+ variable statt fixe Kosten + gute Planbarkeit	– Transaktionskosten – Umstellungskosten – Kosten der Datenübertragung – Koordinationskosten – spezielle Kontrollmaßnahmen – Qualitätssicherung

Abb. 6.6.2: Argumentenbilanz zum Outsourcing

- Die auszulagernden IM-Aufgaben werden einer wirtschaftlich und rechtlich unabhängigen Dienstleistungsunternehmung übertragen, die
  - nur für die auslagernde Unternehmung bzw. die auslagernde Behörde tätig ist (Fall 1 in Abb. 6.6.3), oder
  - auch für andere Unternehmungen tätig ist (Fall 2 in Abb. 6.6.3).

  Diese Outsourcingform bezeichnet man auch als externes Outsourcing[79].
- Die auslagernde Unternehmung gründet eine IV-Dienstleistungsunternehmung als „Tochter“, die dann von der outsourcenden Unternehmung wirtschaftlich abhängig aber rechtlich unabhängig ist. Dabei muß unterschieden werden, ob die Tochterunternehmung
  - nur für die auslagernde Unternehmung tätig ist (Fall 3 in Abb. 6.6.3),
  - auch für andere Unternehmungen tätig ist (Fall 4 in Abb. 6.6.3).
- Die auslagernde Unternehmung gründet gemeinsam mit anderen eine IV-Dienstleistungsunternehmung als gemeinsame „Tochter“, die für alle Gründer - eventuell auch für andere - tätig ist (Fall 5 in Abb. 6.6.3). Dieser Fall wird auch als kooperatives Outsourcing bezeichnet[80].

In Abb. 6.6.3 sind die grundlegenden Konzepte für die „Verbindung“ zu einem Outsourcing-Dienstleister zusammengefaßt. Dabei ist zu beachten, daß ein Outsourcing-Konzept auch eine Kooperation mit mehreren Dienstleistungsunternehmungen vorsehen kann.

Unternehmung 	Outsourcing-Dienstleister 	Markt 
(1) IV-Dienstleister **wirtschaftlich und rechtlich unabhängig**, nur für eine Unternehmung tätig	⟷	
(2) IV-Dienstleister **wirtschaftlich und rechtlich unabhängig**, auch für andere tätig	⟷	⟷
(3) IV-Dienstleister **wirtschaftlich abhängig** "Tochter" nur für die "Mutter" tätig	⟹ ⟷	
(4) IV-Dienstleister **wirtschaftlich abhängig** "Tochter" auch für andere tätig	⟹ ⟷	⟷
(5) IV-Dienstleister **wirtschaftlich abhängig** "gemeinsame Tochter" für alle tätig	⟹ ⟷	⟸ ⟷

⟷ IV-Beziehung; ⟹ Gründung;

Abb. 6.6.3: Typologie der Beziehungen zum Outsourcing-Dienstleister

79 Vgl. MICHELS [1995, S. 93].
80 Vgl. MICHELS [1995, S. 93].

Eine spezielle Variante des Outsourcing entsteht im Zusammenhang mit zwischenbetrieblich integrierten IV-Systemen. Dabei findet ebenfalls Auslagerung von IM-Aufgaben statt, allerdings nicht an einen Outsourcing-Dienstleister, sondern an einen Geschäftspartner auf der Lieferanten- oder Kundenseite[81]. Mit jedem extern integrierten IV-System ist Outsourcing verbunden. Abb. 6.6.4 veranschaulicht das.

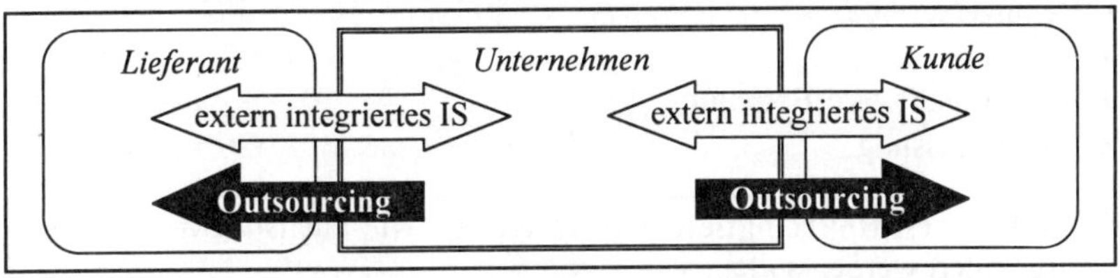

Abb. 6.6.4: Outsourcing durch extern integrierte IV-Systeme entlang der Wertschöpfungskette

6.6.6 Umfang des Outsourcing

Bei der strategischen Planung des Outsourcing ist festzulegen, in welchem Umfang IM-Aufgaben ausgelagert werden sollen. Dazu sind die drei folgenden Fragen zu beantworten[82]:

- Kommt Outsourcing von IM-Aufgaben überhaupt in Frage?
- Welche IM-Aufgaben können ausgelagert werden?
- Für welche IM-Aufgaben ist Outsourcing wirtschaftlich realisierbar?

Die dritte Frage wurde bereits in Abschnitt 6.6.4 angesprochen. Auf die ersten beiden Fragen wird nachfolgend eingegangen. Bei der differenzierten Beantwortung der beiden Fragen ist die Outsourcingbreite und die Outsourcingtiefe zu spezifizieren.

Durch die **Outsourcingbreite** wird festgelegt, welche Aufgaben ausgelagert werden sollen.

Die Outsourcingbreite kann nach Anwendungsbereichen oder betrieblichen Funktionen und nach IM-Aufgaben festgelegt werden.

Anwendungsbereiche sind z. B. Beschaffung, Materialwirtschaft, Produktion, Vertrieb, Rechnungswesen[83].

---

81 Vgl. dazu SCHWARZE [1992].

82 Vgl. dazu MICHELS [1995, S. 92].

83 Vgl. dazu auch Abschnitt 6.5.2, S. 150f.

Auszulagernde IM-Aufgaben können z. B. sein:

- Systementwicklung,
- Systembetrieb,
- Netzdienste/Netzmanagement,
- Rechenzentrumsbetrieb und/oder Rechenzentrumsdienste,
- Hardwarenutzung,
- Benutzerservice,
- Wartung,
- Standardsoftware-Betreuung,
- Datenerfassung.

Durch die **Outsourcingtiefe** wird festgelegt, wie intensiv IM-Aufgaben ausgelagert werden sollen.

Es geht also um die Frage, ob die für ein Outsourcing geeigneten Aufgabenbereiche ganz oder teilweise ausgelagert werden sollen. In Abb. 6.6.5 ist veranschaulicht, in welchem Umfang einzelne Aufgabenbereiche des IM ausgelagert werden können. Dabei wurde die Aufgabenklassifizierung aus Abschnitt 3.3.2 zugrunde gelegt.

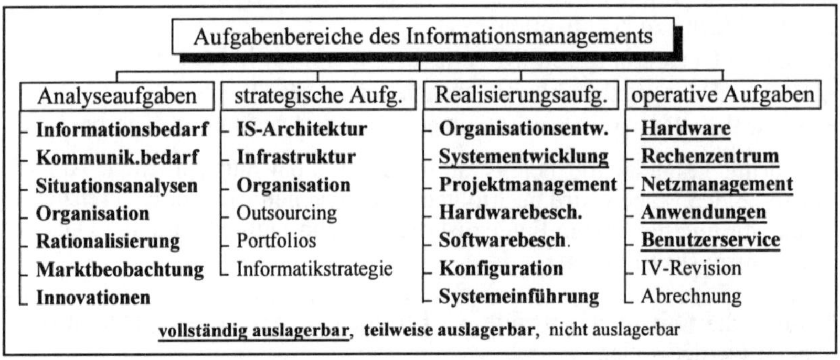

Abb. 6.6.5: Eignung einzelner Aufgabenbereiche für ein Outsourcing

Analyseaufgaben des IM lassen sich im Regelfall nur teilweise auslagern, da externen Dienstleistern oft die nötigen internen Detailkenntnisse fehlen. Das betrifft IuK-Bedarfsanalysen, Situationsanalysen und Organisationsanalysen. Technologisches Innovationsmanagement, zu dem vor allem eine intensive Marktbeobachtung und unternehmungsorientierte Evaluation von Neuerungen gehören, kann teilweise ausgelagert werden, da die entsprechenden Aktivitäten hohes, intern nicht immer verfügbares Spezialwissen erfordern.

Bei den **strategischen Aufgaben** ist Outsourcing aus folgenden Gründen nicht[84] oder nur bedingt möglich:

- Die **Entwicklung einer IS-Architektur** und die **strategische Planung der Informationsinfrastruktur**, die die Bereiche Hardwaresysteme, Anwendungssysteme, organisatorische Konzepte und Personal umfaßt, kann nur teilweise ausgelagert werden, da hier langfristig wirkende grundlegende Festlegungen erfolgen. Outsourcing wird sich hier auf Beratungsleistungen usw. erstrecken.
- **Organisationsaufgaben** mit strategischen Überlegungen zu Zentralisation und Dezentralisation und zum Integrationsgrad, zum Automatisierungsgrad und zum Durchdringungsgrad lassen sich kaum auslagern, allenfalls Unterstützungsfunktionen.
- Die **Entwicklung einer Informatikstrategie** kann, ebenso wie die strategische Gesamtplanung unter Verwendung von Portfolios, außer bei unterstützenden oder beratenden Teilaufgaben nicht ausgelagert werden, da es dabei um langfristige konzeptionelle Überlegungen, um die Festlegung der Rolle bzw. Bedeutung von Information und Kommunikation für eine Unternehmung und um die Fixierung eines Zielsystems für diesen Bereich geht.

Realisierungsaufgaben des IM können zu einem Teil gut ausgelagert werden. Dazu gehören z. B.:

- Erarbeitung von Pflichtenheften,
- Systementwicklung,
- Organisationsentwicklung und Reorganisation,
- Hardwarekonfigurierung,
- Softwarebeschaffung,
- Customizing.

Dagegen sollte das Management von Informatik-Projekten eher nicht ausgelagert werden, da es dabei auch um die Umsetzung strategischer Ziele geht.

Ohne Probleme sind viele **Verarbeitungsleistungen aus dem operativen Bereich** auslagerbar. Dazu gehören:

- Transaktionsverarbeitung mit Hardware, Software, Netzen usw.,
- Produktionsservice mit Datenerfassung, Druck, Mikroverfilmung usw.,
- Utility Processing mit Programmentwicklung sowie IM-Aufgaben auf Systemebene, für die Spezialisten erforderlich sind[85].

---

84 Vgl. beispielsweise SZYPERSKI [1993, S. 32] und SZYPERSKI u. a. [1993, S. 229] sowie BÜHNER/TUSCHKE [1997, S. 22], die Strategieformulierung und Strategiebewertung für nicht auslagerbar halten.

85 Vgl. HEINRICH [1992, S. 22].

Andere operative Aufgaben sind nur bedingt oder eher gar nicht auslagerbar, wie beispielsweise IV-Revision.

Die in Abschnitt 3.4.4 definierten **Querschnittsaufgaben** eignen sich ebenfalls unterschiedlich für ein Outsourcing.

- Im Bereich **Datenmanagement** ist die Datenmodellierung nur begrenzt auslagerbar, da dazu interne Detailkenntnisse erforderlich sind. Dagegen können Datenbankentwurf aber auch der Datenbankbetrieb ausgelagert werden. Datenschutzaufgaben lassen sich nur teilweise nach außen verlagern, mindestens die Verantwortung dafür muß in der Unternehmung bleiben. Die verschiedenen Aufgaben der Datensicherheit können - wenigstens teilweise - von Externen übernommen werden.
- **Personalmanagement** mit Personalplanung und -entwicklung, Schulungs- und Weiterbildungskonzepten kann ausgelagert werden, da hier Unterstützung durch entsprechende Spezialisten, die intern selten verfügbar sind, erhebliche Nutzenvorteile bringen kann.
- Die Aufgaben im Bereich **Sicherheits- und Katastrophenmanagement** werden, je nach Outsourcingbreite und Outsourcingtiefe, automatisch mit ausgelagert. Das ist beispielsweise der Fall, wenn der Hardwarebetrieb zu einem externen Outsourcing-Dienstleister verlagert wird. Dieser ist dann auch für die Sicherheit des Betriebs zuständig und muß ein adäquates Sicherheits- und Katastrophenmanagement betreiben.
- Auslagern lassen sich auch **rechtlich orientierte Aufgaben**, wobei hier insbesondere die Beauftragung von Rechtsanwälten in Frage kommt.

Grundsätzlich gilt:

Je mehr eine Aufgabe strategischen Charakter hat, desto weniger kommt sie für ein Outsourcing in Frage.

Abb. 6.6.6 versucht das zu veranschaulichen.

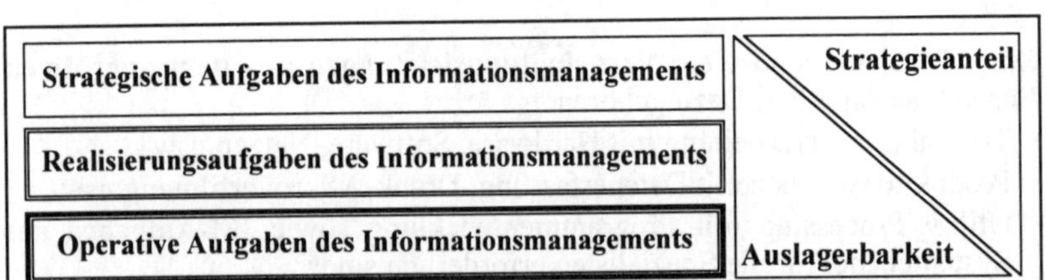

Abb. 6.6.6: Möglichkeiten zur Auslagerung von IM-Aufgaben

Für die Festlegung des Umfangs beim Outsourcing von IM-Aufgaben wurden hier die Dimensionen Outsourcingbreite und Outsourcingtiefe unterschieden. Bei einer differenzierteren Betrachtung kann man auch folgende Dimensionen betrachten[86]:

- Anteil der ausgelagerten IM-Aufgaben an den gesamten Aufgaben,
- Dauer der Auslagerung,
- Zugehörigkeit des Personals,
- Eigentumsverhältnisse bei Hard- und Software,
- Anzahl der Outsourcing-Dienstleister,
- Standort der Hardware,
- Ort der Erbringung von Dienstleistungen.

Ein weiterer Aspekt des Outsourcing betrifft die Ressourcen. Dabei gibt es prinzipiell folgende Möglichkeiten:

- Der Outsourcing-Dienstleister erwirbt das Rechenzentrum der auslagernden Unternehmung.
- Der Outsourcing-Dienstleister übernimmt Personal und andere Ressourcen aus dem IM-Bereich.
- Outsourcing erfolgt nur partiell, gewisse IV-Bereiche bleiben im Hause.

6.6.7 Outsourcing-Architektur

Die Architektur der Informationsinfrastruktur ändert sich durch die Kooperation mit einem Outsourcing-Dienstleister. Dieser ist ein neuer Geschäftspartner oder Lieferant und ist in dieser Funktion eine Art Mittler zwischen Anwendern auf der einen Seite und Herstellern von Hardware, Software, Netzen sowie Anbietern von Konzepten und Beratung auf der anderen Seite, wie Abb. 6.6.7 veranschaulicht.

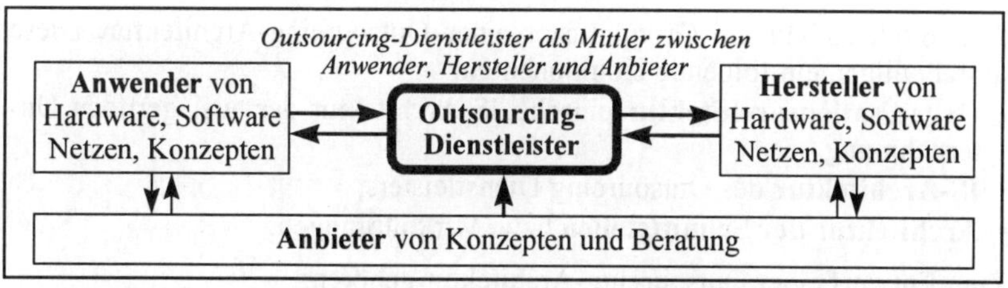

Abb. 6.6.7: Outsourcing-Dienstleister zwischen Hersteller und Anwender[87]

Abb. 6.6.7 zeigt das Grundmuster einer überbetrieblichen Outsourcing-Architektur. Aus Sicht einer Unternehmung gilt folgendes:

86 Vgl. dazu BONGARD [1994, S. 91ff.].

87 In Anlehnung an SZYPERSKI u. a. [1993, S. 230].

Outsourcing gibt es in vielfältigen Erscheinungsformen und Ausprägungen. Sie reichen von der zeitlich befristeten Auslagerung eng begrenzter IM-Aufgaben, z. B. Datenerfassung für ein Marktforschungs-Projekt oder Auslagerung von Teilen der Buchhaltung, bis hin zur fast kompletten Auslagerung der IM-Aufgaben. Eine totale Auslagerung aller IM-Aufgaben ist allerdings kaum möglich, da Informationen in der Unternehmung entstehen und die Ergebnisse der IV-Prozesse in der Unternehmung benötigt werden. Mindestens diese „Schnittstellen" müssen in der Unternehmung verbleiben. Es gibt also von den IV-Prozessen in der Unternehmung her gesehen Grenzen des Outsourcing. Abb. 6.6.8 veranschaulicht das. Das Bild macht auch deutlich, daß Outsourcing dazu führt, daß der Outsourcing-Dienstleister in die IV-Prozesse der Unternehmung eingebunden wird.

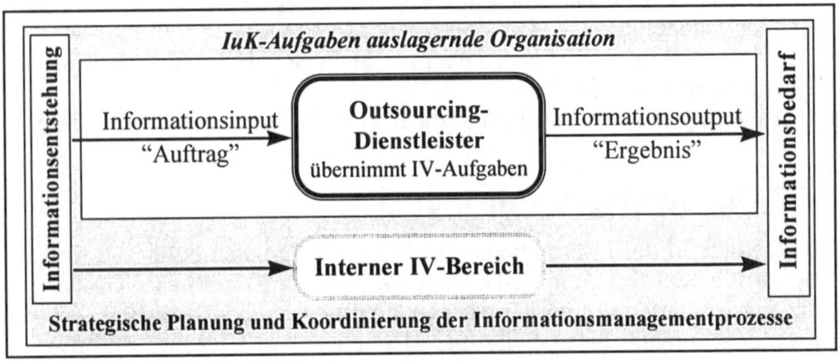

Abb. 6.6.8: Informationsbeziehungen des Outsourcing-Dienstleisters zum Auftraggeber

Abb. 6.6.8 enthält ein Grundmuster einer Outsourcing-Architektur. Diese umfaßt allgemein folgende Komponenten:

- **Organisationsarchitektur** einschl. IS-Architektur der auslagernden Unternehmung,
- **IS-Architektur** des Outsourcing Dienstleisters,
- **Architektur der Schnittstellen** bzw. Verknüpfungen.

Zum Entwurf einer Outsourcing-Architektur gehören:

- Festlegung des **Umfangs des Outsourcing**, mit Outsourcingbreite und Outsourcingtiefe,
- Festlegung einer **Outsourcingorganisation**, die den Outsourcer, den Outsourcing-Dienstleister und Integrationsaspekte umfaßt,
- Konzeption eines **Outsourcingcontrolling** und
- vertragliche Regelungen.

6.6.8 Ansatz für eine Outsourcing-Strategie

Strategische Überlegungen zum Outsourcing betreffen Outsourcingbreite, Outsourcingtiefe und Outsourcing-Partner (s.o.). Eine Outsourcing-Strategie muß dabei im Rahmen einer unternehmungsweiten Informatikstrategie entwickelt werden und berücksichtigen, daß Outsourcing immer nur im Kontext aller IM-Aufgaben gesehen werden kann. Das strategische IM-Gesamtkonzept enthält auch die Rahmenbedingungen für die „Inhouse"-IV-Prozesse, die sich auf Systemkonzepte, auf die Verarbeitungsprozesse aber auch auf das institutionelle und das funktionelle IM beziehen. Abb. 6.6.9 veranschaulicht diese Zusammenhänge schematisch.

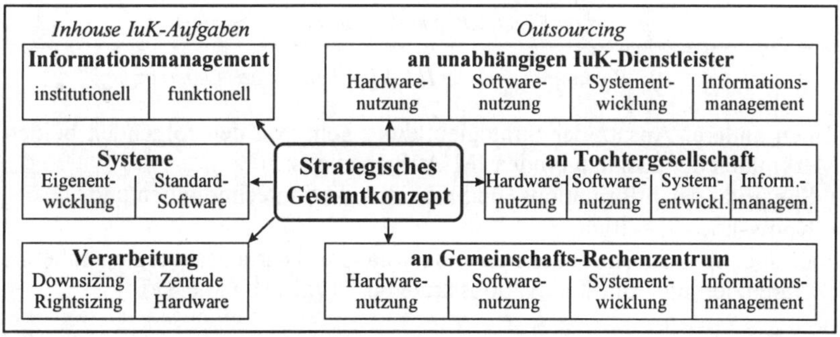

Abb. 6.6.9: Outsourcing im strategischen Gesamtkonzept

Bei Überlegungen zu einer Outsourcing-Strategie ist ein wichtiger Bestimmungsfaktor die Unternehmungsgröße. Dabei gilt grundsätzlich: Je kleiner eine Unternehmung ist, desto eher bietet Outsourcing strategische Vorteile und Synergieeffekte[88].

Für die Entwicklung einer Outsourcing-Strategie kann es nützlich sein, die in Betracht zu ziehenden IM-Aufgaben strategisch in einem zweidimensionalen Koordinatensystem zu positionieren. Als Dimensionen können dabei verwendet werden:

- Kompetenz des IM im Vergleich zum Outsourcing-Dienstleister,
- strategische Relevanz der IM-Aufgabe.

In Anknüpfung an Abb. 6.6.6 (S. 162), in der die Outsourcing-Eignung von Aufgaben in Abhängigkeit von ihrem „Strategieanteil" dargestellt wurde, zeigt Abb. 6.6.10 (S. 166) eine Möglichkeit zur strategischen Positionierung von IM-Aufgaben für das Outsourcing.

88 Vgl. dazu LUX/SCHÖN [1997, S. 149f.].

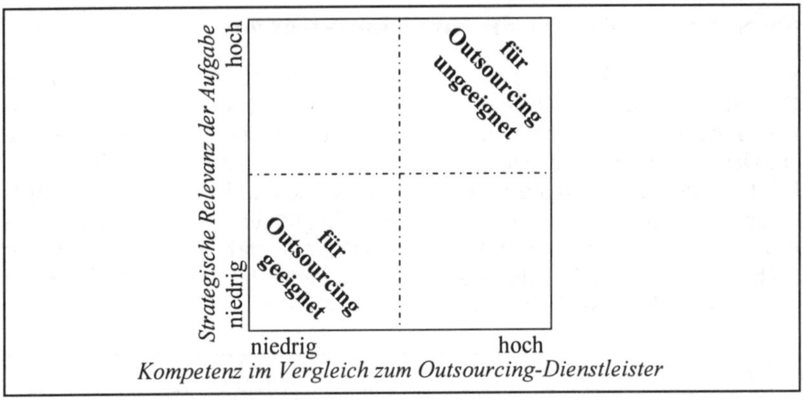

Abb. 6.6.10: Positionierung von IM-Aufgaben für das Outsourcing[89]

Einen anderer Ansatz der Strategiebildung geht von den folgenden beiden Merkmalen der auszulagernden IM-Aufgaben aus:

- Spezifität der Informations- und Kommunikationtechnologien und
- Know-how-Spezifität.

Niedrige Spezifitäten führen zu einer Standardisierungsstrategie, hohe zu Differenzierungs- und Innovationsstrategie[90] (vgl. Abb. 6.6.11).

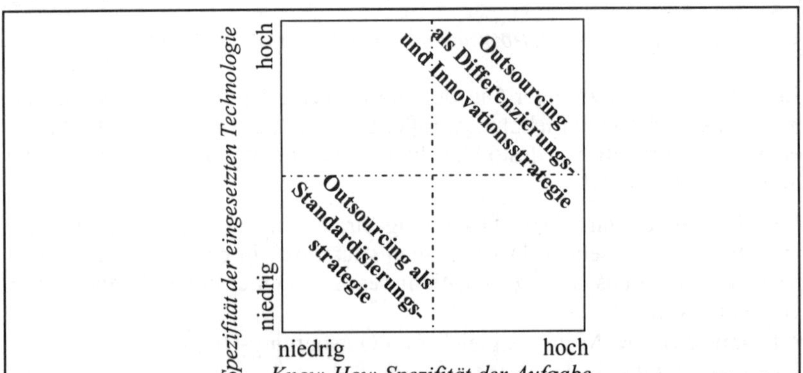

Abb. 6.6.11: Outsourcing-Strategien in Abhängigkeit von Aufgabenmerkmalen[91]

89 Vgl. hierzu auch die ähnlichen Ansätze bei EUGSTER/THOMMEN [1996, S. 77] und FRIEDRICH [1996, S. 74].

90 Zu Einzelheiten zu diesem Ansatz wird verwiesen auf PICOT/MAIER [1992, S. 18ff.].

91 In Anlehnung an PICOT/MAIER [1992, S. 18].

Zur Strategieentwicklung wird darüber hinaus auf Abschnitt 6.2 (S. 122ff.) verwiesen.

6.6.9 Vorgehensmodelle für die Outsourcing-Planung

Outsourcing bedeutet, sofern man sich nicht auf eng begrenzte Teilaufgaben des IM beschränkt, immer eine intensive Reorganisation. Das betrifft nicht nur den IM-Bereich, sondern geht auch darüber hinaus. Die Vorbereitung einer Outsourcing-Entscheidung und die Realisierung eines Outsourcing-Konzepts bedürfen deshalb systematischer Planung und Steuerung. Dafür eignen sich Vorgehensmodelle[92].

Das Vorgehensmodell in Abb. 6.6.12 systematisiert die Entscheidung „Outsourcing oder nicht?“ und berücksichtigt auch die Möglichkeit, das bisherige interne Konzept der Informationsverarbeitung (IV) zu verbessern.

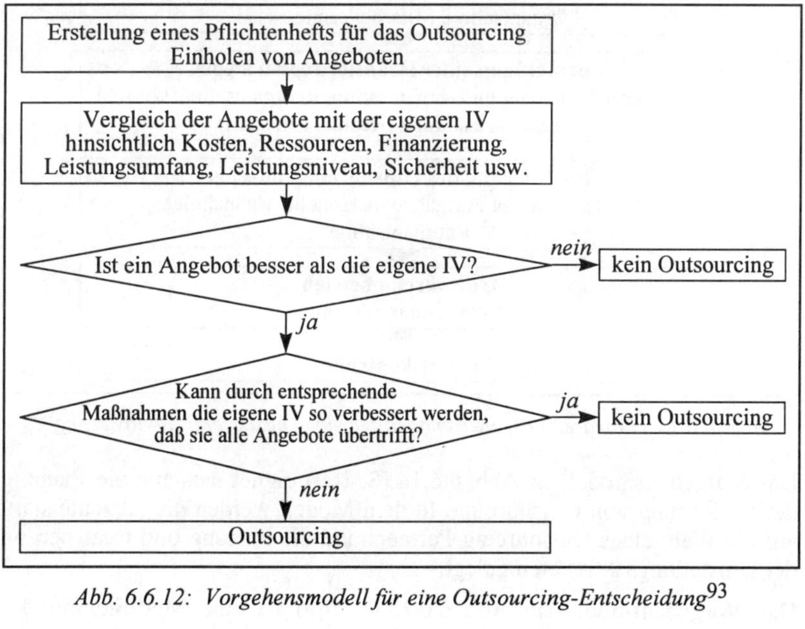

Abb. 6.6.12: Vorgehensmodell für eine Outsourcing-Entscheidung[93]

92 Vgl. allgemein zu Vorgehensmodellen auch SCHWARZE [1995, S. 49ff.] und SCHWARZE [1995a].

93 In Anlehnung an LACITY u. a. [1993, S. 231].

Abb. 6.6.13 enthält ein lineares Vorgehensmodell, das mit einer Analyse des Outsourcing-Marktes beginnt und auf der Basis externer und interner Informationen eine zweistufige Durchführbarkeitsuntersuchung vorsieht. Diese dient nicht nur der Vorbereitung der Grundsatzentscheidung, sondern auch der Wahl eines Outsourcing-Partners und der Festlegung der Outsourcingbreite und -tiefe und mündet in die Realisierung ein.

Abb. 6.6.13: Lineares Vorgehensmodell für eine Outsourcing-Realisierung[94]

Das Vorgehensmodell in Abb. 6.6.14 (S. 169) eignet sich für die Planung der Einführung von Outsourcing. In dem Modell werden die Akzente stark auf die Wahl eines Outsourcing-Partners und die Planung und Realisierung der Umstellungsaktivitäten gelegt.

Das Vorgehensmodell in Abb. 6.6.15 (S. 169) ist eine Modifikation des Modells aus Abb. 6.6.14, wobei auf Details zu den einzelnen Phasen verzichtet wurde.

94 In Anlehnung an LANG [1992, S. 74].

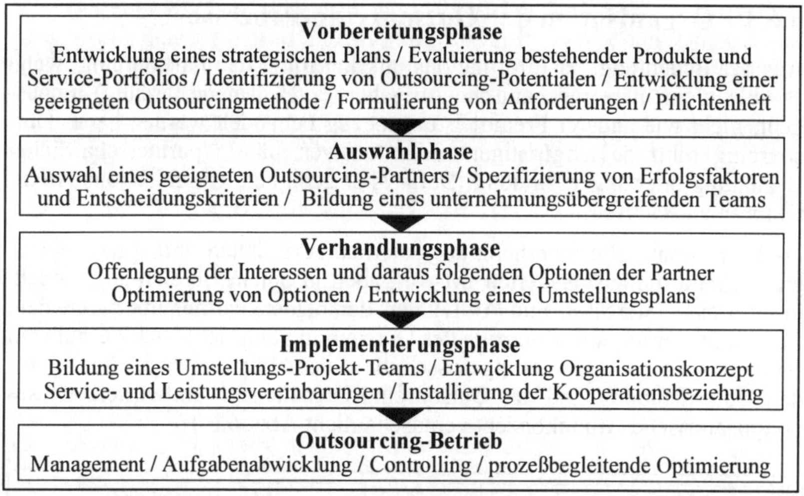

Abb. 6.6.14: Vorgehensmodell für eine Outsourcing-Realisierung[95]

Abb. 6.6.15: Modifiziertes Vorgehensmodell für eine Outsourcing-Realisierung[96]

95 In Anlehnung an LANG [1992, S. 84].

96 In Anlehnung an CUNNINGHAM/FRÖSCHL [1995, S. 135], die das Modell auch ausführlich erläutern. Dort wird dieses Vorgehensmodell allerdings als Zyklus vorgestellt. Nach der Phase „Management des Outsourcingprozesses" folgt wieder die Phase „Initialisierung". Eine als Regelkreis bezeichnete Zyklusdarstellung findet sich auch bei LUX/SCHÖN [1997, S. 20] mit den Phasen Startphase, Kontaktaufnahme, Datenerhebung, Ausschreibung, Angebotsbearbeitung, Vertragsverhandlung, Planung, Übernahme, Betrieb, Vertragsende. Nach dem Vertragsende folgt wieder die Phase Kontaktaufnahme.

6.6.10 Organisation der Outsourcing-Prozesse

Aus der Bedeutung der Informationsfunktion folgt, daß Outsourcing, wenn es über elementare mechanische Aufgaben (z. B. Datenerfassung) hinausgeht, nicht wie anderer Fremdleistungsbezug behandelt werden kann. Outsourcing führt zu langfristiger und intensiver, häufig partnerschaftlicher Beziehung oder sogar Bindung. Dafür sind geeignete Organisations-Architekturen zu schaffen.

Da IV-Systeme alle unternehmungsinternen Aktivitäten und Prozesse tangieren, sind die ausgelagerten IM-Aufgaben in einem Bereich angesiedelt, in dem sich Interessen und Aktivitäten der beiden Partner überschneiden. Für die Steuerung und Kontrolle des Outsourcing empfiehlt sich deshalb ein Lenkungs- und Koordinierungsausschuß, in dem Mitarbeiter der auslagernden Unternehmung und des Outsourcing-Dienstleisters mitwirken. Dieses organisatorische Grundkonzept veranschaulicht Abb. 6.6.16.

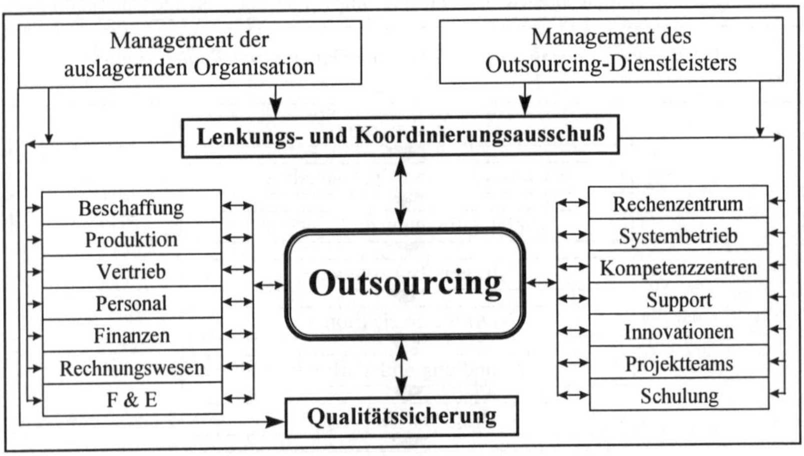

Abb. 6.6.16: Organisationskonzept für ein Outsourcing

Das in Abb. 6.6.16 dargestellte Grundkonzept einer Outsourcing-Organisation kann nur exemplarischen Charakter haben. Je nach individuellen Erfordernissen kann es modifiziert werden.

6.6.11 Wahl eines Outsourcing-Partners

Zu den strategischen Aufgaben des IM im Zusammenhang mit Outsourcing gehören auch die Auswahl eines Outsourcing-Partners und die Fixierung vertraglicher Regelungen.

Bei der **Auswahl eines Outsourcing-Partners** kann eine Checkliste der folgenden Art hilfreich sein[97]:

- Verfügt der Outsourcing-Dienstleister über ausreichendes Know-how?
- In welchem Umfang liegen bezüglich der auszulagernden IV-Leistungen Erfahrungen beim Outsourcing-Dienstleister vor?
- Ist das Angebot bezüglich Konzept, Fachlichkeit, Herstellerneutralität usw. überzeugend?
- Sind Service und Betreuung bei der Umstellung und im laufenden Betrieb ausreichend?
- Existieren genügend personelle und technische Ressourcen, um eine Bereitstellung der gewünschten Leistungen zu garantieren?
- Sind zukünftige Steigerungen des Aufgabenumfangs möglich?
- Kann der Anbieter mittelfristig weitere Leistungsbereiche übernehmen?
- Sind Strategie des Anbieters und eigene Strategie kompatibel?
- Wie groß sind Wettbewerbsfähigkeit, Innovationsfähigkeit und wirtschaftliche Stärke des Anbieters?
- Genügt das Serviceniveau (z. B. Antwortzeiten) den Anforderungen?
- Wird ein überzeugendes Sicherheitskonzept geboten?
- Wie ist das Preis-/Leistungsverhältnis?
- Kann der Outsourcing-Dienstleister mittelfristig feste Kosten garantieren?
- Kann der Outsourcing-Dienstleister auch Kapazitätsspitzen auffangen?
- Ist der Outsourcing-Dienstleister oder eine Filiale bzw. Niederlassung von ihm in akzeptabler geographischer Entfernung ansässig?

6.6.12 Vertragliche Regelungen

Outsourcing führt auch zu verschiedenen **rechtlichen Fragen**, denn es bedarf in jedem Fall einer langfristigen, vertraglich geregelten Sicherstellung der Outsourcing-Leistungen. Dabei sind nicht nur Art, Umfang, Termine, Abrechnung usw. der zu erbringenden bzw. erwarteten Leistung zu regeln, sondern auch die Absicherung des Schuldenrisikos, Regelungen über Voraussetzungen und Höhe von Vertragsstrafen, Haftungsfragen, Sicherheitsbestimmungen usw.

Die Komplexität einer Outsourcing-Vereinbarung führt dazu, daß in einem Outsourcing-Vertrag verschiedene Vertragstypen des Bürgerlichen Rechts und des Handelsrechts tangiert werden (können)[98], z. B.

---

97 Vgl. dazu CUNNINGHAM/FRÖSCHL [1995, S. 155ff.], HEINRICH, W. [1992, S. 48], PORTZ [1992, S. 150] und SZYPERSKI u. a. [1993, S. 233ff.].

98 Vgl. dazu z. B. SCHÜLLER [1992] und SOMMERLAD [1993].

- Werkvertrag,
- Mietvertrag,
- Dienstvertrag.
- Kaufvertrag,
- Lizenzvertrag,

Abb. 6.6.17 gibt dazu eine Veranschaulichung.

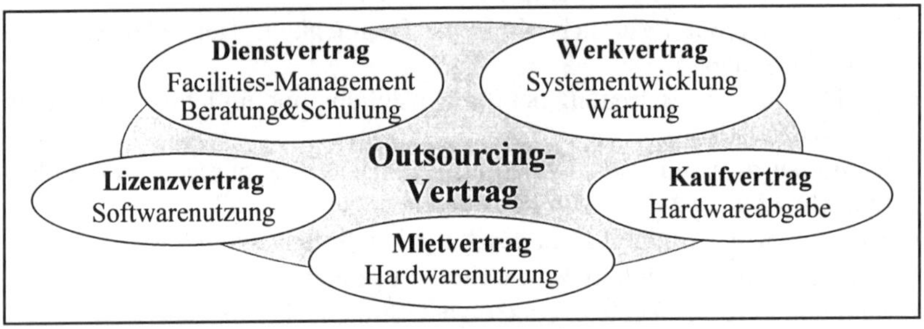

Abb. 6.6.17: Komplexität eines Outsourcing-Vertrags

Die Vielschichtigkeit vertraglicher Regelungen zum Outsourcing führt dazu, daß bei intensivem Outsourcing ein aus mehreren Einzelverträgen bestehendes Vertragswerk entstehen kann. Abb. 6.6.18 veranschaulicht das an einer vereinfachten schematischen Darstellung.

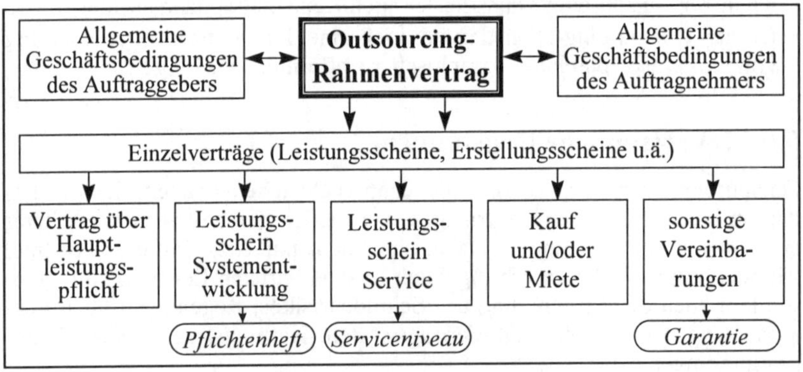

Abb. 6.6.18: Mögliche Elemente eines Outsourcing-Vertrags[99]

Bei den vertraglichen Regelungen ist besonders auf die fachlichen und rechtlichen Besonderheiten des Outsourcing zu achten, so ist z. B. in den Verträgen zwischen Bereitstellung der erworbenen Leistung und der strategischen Verfügung über diese Leistung zu trennen. Ferner ist zu beachten,

99 In Anlehnung an SOMMERLAD [1993, S. 50].

daß Outsourcing eine sich mit hoher Wahrscheinlichkeit während der Vertragslaufzeit ändernde Leistung darstellt.

Hilfreich für die Formulierung des Vertragswerks können Checklisten der folgenden Art sein[100]:

- Vertragsgegenstand, z. B.
  - Auf welche Aufgaben bezieht sich das Outsourcing?
  - Welche Vertragsbestandteile umfaßt der Vertrag?
  - Wer ist jeweils der Leistungserbringer?
  - Welche Laufzeit soll der Vertrag haben?
- Qualitätssicherung, z. B.
  - Wie werden Abnahmeprüfungen geregelt?
  - Wann werden Abnahmeprüfungen vorgenommen?
  - Wer ist für die Leistungsabnahme verantwortlich?
- Pflichten des Auftragnehmers, z. B. zu folgenden Punkten
  - Projektphasen,
  - Rechtsgrundlage für einzelne Phasen,
  - Ansprechpartner,
  - Koordination,
  - Einflußnahme des Auftraggebers;
- Vergütungsvereinbarungen, z. B.
  - Basis der Vergütung,
  - Höhe und Art der Vergütung,
  - Preisgleitklausel,
  - Zahlungsbedingungen;
- Pflichten des Auftraggebers, z. B.
  - Informationsbereitstellung,
  - Wirkungen von Terminüberschreitungen;
- Nutzungsrechte und Datenschutz, z. B.
  - Wettbewerbsklauseln,
  - Bundesdatenschutzgesetz.

6.7 Strategische Gesamtplanung mit Portfolios

Zu den strategischen IM-Aufgaben gehört auch die Priorisierung, Bewertung und Koordination der verschiedenen Forderungen nach IV-Systemen, Organisationskonzepten usw. Dazu eignet sich die Portfolioanalyse[101].

---

100 In Anlehnung an SCHÜLLER [1992, S. 176f.].

101 Vgl. dazu allgemein z. B. MARKOWITZ [1959] und SHARPE [1970] sowie speziell zur Verwendung der Portfolioanalyse für das IM HEINRICH [1996, S. 352ff.], PIETSCH [1992, S. 185ff.] und SYRING [1993, S. 141ff.].

Ein IV-System-Portfolio kann wie folgt definiert werden:

> Ein IV-System-Portfolio, kurz **IS-Portfolio**, ist die Gesamtheit der verfügbaren und geplanten IV-Systeme, die in zwei (oder mehr) Dimensionen bewertet und positioniert werden.
>
> Für die strategische Planung kann man unterscheiden in
> - **Ist-Portfolio**: Gesamtheit der verfügbaren IV-Systeme,
> - **Soll-Portfolio**: Gesamtheit verfügbarer und geplanter IV-Systeme.

IS-Portfolios können vor allem für Bewertung und Priorisierung von gewünschten oder geplanten IV-Systemen eingesetzt werden, also für die strategische Planung des IM.

Die Entwicklung eines IS-Portfolios kann über unterschiedliche Ansätze erfolgen. Es wird hier zunächst ein Konzept betrachtet, bei dem jedes vorhandene oder potentielle IV-System in drei Dimensionen bewertet wird[102]:

- IV-System- bzw. Projektgröße,
- Technologischer Wert und
- Anwendungsvorteile.

Diese Dimensionen von IV-System-Projekten können über folgende Kriterien bewertet werden:

- **IV-System- bzw. Projektgröße**:
  - Investitionsaufwand, d. h. alle mit Entwicklung und Einführung des Systems verbundenen Aufwendungen,
  - Aufwendungen für den laufenden Systembetrieb,
  - Aufwand für Systempflege und Anpassungen während der Nutzung.

  Zur Berücksichtigung des Zeitverlaufs der Aufwendungen sollte deren Kapitalwert bezogen auf den Entscheidungszeitpunkt berechnet werden.
- **Technologischer Wert**:
  - Kompatibilität mit existierenden Systemen,
  - Auswirkungen auf die Informationsinfrastruktur,
  - Softwaretechnisches Niveau,
  - Einhaltung von Standards und Normen,
  - Lerneffekte und Imageeffekte.
- **Anwendungsvorteile**:
  - Kompatibilität mit Anwenderqualifikationen,
  - ökonomischer Wert,
  - Rationalisierungspotential,
  - Auswirkungen auf die Arbeitsqualität,
  - Akzeptanzniveau.

102 Vgl. dazu PIETSCH [1992, S. 185ff.].

Für die aggregierte Bewertung der beiden Dimensionen *Technologischer Wert* und *Anwendungsvorteile* werden für jedes IV-System-Projekt die angegebenen Kriterien bzw. deren Erreichung auf metrischen Skalen mit den Grenzen 0 und 100 bzw. -100 und 100 mit den Kriterienwerten t_i bzw. a_j gemessen[103]. Für jedes Kriterium ist dann ein Gewicht g_{ti} bzw. g_{aj} so festzulegen, daß die Summe der Gewichte 1 oder 100% ergibt.

Mit den Kriterienwerten t_i bzw. a_j und den Gewichten g_{ti} bzw. g_{aj} berechnet man dann für jedes IV-System-Projekt einen Technologieindikator und einen Anwendungsindikator als gewogenes arithmetisches Mittel:

Technologieindikator: $$T = \sum_{i=1}^{n} t_i g_{ti}$$

Anwendungsindikator: $$A = \sum_{j=1}^{m} a_j g_{aj}$$

Die Werte dieser beiden Indikatoren werden schließlich für jedes IV-System-Projekt als Punkt in einem Koordinatensystem mit den Dimensionen „Technologischer Wert" und „Anwendungsvorteile" eingezeichnet. Daraus ergibt sich die strategische Position des jeweiligen Projekts. Die Projektgröße kann man durch die Fläche eines Kreises um diesen Punkt berücksichtigen. Das Ergebnis ist ein IS-Portfolio.

Abb. 6.7.1 (S. 176) zeigt ein Beispiel mit 6 potentiellen IV-Systemen. Die Situation in Abb. 6.7.1 bedeutet, daß für vier Systeme (IS-2, IS-3, IS-4 und IS-6) eine Rangordnung aufgestellt werden kann, da diese Projekte bezüglich beider Indikatoren die gleiche Bewertungsreihenfolge liefern: IS-3 > IS-2 > IS-4 > IS-6. Die Projekte IS-1 und IS-5 lassen sich, wie Abb. 6.7.1 erkennen läßt, nicht eindeutig in die Rangfolge einordnen, nur die Aussagen IS-1 > IS-5 und IS-1 > IS-6 sind möglich.

Generell gilt: Je weiter ein IV-System vom Koordinatenursprung des IS-Portfolios entfernt ist, desto höher ist sein strategischer Wert.

Anstelle der Dimensionen „Technologischer Wert" und „Anwendungsvorteile" können auch andere Ansätze verwendet werden, z. B.

- „Wettbewerbstrategische Relevanz" und „Relative IV-Leistungsfähigkeit"[104],
- „Wettbewerbstrategische Bedeutung" und „Leistungsstärke"[105],

103 Man beachte folgendes: Das skizzierte Vorgehen setzt metrische Meßbarkeit der Kriterien voraus, da sonst die beiden Indikatoren nicht in der angegebenen Weise bestimmt werden können. Tatsächlich sind die zu den Dimensionen Technologischer Wert und Anwendungsvorteile angebenen Kriterien aber nur ordinal, also auf einer Rangskala meßbar. Zu Fragen der Meßbarkeit wird verwiesen auf SCHWARZE [1998, S. 32ff.].

104 Vgl. BONGARD [1994, S. 281 und 306ff.].

105 Vgl. KLOTZ/STRAUCH [1990, S. 50].

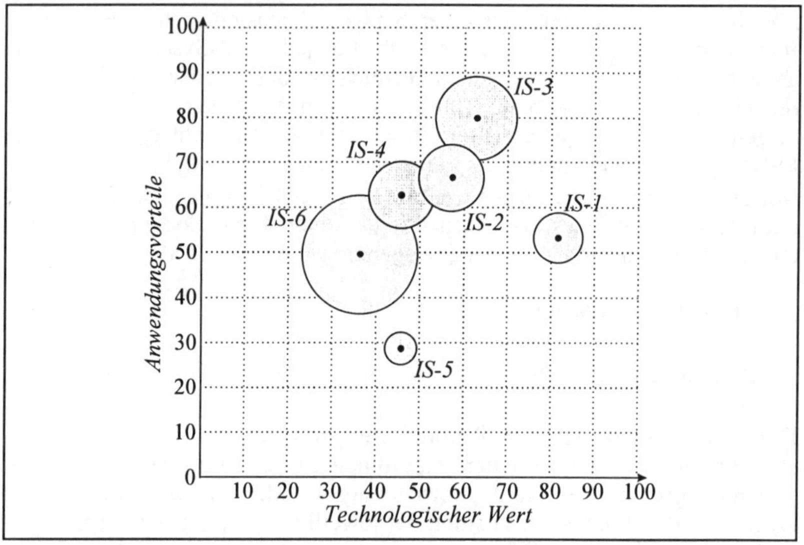

Abb. 6.7.1: IS-Portfolio

- „Wettbewerbsposition“ und „Ressourcenstärke“[106],
- „Technologieattraktivität“ und „Strategische Wettbewerbsstärke“[107],
- „IV-Systemattraktivität“, die durch das Weiterentwicklungspotential und das Anwendungspotential bestimmt wird, und „IV-Systemstärke“, die über Potentiale und Aktionsgeschwindigkeiten bestimmt wird[108].

Grundsätzlich empfiehlt es sich, die Dimensionen eines IS-Portfolios aus strategisch relevanten Erfolgsfaktoren abzuleiten[109].

Für die praktische Durchführung von Portfolioanalysen zur Unterstützung der strategischen Planung des IM empfiehlt sich die Verwendung eines Vorgehensmodells wie in Abb. 6.7.2 (S. 177). Als Planungsobjekte wurden dabei existierende oder geplante IV-Systeme unterstellt. Sollen nicht für jede neue Portfolioanalyse auch neue Dimensionen, Bewertungskriterien und Gewichte festgelegt werden, werden die grau hinterlegten Schritte nur einmal durchgeführt und liefern dann eine Basis für alle Portfolioanalysen.

Der Bereich, in dem die IV-Systeme (allgemein die Portfolioobjekte) bei einer Portfolioanalyse positioniert werden, kann wie folgt unterteilt werden:

106 Vgl. HEINRICH [1996, S. 352ff.].
107 Vgl. BIETHAHN u. a. [1994, S. 287ff.].
108 Vgl. SYRING [1993, S. 142].
109 Vgl. dazu vor allem KLOTZ/STRAUCH [1990, S. 37ff.].

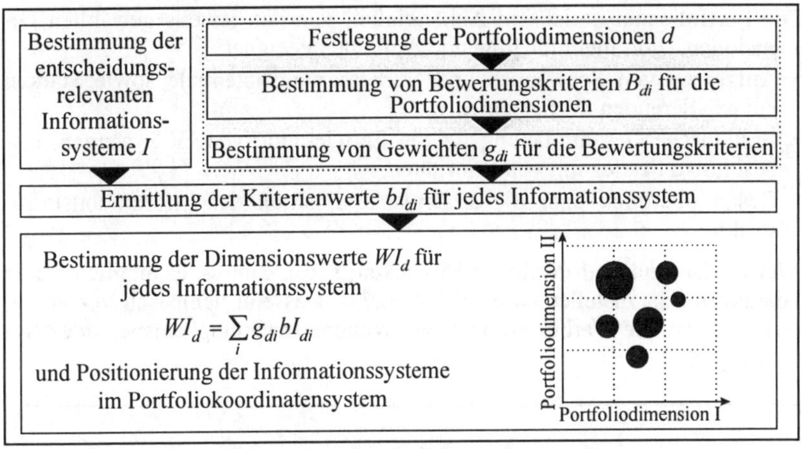

Abb. 6.7.2: Vorgehensmodell für eine Portfolioanalyse

- Bereich strategisch relevanter IV-Systeme,
- Bereich strategisch neutraler IV-Systeme,
- Bereich strategisch irrelevanter IV-Systeme.

Abb. 6.7.3 veranschaulicht diese Unterteilung[110], mit der man auch einzelne Systeme oder Projekte evaluieren kann.

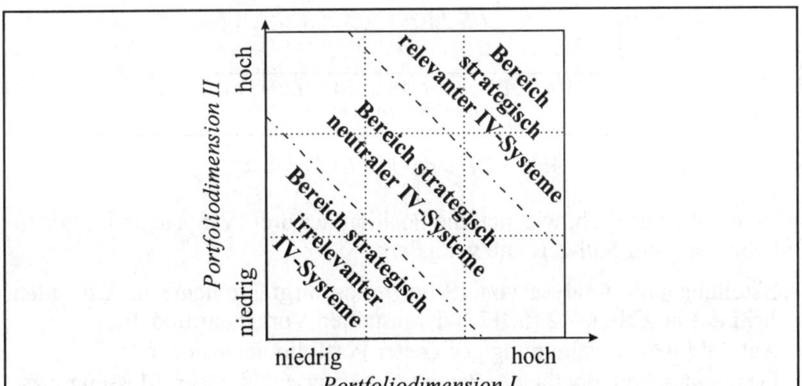

Abb. 6.7.3: Unterteilung des Portfoliofeldes

110 Vgl. dazu beispielsweise KLOTZ/STRAUCH [1990, S. 50] und SYRING [1993, S. 191], die allerdings andere Bezeichnungen verwenden, nämlich Investitionsfeld bzw. Investition, Selektionsfeld bzw. Selektion und Desinvestitionsfeld bzw. Desinvestion.

Die Portfolioanalyse ist - in Abhängigkeit von den jeweils gewählten Dimensionen - vor allem für folgende Aufgaben geeignet:

- Aufzeigen von Schwächen und Verbesserungspotentiale sowie Stärken bei existierenden IV-Systemen,
- strategische Gesamtplanung für die Entwicklung von IV-Systemen, insbesondere Festlegung von Prioritäten,
- Gesamtüberblick über die strategische Position der Informationsinfrastruktur.

Werden Ist- und Soll-Portfolios entwickelt (s. o.), dann ist es möglich, beide gemeinsam darzustellen, wie in Abb. 6.7.4. Das empfiehlt sich vor allem, wenn es um die Verbesserung bzw. Weiterentwicklung existierender Systeme geht.

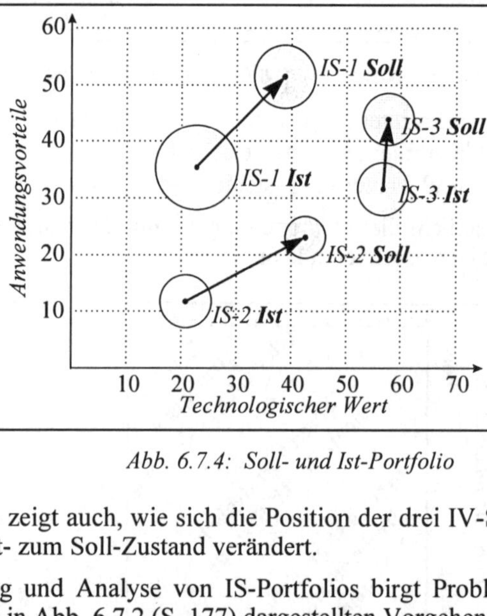

Abb. 6.7.4: Soll- und Ist-Portfolio

Abb. 6.7.4 zeigt auch, wie sich die Position der drei IV-Systeme im Portfolio vom Ist- zum Soll-Zustand verändert.

Aufstellung und Analyse von IS-Portfolios birgt Probleme in fast jedem Schritt des in Abb. 6.7.2 (S. 177) dargestellten Vorgehensmodells:

- Auswahl bzw. Bestimmung geeigneter Portfoliodimensionen,
- Festlegung von operablen Bewertungskriterien, die zur Messung bzw. Bewertung der Portfoliodimensionen geeignet sind,
- Festlegung von Gewichten für die Bewertungskriterien.

Hinzu kommt ein meistens nicht unbeträchtlicher Aufwand.

7 Realisierungsaufgaben des IM

7.1 Überblick

Die Aufgaben des IM, die sich auf die Umsetzung der im strategischen Bereich entworfenen Konzepte beziehen, werden manchmal als administrative oder taktische Aufgaben bezeichnet. Hier wird von Aufgaben der Realisierung gesprochen. Zu diesen Realisierungsaufgaben gehören folgende Bereiche:

- Organisationsentwicklung,
- Systementwicklung,
- Qualitätsmanagement,
- Konfigurationsmanagement,
- Hard- und Softwarebeschaffung,
- Personalbeschaffung und Personalqualifizierung,
- Entwurf und Implementierung von Datenbanken,
- Installation von Sicherheitskonzepten.

Die letzten drei Aufgabenbereiche gehören zu den Querschnittsaufgaben, die im dritten Teil behandelt werden. Die anderen Aufgaben stehen in Zusammenhang mit der Entwicklung und Einführung von IV-Systemen. Eine ausführliche Behandlung dieser Aufgabenbereiche kann im Rahmen des IM nicht erfolgen. Dazu wird auf die Literatur verwiesen[1]. Nachfolgend wird nur kurz auf wichtige Aspekte eingegangen[2].

Planung, Koordinierung, Steuerung und Überwachung der Realisierungsaufgaben geschieht zweckmäßigerweise in Phasen oder modular für Teilaufgaben. Für jede Phase oder jede Teilaufgabe sind dabei folgende Fragen zu beantworten:

- **Was** ist zu tun?
- **Wie** ist etwas zu tun?

---

1 Vgl. z. B. BALZERT [1985], BALZERT [1998], BALZERT [1998a], END u. a. [1990], HEINRICH [1994], HEINRICH [1997], KARGL [1990], SCHWARZE [1995], ZEHNDER [1991].

2 Die Ausführungen erfolgen in Anlehnung an SCHWARZE [1995].

- **Zu welchem Zeitpunkt** sind die einzelnen Schritte oder Teilaufgaben zu beginnen bzw. wann müssen sie beendet sein?
- **Wer** ist für die einzelnen Phasen oder Teilaufgaben verantwortlich?
- **Welche Kosten** entstehen bzw. dürfen nicht überschritten werden?

Schwierigkeiten entstehen bei der Realisierung dadurch, daß die Realisierung meistens in einem Zielkonflikt verschiedener Ziele steht. Abb. 7.1.1 veranschaulicht dieses Spannungsfeld.

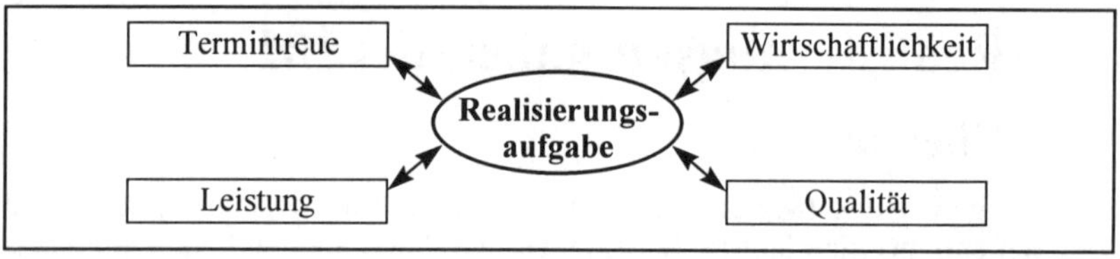

Abb. 7.1.1: Spannungsfeld der Realisierungsziele

Schwierigkeiten ergeben sich auch aus dem Spannungsfeld der an der Durchführung von Realisierungsaufgaben Beteiligten, das in Abb. 7.1.2 dargestellt ist.

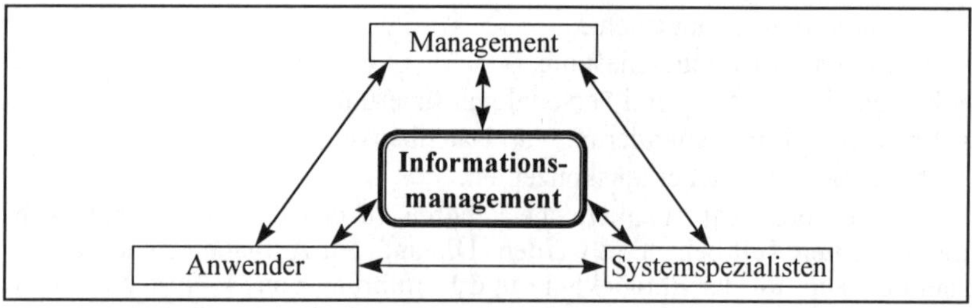

Abb. 7.1.2: Spannungsfeld der an einer Realisierung Beteiligten

Die Durchführung von Realisierungsaufgaben erfordert deshalb ein besonders intensives und effizientes **Realisierungsmanagement** als Teilaufgabenbereich des IM.

7.2 Realisierung von Organisationskonzepten

Auf strategische Überlegungen zur Organisationsplanung wurde bereits in Kapitel 6 eingegangen. Bei der Realisierung der vom strategischen IM entworfenen Konzepte stehen folgende Aufgaben an, wobei hier von einer Prozeßorientierung der Organisation ausgegangen wird:

- Identifizierung und Modellierung von **Prozessen,**
- Schaffung einer prozeßadäquaten **Aufbauorganisation,**
- Zuordnung der Prozeßaktivitäten zu einzelnen **Stellen,**
- Bestimmung der **Sachmittelausstattung** der Stellen über die für die Prozeßaktivitäten erforderlichen Sachmittel,
- Entwurf und Realisierung eines Prozeß-**Steuerungs-** und Prozeß-**Kontroll-Systems,**
- Realisierung von IV-Systemen.

Dazu kommen

- Prozeßbeschreibungen,
- Stellenbeschreibungen,
- Aufgabenbeschreibungen.

Bei der prozeßorientierten Organisationsentwicklung ist von folgendem auszugehen:

Reale Prozesse kann man durch Aufgabenträger beschreiben, die auf drei Ebenen angesiedelt sind:

- Organisationsumwelt,
- Organisation, in der vor allem Stellen abgebildet werden,
- IV-Systemebene.

Abb. 7.2.1 zeigt, wie jede Ebene in die übergeordnete eingebettet ist.

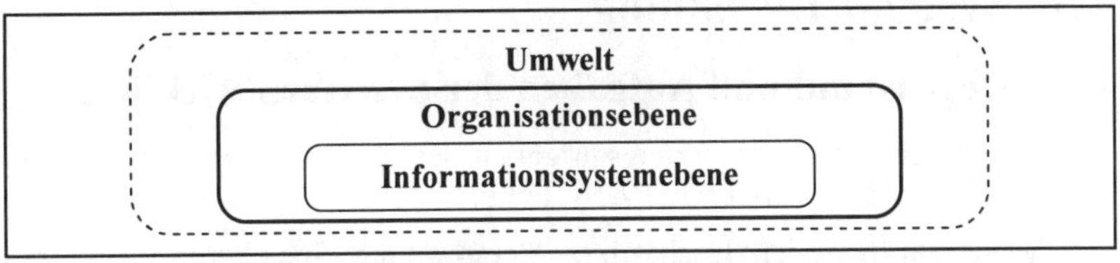

Abb. 7.2.1: Drei-Ebenen-Sicht von Geschäftsprozessen

Bei der Modellierung ist es zweckmäßig, nicht konkrete Aufgabenträger zu betrachten, sondern Klassen wie bei der objektorientierten Systementwicklung[3]. Die Klassen von Aufgabenträgern und ihre Beziehungen zueinander können durch statische **Klassendiagramme** abgebildet werden.

Die auf den drei Ebenen identifizierten Klassen bilden die Grundlage für die Ablaufmodellierung in **Prozeßdiagrammen**. Diese bestehen aus einer Reihe von Aktionen. Eine Aktion bezeichnet dabei die Ausführung einer Aufgabe durch eine Aufgabenträger-Klasse in einem gegebenen Hand-

3 Vgl. dazu beispielsweise COAD/YOURDON [1991] und RUMBAUGH [1993].

lungskontext bzw. Prozeßzusammenhang. Abb. 7.2.2 veranschaulicht dieses Grundkonzept, wobei in der Unternehmungsumwelt von „Handlungen“ der Aufgabenträger gesprochen wird, die Prozesse auslösen können. Auf der Organisationsebene gibt es die den Stellen zugeordneten „Aufgaben“, durch die die Prozeßaktivitäten modelliert werden. Klassen auf der Ebene der IV-Systeme besitzen „Methoden“ oder „Algorithmen“.

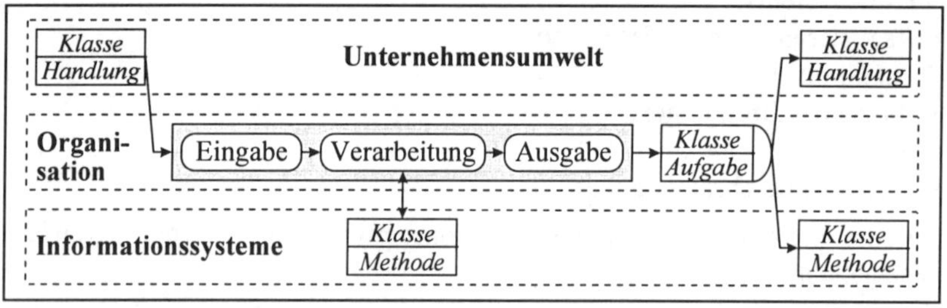

Abb. 7.2.2: Drei-Ebenen-Ansatz zur Prozeßmodellierung

Im einzelnen handelt es sich hier um Aufgaben, die eher in den Bereich einer Organisationsabteilung oder einer betriebswirtschaftlichen Abteilung gehören, so daß auf weitere Ausführungen verzichtet wird.

7.3 Systementwicklung

7.3.1 Gegenstand und Aufgaben der Systementwicklung

Eine der wichtigsten Realisierungsaufgaben des IM ist die Umsetzung strategischer Konzepte in konkrete IV-Systeme.

Ein IV-System dient der Beschaffung, Verarbeitung, Speicherung, Übertragung und Bereitstellung von Informationen, wobei die genannten Zwecke im konkreten Fall unterschiedlich stark ausgeprägt sein können.

Systementwicklung umfaßt alle Aufgaben und Maßnahmen, die bei Planung, Entwurf und Realisierung eines IV-Systems anfallen[4].

Dabei ist zu beachten, daß ein IV-System folgende Komponenten umfaßt:

- Hardware und Systemsoftware,
- Anwendungssoftware,
- organisatorische Konzepte und Regelungen,

4 Vgl. SCHWARZE [1995, S. 33].

- Menschen, die an bzw. mit dem System arbeiten,
- Management für die Steuerung und Kontrolle des Systembetriebs und
- Daten.

Die **Grundaufgabe der Systementwicklung** besteht darin, dem Anwender oder Nutzer ein für seine Zwecke optimales IV-System zur Verfügung zu stellen.

Betrachtet man eine Systementwicklung in ihrem **chronologischen Ablauf**, dann gehören dazu im einzelnen folgende Aufgabenbereiche:

- Problem- und Situationsbeschreibung,
- Analyse von Ist-Zustand, Voraussetzungen und Randbedingungen,
- Ermittlung der inhaltlichen Anforderungen an das System,
- Entwicklung eines groben Systemkonzepts mit alternativen Lösungsvorschlägen,
- Durchführbarkeitsstudien einschl. Wirtschaftlichkeitsanalysen,
- Entscheidung darüber, ob ein Software individuell entwickelt oder ob Standardsoftware eingesetzt werden soll, und in Abhängigkeit davon
  - Detailentwurf, Programmentwicklung und Programmtest oder
  - Beschaffung von Standardsoftware und Customizing,
- Einführung des Systems,
- Betreuung des neuen Systems in der Einführungsphase.

Dazu kommen Aufgaben, die den gesamten Prozeß der Systementwicklung begleiten, und zwar insbesondere folgende:

- Management der Systementwicklung,
- Erstellung einer Systemdokumentation,
- Qualitätssicherung während der Systementwicklung.

Für das IM ist ein wichtiger Aspekt die fachliche Breite der bei einer Systementwicklung anfallenden Aufgaben[5]:

- **Wirtschaftsinformatikaufgaben**, die u. a. folgende Bereiche betreffen:
  - Systementwicklung im engeren Sinne, insbesondere Systementwurf,
  - Datenmodellierung,
  - Programmentwurf,
  - Durchführbarkeitsuntersuchungen,
  - Softwarequalitätssicherung,
  - Management von Systementwicklungsprojekten,
  - Gestaltung optimaler Benutzeroberflächen,
  - ökonomische Aspekte der Hardwareauswahl.

---

5 Vgl. SCHWARZE [1995, S. 33f.].

- **Betriebswirtschaftliche Aufgaben**, zu denen insbesondere die Berücksichtigung der fachlichen Aspekte und die Entwicklung eines Organisationskonzepts gehören.
- **Informatikaufgaben** bei der Programmentwicklung und der Hardwarekonfiguration.
- **Ergonomische Aufgaben** der Arbeitsplatzgestaltung.
- Aufgaben, die die Einhaltung **rechtlicher Rahmenbedingungen** betreffen (z. B. Datenschutz, arbeitsrechtliche Vorschriften).
- Aufgaben, die der **Gewährleistung von Datensicherheit** dienen.

Bei einer Aufgabenspezifizierung ist zu beachten, daß es bei Entwicklung und Einführung von IV-Systemen immer weniger um Neuentwicklung von Software geht, sondern um Einführung von Standardsoftware.

7.3.2 Anforderungen und Strategien für die Entwicklung von IV-Systemen

An IV-Systeme und an deren Entwicklung sind verschiedene Anforderungen zu stellen, die je nach Anwendungsbereich und individueller Situation unterschiedliche Bedeutung haben. Aufgabe des IM ist die Entwicklung eines konsistenten Anforderungskatalogs. Dabei ist zu trennen in

- **Allgemeine Anforderungen**[6], die unabhängig von einem spezifischen Anwendungsfall formuliert werden können, wie z. B. Wirtschaftlichkeit, Zuverlässigkeit, Modularität, Wartungsfreundlichkeit, Robustheit, Benutzerfreundlichkeit.
- **Anwendungsspezifische Anforderungen**, die sich individuell auf ein konkretes System bzw. einen konkreten Anwendungsbereich beziehen und üblicherweise im Rahmen einer Sollzustands- oder Anforderungsanalyse[7] ermittelt werden.

Für die Realisierung von IV-Systemen kann nach unterschiedlichen Realisierungsstrategien vorgegangen werden.

Eine **Realisierungsstrategie**[8] beschreibt die Art und Weise, wie ein Konzept eines IV-Systems in ein lauffähiges System umgesetzt wird.

Es gibt eine Vielzahl von Realisierungsstrategien[9], von denen folgende für das IM wichtig sind:

---

6 Vgl. dazu im einzelnen SCHWARZE [1995, S. 36ff.].

7 Einzelheiten dazu finden sich bei SCHWARZE [1995, S. 135ff.].

8 Man bezeichnet sie auch als Gestaltungsstrategie oder Systementwicklungsstrategie.

9 Vgl. dazu SCHWARZE [1995, S. 46ff.].

Top-Down- und **Bottom-Up-Strategie**
Top-Down bedeutet, daß das zu entwickelnde System schrittweise vom Gesamtsystem her in Teilaufgaben zerlegt wird. Das hat den Vorteil, daß für jede Teilaufgabe die Einbindung in das Gesamtsystem bekannt ist und die notwendigen Schnittstellen entsprechend konzipiert werden können. Beim Bottom-Up-Vorgehen wird bei einzelnen Teilaufgaben begonnen, die dann von unten nach oben schrittweise zum Gesamtsystem zusammengefügt werden. Bei konkreten Systementwicklungen werden die beiden Strategien häufig miteinander verknüpft. Der Systementwurf erfolgt Top-Down, Programmierung und Testen der Programme geschieht Bottom-Up.

Ist-Zustandsorientierter und **Soll-Zustandsorientierter Ansatz**
Beim Ist-Zustandsorientierten Ansatz geht man von den derzeitigen Strukturen und Abläufen aus. Man bezeichnet diesen Ansatz auch als **induktive Strategie**. Geht man demgegenüber von einer zielorientierten Sollvorgabe – unabhängig von derzeitigen Strukturen und Abläufen – aus, handelt es sich um einen Soll-Zustandsorientierten Ansatz, den man auch als **deduktive Strategie** bezeichnet.

Nach dem Ablauf bei **der Systemgestaltung** kann man ebenfalls verschiedene Strategien unterscheiden. Diese Strategien bezeichnet man üblicherweise als Vorgehensmodelle.

> Ein **Vorgehensmodell** beschreibt einen bestimmen Ansatz für die **Art der Durchführung der einzelnen Teilaufgaben bei einer Problemlösung**, wobei man sich meistens an der logischen und/oder chronologischen Reihenfolge der Einzelaktivitäten orientiert.

Grundlage der meisten Vorgehensmodelle für Systementwicklungen ist das Modell eines **Systemlebenszyklus**. Es orientiert sich an biologischen Lebenszyklen oder anderen in der Betriebswirtschaftslehre benutzten Lebenszyklen (z. B. Produktlebenszyklus).

> Bei IV-Systemen besteht der Lebenszyklus aus zwei großen Phasen:
> - **Entwicklungsphase**, die unterteilt werden kann in Initialisierungsphase, Analysephase, Entwurfsphase und Realisierungsphase, sowie der
> - **Nutzungsphase** oder Phase des Systembetriebs.

Abb. 7.3.1 (S. 186) veranschaulicht den Systemlebenszyklus.

Für das aufgabenorientierte Vorgehen bei einer Systementwicklung wird meistens ein **Phasenschema** bzw. **Phasenmodell** empfohlen. Für die Zwecke des IM sind reine Phasenmodelle jedoch nicht geeignet, da sie die folgenden wichtigen Managementaspekte nicht explizit berücksichtigen:

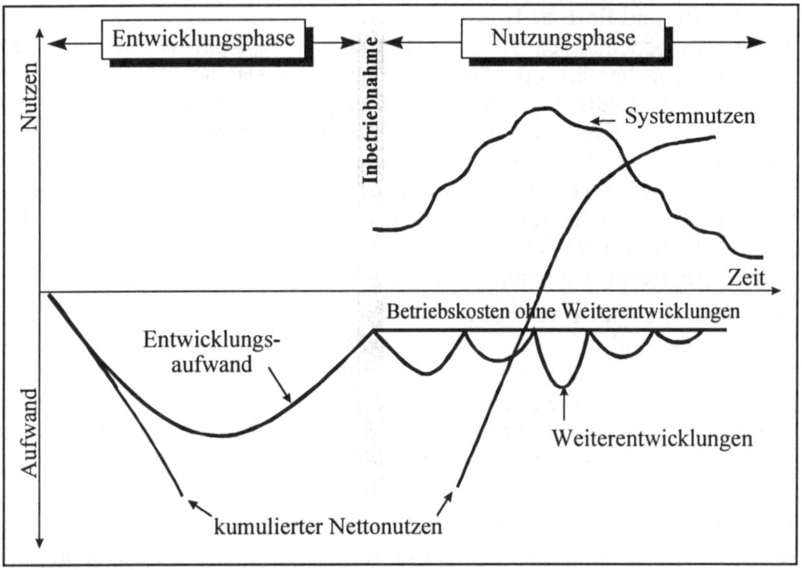

Abb. 7.3.1: Systemlebenszyklus mit Entwicklungsaufwand und Systemnutzen

- **Phasenplanung**, auf der Basis von Vorgaben und Randbedingungen.
- **Risikoanalyse** in jeder Phase.
- **Überprüfung der Durchführbarkeit** in
  - funktioneller,
  - technischer,
  - organisatorischer,
  - personeller,
  - sozialer,
  - rechtlicher,
  - finanzieller,
  - wirtschaftlicher

  und evtl. sonstiger Hinsicht auf der Basis der Analyse von Vorgaben und Risiken (siehe dazu Abschnitt 7.3.3).
- **Entwicklungsdokumentation** der **Phasenaktivitäten**.
- **Systemdokumentation** der **Phasenergebnisse**.
- **Kontrolle der Phasenergebnisse**.
- Systematischer Einsatz von **Prototyping**.
- **Abstimmung mit den zukünftigen Anwendern**.
- **Projektmanagement** zur Planung, Steuerung und Kontrolle der Systementwicklung.
- **Qualitätsmanagement**.

Unter Berücksichtigung dieser Aspekte erhält man das in Abb. 7.3.2 (S. 187) dargestellte dreidimensionale Vorgehensmodell.

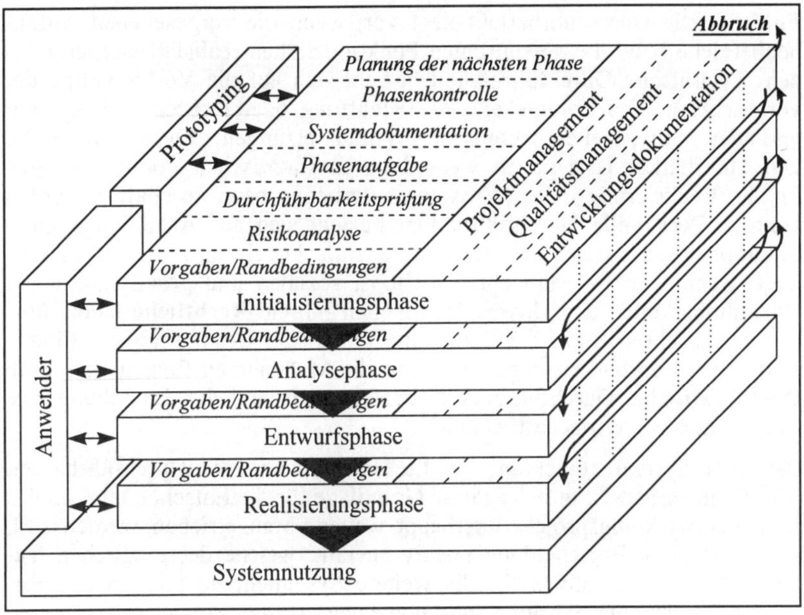

Abb. 7.3.2: Vorgehensmodell für die Systementwicklung[10]

7.3.3 Durchführbarkeitsuntersuchungen

Für IV-Systeme ist üblicherweise nicht nur ein intensiver Technikeinsatz erforderlich, sie führen meistens auch zu mehr oder weniger großen organisatorischen Veränderungen. Ferner verändern sich die Arbeitsbedingungen für Mitarbeiter. Das gilt auch für Weiterentwicklungen existierender Systeme und bei Einführung von Standardsoftware. Diese Änderungen in technischer, organisatorischer und sozialer Hinsicht durch die Einführung von IV-Systemen erfordern sorgfältige Überlegungen zur Frage der **Durchführbarkeit** oder Realisierbarkeit.

Grundaufgabe von Durchführbarkeitsuntersuchungen ist die Evaluierung der zu erwartenden Ergebnisse einer Realisierungsaufgabe in funktioneller, technischer, organisatorischer, personeller, sozialer, rechtlicher, finanzieller und wirtschaftlicher Hinsicht.

10 Vgl. SCHWARZE [1997, S. 193].

Funktionelle Durchführbarkeit liegt vor, wenn die vorgesehenen Aufgabenbereiche bzw. die gewünschten Funktionalitäten realisiert werden können. **Technische** Durchführbarkeit bezieht sich auf die Verfügbarkeit der vorgesehenen Technologie und die Schaffung oder Existenz allgemeiner und/oder individueller technischer Voraussetzungen. **Organisatorische** Durchführbarkeit ist gegeben, wenn die organisatorischen Voraussetzungen für die Realisierung eines IV-Systems vorliegen bzw. geschaffen werden können. **Personelle** Durchführbarkeit bezieht sich auf Anzahl und Qualifikationen der Mitarbeiter, während **soziale** Durchführbarkeit dann vorliegt, wenn eine IM-Maßnahme nicht zu sozialen und gesellschaftlichen Unzumutbarkeiten und Unverträglichkeiten führen. **Rechtliche** Durchführbarkeit bezieht sich auf die Einhaltung rechtlicher Bestimmungen. **Finanzielle** Durchführbarkeit liegt vor, wenn die Maßnahmen finanzierbar sind. **Wirtschaftliche** Durchführbarkeit bezieht sich auf die Einhaltung des Grundsatzes der Wirtschaftlichkeit[11].

Bei einer Systementwicklung ist die Untersuchung der Durchführbarkeit oder Realisierbarkeit in jeder Phase Grundlage für die Entscheidung, ob das Systementwicklungsprojekt überhaupt weiter vorangetrieben werden soll, und, falls diese Entscheidung positiv ausfällt, welche der möglichen Varianten oder Alternativen für die weitere Systementwicklung in nachfolgenden Phasen oder Schritten zugrunde gelegt werden sollen.

7.3.4 Systemeinführung

Mit der Inbetriebnahme eines IV-Systems sind eine Reihe von Aktivitäten verbunden, u. a.:

- **Organisatorische Maßnahmen**, da IV-Systeme oft zu weitreichenden Konsequenzen in der Aufbauorganisation und in Arbeitsabläufen führen. Dazu gehören
  - aufbauorganisatorische Maßnahmen, wie z. B. Stelleneinrichtung und Aufgabenzuordnungen, sowie
  - ablauforganisatorische Maßnahmen im IV-System-Umfeld, und zwar insbesondere Änderungen und Anpassungen von angrenzenden Abläufen sowie Schaffung von Schnittstellen;
- **Beschaffung von Hardware** einschl. Um- und Aufrüstung sowie Ergänzungsbeschaffungen;
- **Beschaffung** zusätzlich erforderlicher **Standardsoftware**;
- eventuell **räumliche Maßnahmen**;
- **Schulung und Einweisung** des Personals;

11 Zu Einzelheiten wird verwiesen auf SCHWARZE [1995, S. 221ff.].

- **Anpassung des Personaleinsatzes**, z. B. durch erforderliche Neueinstellung von Spezialisten;
- **Übernahme von Datenbeständen**.

Dazu kommt natürlich die eigentliche Inbetriebnahme des entwickelten Systems bzw. der beschafften Standardsoftware.

Der **Umstellungsplan** enthält Angaben über Tätigkeiten, Verantwortliche, Ausführende, Ablaufplan (Netzplan) mit Abhängigkeiten, Terminplan, Katastrophenplan. Für die **Umstellung** gibt es folgende Möglichkeiten:

- **Direkte Umstellung** vom alten auf das neue System, während einer arbeitsfreien Zeit. Dieses Vorgehen ist risikoreich, da Umstellungsprobleme zu Störungen im Betriebsablauf führen können, beispielsweise durch Fehler in neuen IV-Systemen.
- **Parallelbetrieb**, d. h. simultane Verarbeitung der Daten während einer Übergangsphase mit dem alten und dem neuen System. Gegenüber direkter Umstellung sind die Kosten höher, aber das Risiko ist geringer.
- **Versuchsbetrieb**, bei dem das neue System in einer Versuchsphase mit alten Daten arbeitet, über die die Korrektheit des Systems überprüft werden kann. Aktuelle Daten werden während des Versuchsbetriebs noch über das alte IV-System verarbeitet. Die Risiken sind hierbei gering, aber die tatsächliche Umstellung wird verzögert.
- **Schrittweise Einführung** des neuen Systems durch aufeinanderfolgende Inbetriebnahme einzelner Module oder Teilsysteme. Ein neues Teilsystem wird erst dann in Betrieb genommen, wenn das letzte eingeführte Teilsystem ohne Beanstandungen läuft.
- **Horizontale stufenweise Umstellung**, bei der ein neues System erst an einem oder wenigen Arbeitsplätzen eingeführt wird. Erst wenn sich das System dort bewährt, wird es auch an anderen Arbeitsplätzen eingeführt.

Welche Umstellungsart gewählt wird, hängt von den konkreten Umständen des individuellen Falls ab.

7.4 Konfigurationsmanagement

Die Realisierung von IM-Konzepten ist häufig ein evolutionärer Prozeß, bei dem aus einer ersten Version durch Revisionen, Überarbeitungen, Ergänzungen usw. schrittweise die endgültige Lösung entsteht. Dieses schrittweise Vorgehen erfordert eine Versionenverwaltung oder ein **Konfigurationsmanagement**, das letztendlich der „Identifizierung, Lenkung und Rückverfolgung der Versionen jedes Softwareelements“[12], Systemelements oder Konzeptteils dient. Wichtige Aufgaben dabei sind:

12 DIN ISO 9000 Teil 3 (Juni 1992), S. 24.

- Definition des Originals,
- Koordination der Komponenten,
- Verwaltung des gleichzeitigen Zugriffs durch mehrere Entwickler sowie
- Identifizierung des jeweiligen Entwicklungsstatus, insbesondere auch nach der Auslieferung.

Konfigurationsmanagement spielt auch bei in Betrieb befindlicher Software eine Rolle, wenn diese aktualisiert und erweitert wird oder wenn Fehler beseitigt werden. Auch bei Standardsoftware empfiehlt sich ein Konfigurations- oder Versionenmanagement.

7.5 Beschaffungsaufgaben

Zu den Realisierungsaufgaben gehört auch die Beschaffung. Bei der Hardware führen die große Angebotsfülle, unklare und/oder unvollständige Beschreibungen sowie unverständliche Fachausdrücke oft dazu, daß der potentielle Anwender meist ziemlich ratlos vor der Hardware steht. Es gibt aber dennoch eine Vielzahl von Möglichkeiten, Hardware zu beurteilen und zu vergleichen, z. B. über:

- **Technische Daten**, wie Verarbeitungsgeschwindigkeit, Speicherkapazität, Bildschirmgröße usw.,
- **Kompatibilität** (d. h. Verträglichkeit) mit anderen Systemen,
- **Ausbau- bzw. Erweiterungsfähigkeit**,
- **Zuverlässigkeit und Reife** der Hardware,
- **Betriebssystem**,
- **Garantie und Service**.

Für eine sorgfältige Hardwareauswahl ist auf jeden Fall ein systematisches Vorgehen anzuraten, z. B. durch einen detaillierten Anforderungskatalog und/oder einen Fragenkatalog der nachfolgenden Art.

- **Wie ausgereift** ist das Gerät?
- Welche **Garantie** wird wie lange gewährt?
- Wie dicht ist das **Kundendienstnetz**?
- Wie sind die **Service- oder Wartungsbedingungen**?
- Sind **Ersatzteile** jederzeit vorrätig?
- Welche **Ausbaumöglichkeit** bietet das Gerät?
- Welche **Schnittstellen** sind vorhanden?
- Wie hoch ist der **Preis**?
- Welche laufenden **Kosten** sind mit dem Gerät verbunden?
- Welchen **Raumbedarf** hat das Gerät?
- Sind spezielle Möbel, Klimatisierung oder dergl. erforderlich?
- Welche **Erfahrung** gibt es über den Einsatz des Gerätes?
- Sind die **Bedienungsanleitungen** ausreichend und in deutscher Sprache?

Probleme der Hardwarebeurteilung ergeben sich aus folgenden Gründen:

- Herstellerangaben entsprechen nicht immer der Realität.
- Technische Angaben sind für den Anwender oft unverständlich, ihre Überprüfung erfordert Spezialwissen.
- Unterschiede im Aufbau bzw. der Konzeption und in der Größe bzw. Leistungsfähigkeit erschweren häufig einen Vergleich.

Bei der Beurteilung von Hardware und der Wirtschaftlichkeitsprüfung sollte folgender Grundsatz beachtet werden: Der Einsatz von IuK-Technologien führt heute zu Investitionen, die wegen der schnellen technologischen Entwicklung für kurze Nutzungsdauern (2-4 Jahre) betrachtet werden müssen und die in Relation zur Leistungsfähigkeit nur einen verhältnismäßig geringen finanziellen Aufwand erfordern. Im Vordergrund muß vor allem eine für den vorgesehenen Betriebszweck möglichst gut **geeignete Problemlösung** und die **Zuverlässigkeit** des Gesamtsystems stehen. Letzteres hängt stark von der Software und dem Hard- und Software-Service ab.

Basis einer **Softwareauswahl** ist ein Pflichtenheft, das auch detaillierte Auswahlkriterien enthalten sollte[13]. Für die Durchführung einer Beschaffungsmaßnahme empfiehlt sich ein systematisches Vorgehen, z. B. nach dem Vorgehensmodell in Abb. 7.5.1.

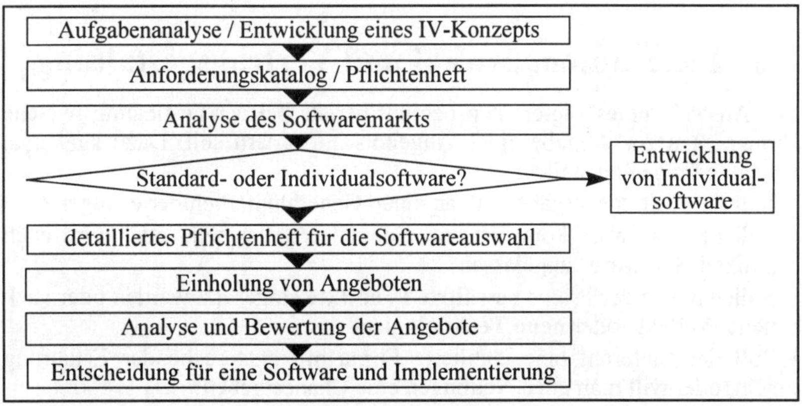

Abb. 7.5.1: Vorgehensmodell für die Softwareauswahl

Eine entscheidende Frage ist die, ob Individualsoftware entwickelt werden soll oder ob Standardsoftware, die am Markt in vielfältiger Art angeboten wird, eingesetzt werden soll.

13 Vgl. dazu SCHWARZE [1995, S. 203f. und S. 227ff.].

Für Standardsoftware sprechen u. a. folgende Gründe:

- Sie ist kostengünstiger als Individualsoftware.
- Sie ist schneller einzuführen (Entwicklungszeit entfällt).
- Sie ist meistens benutzerfreundlicher, d. h. es werden niedrigere Anforderungen an das eigene Personal gestellt.
- Standardsoftware besitzt oft einen hohen Reifegrad und hohe Qualität.
- Wartung und Aktualisierung werden im allgemeinen vom Entwickler der Standardsoftware übernommen.

Gründe gegen Standardsoftware sind:

- Sie ist nicht unmittelbar einzusetzen, sondern muß durch ein (manchmal aufwendiges) Customizing an die betrieblichen Erfordernisse angepaßt werden.
- Zur Sicherung eines breiten Absatzmarktes wird Standardsoftware oft sehr allgemein konzipiert und enthält viele Funktionalitäten, die der Einzelne nicht benötigt. Für einen spezifischen Einsatzbereich kann das nachteilige Auswirkungen hinsichtlich Speicherbedarf und Bearbeitungszeiten haben.
- Der Einsatz fertiger Software führt häufig zu einer übereilten Umstellung. Manchmal wird die betriebliche Organisation an die Software angepaßt und nicht umgekehrt.

7.6 Lieferantenauswahl und Vertragsgestaltung

Die Auswahl eines Lieferanten beginnt bereits bei der Festlegung, welche Firmen man zur Abgabe eines Angebots auffordern soll. Dazu sind u. a. folgende Fragen zu stellen:

- Soll die Auftragsvergabe evtl. an einen Generalunternehmer erfolgen?
- Soll die Hardware komplett von einem Hersteller sein, oder wird auch „mixed Hardware“ zugelassen?
- Sollen nur in der Praxis **bewährte Produkte** eingesetzt werden oder auch neue Produkte oder **neue Technologien**?
- Soll der Lieferant eine etablierte Firma mit entsprechender Erfahrung sein, oder will man auch Neulingen eine Chance geben?
- Welche **Verantwortung** übernimmt der Lieferant: Unterstützung bei der Analyse, bei der Softwareinstallation oder beim Customizing.
- Übernimmt der Lieferant auch **Service** und **Wartung**?
- Wie lauten die **Garantiebedingungen** des Lieferanten?

Neben diesen Fragen werden im Einzelfall noch andere, betriebsspezifische Kriterien bei der Auswahl potentieller Lieferanten eine Rolle spielen. Entscheidend müssen schließlich immer die sich aus der individuellen Aufgabenstellung des Betriebes ergebenden Anforderungen sein.

Bei der Vertragsgestaltung ist u. a. auf folgende Punkte zu achten:

- **Vereinbarung des Liefer- und Leistungsumfangs**, und zwar auch im Hinblick auf Dokumentation, Einführung und Beratung, Schulung usw.,
- Vereinbarung eines **Probebetriebs**,
- **Beginn der Garantiezeit** erst nach erfolgreichem Probebetrieb,
- **Garantiebedingungen**,
- Vereinbarung über **Programmmodifikationen** und -erweiterungen durch betriebliche oder gesetzliche Erfordernisse,
- Bestimmung über **Wartungs- und Serviceleistungen**,
- Konditionen für notwendige **Aktualisierungen der Software**.

7.7 Spezielle Aspekte von Realisierungsaufgaben

7.7.1 Ansätze zur Abwicklung von Realisierungsaufgaben

An der Durchführung von Realisierungsaufgaben können die in Abb. 7.7.1 veranschaulichten, unterschiedlichen Stellen bzw. Partner beteiligt sein.

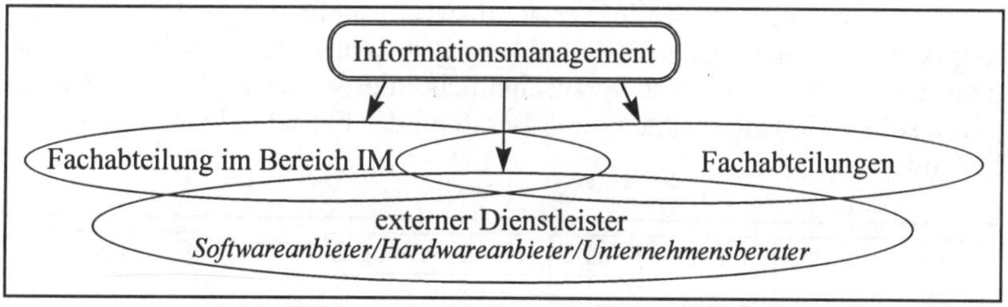

Abb. 7.7.1: Mögliche Beteiligte an Realisierungsaufgaben

Die potentiellen Beteiligten können bei den Realisierungsaufgaben unterschiedlich aktiv sein. Wichtige Möglichkeiten sind:

- Zentrale Realisierung in der Zuständigkeit und Verantwortung einer Abteilung des IM.
- Dezentrale Realisierung in der Zuständigkeit und Verantwortung einer Abteilung des IM oder einer Fachabteilung.
  In beiden Fällen kann ein externer Dienstleister beteiligt sein und möglicherweise auch einen Teil der Verantwortung übernehmen.
- Outsourcing der Realisierung,
- Kauf von „Fertiglösungen", z. B. Standardsoftware, wobei zu beachten ist, daß auch dabei Realisierungsaufgaben anfallen, z. B. Customizing oder Umstellungsmaßnahmen.

7.7.2 Organisation der Realisierungsaufgaben

Nach der **Art der Aufgabenabwicklung** sind vor allem folgende Organisationsformen möglich:

- Die Realisierung findet im Rahmen eines **Realisierungsprojekts** statt, für das eine Projektleitung bzw. ein Projektmanagement verantwortlich ist. Die Durchführung übernimmt ein Projektteam, das sich aus Mitarbeitern verschiedener Bereiche zusammensetzen kann (vgl. Abb. 7.7.1, S. 193). Auf Realisierungsprojekte, insbesondere für Systementwicklungen, wird in Abschnitt 7.7.3 (S. 197ff.) eingegangen.
- Die Realisierungsaufgaben werden **in die laufenden Aufgaben des IM** bzw. einer entsprechenden Abteilung innerhalb des IM **integriert**. Die Aufgabenabwicklung wird durch einen Koordinierungsausschuß mit Vertretern aus dem IM und den betroffenen Fachabteilungen geplant und überwacht.
- Die Aufgaben der Realisierung werden von **Fachabteilungen** übernommen. Das IM übernimmt Beratungs- und Unterstützungsfunktionen.
- Die Realisierung erfolgt durch **Outsourcing**[14].

Liegt die Verantwortung beim IM oder in einer Fachabteilung und werden dort auch wesentliche Teile der Realisierungsaufgaben wahrgenommen, liegt vom Grundansatz eine Einbindung der Realisierung in die Linienorganisation vor. Abb. 7.7.2 veranschaulicht dieses Konzept. Die Doppelpfeile sollen die Unterstützung und Beratung der Fachabteilungen durch das IM andeuten.

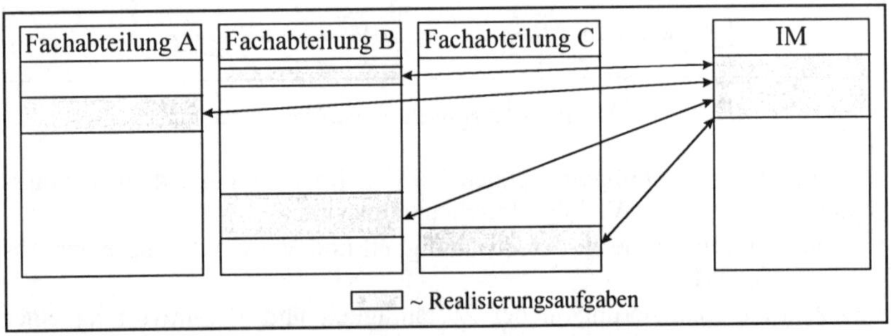

Abb. 7.7.2: Einbindung der IV-System-Realisierung in die Linienorganisation

Bei einer **Projektorganisation** wird die meistens als Linienorganisation aufgebaute „normale" Organisationsstruktur einer Unternehmung von einer Organisationsebene der Aufgaben und Verantwortlichkeiten der Projekte

14 Vgl. dazu die Ausführungen zum Outsourcing in Abschnitt 6.6.

überlagert. Die fachbezogenen Kompetenzen der Ausführung von Vorgängen usw. liegen bei den einzelnen Fachabteilungen der Unternehmung. Die projektbezogenen Kompetenzen und Verantwortungen liegen bei den einzelnen Projektleitungen.

Abb. 7.7.3 zeigt schematisch eine Projektorganisation.

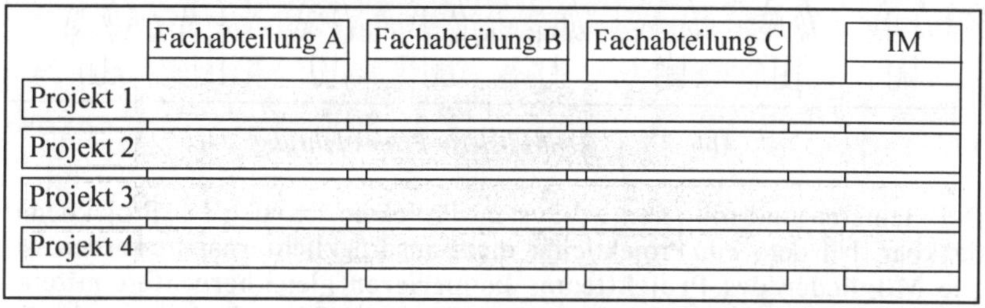

Abb. 7.7.3: Projektorganisation der IV-System-Realisierung

Die wichtigsten Charakteristika der Projektorganisation sind:

- Das Projektmanagement hat nur projektbezogene Kompetenzen.
- Die Kompetenzenteilung führt zu Ziel- und Kompetenzkonflikten.
- Die Projektorganisation erfordert hohen Koordinierungsaufwand, insbesondere auch wegen der Ziel- und Kompetenzkonflikte.
- Die parallele Durchführung mehrerer Projekte wird erleichtert.

Das klassische Organisationsmodell für ein IV-System-Projekt ist die **hierarchische Projektorganisation**, wie sie in Abb. 7.7.4 veranschaulicht ist.

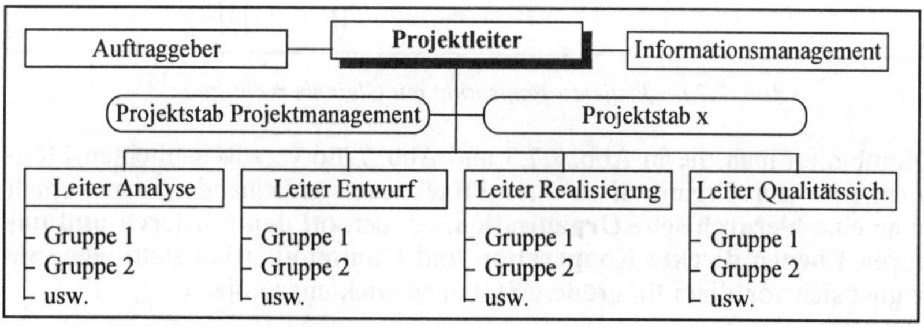

Abb. 7.7.4: Hierarchische Organisation für ein IV-System-Projekt

Bei nicht zu großen Projekten empfiehlt sich eine flachere Organisationsstruktur als in Abb. 7.7.4. Abb. 7.7.5 (S. 196) zeigt eine **hierarchische, zentral kontrollierte und flache Organisationsstruktur**.

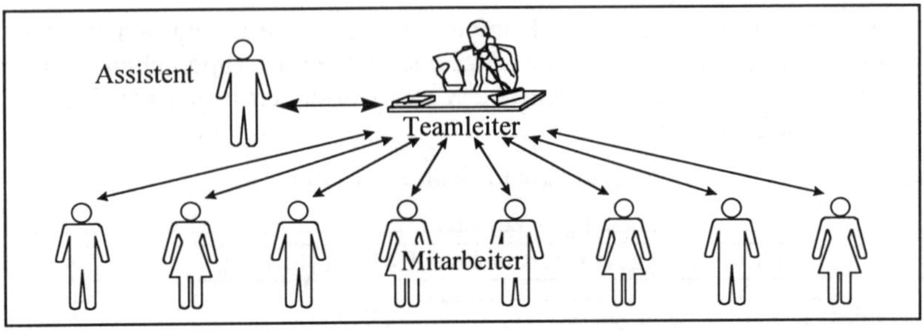

Abb. 7.7.5: Zentralisierte Projektführung

Bei kleineren und mittleren IV-System-Projekten ist auch ein Projektteam denkbar, bei dem ein Projektleiter nicht ausdrücklich ernannt worden ist. Die **Mitglieder des Projektteams kooperieren gleichberechtigt miteinander**. In Einzelfragen ist der Mitarbeiter federführend, der jeweils die größte Sachkompetenz besitzt. In Abb. 7.7.6 ist diese Organisationsform schematisch dargestellt.

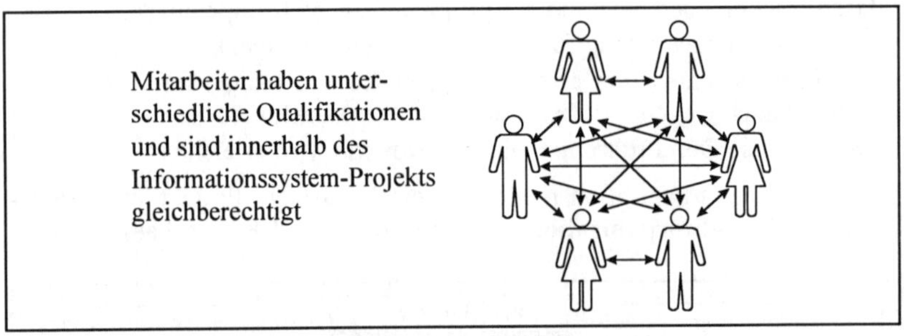

Abb. 7.7.6: Projektorganisation mit Gleichberechtigung[15]

Kombiniert man die in Abb. 7.7.5 und Abb. 7.7.6 veranschaulichten Möglichkeiten zur Organisation eines Projektteams miteinander, dann erhält man eine **hierarchische Organisation**, bei der **auf den mittleren und unteren Ebenen direkte Kooperation und Kommunikation** stattfindet. Sie eignet sich vor allem für größere Systementwicklungsprojekte.

Die Verantwortung für die Durchführung von Realisierungsaufgaben kann auch einem **Koordinierungsausschuß** übertragen werden. Dieser kann direkt der Unternehmungsleitung unterstehen oder auf einer nachgeordneten Ebene verankert sein. Die organisatorische Einbindung von Koordinie-

15 In Anlehnung an BALZERT [1982, S. 481].

rungsausschüssen zeigt Abb. 7.7.7. Gestrichelte Linien veranschaulichen die Beziehungen zu den anderen an der Koordinierung Beteiligten, punktierte Pfeile sollen deutlich machen, daß der Koordinierungsausschuß auch Weisungsbefugnisse gegenüber Stellen in einer Abteilung haben kann.

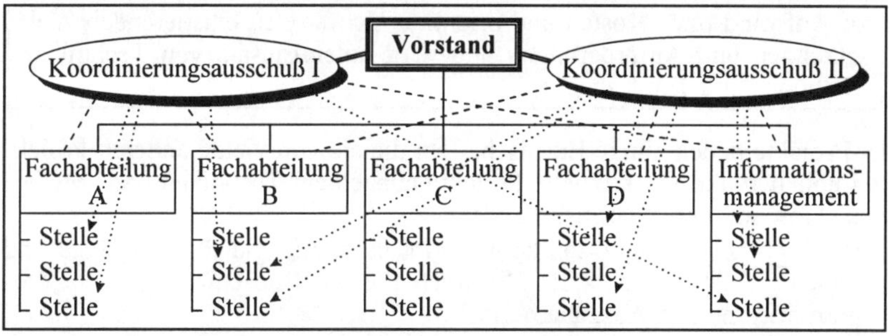

Abb. 7.7.7: Projektsteuerung durch Koordinierungsausschüsse

Hat ein Koordinierungsausschuß keine Weisungsbefugnis, dann weist dieses Organisationsmodell folgende Charakteristika auf:

- Der Koordinierungsausschuß koordiniert nur, ohne direkt in den Prozeß der Realisierung eingreifen zu können.
- Die Verantwortung und die Kompetenzen für die Realisierung liegen beim IM und bei den Fachabteilungen und sind damit verteilt.
- Es besteht die Gefahr von Zieldivergenzen.
- Wegen der verteilten Verantwortung und Kompetenzen treten Abstimmungsprobleme auf.

Es ist auch möglich, Koordinierungsausschüsse mit begrenzten Weisungsbefugnissen auszustatten. In diesem Fall ähnelt dieser Ansatz der Projektorganisation.

Allgemeine Organisationsfragen werden in Kapitel 14 behandelt.

7.7.3 Management von Systementwicklungsprojekten

Grundsätzlich kann man jedes Systementwicklungsvorhaben als Projekt im Sinne des Projektmanagements[16] auffassen[17].

---

16 Zum Projektmanagement wird verwiesen auf HEINRICH [1997], LITKE [1993], MADAUSS [1994], PIETSCH [1992], RINZA [1993] und SCHWARZE [1994].

17 Aus Sicht des Informationsmanagements ist es aber nicht sinnvoll, auch das Schreiben einer einfachen Auswertungsroutine für einen einzelnen Arbeitsplatz als SE-Projekt zu organisieren, obwohl dabei natürlich auch die klassischen Grundaufgaben einer Systementwicklung mit den Phasen Initialisierung, Analyse, Entwurf, Realisierung vorkommen.

Ein **IV-System-Projekt** oder kurz **IS-Projekt** bezieht sich auf die Entwicklung eines bestimmten IV-Systems von der Auslösung der Systementwicklung bis zur endgültigen Inbetriebnahme. Es umfaßt die Phasen Initialisierung, Analyse, Entwurf, Realisierung, erfordert den Einsatz von Arbeitskräften, Nutzungsgütern und Verbrauchsgütern (Material), führt zu Aufwand bzw. Kosten und orientiert sich an den existierenden Zielsetzungen und Anforderungen und wird unter Einsatz von Techniken, Methoden und Tools abgewickelt.

IS-Projekte haben einige Eigenschaften, die sie von vielen anderen Projekten abheben und die spezielle Projektmanagement-Techniken und -Methoden erfordern, und zwar insbesondere:

- Bei nicht zu großer Detaillierung gibt es häufig gleiche Vorgänge und gleiche Teilprojekte, z. B. „Entwerfen einer Bildschirmmaske", „Programmieren einer Ausgaberoutine".
- IS-Projekte besitzen im allgemeinen stochastische Elemente, z. B. wenn der weitere Projektablauf von einem Testergebnis oder einer Entscheidung durch das Management abhängt[18]. Abb. 7.7.10 (S. 200) enthält dazu ein Beispiel.
- Eine detaillierte Projektplanung kann meistens erst während der Projektabwicklung erfolgen.
- In IS-Projekten können auch Schleifen vorkommen, z. B. beim Testen[19]. Abb. 7.7.10 (S. 200) enthält dazu ebenfalls ein Beispiel.
- Wichtigste Ressource ist die menschliche Arbeitskraft.
- Ein IV-System kann häufig so in Teilsysteme zerlegt werden, daß diese als eigene Teilprojekte realisiert und zu unterschiedlichen Zeitpunkten in Betrieb genommen werden können.

Die genannten Eigenschaften führen dazu, daß die klassischen Projektmanagementtechniken und -methoden bei IS-Projekten nur bedingt anwendbar sind. Eine unmodifizierte Übertragung ist nicht möglich.

Ein einfaches Vorgehensmodell für ein IS-Projektmanagement zeigt Abb. 7.7.8 (S. 199). Diese typischen Projektphasen gelten für ein IS-Projekt als Ganzes, aber auch für jede Systementwicklungsphase. Die Projektphasen sind dabei in den einzelnen Systementwicklungsphasen unterschiedlich ausgeprägt und begleiten die Phasenaktivitäten der Systementwicklung.

---

18 Für eine Projektplanung können dann Ansätze stochastischer Netzplantechnik verwendet werden. Vgl. dazu beispielsweise HASTINGS/MELLO [1977], NEUMANN [1990] und PRITSKER [1977] sowie den einführenden Überblick in SCHWARZE [1994, S. 211ff.].

19 Vgl. dazu die Literaturhinweise in Fußnote 18.

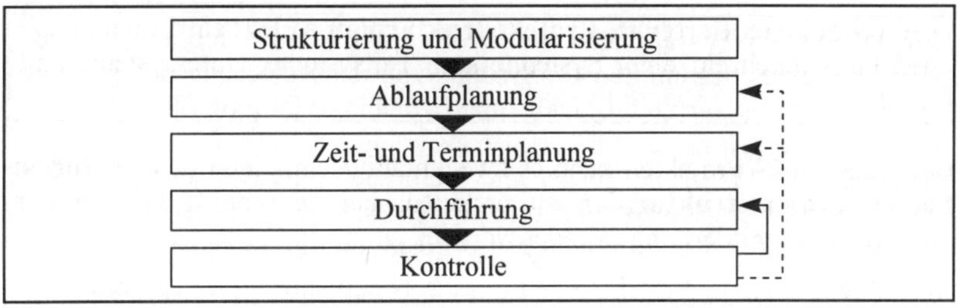

Abb. 7.7.8: Projektmanagement-Vorgehensmodell für IS-Projekte

Vor allem bei größeren IS-Projekten ist es zweckmäßig, das Projekt hierarchisch zu untergliedern.

Ein **Projektstrukturplan** ist eine graphische oder tabellarische Zerlegung eines Projekts in Teilprojekte, der Teilprojekte in Unterprojekte usw. über mehrere Ebenen. Die Elemente auf der untersten Ebene des Projektstrukturplans heißen **Arbeitspakete.**

Ein Projektstrukturplan für ein IS-Projekt kann nach unterschiedlichen Gesichtspunkten aufgestellt werden.

Ein funktionsorientierter IS-Projektstrukturplan zerlegt ein Projekt hierarchisch nach Systementwicklungsphasen und phasenbegleitenden Aktivitäten.

Abb. 7.7.9 zeigt einen funktionsorientierten Projektstrukturplan. Er orientiert sich an dem Phasenmodell aus Abb. 7.3.2 (S. 187).

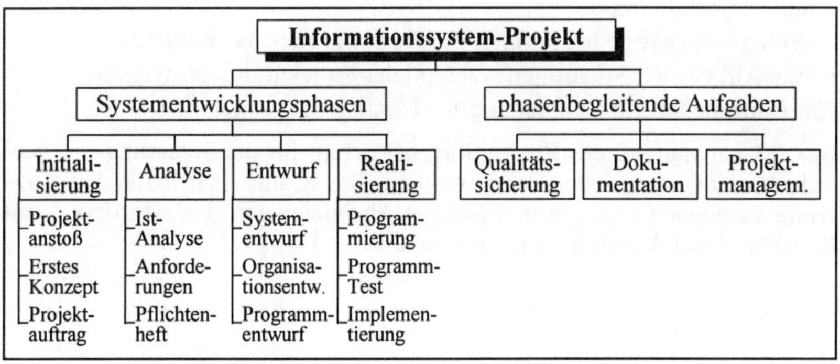

Abb. 7.7.9: Funktionsorientierter Projektstrukturplan

Ein **modulorientierter IS-Projektstrukturplan** zerlegt ein System nach den Funktionen einzelner Systemteile in Teilsysteme, Untersysteme und Module.

Bei größeren IS-Projekten kann es zweckmäßig sein, einen **gemischtorientierten Projektstrukturplan** zu erstellen, bei dem beide Gliederungsprinzipien kombiniert angewendet werden.

Der Ablauf eines IS-Projekts kann mit der Netzplantechnik geplant und gesteuert werden. Abb. 7.7.10 zeigt ein einfaches Beispiel für ein IS-Projekt. Dieses Beispiel enthält auch alternative Projektabläufe und Schleifen.

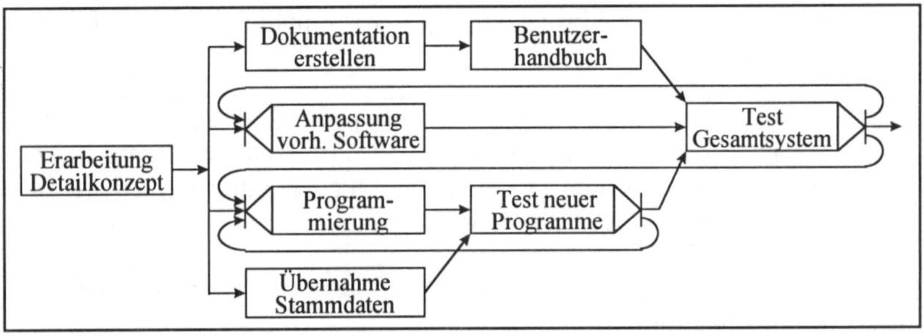

Abb. 7.7.10: Vorgangsknotennetzplan

Bei der Zeit- und Terminplanung für ein IS-Projekt geht es vor allem um folgende Fragen:

- Wieviel **Zeit** wird **für die Durchführung des Projekts** benötigt?
- Kann ein vorgegebener **Projektendtermin** eingehalten werden?
- Zu welchen **Zeitpunkten** beginnen und enden die einzelnen Vorgänge und Projektabschnitte?
- **Welche Vorgänge bestimmen die Gesamtdauer des Projekts**?
- Wie wirken sich **Störungen** während der Projektdurchführung aus?

Auf Einzelheiten zur Zeitplanung wird nicht eingegangen[20].

Das IM ist während der **Projektdurchführung** für die Steuerung und Koordination der Aktivitäten verantwortlich. Das ist mit einer laufenden **Kontrolle** verbunden und - sofern Soll-Ist-Abweichungen das erfordern - mit Revisions- und Anpassungsmaßnahmen.

20 Eine ausführliche Darstellung findet sich in SCHWARZE [1994].

8 Operative Aufgaben des IM

8.1 Überblick

Die operativen Aufgaben des IM beziehen sich auf den Betrieb der installierten IV-Systeme und aller damit zusammenhängenden Fragen und umfassen u. a.:

- Technikorientierte Aufgaben (insbesondere Hardwarebeschaffung, -installation und -wartung),
- Betrieb zentraler Hardwareressourcen,
- Netzmanagement,
- Betrieb der Anwendungsprogramme,
- Benutzerservice,
- IV-Revision,
- Abrechnung.

Die Querschnittsaufgaben Datenmanagement, Personalmanagement und Sicherungs- und Katastrophenmanagement werden in Teil III behandelt.

8.2 Hardwarebeschaffung, -installation und -wartung

Hardwarebeschaffung gehört sowohl zu den Realisierungsaufgaben[1] als auch zu den operativen Aufgaben. Letzteres betrifft insbesondere Ersatz- und Ergänzungsbeschaffungen. Die zentrale Aufgabe eines IM ergibt sich hier vor allem aus folgender Überlegung:
Durch die schnelle und zum Teil sprunghafte Entwicklung im Bereich IV-Systeme wird es immer schwieriger, das Hardwareangebot zu überblicken und einzelne Geräte auf Leistungsfähigkeit und Zuverlässigkeit im Hinblick auf den vorgesehenen Verwendungszweck zu beurteilen. Mitarbeiter in Fachabteilungen werden bei der Auswahl eines zu beschaffenden Gerätes

1 Vgl. dazu die Ausführungen in Abschnitt 7.5.

häufig überfordert sein. Hier kann nur eine zentrale Dienstleistungsstelle helfen, die, mit entsprechenden Fachkräften besetzt, Markt- und Technologieentwicklungen verfolgt und die Fachabteilungen bei der Computerbeschaffung berät bzw. die Beschaffung zentral nach Abstimmung mit den Erfordernissen der Fachabteilungen vornimmt. Damit ergeben sich für die Beschaffung von Hardware zwei prinzipielle Wege:

- Zentrale Beschaffung durch das IM bzw. eine Stelle oder Abteilung „Beschaffung" innerhalb des IM.
- Dezentrale Beschaffung durch die jeweilige Fachabteilung in Abstimmung mit dem zentralen IM.

Neben der Unterstützung bei der Hardwarebeschaffung gehört es zu den operativen Aufgaben des IM, die Fachabteilungen beim **Betrieb der Hardware** zu beraten und bei der Behebung von Problemen zu helfen.

In allen größeren Unternehmungen ist es heute selbstverständlich, daß für die Funktionsfähigkeit der Produktionsanlagen eine besondere Abteilung *innerbetriebliche Instandhaltung und Reparatur* zuständig ist. Neben der Behebung aufgetretener Defekte hat sie Wartungsaufgaben zu erfüllen und ist für Maßnahmen vorbeugender Instandhaltung zuständig. Der zunehmende Einsatz von IV-Systemen wird in größeren Unternehmungen irgendwann die Frage aufwerfen, ob Reparatur und Wartung den Herstellern oder anderen Externen im Bedarfsfall oder durch einen Wartungsvertrag überlassen werden sollen, oder ob diese Aufgaben eigenem Personal übertragen werden sollen. Dazu wäre die Einrichtung einer zentralen Stelle für **Hardwarewartung und -instandsetzung** nötig. Aufgabe des operativen IM ist es, für dieses spezielle Problem aus dem Bereich „Eigenfertigung oder Fremdbezug" auf der Grundlage entsprechender Wirtschaftlichkeitsüberlegungen Lösungen zu finden.

Entscheidet man sich für Outsourcing[2] der Wartung, dann gehört die laufende Koordination und die Überwachung der fremdbezogenen Wartungs- und Reparaturdienstleistungen zu den operativen Aufgaben des IM.

8.3 Zentrale Hardware und Netzmanagement

8.3.1 Gründe für zentrale Hardwareressourcen

Im Regelfall ist es notwendig, auch bei starker Dezentralisation innerhalb der Informationsinfrastruktur zentrale Kapazitäten für die Verarbeitung und

2 Vgl. zum Outsourcing Abschnitt 6.6.

Speicherung von Daten bzw. Informationen vorzuhalten. Diese zentralen Systeme dienen insbesondere folgenden Aufgaben:
- Bearbeitung zentral abzuwickelnder Aufgaben (z. B. für Management-Support-Systeme, integrierte Anwendungssysteme usw.);
- Abwicklung zentraler Aufgaben in einem Netz (Netzsteuerung, Serverbetrieb usw.);
- Verwaltung, Pflege und Aktualisierung von Datenbanken und Data-Warehouse-Systemen sowie zentralen Softwarebanken;
- Abwicklung von Spezial- und Sonderaufträgen, für die große Rechenleistungen erforderlich sind, die an einzelnen Arbeitsplätzen nicht installiert werden können;
- zentral durchzuführende Sicherungsmaßnahmen.

Weiterhin können zentrale Systeme für besondere Aufgaben der Datenausgabe (z. B. hochleistungsfähige Drucksysteme) eingesetzt werden.

8.3.2 Hardware- und Netzmanagement

Im Zusammenhang mit zentral betriebener Hardware fallen IM-Aufgaben an, die manchmal als Produktionsmanagement bezeichnet werden[3].

> Die Aufgaben der Planung, Steuerung und Kontrolle der Betriebsmittel der Informationsinfrastruktur kann man als **Produktionsmanagement** bezeichnen[4].

Die Betriebsmittel umfassen dabei
- Basissysteme mit Hardware und Systemsoftware,
- Anwendungsprogramme,
- Netze,
- dezentral installierte Rechner,
- Geräte für die Vor- und Nachbearbeitung von Aufträgen.

Produktionsmanagement wird damit sehr weit gefaßt[5] und schließt Aufgaben des Betriebs der Anwendungssysteme, die in Abschnitt 8.4 behandelt werden, mit ein. Hier erfolgt eine Beschränkung auf den Betrieb zentraler Hardwareressourcen[6] (einschl. Systemsoftware).

---

3 Vgl. beispielsweise HEINRICH [1996, S. 277ff.] und HILDEBRAND [1995, S. 142ff.].

4 Vgl. dazu HEINRICH [1996, S. 278].

5 Vgl. dazu im einzelnen HEINRICH [1996, S. 277ff.].

6 Der Begriff „Produktionsmanagement" erscheint dafür wenig zweckmäßig, u. a. auch wegen der Tatsache, daß „Produktion" im Zuständigkeitsbereich eines Informationsmanagements als „Informationsproduktion" aufzufassen ist und dann auch den Einsatz von Software und Mitarbeitern einschließt.

Die operativen Aufgaben des IM bezüglich zentraler Hardwareressourcen umfassen insbesondere:

- **Einsatz- bzw. Betriebsplanung**, z. B.
  - Zeitpunkt, Reihenfolge und Betriebsmittel für die Abarbeitung von Stapelverarbeitungsaufträgen, oder
  - Unterbrechungszeiten (z. B. für Wartung) bei Dialogverarbeitung.
- **Kapazitätsmanagement**, vor allem Abstimmung von verfügbaren und benötigten bzw. nachgefragten Kapazitäten, Identifizierung von Engpässen und Empfehlungen für Kapazitätserweiterungen.

Der Betrieb zentraler Hardware ist immer in Zusammenhang zu den dezentralen Hardwareressourcen in den Fachabteilungen zu sehen.

Eine spezielle Aufgabe des operativen IM im Bereich Hardware ist das **Netzmanagement**. Dazu gehören u. a.

- Sicherstellung des laufenden Betriebs,
- Behebung von Fehlern,
- Vergabe und Kontrolle von Zugriffsrechten.

Sowohl für zentrale als auch für dezentrale Hardware gehört zu den operativen Aufgaben eines IM auch das **Monitoring**[7], auf das in Abschnitt 8.3.3 eingegangen wird.

8.4 Betrieb der Anwendungssysteme

8.4.1 Systemverwaltung

Die Beschaffung von Software wurde bereits bei den Realisierungsaufgaben behandelt. Dabei ist zu beachten, daß die Beschaffungsaufgaben teilweise auch zum operativen Bereich gehören.

Eine spezielle operative Aufgabe ist die **Softwareverwaltung** mit u. a. folgenden Einzelaufgaben:

- Verwaltung der Originalversionen,
- Sicherungskopien,
- Vergabe von Nutzungsrechten,
- Überwachung ordnungsgemäßer Lizensierung der benutzten Software,
- Aktualisierungen der Software,
- Aktualisierungen der Benutzerhandbücher,
- Datenkonvertierungen beim Übergang auf eine neue Version,
- Schulung,

7 Vgl. dazu HEINRICH [1996, S. 501ff.] und ÖSTERLE u. a. [1991, S. 320ff.].

- Information der (potentiellen) Anwender über Marktentwicklungen,
- Behebung von Fehlern und Mängeln.

8.4.2 Zentrale Anwendungssysteme

Heute wird ein großer Teil der Software dezentral genutzt und teilweise auch auf dezentraler Hardware gespeichert. Daneben existieren - vor allem in größeren Unternehmungen - **zentrale Anwendungssysteme**, z. B. integrierte Systeme für die Auftragsabwicklung oder PPS-Systeme. Der Betrieb dieser Anwendungssysteme gehört zu den zentralen Aufgaben eines operativen IM. Diese Aufgaben beziehen sich auf den gesamten Lebenszyklus eines Anwendungssystems. Es gehören dazu beispielsweise:

- Customizing bei Erstinstallation,
- Einrichtung spezifischer Anwendungen,
- eigentlicher Betrieb,
- Systemüberwachung,
- Wartung, einschl. Aktualisierungen,
- Anpassungen an geänderte Nutzerbedürfnisse,
- Unterstützung der Benutzer.

Ebenso wie bei der Hardware existiert auch bei Software ein **Wartungsproblem**. Das betrifft Mängel- und Fehlerbeseitigung, Anpassung, Aktualisierung usw. Dazu bieten sich zwei Möglichkeiten an:

- Outsourcing der Softwarewartung kommt insbesondere bei Standardsoftware und bei von Dritten bezogener Individualsoftware in Frage, da der Softwarehersteller über entsprechendes Know-how verfügt.
- Bei selbsterstellten Programmen kann die Wartung auch in Eigenregie durchgeführt werden, und zwar sinnvollerweise von den Entwicklern.

Bei Software, die regelmäßig aktualisiert werden muß, z. B. wegen geänderter Tarifverträge oder Steuersätze, sollte der Aktualisierungsdienst möglichst immer in Eigenregie durchgeführt werden können. Dadurch werden Abhängigkeiten und Zeitverzögerungen vermieden.

8.4.3 Performancemanagement und Monitoring

Zum Management zentral betriebener Anwendungssysteme gehört auch ein **Performancemanagement**, das sich nicht nur auf die Anwendungsprogramme, sondern auch auf die Basissysteme (Hardware und Systemsoftware) bezieht. Dieses umfaßt vor allem folgende Aufgaben[8]:

8 Vgl. BERG [1996, S. 18].

- Gewährleistung der Performance im täglichen Betrieb durch frühzeitige Fehler- und Störungserkennung, Ursachendiagnose und Dokumentation des Performanceverhaltens,
- Beobachtung der Performance im Zeitablauf und Kennzahlenbestimmung,
- Prognose von Performanceveränderungen durch Systemmodifikationen und für neue Systeme,
- Kommunikation mit dem Management und den betroffenen Anwendern zur Erzeugung eines „Problembewußtseins".

In engem Zusammenhang mit einem Performancemanagement steht das **Monitoring**.

> Unter **Monitoring** versteht man allgemein die Leistungsmessung und die Beobachtung des zeitlichen Ablaufgeschehens in IV-Systemen[9].

Beim reinen Hardware-Monitoring werden mit elektronischen Meßgeräten Verhalten und Zustände der Hardware und ihrer einzelnen Komponenten erfaßt. Untersucht werden dabei Verarbeitungs- und Übertragungsgeschwindigkeiten sowie die Auslastung von Hardwarekomponenten mit dem Ziel, die Architektur bzw. die Konfiguration der Hardware zu optimieren. Die Optimierung kann dabei beispielsweise folgende Aspekte betreffen:

- Verteilung der Hardwareressourcen,
- Systemeinstellungen,
- Aktivierung bzw. Deaktivierung einzelner Systemkomponenten[10].

Beim **System-Monitoring** werden vor allem Verarbeitungs- und Übertragungsgeschwindigkeiten, Auslastung von Hardware **und** Software bzw. der einzelnen Hardware- und Softwarekomponenten sowie der Durchsatz eines Anwendungssystems untersucht. Wichtigstes Ziel dabei ist die globale oder partielle Optimierung der Informationsinfrastruktur. Weitere Ziele sind die Unterstützung bei der Fehlersuche oder beim Entwurf von IV-Systemen.

8.5 Unterstützung der Anwender

8.5.1 Notwendigkeit eines Benutzerservice

Eine spezielle Klasse von Aufgaben eines operativen IM resultiert aus der Tatsache, daß heute IV-Systeme an fast allen Arbeitsplätzen im Büro- und

9 Vgl. HEINRICH/ROITHMAYR [1995, S. 356].

10 Es kann z. B. sinnvoll sein, nicht benötigte Module einer Software generell zu sperren oder - falls möglich - zu deinstallieren.

Verwaltungsbereich eingesetzt werden. Mitarbeiter haben Zugang zu autonomer Rechnerkapazität, über Netze Zugriff auf andere interne und auf externe IV-Systeme und setzen allgemeine und arbeitsplatzindividuelle Software ein. Diese Entwicklung begann in der zweiten Hälfte der 80er Jahre unter dem Namen **Individuelle Informations- bzw. Datenverarbeitung** oder **Personal-Computing**[11].

Durch die Individuelle Datenverarbeitung (IDV) sollten für den sog. **Endbenutzer** Möglichkeiten zur persönlichen Nutzung von IuK-Technologien geschaffen werden. IDV ist dadurch gekennzeichnet, daß der Endbenutzer mit Hilfe von am Arbeitsplatz installierter Hard- und Software

- **selbständig Lösungen** erarbeitet, um einen Teil seiner eigenen - häufig komplexen und meistens kurzfristig zu realisierenden, manchmal aber auch einmaligen - Aufgaben besser, schneller und rationeller zu erfüllen,
- **Rechnerleistung** (als autonomer PC oder als Endgerät innerhalb eines Netzwerks) **am Arbeitsplatz** zur Verfügung hat,
- seine Probleme mit Hilfe **endbenutzerorientierter Werkzeuge** und Verfahren (z. B. Textverarbeitung, Tabellenkalkulation, Graphiksoftware, Datenbanksystem) löst,
- nur gelegentlich die Hilfe einer zentralen Beratungsfunktion der Informationsverarbeitung (Benutzerservice) in Anspruch nimmt.

Die IDV stellt also auf den arbeitsplatz- bzw. personenbezogenen Charakter der Datenverarbeitung ab. Sie unterstützt arbeitsplatzspezifische, üblicherweise nicht periodisch auftretende Arbeitsabläufe.

Die wichtigsten Aufgabenbereiche bzw. Anwendungsmöglichkeiten der Individuellen Datenverarbeitung sind:

- **Selbständige Informationsverwaltung**, bei der es um das
  - Anlegen,
  - Speichern und
  - Wiederauffinden

  von Informationen geht. Der reine Bereich Individueller Datenverarbeitung wird aber dann verlassen, wenn Informationen an andere Arbeitsplätze übertragen werden oder auf Daten anderer Bereiche zugegriffen werden muß.
- **Selbständige Problemlösung** in Form von
  - Anfragen,
  - einfachen Tabellenrechnungen,
  - Durchrechnen von Alternativen,
  - Simulationen von Entscheidungsproblemen,
  - Benutzung arbeitsplatzspezifischer Entscheidungsunterstützungssysteme,
  - Benutzung von Datenbanken sowie
  - Aufbereitung von Auswertungsergebnissen,
- **Textverarbeitung**,
- **Kommunizieren** mit anderen Stellen,
- **Telearbeit** und **Telekooperation**,
- **Verwaltung persönlicher Ressourcen**, z. B. Kalender oder individuelle Daten.

---

11 Vgl. dazu z. B. FINKE [1986], SCHEER [1984], SCHWARZE [1988a], VDEW [1986].

Generell geht es um die Bereitstellung von Hilfsmitteln zur individuellen Entscheidungsfindung bzw. Entscheidungsunterstützung. Das setzt die Verfügbarkeit entsprechender Software voraus, beispielsweise:

- Tabellenkalkulation,
- Datenbanksysteme,
- Entscheidungsmodelle und
- Graphiksoftware,
- Planungsmodelle,
- evtl. spezielle Branchensoftware.

Planungsmodelle und Entscheidungsmodelle in dem hier verstandenen Sinne umfassen im Regelfall Methodenbanken mit einer Vielzahl einzelner Verfahren, die zur Datenauswertung, für Optimierungsrechnungen, für Simulationen und Alternativrechnungen und dergl. eingesetzt werden können[12].

Da die Mitarbeiter in den Fachabteilungen keine „EDV-Spezialisten" sind, bringt die Individuelle Datenverarbeitung spezifische Probleme beim Umgang mit Hardware und Software mit sich, die vor allem auf Qualifikationsdefizite zurückzuführen sind. Hier muß das IM unterstützend und beratend aktiv werden. Wichtige Aufgaben und Voraussetzungen in diesem Zusammenhang sind nachfolgend zusammengestellt:

- Qualifizierte Mitarbeiter, die nicht nur Kenntnisse bezüglich Funktion und Möglichkeiten der IDV-Werkzeuge haben müssen, sondern auch die Fähigkeit, Aufgaben daraufhin zu beurteilen, ob sie sich für eine computerunterstützte Bearbeitung eignen.
- Einbindung der Arbeitsplatzrechner in die Hard- und Softwareumgebung der Informationsverarbeitung.
- Keine Beeinträchtigung architektonischer Standards bestehender IV-Systeme.
- Sicherstellung des Zugriffs auf zentral archivierte Daten.
- Gewährung eines einfachen, schnellen und sicheren Datenaustauschs.
- Unterstützung von Fachabteilungen bei der Handhabung der Erstellung und der Nutzung von Anwendersoftware und bei der Systembetreuung.
- Durchführung von Schulungs- und regelmäßigen Weiterbildungsmaßnahmen für die Mitarbeiter, um Akzeptanzprobleme auszuschalten und eine hohe Nutzungsintensität von Hard- und Software zu gewährleisten.
- Beachtung von Ergonomievorschriften.
- Produktkontinuität.
- Gewährleistung der Kommunikationsfähigkeit der verschiedenen installierten Geräte.

IDV in reiner Form gibt es heute kaum noch, da die an Arbeitsplätzen installierten Rechnerkapazitäten zunehmend vernetzt werden. Das führt zu gemischten Konzepten, in denen ein Teil der Nutzung der IV-Systeme als IDV stattfindet und ein anderer Teil über Nutzung zentraler Anwendungssysteme, wie sie heute in Client-Server-Architekturen realisiert sind.

12 Dazu sei z. B. auf Statistik-Software, Projektmanagement-Software oder Software zur Bearbeitung spezieller Aufgaben aus dem Operations Research verwiesen.

8.5.2 Aufgaben eines Benutzerservice

Eine besondere Rolle spielt bei der Individuellen Datenverarbeitung die Installation eines wirkungsvollen **Benutzerservice**, der auch als Anwenderberatung, Anwenderservice, Benutzersupport[13], Endbenutzerunterstützung[14] oder Informationszentrum bezeichnet wird.

> Ohne eine kompetente und umfassende zentrale Betreuung der Anwender oder Nutzer in allen Belangen von Hard- und Software durch einen **Benutzerservice** ist ein betriebswirtschaftlich effizienter Einsatz von IV-Systemen kaum denkbar.

Der Benutzerservice übernimmt seitens des IM einen großen Teil zentraler Realisierungsaufgaben und operativer Aufgaben. Er unterstützt die Fachabteilungen bzw. die Anwender oder Nutzer, insbesondere bei

- Hardware- und Softwarebeschaffung,
- Hardware- und Softwareinstallation,
- Methoden- und Verfahrenswahl,
- Einsatzschwierigkeiten,
- Fehlerbehebung,
- Lösung individueller Probleme,

und übernimmt zentrale Aufgaben der

- Schulung sowie Aus- und Weiterbildung.

Dem Benutzerservice gehören Spezialisten zu Hardware, Software und evtl. anderen Bereichen (z. B. Rechtsfragen, Arbeitsplatzgestaltung) an.

Im Zusammenhang mit der Anwenderberatung und -betreuung entsteht für das IM die Aufgabe zur Entwicklung eines **Meta-IV-Systems**, das innerbetriebliche Auskünfte über IuK-Technologien und deren Anwendungsmöglichkeiten liefert.

8.5.3 Problemmanagement

Im Zusammenhang mit einem Benutzerservice steht das Problemmanagement.

> Aufgabe eines **Problemmanagements** ist es, einen möglichst störungsfreien Betrieb der Informationsinfrastruktur zu gewährleisten und auftretende Probleme möglichst schnell zu lösen.

13 Vgl. ÖSTERLE u. a. [1991, S. 330ff.].

14 Vgl. HILDEBRAND [1995, S. 144].

Dabei kann es sich um Störungen beim Hardwarebetrieb, in einem Netz oder bei der Nutzung von Anwendungssystemen handeln.

Ziel des Problemmanagements ist ein störungsfreier Betrieb der IV-Systeme. Für die Erreichung dieses Ziels fallen folgende Einzelaufgaben an[15]:

- **Störungserkennung**: Installation eines Systems, mit dem Störungen möglichst frühzeitig erkannt werden können. Ideal ist ein Frühwarnsystem, mit dem potentielle Störungen vor Eintritt identifiziert und verhindert werden können.
- **Störungsidentifizierung**: Lokalisierung von Störungen und Bestimmung der Störungsursachen, um Störungen schnell und sicher beheben zu können.
- **Störungsbeseitigung**: Möglichst schnelle Behebung einer Störung mit dem Ziel, die Störungsauswirkungen und die Störungsfolgekosten so gering wie möglich zu halten.
- **Störungsdokumentation**: Erfassung und Speicherung eingetretener Störungen, der Auswirkungen bzw. Folgen dieser Störungen und der Störungsursachen sowie der Maßnahmen zur Störungsbeseitigung. Diese Dokumentation dient vor allem der Qualitätsverbesserung existierender Systeme, z. B. durch vorbeugende Maßnahmen, sowie der Qualitätsverbesserung bei Neu- und Weiterentwicklungen von IV-Systemen.

Probleme bzw. Störungsursachen können unterschiedlicher Art sein:

- Funktionsstörungen der Hardware oder in Netzen,
- Geräteausfall,
- Softwarefehler,
- Unregelmäßigkeiten im Laufzeitverhalten,
- fehlende Funktionalitäten,
- fehlerhafte Ergebnisse von Programmen oder von Transaktionen.

Für das Problemmanagement empfiehlt sich ein systematisches Vorgehen, wie es das Vorgehensmodell in Abb. 8.5.1 (S. 211) zeigt.

8.5.4 Änderungsmanagement

Die Entwicklung von IV-Systemen ist mit der Inbetriebnahme des Systems meistens nicht vollständig abgeschlossen. Während der Nutzungsphase werden die meisten Systeme verändert. Änderungsursachen sind vor allem:

- Behebung noch vorhandener Fehler,
- Änderung von Funktionen,
- Ergänzung von Funktionen.

---

15 Vgl. dazu auch HEINRICH [1996, S. 288ff.] und HILDEBRAND [1995, S. 145ff.].

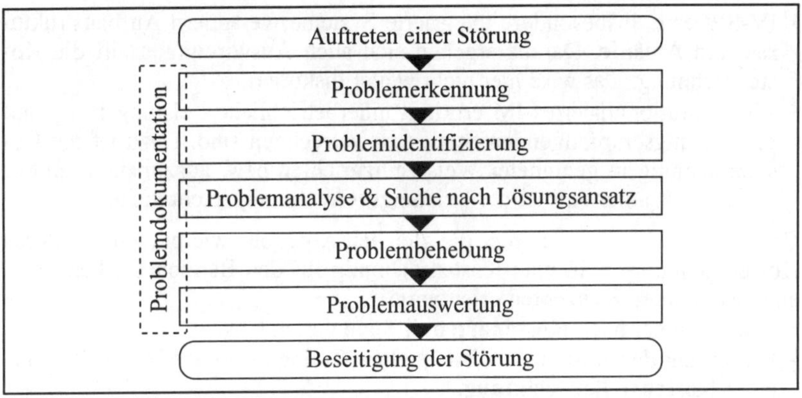

Abb. 8.5.1: Vorgehensmodell für das Problemmanagement[16]

Ein **Änderungsmanagement** dient der Planung, Steuerung, Kontrolle und Dokumentation der Änderungen, Anpassungen und Erweiterungen eines IV-Systems während der Nutzungsphase.

Das Änderungsmanagement hat u. a. folgende Aufgaben[17]:

- Sammlung von Änderungsanträgen, die gestellt werden können von Systemmanagement, Fachabteilung oder Problemmanagement.
- Überprüfung und Konkretisierung der Änderungsanträge.
- Planung der Änderungen und gegebenenfalls Setzung von Prioritäten.
- Durchführung der Änderungen und erforderlichenfalls Einweisung der Anwender.
- Kontrolle der Änderungen in Kooperation mit Systemmanagement, Fachabteilung bzw. Anwender und/oder Problemmanagement.
- Dokumentation der durchgeführten Änderungen.
- Abrechnung.

8.6 Kosten- und Leistungsrechnung

8.6.1 Aufgaben und Ziele

Entwicklung und Betrieb von IV-Systemen haben verschiedenartige Einflüsse auf das Rechnungswesen.

16 In Anlehnung an HEINRICH [1996, S. 291].
17 Vgl. dazu ÖSTERLE u. a. [1991, S. 295ff.].

- IV-Systeme, insbesondere integrierte Systeme, verändern Aufbaustrukturen und Abläufe. Daraus ergeben sich auch Auswirkungen auf die Kostenrechnung. Das wird hier nicht weiter diskutiert.
- Ein institutionalisiertes IM erbringt innerbetriebliche Leistungen, die auf die leistungsempfangenden Stellen zu verrechnen sind. Dazu ist die Kostenrechnung in geeigneter Weise einzurichten bzw. auszubauen, und es ist ein wirksamer Ansatz der Leistungsverrechnung zu entwickeln.

Grundsätzlich stellen sich hier die gleichen Aufgaben wie bei jeder anderen Kostenrechnung, d. h. eine Kostenrechnung für den Bereich IM kann sich an existierenden Konzepten orientieren[18]:

- Erfassung der nach **Kostenarten** differenzierten Kosten.
- Ermittlung der Kosten für die einzelnen Teilbereiche des IM im Rahmen einer **Kostenstellenrechnung**.
- Ermittlung der Kosten für die Leistungen des IM im Rahmen einer **Kostenträgerrechnung**.

Ziele einer Kosten- und Leistungsrechnung sind u. a.:

- Schaffung eines unternehmungsweiten Kostenbewußtseins für die Nutzung der Leistungen des IM, insbesondere der Informationsinfrastruktur,
- Transparenz der Kosten und Leistungen des IM,
- Steigerung der Wirtschaftlichkeit,
- Erzeugung einer Wettbewerbsorientierung des IM bezüglich Kosten und Leistungen.

Auf die wichtigsten Aspekte einer Kosten- und Leistungsrechnung im IM-Bereich wird nachfolgend kurz eingegangen.

8.6.2 Kostenartenrechnung

In der Kostenartenrechnung werden die Kosten differenziert nach Verursachung erfaßt.

Aufgaben der Kostenartenrechnung sind:

- Verfolgung der Kostenentwicklung von Periode zu Periode, um bei auffälligen Änderungen (Erhöhungen) nach den Ursachen zu forschen und um entsprechende Maßnahmen zur Kostensenkung zu ergreifen.
- Untersuchung des Verhaltens der einzelnen Kostenarten bei Änderungen des Auslastungsgrades.
- Ermittlung sachbezogener Verteilungsschlüssel zum Zwecke der Verteilung der Kosten auf Kostenstellen und auf Kostenträger.

18 Dazu sei auf die einschlägige Literatur zur Kostenrechnung hingewiesen, beispielsweise COENENBERG [1997], KILGER [1992], MÄNNEL [1992], ZIMMERMANN [1997].

- Erfassung sämtlicher in einer Periode im Bereich IM angefallenen Güterverzehre und ihrer Wertansätze (Dokumentationsfunktion).
- Gliederung sämtlicher in einer Periode im Gesamtbetrieb angefallenen Kosten nach der Art der verbrauchten Kostengüter (Gliederungsfunktion).

Für die Kostenartenrechnung sind geeignete Kostenartensystematiken zu finden, die den speziellen Eigenheiten eines Funktionsbereichs IM gerecht werden. Die folgende Auflistung zeigt einen möglichen Ansatz[19], der je nach individuellen Erfordernissen modifiziert, ergänzt und weiter differenziert werden kann.

- **Personalkosten**
  - Löhne und Gehälter
  - Sozialleistungen
  - Schulung und Weiterbildung
  - sonstige Personalkosten
- **Betriebskosten für Hard- und Software**
  - Hardware
  - Netze
  - Telekommunikationsanlagen

  jeweils unterteilt in Abschreibungen, Miete, Wartung, Instandsetzung
  - Leitungskosten für die Nutzung externer Netze
  - Software, unterteilt in Abschreibungen, Miete, Wartung
- **Ausstattungs- und Ausrüstungsgegenstände**
  - Büromöbel
  - spezielle EDV-Möbel, z. B. Druckerständer,
  - Kopierer

  jeweils unterteilt in Abschreibungen, Instandsetzung, Betriebskosten
  - Geräte und Werkzeuge
- **Grundstücke und Gebäude**
  - Abschreibungen
  - Miete
  - Instandhaltung
  - Reinigung
  - Heizung
  - Klimatisierung
  - Elektrizität
- **Materialkosten**
  - EDV-Material (Datenträger, Toner und Farbbänder, Papier, sonstiges)
  - Büromaterial
- **Aufträge an Dritte** (Outsourcing)
  - Beratung
  - Datenerfassung
  - Programmierung
  - Informationsverarbeitung
  - Inanspruchnahme von Hardware

19 Vgl. dazu auch BONGARD [1994, S. 115], KARGL [1996, S. 118].

- **Allgemeine Kosten**
  - Steuern
  - Gebühren
  - Beiträge
  - Versicherungen
  - Reisekosten
  - Postgebühren

In konkreten Fällen ist es erforderlich, eine mit anderen Bereichen der Kostenrechnung konsistente und zweckorientierte Systematik festzulegen.

8.6.3 Kostenstellenrechnung

Kostenstellen sind Bereiche der Kostenentstehung, z. B. Werkstätten, Abteilungen oder andere abgrenzbare Verantwortungsbereiche, die als Orte der Kostenentstehung gelten.

In der **Kostenstellenrechnung** werden die Kosten für die Kostenstellen differenziert nach Kostenarten ermittelt. Sie dient der Kontrolle der Kostenentwicklung (und damit der Wirtschaftlichkeitskontrolle) in den einzelnen Verantwortungsbereichen.

Bei der Bildung der Kostenstellen kann man vorgehen nach
- **räumlichen** Gesichtspunkten,
- **funktionellen** Gesichtspunkten,
- **Verantwortungsbereichen**,
- **rechentechnischen** Gesichtspunkten (z. B. Betriebsabrechnung).

Für das IM ist es zweckmäßig, Verantwortungsbereiche nach funktionellen Gesichtspunkten zu bilden und daraus dann Kostenstellen abzuleiten. Dabei können dann beispielsweise folgende Kostenstellengruppen festgelegt werden:
- Kostenstellen des laufenden Betriebs von Hard- und Software,
- Kostenstellen der Beratung und des Service,
- Kostenstellen für Systementwicklung.

8.6.4 Kostenträgerrechnung und interne Leistungsverrechnung

Aufgabe der Kostenträgerrechnung oder **Kalkulation** ist die Ermittlung der Kosten für die vom IM erbrachten Leistungen.

Da im Regelfall vom IM nur interne Leistungen erbracht werden, hängt die Kostenträgerrechnung eng zusammen mit der sog. internen Leistungsverrechnung.

Aufgabe der internen Leistungsverrechnung ist die Verteilung der Kosten der Kostenstellen des IM auf diejenigen Kostenstellen der Fachabteilungen, die Leistungen des IM in Anspruch genommen haben.

Besonders schwierig ist hier die Definition geeigneter Kostenträger bzw. Leistungseinheiten, für die es verschiedene Möglichkeiten gibt.

- Die interne Verrechnung kann sich an der Nutzung von Anwendungssoftware orientieren. Die Kosten für diese Systeme können je Betriebsstunde ermittelt und auf dieser Basis (über Nutzungsstunden) verrechnet werden.
- Für die Inanspruchnahme zentraler Hardwareressourcen kann eine Kostenverrechnung auf Basis beanspruchter CPU-Zeit oder Anzahl durchgeführter Transaktionen erfolgen. Auch die Anzahl von Zugriffen auf externe Datenträger kommt in Frage.
- Bei zentraler Abwicklung von Druckaufträgen kann über die Anzahl der Zeilen oder der Seiten abgerechnet werden.
- Kostenträger in einem Benutzerservice kann die Mitarbeiterstunde sein. Alle anfallenden Kosten werden dann auf die Mitarbeiterstunden verrechnet. Auf dieser Basis kann über die tatsächliche Inanspruchnahme des Benutzerservice die interne Leistungsverrechnung erfolgen.

Eine andere Frage ist die, zu welchen **Preisen** die Dienstleistungen eines IM angeboten bzw. verrechnet werden sollen. Hierzu gibt es verschiedene Möglichkeiten, wobei die nachfolgend aufgeführten Ansätze[20] auch das Angebot von IM-Leistungen auf dem Markt mit berücksichtigen.

- **Interne Verrechnungspreise** auf der Basis vollkostenorientierter Planwerte. Prinzipiell ist zwar Teilkosten der Vorzug zu geben, aber ein großer Teil der Kosten im IM-Bereich ist fix.
- Auftragsbezogene **Festpreise**, die „ausgehandelt" werden.
- **Lenkpreise**, die das Anwenderverhalten beeinflussen sollen, z. B. durch unterschiedlich hohe Preise für Tages- und Nachtbetrieb oder zentralen und dezentralen Druckoutput.
- **Prozeßbasierte Preise**, die eine Prozeßkostenrechnung innerhalb des institutionellen IM voraussetzen.
- **Marktpreise**.
- **Qualitätsorientierte Preise**, d. h. eine pauschalierte Leistungsverrechnung auf der Basis einer Vereinbarung zwischen Nutzer und IM, beispielsweise über ein bestimmtes Serviceniveau.
- **Zielorientierte** Preise auf der Basis eines Target Costing. Dieser Ansatz orientiert sich „an den Preisen, die der Abnehmer bereit ist für das Pro-

20 Vgl. dazu KARGL [1997, S. 6ff.].

dukt zu zahlen, oder die aufgrund der Wettbewerbssituation vom Markt indirekt vorgegeben sind (Zielkosten).“[21]

Wichtige **Anforderungen** an eine Methode zur Verrechnung von Kosten auf Kostenstellen, auf Kostenträger oder für eine interne Leistungsverrechnung sind:

- **Verursachungsprinzip**: Kosten sollen der Stelle oder dem Träger zugerechnet werden, durch den sie tatsächlich verursacht werden.
- **Gerechtigkeit und Fairneß**: Leistungsempfänger sollen entsprechend ihrer Leistungsinanspruchnahme mit Kosten belastet werden und gleich behandelt werden.
- **Transparenz**: Die Verrechnungsmethode muß für die Betroffenen nachvollziehbar sein.
- **Integration**: Verrechnungsmethoden müssen sich in den Gesamtrahmen des Rechnungswesens einfügen lassen.

Die Forderung nach **Vollständigkeit**, d. h. Verrechnung aller Kosten auf Kostenstellen und Kostenträger, wird hier nicht erhoben, da auch für das IM Ansätze der Teilkostenrechnung sinnvoll sein können.

Für die Kostenträgerrechnung und die interne Leistungsverrechnung können zusammenfassend folgende Schritte bzw. Aufgabenbereiche festgehalten werden:

- Definition von Kostenträgern oder Leistungen,
- Definition von Bezugsgrößen oder Leistungseinheiten für die Zurechnung von Kosten,
- Ermittlung der Kosten bzw. Bestimmung von Preisen für eine Leistungseinheit.

Auf weitere Einzelheiten wird in dem vorliegenden Rahmen verzichtet[22].

8.6.5 Spezielle Aspekte der Kosten- und Leistungsrechnung

Bei der Einrichtung einer Kosten- und Leistungsrechnung für einen Bereich IM sollten immer auch Ansätze aus der

- **Plankostenrechnung** und vor allem der
- **Teilkostenrechnung**

realisiert werden[23]. Letzteres ist notwendig, da eine verursachungsgerechte Kostenverteilung oft nicht möglich ist.

---

21 KARGL [1997, S. 7].

22 Einzelheiten finden sich beispielsweise bei KARGL [1996, S. 119ff.].

23 Zu Einzelheiten wird auf die einschlägige Literatur zur Kostenrechnung hingewiesen (vgl. Fußnote 18).

Weiterhin ist folgendes zu beachten: Die zunehmende Prozeßorientierung, die auch die interne Organisation des IM betreffen kann, legt die Anwendung von Konzepten der **Prozeßkostenrechnung**[24] nahe. Die Prozeßkostenrechnung wurde ursprünglich entwickelt, um eine verursachungsgerechtere Zuordnung der Kosten der Gemeinkostenbereiche in Produktionsunternehmungen durchzuführen. Voraussetzung ist eine Ablauforganisation, die durch überwiegend repetitive Tätigkeiten mit wenigen Entscheidungen gekennzeichnet ist.

Zu beachten ist auch, daß sich die Aktivitäten des IM wegen ihrer oft hohen strategischen Bedeutung nicht immer nur an Kosten orientieren dürfen.

8.6.6 Wirtschaftlichkeitsuntersuchungen

Kosten- und Leistungsdaten werden auch für Wirtschaftlichkeitsuntersuchungen zur Unterstützung von Investitions- und anderen Entscheidungen benötigt. Die Notwendigkeit dazu ergibt sich aus dem Wirtschaftlichkeitsprinzip, das als Handlungsmaxime ein klassischer Grundsatz in Theorie und Praxis ist. Dieses Wirtschaftlichkeitsprinzip sollte grundsätzlich auch auf die Aktivitäten des IM Anwendung finden, wobei zu beachten ist, daß nicht jedes Handeln des IM uneingeschränkt und unmittelbar am Wirtschaftlichkeitsprinzip orientiert werden kann, z. B. bei der Gestaltung von EDV-Arbeitsplätzen oder in bestimmten Konkurrenzsituationen.

Bei Wirtschaftlichkeitsuntersuchungen im Bereich IM ergibt sich folgendes grundsätzliche Problem:
Üblicherweise wird Wirtschaftlichkeit über monetär quantifizierbare Faktoren gemessen. Gelangt man dabei zu keinem brauchbaren Ergebnis, versucht man die Wirtschaftlichkeit durch die Einbeziehung nicht monetär quantifizierbarer und qualitativer Faktoren zu untersuchen. Vor allem die qualitativen Faktoren sind allerdings häufig nur schwierig zu messen und manchmal kaum zu konkretisieren. Das betrifft z. B. den Einsatz von IV-Systemen zu Erreichung von Wettbewerbsvorteilen oder zur Sicherung der Konkurrenzfähigkeit. Die betriebswirtschaftlichen Verfahren der Wirtschaftlichkeitsanalyse und der Investitionsrechnung sind daher für das IM nur begrenzt verwendbar[25].

Für die Durchführung einer Wirtschaftlichkeitsuntersuchung empfiehlt sich deshalb ein mehrstufiges Vorgehen.
Man bestimmt zunächst die Alternativen, die zur Lösung des anstehenden Problem oder zur Erreichung der gesetzten Ziele geeignet sind. Danach

---

24 Vgl. dazu beispielsweise HORVÁTH/MAYER [1989] und OLSHAGEN [1994].

25 Zu Einzelheiten wird auf SCHWARZE [1995, S. 231ff.] hingewiesen.

wird geprüft, ob die Entscheidung möglicherweise wesentlich durch kritische Erfolgsfaktoren beeinflußt wird, so daß eine detaillierte Wirtschaftlichkeitsuntersuchung entfallen kann.

Wenn z. B. ein Versandhandel für die Auftragsbearbeitung ein spezielles IV-System einsetzt, das die Bearbeitung aller Aufträge innerhalb von 24 Stunden ermöglicht, dann werden Konkurrenten dieses Versandhandels gezwungen sein, ein vergleichbares IV-System einzuführen. In einer derartigen Situation erhebt sich nur noch die Frage, ob ein solches System finanziert werden kann.
Systeme zur bargeldlosen elektronischen Bezahlung sind ab einer bestimmten Verbreitung und ausreichender Akzeptanz der Käufer für den Einzelhandel zur Sicherung der Konkurrenzfähigkeit unverzichtbar.

Üben kritische Erfolgsfaktoren keinen so maßgeblichen Einfluß aus, daß eine ausreichende Entscheidungsgrundlage vorliegt, werden die monetär bewertbaren Einflußgrößen ermittelt. Mit diesen wird dann eine Wirtschaftlichkeitsrechnung durchgeführt.
Führt auch diese nicht zu einer ausreichenden Entscheidungsgrundlage, werden auch die nicht monetär bewertbaren Einflußgrößen in die Überlegungen einbezogen.

In Abb. 8.6.1 ist das Vorgehen zusammengefaßt.

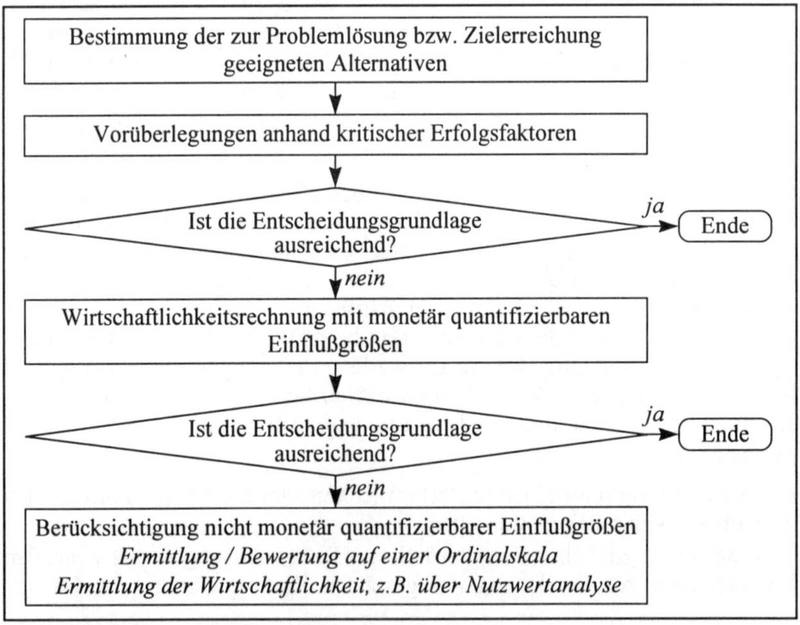

Abb. 8.6.1: Vorgehensmodell für Wirtschaftlichkeitsuntersuchungen

8.7 Revisionsaufgaben

Informationsverarbeitung und Informationsspeicherung in einer Unternehmung müssen gewissen Vorschriften, insbesondere aus

- Handelsrecht,
- Steuerrecht und eventuell
- anderen Gesetzen,

genügen.

Zu den operativen Aufgaben des IM gehört deshalb auch die IV-Revision[26] als spezielles Teilgebiet der allgemeinen Revision.

Aufgabe der IV-Revision ist die Prüfung der Einhaltung anwendungsspezifischer externer[27] und interner Standards und Vorschriften der Informationsverarbeitung sowie der Qualität der informationstechnischen Realisierung und der Abwicklung von Anwendungen im Bereich Finanz- und Rechnungswesen[28].

Zu unterscheiden ist zwischen

- Prüfung des Umfeldes eines IV-Systems, vor allem Eingabe und Ausgabe,
- Prüfung der Funktionsweise und der Nachvollziehbarkeit der Informationsverarbeitung,
- Verwendung eines IV-Systems für die Prüfung[29].

Prüfungsobjekte können sein:

- Organisation des IM,
- einzelne Anwendungssysteme und dabei wieder Abläufe, Ereignisse, Prozesse und Verfahren.

Grundsätze für die IV-Revision ergeben sich aus den GoDV (Grundsätze ordnungsmäßiger Datenverarbeitung), die aus den im Handelsrecht verankerten GoB (Grundsätze ordnungsmäßiger Buchführung) hergeleitet wurden[30]. In Abb. 8.7.1 (S. 220) sind die GoDV im Überblick dargestellt. Im unteren Teil ist dabei jeweils angegeben, worauf sich der jeweilige Grundsatz bezieht.

---

26 Es ist auch möglich, die Revision nicht den operativen Aufgaben zuzuordnen, sondern einem Informatik-Controlling (vgl. dazu Kapitel 15).

27 Das sind insbesondere gesetzliche Vorschriften.

28 Vgl. HEINRICH [1996, S. 180].

29 Vgl. HEINRICH [1996, S. 181].

30 Vgl. dazu SCHUPPENHAUER [1998].

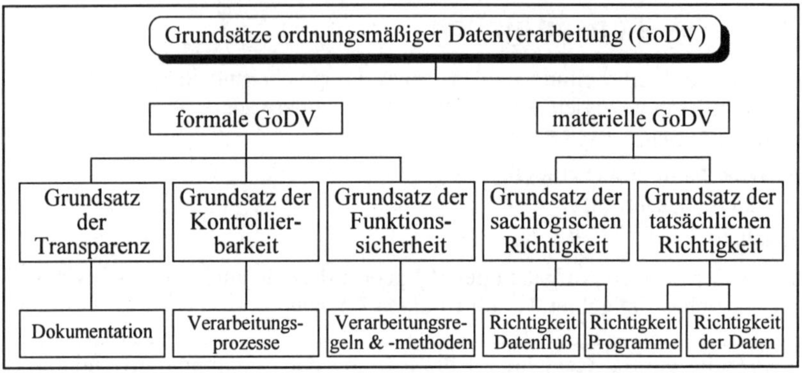

Abb. 8.7.1: Grundsätze ordnungsmäßiger Datenverarbeitung (GoDV)[31]

Zu weiteren Einzelheiten zur IV-Revision wird auf die Literatur verwiesen[32].

31 In Anlehnung an SCHUPPENHAUER [1998].

32 Vgl. z. B. HEINRICH [1996, S. 179ff.], KIRCHBERG-LENNERTZ [1991] sowie insbesondere SCHUPPENHAUER [1994] und [1998].

TEIL III: QUERSCHNITTSAUFGABEN DES IM

9 Datenmanagement

Datenmanagement wird hier als Teil eines IM aufgefaßt. Das Gebiet ist aber so umfangreich, daß auf Details dazu nicht eingegangen werden kann, sondern auf die Literatur verwiesen wird[1]. Nachfolgend werden nur einige grundlegende Aspekte kurz aufgegriffen.

9.1 Abgrenzung und Gründe eines Datenmanagements

Bereits in Kapitel 1 wurde betont, daß Datenmanagement „nur" ein Teil des IM ist.

> **Datenmanagement** ist der Aufgabenbereich des IM, der alle Managementaufgaben (Führen, Planen, Kontrollieren) der Identifizierung, Strukturierung und Modellierung von Daten sowie des Entwurfs und des Betriebs von Datenbanken einschl. Gewährleistung von Datensicherheit und Datenschutz umfaßt.

Auf die Aspekte der Datensicherheit wird im Zusammenhang mit Sicherheitsmanagement in Kapitel 11 eingegangen, auf die rechtlichen Fragen des Datenschutzes in Kapitel 12.

Es gibt verschieden Gründe, die für die Einrichtung eines eigenen Datenmanagements sprechen.

1 Einführende Aspekte finden sich in SCHWARZE [1997, Kapitel 7]. Zu einer ausführlichen Darstellung vgl. z. B. die Monographien von KORTH/SILBERSCHATZ [1991], MCFADDEN/HOFFER [1994] und VOSSEN [1996].

> Informationsverarbeitung ist in vielen Anwendungsbereichen durch folgendes gekennzeichnet: Es sind große Datenmengen mit verhältnismäßig einfachen Algorithmen bzw. Verfahren zu bearbeiten, und diese großen Datenmengen müssen wirtschaftlich und sicher verwaltet werden.

Das betrifft vor allem kaufmännisch/administrative Bereiche, z. B. das gesamte Rechnungswesen, Materialwirtschaft, Auftragsabwicklung, Arbeitsvorbereitung oder Personalwirtschaft.

Im Gegensatz dazu spielen bei technischen und naturwissenschaftlichen Anwendungen meistens Algorithmen, und zwar zum Teil sehr komplizierte Algorithmen mit sehr vielen einzelnen Rechenschritten, eine dominierende Rolle. Das schließt nicht aus, daß auch im technisch-naturwissenschaftlichen Bereich mitunter sehr große Datenmengen verarbeitet werden.

> Ein weiteres charakteristisches Merkmal vieler IV-Systeme ist folgendes: Viele Daten werden von verschiedenen Bereichen, Abteilungen oder Stellen innerhalb einer Organisation benötigt.

Auf Materialdaten greifen z. B. folgende Bereiche bzw. Stellen zu: Einkauf, Wareneingangskontrolle, Lager, Fertigung, Kostenrechnung, Buchhaltung u. a. Mit Auftragsdaten arbeiten u. a. Arbeitsvorbereitung, Fertigungssteuerung, Versand, Buchhaltung, Kostenrechnung.

Die Verarbeitung großer Datenmengen und die Tatsache, daß verschiedene Bereiche auf dieselben Daten zugreifen, stellt besonders hohe Anforderungen an die Speicherung und Verwaltung dieser Daten, vor allem im Hinblick auf eine wirtschaftliche Datenverarbeitung und die Gewährleistung von Datenschutz und Datensicherheit. Zu den Aufgaben eines IM gehört deshalb ein Datenmanagement, und zwar in allen vier Aufgabenbereichen (Analyse, Strategie, Realisierung, Betrieb).

Neben dieser internen Datenorientierung gibt es weitere Aspekte, die ein Datenmanagement erfordern[2].

- Weltweit können heute aus mehr als 6000 Online-Datenbanken im Direktzugriff Informationen zu den verschiedenartigsten Aspekten aus Technik, Wirtschaft usw. abgerufen werden. Noch weiter reichen die Informationsbeschaffungsmöglichkeiten über das Internet.
- In IV-Systemen sind die Daten meistens die Komponente mit der längsten Lebensdauer.
- Heute und in absehbarer Zukunft wird die Produktion und das Angebot an Informationen weiter zunehmen[3]. Dieses „Überangebot" erzeugt

2 Vgl. auch SCHWARZE [1987].

3 Hier ist z. B. auf die wachsende Anzahl von Fachbüchern und Fachzeitschriften zu verweisen.

Nachfrage nach zweckorientierter Auswahl und Aufbereitung von Informationen[4].

- Die Komplexität des Wissens und von Informationen nimmt zu und verlangt neuartige Verarbeitungs- und Präsentationssysteme, wie z. B. durch Multimedia oder KI-Ansätze.

In großen Unternehmungen ist aus diesen Gründen ein Datenmanagement mit entsprechenden personellen Zuständigkeiten und Verantwortlichkeiten erforderlich. Für die sich daraus ableitende Forderung nach **Institutionalisierung eines Datenmanagements** als Teilbereich eines IM lassen sich u. a. folgende Gründe anführen:

- Die hohe Bedeutung von Daten bzw. Informationen erfordert eine Übertragung der mit der Beschaffung, Speicherung und Bereitstellung von Daten verbundenen Aufgaben an entsprechend ausgebildete Mitarbeiter und die organisatorische Verankerung der Verantwortlichkeiten in einem eigenen Zuständigkeitsbereich Datenmanagement.
- Nur durch zentrale Konzeption, Koordination und Verwaltung können optimale, von speziellen Anwendungen unabhängige Datenmodelle und Datenbanken entworfen und ein optimaler Datenbankbetrieb gewährleistet werden.
- Datenmodellierung sowie Konzeption und Betrieb von Datenbanken erfordern vielschichtiges und umfassendes Spezialwissen.
- Die Entwicklung der letzten Jahre, aber auch die zukünftig zu erwartende Entwicklung hat zu wachsender Informationsnachfrage in Organisationen geführt. Das betrifft nicht nur die Quantität, sondern auch die Qualität der Informationsbereitstellung. Dafür muß eine zentrale Managementfunktion verantwortlich sein.

9.2 Aufgaben des Datenmanagements

Versucht man die Aufgaben eines Datenmanagements zu konkretisieren, dann ist zunächst von einem ganzheitlichen Standpunkt auszugehen.

Global kann die **Aufgabe des Datenmanagements** beschrieben werden als die Bereitstellung von Daten bzw. Informationen
- am richtigen **Ort**,
- beim richtigen **Adressaten**,
- zur richtigen **Zeit**,
- in der richtigen **Form**.

4 Beispielsweise durch externe Datenbanken oder spezielle Informationsdienste.

Konkreter können die Hauptaufgaben des Datenmanagements wie folgt definiert werden:

- **Auswahl, Produktion und Beschaffung aller unternehmungsrelevanten Informationen zu minimalen Kosten**
  Intern verfügbare Informationen müssen zweckorientiert und aufgabengerecht ausgewählt oder durch ein IV-System erzeugt werden. Externe Informationen müssen beschafft und gegebenenfalls aufbereitet werden. Dieser Aufgabenbereich kann kurz umrissen werden durch die Frage: *Wann müssen wo welche Informationen verfügbar sein*?
- **Transformation von Informationen in betriebsnotwendige und operationale Ausprägungen**
  Die Verfügbarkeit von Planungs-, Steuerungs- und Kontrollinformationen und deren anwendungsorientierte Transformation bestimmt sehr stark die Effizienz der betrieblichen Aktivitäten und damit nicht zuletzt auch die Konkurrenzfähigkeit im wettbewerbspolitischen Umfeld. Diese Aufgabe bezieht sich auf die Leistungsfähigkeit der internen IV-Systeme.
- **Festlegung betriebsoptimaler und langfristig verwendbarer Datenstrukturen und Datenmodelle**
  Um betriebsnotwendige Informationen auf Dauer optimal und operational bereitzustellen, ist eine sorgfältige Analyse von Datenstrukturen und eine auch zukünftige Anwendungen nicht ausschließende Modellierung der Daten wichtig.
- **Entwurf und Betrieb von Datenbanken mit allen damit verbundenen Aufgaben**
  Datenbanken sind das Instrument für die Speicherung und Verwaltung von Informationen. Der Aufbau und der Betrieb interner Datenbanken erfordert deshalb besondere Sorgfalt und ist eine wichtige Aufgabe des Datenmanagements.

Diese Aufgaben kann man auch wie folgt zusammenfassen:

- Datendefinition,
- Datenmodellierung,
- Datenbankentwurf,
- Datenbankbetrieb,
- Datenschutz und Datensicherheit,
- externe Datenbeschaffung.

Dazu kommen weitere spezielle Aufgaben, z. B. tägliche Ablaufkontrolle, Messung und Verbesserung der Leistungsfähigkeit[5], Beratung der Systemanalytiker, Programmierer und Benutzer.

---

5 Diese Aufgaben kann man auch dem Bereich operativer Aufgaben eines IM zuordnen.

Ausgehend von der hier gewählten Aufgabensystematik des IM werden in den folgenden Abschnitten die Aufgaben des Datenmanagements in die Bereiche

- Analyseaufgaben,
- Strategische Aufgaben,
- Realisierungsaufgaben und
- Operative Aufgaben

gegliedert.

9.3 Analyseaufgaben des Datenmanagements

Für die Speicherung von Daten in IV-Systemen ist es notwendig, die Strukturen der Daten, d. h. Datenelemente und deren Beziehungen zueinander sowie die Attribute der Elemente und Beziehungen, zu analysieren und unter Beachtung der weiter unten behandelten Anforderungen[6] in geeigneten Datenmodellen festzuhalten. Die Datenmodellierung gehört allerdings schon zu den strategischen Aufgaben bzw. Realisierungsaufgaben[7].

Für die Datenanalyse und -modellierung ist es zweckmäßig, von verschiedenen Betrachtungsebenen für Daten und Informationen auszugehen.

Daten und Informationen beschreiben Sachverhalte, Phänomene und Zustände der realen Welt.

Auf der obersten Betrachtungsebene steht diese reale Welt.

Auf der zweiten Ebene wird die reale Welt durch Informationen beschrieben. Zur Beschreibung der realen Welt werden dabei Bezeichnungen, Namen und ähnliches verwendet.

An die Stelle verbaler, umgangssprachlicher Beschreibungen werden auf der dritten Ebene Modelle gesetzt.

Die Informationen dieser Modelle können in einem auf der vierten Betrachtungsebene liegenden konzeptionellen Datenmodell formuliert werden.

Das konzeptionelle Datenmodell wird auf der fünften Ebene in ein logisches Datenbankmodell auf Basis einer konkreten Datenbanktechnologie übergeführt.

Die im logischen Datenbanksystem enthaltenen Daten werden in dem auf der sechsten Ebene befindlichen physischen Datensystem gespeichert, das

6 Vgl. Abschnitt 9.6 (S. 228f.).

7 Der Entwurf **konzeptioneller** oder **semantischer Datenmodelle**, durch die Daten und ihre Strukturen unabhängig von einer bestimmten Datenbanktechnologie beschrieben werden, gehört zu den strategischen Aufgaben. Der Entwurf technologieabhängiger **logischer Datenmodelle** oder **Datenbankmodelle**, bei denen es um die logische Struktur der Daten in einer Datenbank geht, gehört zu den Realisierungsaufgaben.

dazu die auf der siebten Ebene befindliche Hardware (Speichermedien) benutzt.
Abb. 9.3.1 veranschaulicht diese Betrachtungsebenen.

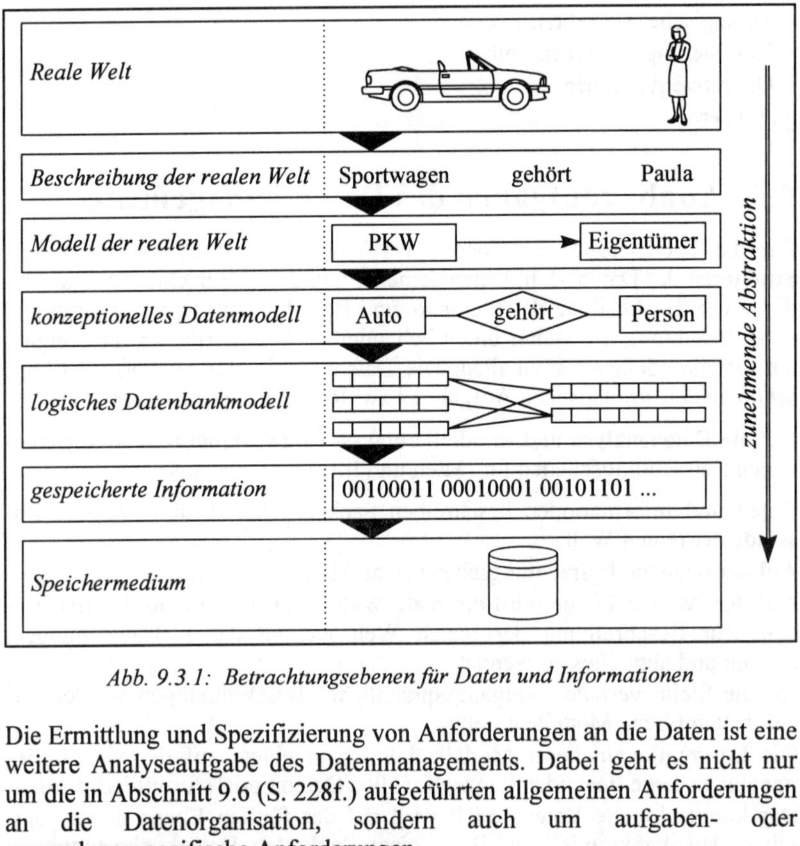

Abb. 9.3.1: Betrachtungsebenen für Daten und Informationen

Die Ermittlung und Spezifizierung von Anforderungen an die Daten ist eine weitere Analyseaufgabe des Datenmanagements. Dabei geht es nicht nur um die in Abschnitt 9.6 (S. 228f.) aufgeführten allgemeinen Anforderungen an die Datenorganisation, sondern auch um aufgaben- oder anwendungsspezifische Anforderungen.

Für die Planung einer Datenorganisation sind arbeitsplatz- und/oder personenspezifisch Zugriffsberechtigungen für alle nicht frei zugänglichen Daten festzulegen. Im Zusammenhang damit ist es auch möglich, für die Daten „Sicherheitsklassen" einzuführen und entsprechende Zuordnungen vorzunehmen.

Zu den Analyseaufgaben gehört schließlich auch die Ermittlung externer Datenangebote sowie der Zugangsmöglichkeiten und Zugangsbedingungen zu externen Datenbanken.

9.4 Strategisches Datenmanagement

Strategische Aufgaben des IM in bezug auf die Daten liegen in folgenden Bereichen:

- Entwicklung eines **Unternehmungsdatenmodells** und Entwurf globaler, technologieunabhängiger Datenmodelle. Auf Einzelheiten zu Datenmodellen wird hier nicht eingegangen[8].
- Auswahl einer **Datenbanktechnologie** und Planung einer technologieadäquaten **Datenbankarchitektur**.
- Auswahl eines geeigneten **Datenbankmanagementsystems**.
- Entwurf der Struktur eines Datenkatalogs.
  Ein **Datenkatalog** ist ein detailliertes Verzeichnis aller Datenbanken, Dateien, Datensätze und Datenelemente. Er ist also gewissermaßen eine Datei der Datenbanken. Häufig spricht man auch von **Metadatenbank**.
- Eine weitere strategische Aufgabe ist die Entwicklung eines Konzepts für die externe Beschaffung von Daten bzw. Informationen.

9.5 Realisierungsaufgaben und operative Aufgaben des Datenmanagements

Zu den Realisierungsaufgaben des Datenmanagements gehören

- detaillierte Datenmodellierung,
- Auswahl und Installation von Datenbanksystemen,
- Entwurf von (technologieabhängigen) Datenbankmodellen,
- Einrichtung und Inbetriebnahme von Datenbanken,
- Umsetzung von Konzepten zur externen Datenbeschaffung, einschl. eventueller Vertragsabschlüsse.

Operative Aufgaben sind u. a.

- Datenbankbetrieb,
- Reorganisationen der Speicherorganisation zur Optimierung der Nutzung von Speichermedien,
- Konsistenzprüfungen,
- laufende Überprüfung der Zugangsberechtigungen,
- Datensicherungen und
- Datenbankrecherchen

sowie die Durchführung von Beschaffungsmaßnahmen aus externen Datenbanken.

---

8 Vgl. dazu die Literaturhinweise in Fußnote 1 auf S. 221.

9.6 Anforderungen an die Datenorganisation

Für das Datenmanagement existieren eine Reihe von Anforderungen, die sich insbesondere auf die Daten und die Datenorganisation beziehen. Die wichtigsten Forderungen sind nachfolgend zusammengestellt[9].

Anforderungen an die Verarbeitung

- **Kurze Zugriffs- und Übertragungszeiten** zur Sicherung ausreichend schneller Verarbeitung der Daten.

Anforderungen an die Speicherung

- **Minimale Redundanz**
  Aus Gründen der Datensicherheit ist Redundanz jedoch nicht völlig vermeidbar, z. B. in Form von Sicherungskopien.
- **Überschaubarer innerer Aufbau** des Datenbestands.
  Das bedeutet vor allem klare, logische Strukturierung und minimale Redundanz.

Organisatorische Anforderungen

- **Integration und logische Zentralisierung** der Datenspeicherung, d. h. alle Daten eines Datenbanksystems sollten logisch zusammenhängend verwaltet werden, und zwar auch dann, wenn sie physisch getrennt gespeichert sind.
- **Trennung zwischen Datenorganisation und Anwendungen** im Hinblick auf die Realisierung der **Datenunabhängigkeit**.
  Datenunabhängigkeit bedeutet, daß die Modellierung und Speicherung der Daten unabhängig von einzelnen Anwendungsprogrammen und Benutzern der Daten erfolgt.
- **Datenintegrität**, die gewährleistet wird durch
  - **Datenkonsistenz** (Widerspruchsfreiheit), für die entsprechende Eingabekontrollen und vor allem minimale Redundanz nötig sind,
  - **Datensicherheit** gegen Verlust, Zerstörung und Verfälschung,
  - **Datenschutz** im Sinne der Einhaltung gesetzlicher Vorschriften, d.h. vor allem Schutz personenbezogener Daten vor unbefugtem Zugriff.

Betriebswirtschaftliche Anforderungen

- **Wirtschaftlichkeit**.
- **Permanenz** und **Flexibilität**,
  durch die die Nutzung von Daten auch für zukünftige Anwendungen sichergestellt werden. Dazu ist eine möglichst allgemeine Modellierung erforderlich, die auch Erweiterungen und Modifikationen zuläßt.

---

9 Zu Einzelheiten vgl. SCHWARZE [1997, S. 257ff.].

9.7 Spezielle Aufgabenbereiche des Datenmanagements

Zum Datenmanagement gehören auch einige Aufgabenbereiche, die sich aus neueren Entwicklungen im Bereich der Datenspeicherung und Datenverwaltung ergeben. Von besonderer Bedeutung ist dabei das Konzept des **Data-Warehouse**, da es die Grundaufgabe Informationsversorgung des IM unterstützt.

9.7.1 Das Data-Warehouse-Konzept

Ein Data-Warehouse[10] „ist eine geordnete, funktions- und unternehmungsübergreifende, an Geschäftsobjekten, z. B. Kunde, orientierte Datensammlung über Zeithorizonte von mehreren Jahren“[11].

Ein **Data-Warehouse** besteht aus einer Datenbasis (Data-Warehouse im engeren Sinne), Transformationsprogrammen zur Datengewinnung aus internen und externen Datenquellen, einem Archivierungssystem und einer Metadatenbank[12].

Abb. 9.7.1 zeigt das Grundmuster der Architektur eines Data-Warehouse.

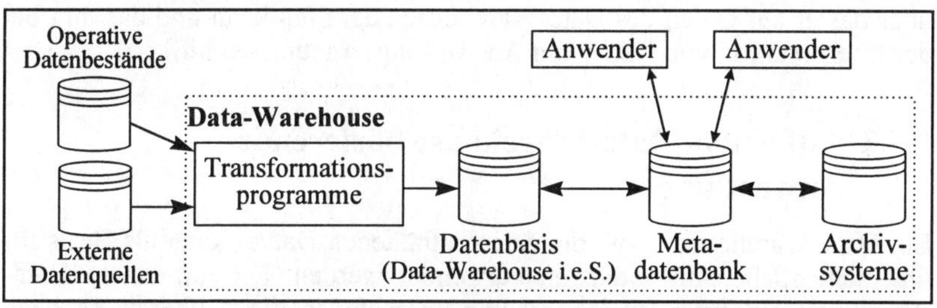

Abb. 9.7.1: Architektur eines Data-Warehouse

Die **Transformationsprogramme** dienen dazu, Daten aus den verschiedenen Quellen hinsichtlich Struktur und Format für die zentrale Datenbasis zu vereinheitlichen. Das betrifft insbesondere die Formate der Daten und die Verwendung einheitlicher Dimensionen.

10 Der Begriff wurde durch INMON [1993] geprägt.

11 MARTIN/VON MAUR [1997, S. 105].

12 Vgl. MUCKSCH u.a. [1996, S. 423].

In der **Datenbasis** werden alle für die Befriedigung des Informationsbedarfs in einer Unternehmung benötigten Daten gesammelt. Datenquellen sind die operativen IV-Systeme sowie externe Quellen. Die Häufigkeit des Datenimports bestimmt die Aktualität der Daten. Durch den Datenimport entsteht bei einem Data-Warehouse eine gewollte Datenredundanz zu den übrigen IV-Systemen.

Während das Datenvolumen in operativen Systemen im Zeitverlauf relativ konstant bleibt, wächst die Datenbasis des Data-Warehouse mit jedem Datenimport. Allerdings wird nur durch Speicherung auch weiter zurückliegender Daten bzw. langer Zeitreihen die Darstellung zeitlicher Entwicklungen ermöglicht. Die Ursprungsdatenquellen leisten dies meistens nicht. Um den Umfang der Datenbasis dennoch zu begrenzen, wird diese durch **Archivsysteme** ergänzt, die Daten verwalten, die nicht mehr ständig in der Datenbasis verfügbar sein müssen.

Die **Metadatenbank** enthält Daten über alle Systemkomponenten des Data-Warehouse, z. B.

- technische und semantische Beschreibung der Daten,
- Herkunft der Daten,
- Logik der Transformationsprogramme sowie
- vorgefertigte Auswertungsmöglichkeiten.

Die Metadatenbank ist damit für den Benutzer ein Navigationsinstrument, über das er auf Daten des Data-Warehouse zugreifen kann und das ihm bei der Interpretation von Daten und Auswertungsergebnissen hilft.

9.7.2 Auf einem Data-Warehouse basierende Anwendungen

Ein Data-Warehouse (bzw. die darin enthaltenen Daten) kann als Basis für unterschiedliche Anwendungen verwendet werden. Die auf einem Data-Warehouse aufsetzenden IV-Systeme übernehmen die Aufbereitung bzw. Verarbeitung der Daten. Je nach Komplexität der Problemstellung ist dabei ein mehr oder weniger umfangreicher Methodeneinsatz notwendig.

Es gibt derzeit fünf wichtige Klassen von Anwendungssystemen auf Basis eines Data-Warehouse, die in Abb. 9.7.2 (S. 231) nach dem Umfang des Methodeneinsatzes und nach der Komplexität der behandelten Problemstellungen geordnet sind.

Reporting-Systeme erzeugen Berichte mit langfristig oder zumindest temporär (z. B. für Projekte) gleichbleibender Struktur. Für die Erstellung der Berichte werden in der Regel Datenbankabfragesprachen verwendet.

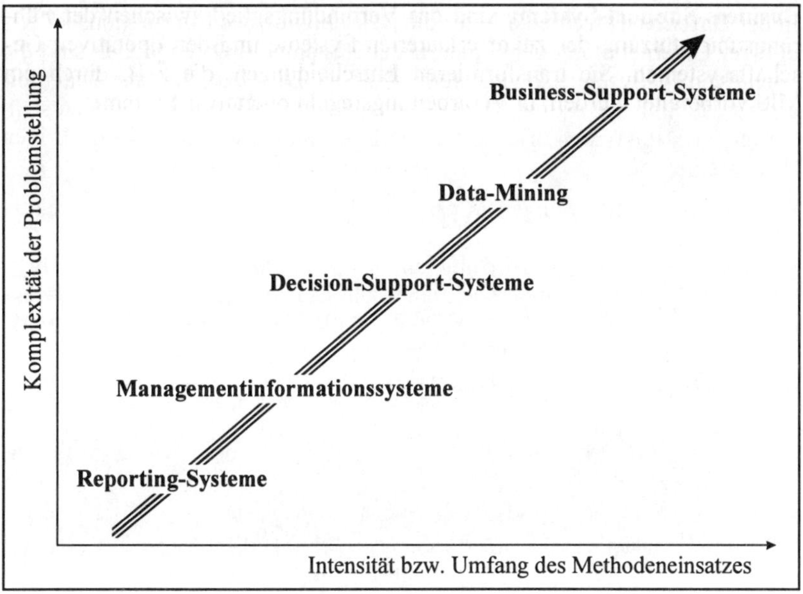

Abb. 9.7.2: Anwendungen auf Basis eines Data-Warehouse[13]

Managementinformationssysteme (MIS)[14] dienen - ähnlich wie die Reporting-Systeme - vor allem der Bereitstellung von Informationen, die allerdings üblicherweise grafisch aufbereitet und adressatengerecht visualisiert werden. MIS sind dadurch flexibler als Reporting-Systeme und können auch kommunikative Elemente enthalten.

Decision-Support-Systeme[15] (DSS) erweitern ein MIS um analytische Funktionalitäten und sind in der Lage, Führungskräfte vor allem in schlecht strukturierten Entscheidungssituationen zu unterstützen, z. B. bei der Finanz- und Investitionsplanung.

Unter **Data-Mining** versteht man Verfahren und Ansätze zur automatischen Gewinnung entscheidungs- und führungsrelevanter Informationen aus vorhandenen Datenbeständen. Ein Data-Mining-System ist in der Lage, selbständig Zusammenhänge oder Muster im Datenbestand des Data-Warehouse zu identifizieren, ohne daß ein bestimmter Auswertungsalgorithmus vorgegeben werden muß.

13 Vgl. BEHME [1996, S. 38].

14 Sie werden auch als Führungsinformationssystem (FIS) oder Executive Information System (EIS) bezeichnet.

15 Man spricht auch von Entscheidungsunterstützungssystemen (EUS).

Business-Support-Systeme sind das Verbindungsglied zwischen der Führungsunterstützung der zuvor erläuterten Systeme und den operativen Geschäftssystemen. Sie transformieren Entscheidungen, die z. B. durch ein MIS vorbereitet wurden, in Verarbeitungsregeln operativer Systeme.

10 Personalmanagement

Das Personalmanagement wird hier in einem abgeschlossenen Kapitel und nicht innerhalb der einzelnen Aufgabenbereiche des IM behandelt, da es sich um eine **Querschnittsaufgabe** handelt, die nicht einer Aufgabenebene des IM zugeordnet ist, sondern sich in allen Aufgabenkategorien findet. Dabei können in dem vorliegenden Rahmen nur grundlegende Aspekte behandelt werden[1].

10.1 Grundlagen

10.1.1 Begriffsabgrenzung

Wird in diesem Kapitel von Personalmanagement gesprochen, so ist darunter immer ein Personalmanagement aus der Sicht des IM zu verstehen.

IM-Personalmanagement umfaßt die Aufgaben der Personalführung, die sich auf die Mitarbeiter im institutionellen IM beziehen, sowie informatikspezifische Personalführungsaufgaben aller übrigen Mitarbeiter.

Nach dieser Definition sind sowohl die Mitarbeiter des IM-Bereichs als auch diejenigen Mitarbeiter der Fachabteilungen, die an der IV-Systemplanung beteiligt sind oder IV-Systeme nutzen, Objekte des Personalmanagements. Den folgenden Ausführungen liegt dieser am IM orientierte Personalbegriff zu Grunde.

Betrachtet man die Tätigkeiten innerhalb des IM, so stellt man fest, daß dort vielschichtige Aufgaben des Personalmanagements wahrgenommen werden. Auf der strategischen Ebene sind z. B. personelle Konsequenzen des Informationstechnikeinsatzes zu beurteilen, um eine Abstimmung von Informatik- und Personalstrategie (und anderen Strategien) zu erreichen. Auf

1 Zu Einzelheiten wird auf die Literatur zur Personalwirtschaftslehre hingewiesen, z. B. DRUMM [1992], HENTZE [1989] und SCHOLZ [1993].

der Ebene der Realisierung werden aus der entwickelten Personalstrategie dann z. B. ein Personalentwicklungskonzept oder ein Personalfreisetzungskonzept abgeleitet, aus denen sich auf der operativen Ebene konkrete Maßnahmen des Personalmanagements, wie die Teilnahme eines bestimmten Mitarbeiters an einem bestimmten Seminar, ergeben (vgl. Abb. 10.1.1).

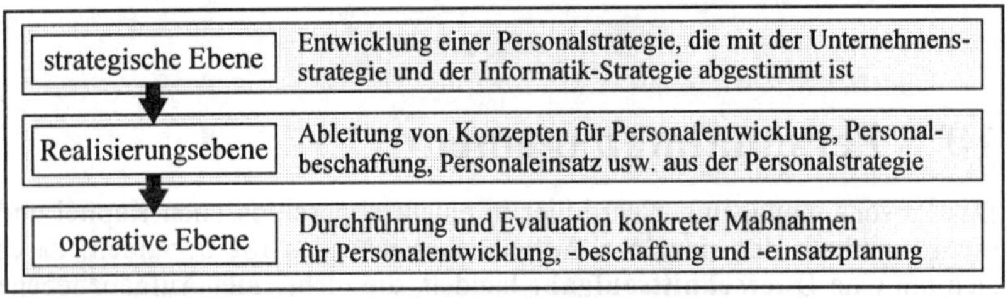

Abb. 10.1.1: Aufgabenebenen des Personalmanagements

10.1.2 Ziele und Aufgaben des Personalmanagements

Die generelle Zielsetzung eines Personalmanagements läßt sich nicht ohne weiteres formulieren. Versuche, sie auf einen einfachen Nenner zu bringen, greifen häufig zu kurz[2]. In der Realität befindet sich das Personalmanagement allerdings in einem Spannungsfeld von Unternehmungszielen, Zielen anderer Funktionsbereiche (z. B. Informatik, Vertrieb usw.), individuellen Zielen der Mitarbeiter sowie finanziellen und rechtlichen Restriktionen (vgl. Abb. 10.1.2).

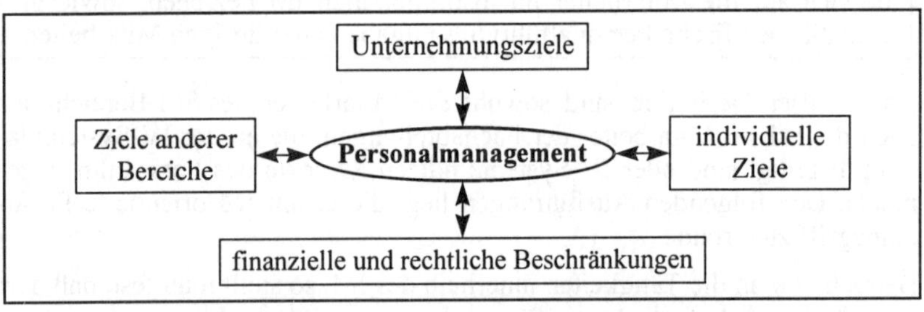

Abb. 10.1.2: Spannungsfeld des Personalmanagements

2 So auch die Formulierung von BRENNER ([1994, S. 219]), der die Sicherung einer ausreichenden Anzahl qualifizierter Mitarbeiter für das IM und die Entwicklung eines leistungsorientierten Entlohnungssystems als Wesen - und damit implizit auch als Zielsetzung - des Personalmanagements bezeichnet.

Eine konkrete Angabe von Zielen des Personalmanagements ist aus diesem Grund kaum möglich. Sie hängen immer von einer Reihe von Faktoren ab (z. B. Ertragslage der Unternehmung oder Arbeitsmarktlage).

Aus den Zielen des Personalmanagements lassen sich Aufgaben ableiten. Diese kann man in zwei Hauptaktionsfelder gliedern: die Personalplanung und die Personalführung[3].

Die **Personalplanung** umfaßt folgende Aufgabenbereiche:

- Personalbedarfsplanung,
- Personalbestandsplanung,
- Personalfreisetzungsplanung,
- Personalbeschaffungs- und -zuweisungsplanung sowie
- Personalausbildungs- und -entwicklungsplanung.

Häufig werden diese Aufgabenbereiche auch als **Personalwirtschaft** bezeichnet.

Die **Personalführung** wird von der Tatsache geprägt, daß der Mensch keine nach definierbaren Regeln arbeitende Maschine, sondern ein wert- und bedürfnisorientiertes und -bestimmtes Individuum ist. Zentrale Aufgabenbereiche der Personalführung sind deshalb[4]:

- die Motivation von Personal,
- dessen Führung sowie
- die Entwicklung eines situationsadäquaten Vergütungssystems.

In Abb. 10.1.3 sind die Aufgaben des Personalmanagements noch einmal zusammenfassend dargestellt.

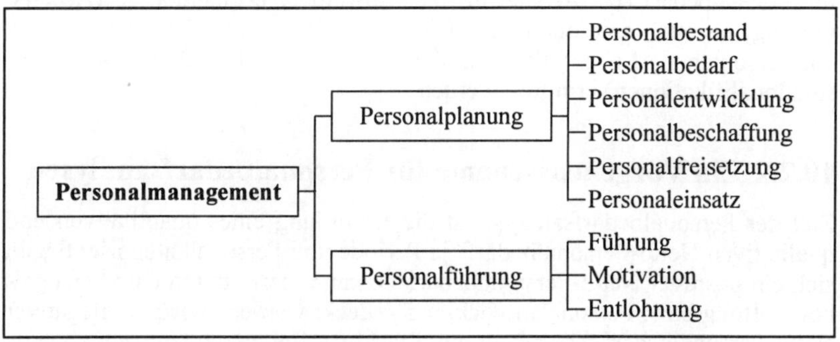

Abb. 10.1.3: Aufgabenbereiche des Personalmanagements

3 Vgl. BIETHAHN u. a. [1994, S. 172].

4 Vgl. DRUMM [1992].

In dem hier gesetzten Rahmen kann nicht auf alle aufgeführten Bereiche des Personalmanagements eingegangen werden. Im folgenden wird der Schwerpunkt auf die Grundlagen der Personalbedarfsplanung und auf die Personalentwicklungsplanung gelegt, da diese Bereiche aufgrund der dynamischen Entwicklung im Bereich der IuK-Technik für das IM von besonderer Bedeutung sind.

10.2 Personalbedarfsanalyse

10.2.1 Ziel der Personalbedarfsanalyse

Aus den konkreten Aufgaben des IM entsteht ein Bedarf an Personal. Ziel der Personalbedarfsanalyse ist es, diesen Personalbedarf je Periode bis zum Ende des Planungshorizonts zu identifizieren und einen Ansatzpunkt für evtl. notwendige personalwirtschaftliche Maßnahmen zu bieten. Eine zukunftsorientierte Analyse ist notwendig, da zwischen einer Bedarfsidentifizierung und einer Bedarfsdeckung immer ein time-lag besteht[5]. Letztlich ist damit die Personalbedarfsanalyse die notwendige Voraussetzung für eine ständige Sicherung des optimalen Personalbestands. Der Personalbedarf muß dabei hinsichtlich der Dimensionen

- Brutto-Personalbedarf und Netto-Personalbedarf sowie
- quantitativer und qualitativer Personalbedarf

betrachtet werden[6].

Brutto-Personalbedarf ist der aus den Arbeitsaufgaben abgeleitete Personalbedarf. Zieht man von diesem den Personalbestand ab, erhält man den Netto-Personalbedarf. Da Arbeitsaufgaben sowohl eine quantitative (Arbeitsumfang) als auch eine qualitative Dimension (Arbeitsinhalt) besitzen, muß ein Personalbedarf ebenfalls quantitativ (Personenzahl) und qualitativ (Personalqualifikationen) ermittelt werden.

10.2.2 Ein Vorgehensschema für Personalbedarfsanalysen

Ziel der Personalbedarfsanalyse ist die Ermittlung eines quantitativen und qualitativen Netto-Personalbedarfs je Periode und Personalkategorie. Ergibt sich ein positiver Netto-Personalbedarf, so kann dieser durch eine Personalbeschaffung bzw. Personalentwicklung gedeckt werden. Wird ein negativer Netto-Personalbedarf festgestellt, wird Personal freigesetzt bzw. angebotene oder verfügbare Personalqualifikationen werden nicht genutzt. Eine Perso-

5 Vgl. DRUMM [1992, S. 188].

6 Vgl. DRUMM [1992, S. 167f.].

nalkategorie bezeichnet dabei eine Menge gleichartiger Stellen (Stellen mit gleichem Anforderungsprofil). Der Personalbedarf muß je Personalkategorie ermittelt werden, da es sonst zu unzulässigen Kompensationseffekten zwischen verschiedenen Personalkategorien und dadurch zu falschen Analyseergebnissen kommen würde.

Abb. 10.2.1 zeigt schematisch das Vorgehen der Personalbedarfsanalyse.

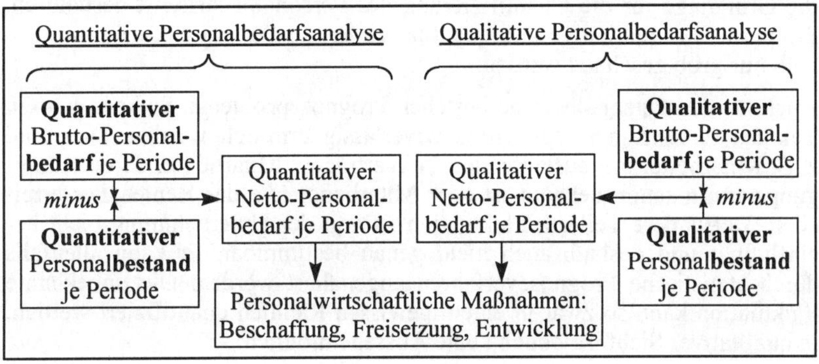

Abb. 10.2.1: Schema für die Personalbedarfsanalyse einer Personalkategorie

Dieser Ansatz für den quantitativen und qualitativen Netto-Personalbedarf je Periode stößt in der Praxis allerdings auf erhebliche Probleme bei der Quantifizierung der Berechnungsoperatoren. Der folgende Abschnitt geht auf diese Probleme näher ein.

10.2.3 Probleme der Personalbedarfsanalyse

Ein gegenwärtiger Personalbestand und -bedarf läßt sich relativ leicht bestimmen. So ist der quantitative Personalbestand meistens einer Personalstatistik zu entnehmen. Der quantitative Brutto-Personalbedarf ergibt sich aus aktuellen Maßnahmen bzw. Arbeitsmengen. Auch qualitativer Personalbestand und -bedarf lassen sich grundsätzlich aus Personalbögen und Stellenbeschreibungen ermitteln. Es ist aber darauf hinzuweisen, daß hier Verzerrungen möglich sind. So sind Anforderungsprofile in Stellenbeschreibungen häufig nicht objektiv nachzuvollziehen. Auch das durch Personalbögen ermittelte Qualifikationsangebot des Personals kann vom tatsächlichen Qualifikationsbestand abweichen. Das kann daran liegen, daß die Befragung der Mitarbeiter hinsichtlich ihrer Qualifikationen schon länger zurückliegt und nicht aktualisiert wurde oder die Mitarbeiter ihre Qualifikationen nicht offenlegen wollen.

Wesentlich größere Probleme sind bei der Ermittlung des zukünftigen Personalbedarfs zu verzeichnen, da sich IuK-Technologien sehr schnell entwickeln. So beträgt z. B. der Lebenszyklus für Hardware nur noch drei Jahre und für Anwendungssoftware fünf Jahre. Diese Dynamik führt zu sich schnell wandelnden Arbeitsinhalten und Arbeitsumfängen des IM. Konkrete Arbeitsaufgaben sind aus diesem Grunde für die Zukunft nur schwer ableitbar. Auch die Zuordnung der Arbeitsinhalte zu konkreten Stellen, also die Grundlage für die Quantifizierung des Personalbedarfs, ist deshalb ein Problem. Der qualitative und quantitative Brutto-Personalbedarf kann deshalb nur grob geschätzt werden.

Auch für den Personalbestand bestehen Prognoseprobleme. So kann nur ein Teil der zukünftigen Fluktuation zuverlässig ermittelt werden. Dies sind z. B. Mitarbeiter mit auslaufenden Zeitverträgen, Mitarbeiter, deren Kündigungstermin schon bekannt ist oder Mitarbeiter, die das Rentenalter erreichen. Der andere Teil der Fluktuation ist von der Unternehmung nicht beeinflußbar und deshalb auch nicht genau bestimmbar. Er kann allenfalls durch statistische Prognoseverfahren angenähert werden. Die unbekannte Fluktuation kann so zwar in einem gewissen Rahmen quantifiziert werden, in qualitativer Sicht ist jedoch keine Aussage möglich[7].

Abb. 10.2.2 faßt die angesprochenen Probleme zusammen.

Personalbedarfskomponente	**Probleme bei der Bestimmung der Komponente**
Quantitativer Bestand heute	Aus Personalstatistik ablesbar.
Qualitativer Bestand heute	Über Personalfragebögen ermittelbar, Verzerrungen durch falsche Angaben möglich.
Quantitativer Bedarf heute	Aus der Maßnahmenplanung bzw. aus Arbeitsmengen ableitbar.
Qualitativer Bedarf heute	Aus Stellenbeschreibungen bestimmbar. Qualifikationsanforderungen oft nicht objektiv nachvollziehbar.
Quantitativer Bestand zukünftig	Bekannte Fluktuation ist bestimmbar, unbekannte Fluktuation nur schätzbar.
Qualitativer Bestand zukünftig	Für bekannte Fluktuation ermittelbar, für unbekannte nicht.
Quantitativer Bedarf zukünftig	Aufgabenumfang und Leistungspotential der Informationsfunktion aufgrund dynamischer Entwicklung für die Zukunft nicht genau bestimmbar.
Qualitativer Bedarf zukünftig	Wegen dynamischer Entwicklung nur grob bestimmbar. Wichtig ist Bestimmung von Schlüsselqualifikationen.

Abb. 10.2.2: Probleme der Personalbedarfsanalyse für das IM

7 DRUMM [1992] diskutiert diese Probleme ausführlich und stellt auch Unterstützungstechniken für die Personalbedarfsplanung vor.

10.3 Strategisches Personalmanagement

Auch für die Personalplanung im IM-Bereich bedarf es langfristiger Strategien. Dabei geht es um das „strategische Management der betrieblichen Humanressourcen, das eine frühzeitige Einbindung der Mitarbeiter schon in der Planungs- und nicht erst in der Realisierungsphase sowie gezielte Schulungs- und Qualifizierungsmaßnahmen als Voraussetzungen für den frühzeitigen Aufbau von Wissens- und Flexibilitätspotentialen sicherstellt. Durch dieses Vorgehen können Lernkurveneffekte schneller realisiert und eher erfolgswirksame Beiträge des IM erzielt werden.“[8]

Zum strategischen Personalmanagement des IM gehören u. a.:

- Strategische Stellenplanung, durch die ein langfristiges Konzept entwickelt wird. Das betrifft die inhaltliche Festlegung der Aufgaben und Qualifikationserfordernisse für die Stellen, Festlegung der Verantwortlichkeiten, Einordnung in die Unternehmenshierarchie usw.
- Aus der strategischen Stellenplanung ergeben sich Qualifikationsprofile der in diesen Bereichen einzusetzenden Mitarbeiter.
- Aus den Qualifikationsprofilen können dann Strategien für Personalbeschaffung und Personalentwicklung abgeleitet werden.
- Entwicklung langfristiger Schulungs- und Weiterbildungskonzepte.

10.4 Personalentwicklungsplanung

Technologie, Architektur, Integrationsgrad und Funktionalitäten von IV-Systemen haben sich in den letzten Jahren intensiv und schnell verändert. Gleichzeitig hat sich die Einsatzdauer von IV-Systemen verkürzt. Dadurch werden ständig neue Anforderungen an das Personal gestellt. In einigen Bereichen hat sich die *Halbwertszeit* des Wissens auf zwei bis drei Jahre verkürzt[9]. Es entstehen Tätigkeiten, die einerseits bisher abgeforderte Qualifikationen nicht mehr benötigen, andererseits aber neue Qualifikationsanforderungen an die Mitarbeiter stellen[10]. Daraus ergibt sich die Notwendigkeit für eine systematische Personalentwicklungsplanung.

10.4.1 Definition und Ziele der Personalentwicklung

„Personalentwicklung ist unter Beachtung individueller Ziele die Veränderung von Werthaltungen sowie insbesondere die Erweiterung und Verbesserung aller derjenigen Kenntnisse und Fähigkeiten des Personals, die in der

8 ZAHN/RÜTTLER [1990, S. 12].

9 Vgl. DRUMM [1992, S. 291].

10 Vgl. BIETHAHN u. a. [1994, S. 173].

Unternehmung zur Verfolgung der Unternehmensziele gegenwärtig oder zukünftig genutzt werden können."[11] Daraus ergeben sich folgende Ziele der Personalentwicklung:

- **Ausbau unternehmungsspezifischer Kenntnisse und Fähigkeiten,**
- **Erfüllung von individuellen Entwicklungszielen** des Personals.

Diese Ziele können konfliktär zueinander sein. Dann muß ein Zielkompromiß gefunden werden.

Ein weiteres Ziel der Personalentwicklung ist

- die **institutionelle Verstetigung des Lernens.**

In der Regel steht dieses Ziel nicht im Konflikt zu den ersten beiden Zielen. Für die Unternehmungen ist eine Verstetigung des Lernens in einer dynamischen Umwelt erwünscht (s.o.). Auch die Mitarbeiter sind, soweit sie individuelle Entwicklungsziele besitzen, am Lernen interessiert[12].

10.4.2 Konzeption einer Personalentwicklung

Die Personalentwicklung orientiert sich an den zukünftigen Aufgaben der Unternehmung. Sie versucht gegenwärtig und zukünftig ein Gleichgewicht zwischen den Qualifikationsanforderungen der Unternehmung und dem Qualifikationsangebot der Mitarbeiter herzustellen. Zur Lösung dieses Problems eignet sich das entwickelte Deckungslückenkonzept der Personalentwicklung[13]. Es orientiert sich an dem Vorgehensschema in Abb. 10.4.1.

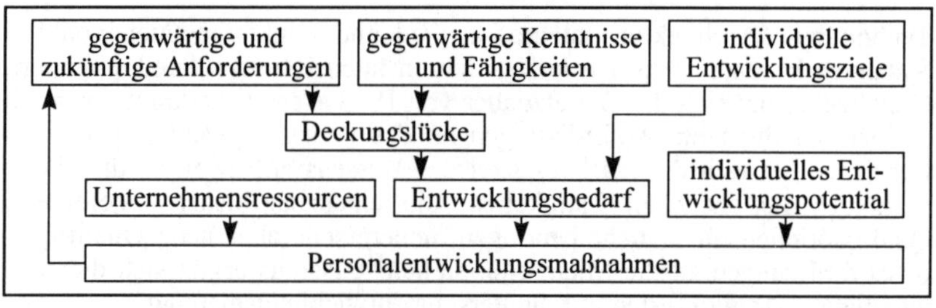

Abb. 10.4.1: Konzeption einer Personalentwicklung[14]

Die Personalentwicklungsplanung beginnt mit der Bestimmung von gegenwärtigen und zukünftigen Anforderungen sowie gegenwärtigen Kenntnissen und Fähigkeiten je Mitarbeiter. Hier ist zu erkennen, daß die Personal-

11 DRUMM [1992, S. 292].

12 Vgl. DRUMM [1992, S. 292].

13 Vgl. dazu DRUMM [1992, S. 294ff.].

14 In Anlehnung an DRUMM [1992, S. 296].

entwicklungsplanung direkt an die qualitative Personalbedarfsplanung anknüpft (vgl. Abschnitt 10.2, S. 236ff.).

Sind die Kenntnisse und Fähigkeiten der Mitarbeiter geringer als die Anforderungen, die an sie gestellt werden, so ist ein Qualifikationsdefizit vorhanden. Dieses wird auch als Deckungslücke bezeichnet. Da Personalentwicklung immer auch unter Berücksichtigung individueller Entwicklungsziele durchzuführen ist, sind für die Bestimmung des Entwicklungsbedarfs die individuellen Ziele der Mitarbeiter zu berücksichtigen. Aus dem Entwicklungsbedarf ergeben sich Entwicklungsmaßnahmen, mit deren Hilfe die Deckungslücke abgebaut und die individuellen Entwicklungsziele der Mitarbeiter befriedigt werden sollen.

Weitere Faktoren, die Art und Umfang der Entwicklungsmaßnahmen beeinflussen, sind die Unternehmungsressourcen sowie individuelle Entwicklungspotentiale der einzelnen Mitarbeiter. Für eine Unternehmung ist es meist nicht möglich, jeden Mitarbeiter so zu entwickeln, daß die gesamte Deckungslücke abgebaut und alle individuellen Entwicklungsziele erfüllt werden, da Entwicklungsmaßnahmen häufig mit nicht unerheblichen Kosten verbunden sind. Ferner ist zu beachten, daß Personalentwicklung nicht unbegrenzt möglich ist. Der Abbau eines Qualifikationsdefizits bei einem Mitarbeiter ist durch sein individuelles Entwicklungspotential begrenzt.

Am Ende der Personalentwicklung steht die Kontrolle des Entwicklungserfolgs. Durch sie soll eine Überprüfung einer Entwicklungsmaßnahme hinsichtlich ihres Entwicklungserfolgs ermöglicht werden und so zu einer qualitativen Verbesserung einer zukünftigen Personalentwicklungsplanung führen.

10.4.3 Probleme der Personalentwicklungsplanung

Das im vorangegangenen Abschnitt vorgestellte Konzept für eine Personalentwicklungsplanung erscheint auf den ersten Blick einfach und praktikabel zu sein. Bei der Durchführung einer Personalentwicklungsplanung nach diesem Konzept wird man allerdings sehr schnell auf einige Problempunkte stoßen. Nachfolgend sind diese stichwortartig aufgeführt[15].

(1) Ermittlung von Fähigkeitsdefiziten (Deckungslücke)
Zukünftige Qualifikationsanforderungen sind nicht mit Sicherheit bestimmbar. Gerade im Bereich des IM ist diese Unsicherheit besonders stark ausgeprägt. Es ist z. B. möglich, daß eine bestimmte Technologie, die am Ende des Planungshorizontes der Personalentwicklung in einer Unternehmung eingesetzt wird, zu Beginn dieses Planungshorizontes überhaupt noch nicht

15 Vgl. DRUMM [1992, S. 297ff.].

existiert. Aber auch die Beurteilung der gegenwärtigen Kenntnisse und Fähigkeiten der Mitarbeiter kann bei Qualifikationsmerkmalen, die nicht kardinal meßbar sind (z. B. Kreativität, Teamfähigkeit usw.), problematisch sein. Dadurch kann es zu subjektiven Verzerrungen durch den Beurteilenden kommen.

(2) Identifikation von individuellen Entwicklungszielen

Bei der Identifikation von Entwicklungszielen des Personals besteht das Problem, daß diese Ziele von den Mitarbeitern häufig nicht artikuliert werden und deshalb dem Management nicht bekannt sind. Ein Mitarbeitergespräch kann helfen, die Entwicklungsziele der Mitarbeiter transparent für eine Unternehmung zu gestalten.

Sind die Entwicklungsziele der Mitarbeiter bekannt, so können dadurch Probleme entstehen, daß diese in Konflikt zu den Personalentwicklungszielen der Unternehmung (der ermittelten Deckungslücke) stehen. Hier stellt sich die Aufgabe einen geeigneten Zielkompromiß zu finden. Es besteht grundsätzlich die Möglichkeit

- sowohl die Deckungslücke als auch die individuellen Entwicklungsziele vollständig zu berücksichtigen,
- nur den Schnittmengenbereich von Deckungslücke und individuellen Entwicklungszielen zu berücksichtigen oder
- einzelne Aspekte aus beiden Bereichen nach übergeordneten Kriterien auszuwählen.

(3) Auswahl der Entwicklungsadressaten

Häufig ist es aufgrund begrenzter Ressourcen nicht möglich, alle Mitarbeiter zu entwickeln. Dadurch entsteht ein Auswahlproblem, für dessen Lösung folgende Ansätze verwendet werden können[16]:

- rationale Regeln: Potentialregel (Entwicklung in der Reihenfolge der Entwicklungspotentiale der Mitarbeiter) und Engpaßregel (Entwicklung nach strategischen Prioritäten);
- werthaltige Regeln: Chancengleichheit und Privilegierung.

Diese Regeln können auch untereinander kombiniert werden.

(4) Bestimmung von Entwicklungserfolgen

Für die Personalentwicklungsplanung ist die Ermittlung des Entwicklungserfolgs äußerst wichtig. Nur so kann festgestellt werden, inwieweit die Deckungslücken bei den Mitarbeitern geschlossen werden konnten oder ob ein weiterer Entwicklungsbedarf besteht. Sie ist auch Vorraussetzung für die Durchführung einer Ursachenanalyse im Falle einer Soll-Ist-Abweichung bei den Entwicklungszielen. Dies macht deutlich, daß in bezug auf die Qualität zukünftiger Personalentwicklungsplanungen Informationen

---

16 Vgl. DRUMM [1992, S. 301f.].

über den Erfolg von Personalentwicklungsmaßnahmen unverzichtbar sind. Entwicklungserfolge können allerdings nicht immer ohne weiteres bestimmt werden, da

- der Entwicklungserfolg häufig erst zeitversetzt nach der Entwicklungsmaßnahme eintritt und
- oft keine objektiven Meßkriterien für den Entwicklungserfolg existieren.

In Abschnitt 10.7 (S. 247ff.) werden die hier vorgestellten, eher allgemein gehalten Aspekte der Personalentwicklungsplanung auf Überlegungen zu konkreten Qualifizierungskonzepten für das IM übertragen.

10.5 Realisierungs- und operative Aufgaben des Personalmanagements

Zu den Realisierungsaufgaben und den operativen Aufgaben des IM bezüglich des Personals gehören beispielsweise:

- Einstellung von Personal,
- Zuordnung der Mitarbeiter zu Stellen,
- Einweisung von Mitarbeitern,
- Qualifizierungsmaßnahmen (vgl. dazu Abschnitt 10.7, S. 247ff.),
- Personalbeurteilung.

Dazu kommen alle Personalmanagementaufgaben, die auch für andere Mitarbeiter erforderlich sind, wie beispielsweise Lohn- und Gehaltsabrechnung. Dazu wird auf die einschlägige Literatur verwiesen.

10.6 Berufsbilder

10.6.1 Übersicht

Im Rahmen der Personalentwicklungsplanung findet eine Prognose der zukünftigen Aufgaben innerhalb einer Unternehmung statt (vgl. Abschnitt 10.4.2, S. 240f.). Diese prognostizierten Aufgaben werden anschließend zu einem Tätigkeits- oder Stellentyp gebündelt.

Eine Möglichkeit der Aufgabenbündelung stellt die Orientierung an sog. Berufsbildern dar. Unter Berufsbild versteht man dabei ein **Muster typischer Arbeitsgänge an einem Arbeitsplatz**[17]. Werden für die Zukunft neue, bisher noch nicht existierende Aufgabenarten prognostiziert, so ist eine Zuordnung zu bestehenden Berufsbildern nicht möglich, und es entstehen neue Berufsbilder.

17 Vgl. DRUMM [1992, S. 182].

In jüngster Zeit entstandene neue Ausbildungsberufe sind z. B.
- Elektroniker/Elektronikerin für informationstechnische Systeme,
- Fachinformatiker/Fachinformatikerin,
- Kaufmann/Kauffrau für informationstechnische Systeme,
- Informatikkaufmann/Informatikkauffrau.

Gerade im Rahmen des IM sind in den letzten Jahren eine Reihe von neuen Aufgaben - und damit auch eine Vielzahl neuer Berufsbilder - entstanden, die in Computerkernberufe, Computerrandberufe und Mischberufe eingeteilt werden können[18].

Computerkernberufe haben ein Tätigkeitsspektrum, in dem computerbezogene Elemente dominant sind. Entsprechend sind auch computerbezogene Qualifikationen erforderlich.

Computerrandberufe sind Berufe, bei denen überwiegend nicht computerbezogene Tätigkeiten durchgeführt werden. Der Computer kommt kaum zum Einsatz und verändert die traditionellen Tätigkeiten nur unwesentlich. Computerbezogene Qualifikationen werden in diesen Berufen nicht oder nur am Rande benötigt.

Bei **Mischberufen** spielen computerbezogene und nicht computerbezogene Tätigkeiten und Qualifikationen eine etwa gleichgewichtige Rolle. Diese Berufe werden auch als **Hybridberufe** bezeichnet.

Ein umfassender Überblick über konkrete Berufsbilder innerhalb des IM findet sich bei BIETHAHN u. a. [1994, S. 174ff.]. Sie unterscheiden in
- Berufe der DV-Gesamtleitung,
- Berufe im Kernbereich der DV,
- Berufe in der Anwendungsentwicklung und
- Berufe im DV-Betriebsbereich.

Jeder dieser Kategorien ist eine Vielzahl von Berufsbildern zugeordnet[19].

10.6.2 Informationsmanager[20]

Ein besonderes Berufsbild ist das des Informationsmanagers. Der Begriff Informationsmanager kann dabei in zweierlei Sinn interpretiert werden:
- Ein institutionelles IM wird üblicherweise von einer Person, einem „Informationsmanager“, geleitet. Es sind aber auch Organisationsformen mit mehreren Informationsmanagern denkbar, die dann jeweils für andere IM-Bereiche verantwortlich sind.

18 Vgl. DOSTAL [1990, S. 764].

19 Zu den Berufsbildern wird auch verwiesen auf MERTENS/KNOLMAYER [1998] und SCHWEIZERISCHE VEREINIGUNG [1993].

20 Vgl. zu diesem Abschnitt auch SCHWARZE [1988] und [1993].

- Jede Führungskraft in einer Organisation, die Aufgaben eines funktionellen IM wahrnimmt, ist **auch** Informationsmanager.

Hier wird von der ersten Begriffsauffassung ausgegangen.

Grundsätzlich stellt sich für den Informationsmanager die unternehmerische Aufgabe, unter Berücksichtigung humaner, sozialer und rechtlicher Aspekte und unter Beachtung des Wirtschaftlichkeitsprinzips IuK-Innovationen voranzutreiben, Entwicklung und Einführung von IV-Systemen zu forcieren und die Informations*verarbeitungs*bedürfnisse und den Informationsbedarf aller betrieblichen Bereiche zu befriedigen und zu koordinieren. Dabei muß das IM die in den Kapiteln 5 bis 8 beschriebenen Aufgabenfelder abdecken bzw. entsprechende Veranwortungsbereiche umfassen. Die wichtigsten Aufgabenfelder sind in Abb. 10.6.1 noch einmal grafisch zusammengefaßt.

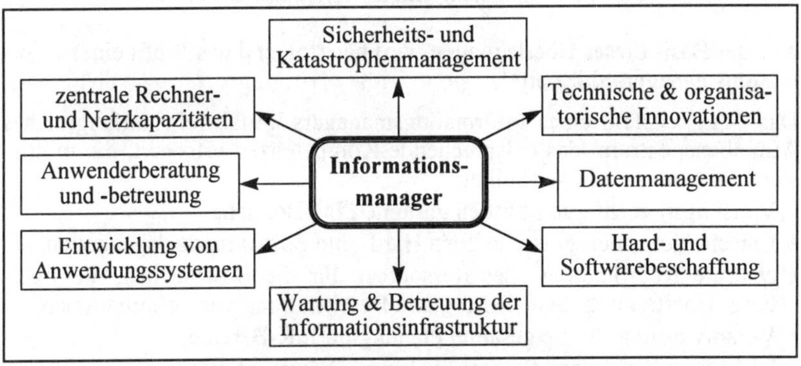

Abb. 10.6.1: Aufgabenfelder eines Informationsmanagers

Vergleicht man den Informationsmanager mit dem EDV-Leiter der klassischen EDV, dann kann folgendes festgestellt werden:
Der EDV-Leiter früherer Jahre war im Alleinbesitz des damals dominierenden technischen Know-how. Er war Initiator von Insellösungen auf der Basis der Stapelverarbeitung und befaßte sich mit Hardware, Betriebssystemen, Programmiertechniken und dem Rechenzentrumsbetrieb. Diese Rolle trifft auf den Informationsmanager infolge des technischen und organisatorischen Wandels nicht mehr zu. Der Informationsmanager steht in einer Unternehmung in einem besonderen Spannungsfeld zwischen

- Management,
- Fachabteilungen,
- EDV-Personal,
- Hard- und Softwaremarkt,
- technischem Fortschritt,

mit speziellen Anforderungen aus jedem Bereich. Abb. 10.6.2 veranschaulicht dieses Spannungsfeld.

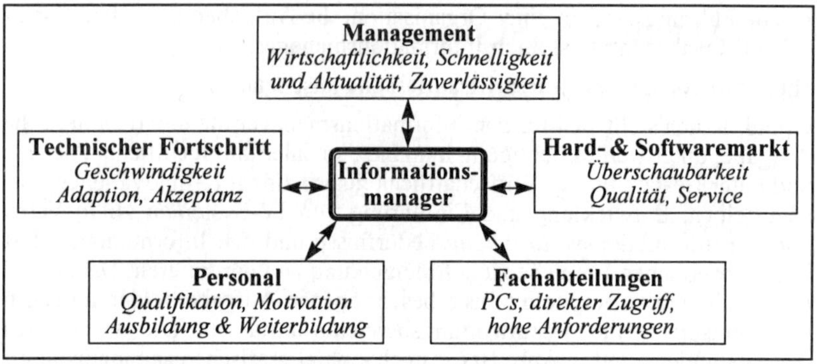

Abb. 10.6.2: Spannungsfeld des Informationsmanagers

Auf der Basis dieser Überlegungen wird nachfolgend das Profil eines Informationsmanagers skizziert[21].

Das Tätigkeitsfeld eines Informationsmanagers umfaßt ein umfangreiches Aufgabenspektrum, das entsprechende Kompetenzen erfordert, die mindestens folgendes umfassen sollten:

- Weisungsberechtigung für den gesamten IM-Bereich,
- Entscheidungsbefugnisse in allen Hard- und Softwareangelegenheiten,
- zentrale Koordination aller Ressourcen für die Beschaffung, Verarbeitung, Übertragung, Speicherung und Bereitstellung von Informationen,
- Verantwortung für die gesamte Planung im IuK-Bereich,
- Richtlinienkompetenz für Standards und Dokumentationen.

Ein mit diesen Kompetenzen ausgestatteter Informationsmanager sollte auf der höchsten Hierarchieebene einer Unternehmung angesiedelt werden.

Für einen Informationsmanager wird man im Regelfall ein Hochschulstudium verlangen, vorzugsweise aus folgenden Fachrichtungen:

- Informatik/Wirtschaftsinformatik,
- Betriebswirtschaftslehre (mit Schwerpunkt Wirtschaftsinformatik),
- Mathematik,
- Ingenieurwesen/Wirtschaftsingenieurwesen.

Diese Ausbildung sollte ergänzt sein durch Erfahrungen in der Konzeption, Entwicklung, Beurteilung, Nutzung und Betreuung von IV-Systemen.

Im übrigen wird auf Abschnitt 10.7.4 (S. 249) verwiesen.

---

21 Vgl. zu Einzelheiten SCHWARZE [1988 und 1993] sowie BUSCH [1986]; FINKE [1988] und ÖSTERLE u.a. [1991, S. 334ff.].

10.7 Qualifizierungskonzepte[22]

10.7.1 Ansatzpunkte für Qualifizierungskonzepte

Umfang und Vielfalt der IM-Aufgaben erfordern entsprechende Qualifizierungskonzepte[23]. Dabei ist davon auszugehen, daß für eine optimale Informationsversorgung einer Unternehmung die aktive und qualifizierte Beteiligung der Führungskräfte in allen Bereichen und auf allen Ebenen erforderlich ist[24].

Mitarbeiterqualifizierung im Bereich IM darf sich nicht nur auf ein institutionelles IM beziehen, sondern muß alle Führungskräfte betreffen und sich letztendlich auf alle Mitarbeiter beziehen. IM-Qualifizierung muß unternehmungsweit angesetzt werden. Das führt zu einem mehrschichtigen Qualifizierungskonzept:

- Unternehmungsleitung,
- Institutionelles IM,
- Fachmanagement,
- Mitarbeiter.

Bei der Entwicklung von Qualifizierungskonzepten ist auch zu beachten, daß ein erfolgreiches IM nur realisiert werden kann, wenn die Qualifizierung vor der Planung und Implementierung eines IM erfolgt[25].

10.7.2 Nutzen einer systematischen Qualifizierung

Die Motivation der verschiedenen Managementbereiche, Qualifikation im Bereich IM *zu wollen*, kann für die verschiedenen Managementbereiche aus den Nutzenfaktoren hergeleitet werden[26]:

Globale Nutzen des gesamten Managements sind z. B.

- Wettbewerbsvorteile durch Verfügbarkeit aller entscheidungs- bzw. problemrelevanten Informationen,
- Zukunftspotentiale für den Einsatz von IuK-Technik erkennen können,
- organisatorische Maßnahmen für ein unternehmungsweites IM optimal vorbereiten können,
- Zusammenhänge zwischen Unternehmungsplanung und Planung von IV-Systemen beherrschen können.

---

22 Vgl. zu diesem Abschnitt SCHWARZE [1993].
23 Vgl. z.B. auch ANGERMEYER [1990, S. 36 und S. 39].
24 Vgl. ANGERMEYER [1990, S. 38].
25 Vgl. z.B. ANGERMEYER [1990, S. 36].
26 Vgl. ANGERMEYER [1990, S. 39-40].

Nutzen für die Unternehmungsleitung sind u. a.
- IV-Systeme aktuell positionieren können,
- Investitionen in IV-Systeme bewerten und Chancen für die Nutzung solcher Systeme erkennen können,
- Leistung des IM-Bereichs beurteilen können,
- Bedeutung der Artikulierung von Informationsbedarf erkennen können,
- Qualifikationsbedarf und -aufwand für das IM einschätzen können,
- unternehmungsweites IM als integralen Bestandteil der Unternehmungsstrategie begreifen.

Nutzen für das institutionelle IM sind
- verstärkter Anspruch auf Beteiligung an der Unternehmungsplanung,
- Bedeutung der strategischen Planung für IV-Systeme im gesamten Management verdeutlichen und damit entsprechende Unterstützung gewinnen können,
- Verantwortlichkeiten für Anwendungsarchitektur klarstellen,
- Kompetenz für F&E im Informationsbereich übernehmen können.

Nutzen für das Fachmanagement sind z. B.
- Informationsfunktion kennen und einschätzen können,
- Eigenverantwortlichkeit für Informationsbedarf erkennen können,
- Teamfähigkeit als Voraussetzung für IV-System-Planung akzeptieren,
- Funktionen in Steuerungs- und Koordinierungsgremien aktiv wahrnehmen können,
- Chancen für Innovationen erkennen und fördern können,
- Qualifizierungsbedarf abschätzen und planen können.

10.7.3 Anforderungen und Inhalt von IM-Qualifizierung

An Qualifizierungskonzepte sind verschiedene Anforderungen zu stellen:
- IM-Qualifizierung darf nicht nur für ein institutionelles IM betrieben werden, sondern muß **alle** Mitarbeiter erfassen.
- IM-Qualifizierung muß sich an den Aufgaben, Zielen und Grundsätzen eines IM orientieren.
- Auch für die IM-Qualifizierung ist die Entscheidung für eine Strategie notwendig, wobei einer moderaten bis aggressiven Strategie der Vorzug gegeben werden sollte.
- IM-Qualifizierung muß von der Unternehmungsleitung getragen werden und in ein strategisches Konzept eingebunden werden, das Personalplanung und Personalentwicklung, Ausbildungskonzepte und Weiterbildungsmaßnahmen, aber auch Stellen- und Anforderungsprofile umfaßt.
- IM-Qualifizierung erfordert Motivation der Betroffenen.

- IM-Qualifizierung muß wenigstens zweischichtig gesehen werden:
  - **Erstqualifizierung** ist an den Anfang der Einführung eines unternehmungsweiten IM-Konzepts zu stellen.
  - **Anpassungs- oder Erneuerungsqualifizierung** ist eine permanente Aufgabe, damit alle Mitarbeiter, die IM-Funktionen ausüben, neue Entwicklungen frühzeitig adaptieren können.
- IM-Qualifizierung ist als langfristige Investition in Humankapital zu sehen.

Inhalte von IM-Qualifizierungsmaßnahmen müssen sich an den beschriebenen Zielen, Grundsätzen, Anforderungen und vor allem den Aufgaben des IM orientieren. Zu einer umfassenden Qualifizierung für das IM gehören in erster Linie Kenntnisse aus

- Informatik bzw. Wirtschaftsinformatik,
- Wirtschaftswissenschaften, insbesondere Betriebswirtschaftslehre,
- technische Grundlagen, vor allem aus der Elektrotechnik,
- Soziologie und Psychologie,
- Rechtswissenschaften.

Dazu können weitere Bereiche kommen, z. B. Arbeitswissenschaften.

Spezielle Qualifikationsinhalte sind die in diesem Buch behandelten Aufgabenbereiche eines IM, wobei für die verschiedenen Adressatengruppen unterschiedliche Akzente zu setzen sind.

IM umfaßt Führungs- und Fachaufgaben, die stellenspezifisch festgelegt sind. Qualifizierungsprofile für IM müssen deshalb auch immer individuell aus den Qualifikationsanforderungen der jeweiligen Stelle entwickelt werden, und zwar gleichermaßen für funktionelles wie für institutionelles IM. IM-Qualifizierungskonzepte stellen deshalb hohe Ansprüche an Personalplanung und Personalentwicklung. Die Aufgabenbreite eines IM verlangt dabei nach speziellen Qualifizierungsmaßnahmen, wie z. B. Job-Rotation, auch unter Einbeziehung verschiedener Fachabteilungen[27].

10.7.4 Qualifizierung für Informationsmanager[28]

Aus dem Aufgabenfeld des Informationsmanagers und aus der Stellung innerhalb der Spitze des unternehmerischen Kompetenzsystems folgt unmittelbar, daß es für Informationsmanager kein einheitliches Berufsbild oder Qualifikationsprofil geben kann. Auf jeden Fall muß ein Informationsmanager alle **allgemeinen Führungsqualifikationen** besitzen, wie sie von jedem anderen Manager auch verlangt werden, z. B.:

---

27 Vgl. z.B. MERTENS/PLATTFAUT [1986].

28 Vgl. hierzu auch SCHWARZE [1988] und [1993].

- Fähigkeit zur Personal- und Menschenführung,
- Kontaktfähigkeit,
- Kommunikationsfähigkeit,
- Entscheidungsfreudigkeit,
- Risikobereitschaft und Risikobewußtsein,
- besondere analytische Fähigkeiten, um Probleme und Problemstrukturen schnell und umfassend zu erkennen und Lösungsansätze vorzuschlagen,
- hohe Koordinationsfähigkeit,
- Kooperationsbereitschaft.

Der Informationsmanager muß überdurchschnittlich flexibel und genauso dynamisch sein wie die Entwicklung in seinem Verantwortungsbereich. Er muß unter anderem folgenden Anforderungen gerecht werden:

- Sicherstellung von Informationsverarbeitung und Kommunikation in der gesamten Unternehmung, unabhängig von Einzel- und Bereichsinteressen,
- Gewährleistung höchster technischer und wirtschaftlicher Effizienz der Informationsverarbeitung und Kommunikation,
- Verfolgung technologischer Entwicklungen und Prüfung, inwieweit diese Entwicklungen in der Unternehmung genutzt werden können,
- Überzeugung von Mitarbeitern und dem übrigen Management von neuen Entwicklungen und Verfahren sowie Durchsetzung der nutzbringenden Anwendung dieser Verfahren in der Unternehmung,
- Überwachung der Einhaltung von gesetzlichen und unternehmungsspezifischen Datenschutzbestimmungen,
- Mittlerfunktion zwischen Anwendungserfordernissen und technologischen Möglichkeiten sowie zwischen Herstellern und internen Nutzern unter Beachtung des Wirtschaftlichkeitsprinzips,
- Führung und Steuerung aller Bereiche der Informationsverarbeitung und Kommunikation von Computern über Telefon und Rechnernetze bis hin zu Formulargestaltung und Registratur,
- Übernahme aller Aufgaben des Datenmanagements.

Aufgaben und Fähigkeiten eines Informationsmanagers verlangen ein breites Spektrum solider **Kenntnisse** aus den im vorhergehenden Abschnitt genannten Bercichen (vgl. S. 249). In einer anderen Systematik können die Kenntnisse und Wissensanforderungen an einen Informationsmanager auch wie folgt beschrieben werden:

- **Informationsbezogenes Wissen,**
  das Wissen über Aufbau, Einsatzmöglichkeiten und Leistungsfähigkeit von IV-Systemen, über die Rolle von Information als Produktionsfaktor, über externe Informationsbeschaffungsmöglichkeiten usw. einschließt.

- **Informationstechnologisches Wissen**
  über Hardware, Software, Netze, Endbenutzerwerkzeuge usw.
- **Allgemeines Organisationswissen**
  aus den Bereichen Organisationstheorie, soziale und rechtliche Aspekte eines Technologieeinsatzes, Personalführung usw.
- **Anwendungsbezogenes Wissen,**
  denn ohne Kenntnisse über betriebliche Aufgabenbereiche und Abläufe ist ein effizientes IM nicht denkbar.
- **Managementwissen,**
  zu dem Führungsinstrumente, Entscheidungstechniken usw. gehören.

10.7.5 Qualifikationsprofile für Anwender

Immer mehr Arbeitsplätze sind heute von neuen Informationstechniken durchdrungen. Veränderte Wettbewerbsbedingungen (z. B. Globalisierung der Märkte, Individualisierung der Kundenwünsche, Verkürzung von Produktlebenszyklen) führen dabei zu folgenden Merkmalen des Einsatzes von Informationstechnologien[29]:

- Die zwischenmenschliche Kommunikation wird durch eine Vielzahl von Netzdiensten unterstützt.
- Der Zugang zu Informationen wird durch unternehmungsinterne oder unternehmungsexterne Datenbanken erleichtert.
- Die menschliche Informationsarbeit wird durch individuelle Informationsverarbeitung unterstützt.
- Die Produktion wird durch informationstechnische Steuerung individualisiert und flexibilisiert.

Diese Trends des Einsatzes von Informationstechnologien führen zwangsläufig auch zu Veränderungen in den Qualifikationsanforderungen der Anwender von IV-Systemen, die wie folgt kategorisiert werden können[30]:

- Qualifikationen für den Umgang mit Informationstechnologien,
- Qualifikationen für den Umgang mit Informationen und
- Qualifikationen für eine neue Art von Arbeit.

Unter **Qualifikationen für den Umgang mit Informationstechnologien** ist zum einen die Bedienung der Informationstechnologie zu verstehen, zum anderen aber auch ein Grundverständnis für die Logik von Computerprogrammen. Dies verbessert die Nutzungsmöglichkeit der Programme für unstrukturierte Problemlösungen.

---

29 Vgl. SCHNEEVOIGT/SCHEUTEN [1992, S. 440f.].

30 Vgl. SCHNEEVOIGT/SCHEUTEN [1992, S. 439ff.].

Qualifikationen im Umgang mit Informationen müssen erworben werden, da ein effektiver Einsatz von Informationstechnologie nur durch einen entsprechenden Einsatz von Informationen möglich ist. Die zunehmende Informationsorientierung erfordert dabei

- die Fähigkeit zu logisch-abstraktem Denken,
- die Fähigkeit zum Verständnis von Grundzusammenhängen sowie
- die Fähigkeit zum klaren und problemadäquaten Darstellen und Verstehen von Informationen (Sprachlogik, Ausdrucksfähigkeit, Umgang mit Formeln oder bildhafter Darstellung).

Konkrete Angaben von **Qualifikationen für eine neue Art der Arbeit** lassen sich nur schwer angeben. Sie werden maßgeblich vom konkreten Arbeitsplatz abhängen. Grundsätzlich kann man jedoch feststellen, daß die sog. Schlüsselqualifikationen an Bedeutung gewinnen werden. Unter Schlüsselqualifikationen faßt man Qualifikationen zusammen wie

- Analysefähigkeit,
- Teamfähigkeit,
- Flexibilität,
- Lernfähigkeit,
- Konfliktfähigkeit,
- Sozialkompetenz.

Relativ werden dabei zwar die fachlichen Qualifikationen (Fachkompetenz) gegenüber den Schlüsselqualifikationen (Sozial- und Methodenkompetenz) an Bedeutung verlieren, absolut allerdings nicht.

11 Sicherheits- und Katastrophenmanagement

In diesem Kapitel werden die grundlegenden Fragen des Sicherheitsmanagements und des Katastrophenmanagements behandelt. Beide Aufgabenbereiche des IM dienen der Abwehr von ungewollten Einflüssen und Einwirkungen auf die Daten und die Informationsinfrastruktur sowie der Behebung eventueller Folgen.

11.1 Notwendigkeit von Sicherheits- und Katastrophenmanagement

Die zunehmende Durchdringung von Organisationen durch IV-Systeme und die steigende Komplexität der eingesetzten Technologien führen zu immer größerer Abhängigkeit von Zuverlässigkeit und Funktionsfähigkeit dieser Systeme. Im Extremfall kann sogar das Überleben einer Unternehmung von der Sicherheit und Verfügbarkeit der Systeme abhängen.

> Für das IM ist **Sicherheit** der Schutz der Informationen bzw. Daten und der gesamten Informationsinfrastruktur vor unberechtigtem Zugriff und vor zufällig oder vorsätzlich erfolgten unberechtigten Manipulationen.

Die Sicherheit ist fast permanent verschiedenen Gefahren ausgesetzt, beispielsweise durch

- technische Defekte bei Hardwarekomponenten,
- Stromausfall,
- Diebstahl von Hardwarekomponenten,
- unerlaubte Datenzugriffe.

Auf Einzelheiten dazu wird in Abschnitt 11.4 (S. 256ff.) eingegangen.

Die Gefahren können zu Fehlern, Systemausfällen, Datenverlusten oder Verletzungen rechtlicher Vorschriften führen, also zu einer unerwünschten Beeinträchtigung der Zuverlässigkeit und Sicherheit von IV-Systemen.

Diese kann man wie folgt klassifizieren[1]:

- **Verletzung der Vertraulichkeit** durch unbefugten Informationszugriff,
- **Verletzung der Datenintegrität**,
- **Einschränkungen der Verfügbarkeit** der Informationsinfrastruktur.

Im Schadensfall kann es zu beträchtlichen materiellen und immateriellen Schäden kommen.

Aus den genannten Gründen sind Sicherheitsmanagement und Katastrophenmanagement unverzichtbare Aufgabenbereiche im Rahmen des IM.

Schließlich ist noch die **Computerkriminalität** zu erwähnen, d. h. die auf Informationsinfrastruktur und Daten gerichteten Straftaten. Abb. 11.1.1 zeigt die in der Polizeilichen Kriminalstatistik für 1994 erfaßten Delikte.

Deliktsbezeichnung	**Fälle 1994**	**gegenüber 1993**
Ausspähen von Daten	165	+ 60,2 %
Betrug mit rechtswidrig erlangten Karten für Geldausgabe- bzw. Kassenautomaten	17.357	+ 61,4 %
sonstiger Computerbetrug	2754	+ 22,6 %
Fälschung beweiserheblicher Daten	179	+ 14,7 %
Datenveränderung, Computersabotage	188	+ 30,9 %
Softwarepiraterie	356	- 28,9 %

Abb. 11.1.1: Computerkriminalität in Gesamtdeutschland[2]

Auch aus der Computerkriminalität, vor allem dem starken Anstieg, ergibt sich die Notwendigkeit von Sicherheits- und Katastrophenmanagement.

11.2 Begriffsabgrenzungen

Sicherheitsmanagement und Katastrophenmanagement sind eng verbunden.

Grundaufgabe des Sicherheits- und Katastrophenmanagements ist die Gewährleistung von

- Sicherheit,
- Verfügbarkeit,
- Zuverlässigkeit und
- Funktionsfähigkeit

der gesamten Informationsinfrastruktur und der Daten sowie das Erkennen von Gefahren und Risiken in diesem Bereich.

1 Vgl. HEINRICH [1996, S. 247].

2 Angaben aus PAUL [1995].

Zumindest in größeren Organisationen ist es zweckmäßig, zwischen Sicherheitsmanagement und Katastrophenmanagement zu unterscheiden und dafür möglicherweise verschiedene Zuständigkeiten festzulegen, auch wenn beide Aufgabenbereiche die gleiche Grundaufgabe betreffen.

Die Gefahren, die Sicherheits- und Katastrophenmanagement im Rahmen eines IM erforderlich machen, treten mit unterschiedlichen Wahrscheinlichkeiten ein, d. h. das Risiko eines Gefahreneintritts ist unterschiedlich groß. Das kann zu einer Abgrenzung der beiden Begriffe Sicherheitsmanagement und Katastrophenmanagement benutzt werden[3].

Sicherheitsmanagement bezieht sich auf solche Gefahren, deren Eintrittswahrscheinlichkeit oder Risiko relativ groß ist. Es umfaßt insbesondere laufende Maßnahmen der physischen und logischen Sicherung der Informationsinfrastruktur und der Daten.

Daraus ergibt sich, daß der wesentliche Teil der Aufgaben des Sicherheitsmanagements im operativen Bereich liegt. Auf Einzelheiten wird in Abschnitt 11.6 (S. 262ff.) eingegangen.

Katastrophenmanagement zielt auf solche Schäden bzw. Schadensursachen ab, deren Eintrittswahrscheinlichkeit bzw. Risiko als niedrig, deren Schadensfolgen jedoch als groß eingeschätzt werden.

Spezielle Aspekte des Katastrophenmanagements enthält Abschnitt 11.7 (S. 265ff.).

11.3 Ziele und Aufgaben von Sicherheits- und Katastrophenmanagement

Sicherheits- und Katastrophenmanagement bezieht sich auf die Informationsinfrastruktur und auf die Daten. Daraus ergibt sich:

Generelles Ziel von Sicherheits- und Katastrophenmanagement ist die Gewährleistung

- eines störungsfreien Betriebs der Informationsinfrastruktur und
- der Datensicherheit.

Ausführlicher kann man die Ziele wie folgt beschreiben:

3 Bei der nachfolgenden Begriffsabgrenzung kann dieses Kriterium allerdings nur „graduell“ benutzt werden.

Ziele eines Sicherheits- und Katastrophenmanagements sind
- Identifizierung und Evaluierung von Gefahren und Schwachstellen,
- Verhinderung des Eintritts von Gefahren und Störungen,
- schnelle Schadensbeseitigung im Falle eines Gefahreneintritts oder einer Störung,
- Minimierung der Schadens- oder Störungsfolgen.

Aus den Zielen lassen sich folgende **allgemeine Aufgaben** eines Sicherheits- und Katastrophenmanagements ableiten:
- Erreichung der gesetzten Sicherheitsziele.
- Analyse und Abschätzung der Gefahrenpotentiale und der Risiken eines Gefahreneintritts oder einer Störung.
- Identifizierung potentieller Gefahrenquellen und Störungsquellen sowie Schwachstellen.
- Vermeidung von Schadensfällen durch vorbeugende Maßnahmen.
- Entwicklung von Plänen und Bereithaltung von Ressourcen, die bei Eintritt eines Schadens die Folgen begrenzen und eine schnelle Schadensbehebung ermöglichen.
- Bildung von finanziellen Rücklagen für die Schadensbeseitigung.
- Abschluß von Versicherungen.

Für ein Sicherheits- und Katastrophenmanagement lassen sich Grundsätze aufstellen, die teilweise aus rechtlichen Vorschriften ableitbar sind[4]:
- Verfügbarkeit,
- Risikoabdeckung,
- Manipulationssicherheit,
- Datensicherung,
- Sicherheitskontrolle.

Generell geht es um den zu den GoDV[5] gehörenden Grundsatz der Funktionssicherheit.

11.4 Gefahren im IM

Die wichtigste Analyseaufgabe sowohl des Sicherheitsmanagements als auch des Katastrophenmanagements ist die Ermittlung existierender oder potentieller Gefahren oder Schwachstellen[6], die Abschätzung von Eintritts-

4 Vgl. dazu im einzelnen SCHUPPENHAUER [1998].

5 Grundsätze ordnungsmäßiger Datenverarbeitung (vgl. dazu auch Abschnitt 8.7).

6 Die potentiellen Gefahren und Schwachstellen werden häufig als „Risiken" bezeichnet (vgl. z. B. KRALLMANN/WIEGEMANN [1993], PANZER [1988] oder STRAUß [1991]).

wahrscheinlichkeiten bzw. Quantifizierung von Risiken und die Ermittlung möglicher Schadensfolgen bei Eintritt eines Schadensfalls. Deshalb wird hier zunächst auf die Gefahren eingegangen.

11.4.1 Gefahren und Gefahrenquellen

Entwicklung und Betrieb von IV-Systemen sind mit einer Vielzahl von Gefahren und Schwachstellen verbunden, die aus unterschiedlichen Quellen stammen können, und z. B. wie folgt systematisiert werden können[7]:

- Gefahren und Schwachstellen in der Informationsinfrastruktur, z. B.
  - technische Fehler oder Defekte,
  - menschliches Versagen,
  - Programmfehler,
  - Fehler in den Systemkonzepten.
- Gefahren und Schwachstellen in der Umgebung der Informationsinfrastruktur, wie z. B.
  - Schadstoffe in der Luft,
  - Überschwemmungen,
  - Feuer,
  - Unwetter.
- Gefahren und Schwachstellen durch deliktische Handlungen, z. B.
  - Datendiebstahl,
  - Datenmanipulation durch Dritte,
  - Datenvernichtung durch Dritte,
  - Hardware-Zerstörung oder -Beschädigung durch Dritte,
  - Herstellung von Raubkopien,
  - unbefugte Nutzung der Infrastruktur durch Dritte,
  - Computerviren.

Eine andere Systematik basiert auf einer empirischen Untersuchung und nennt nach Nennungshäufigkeit folgende Gefahrenquellen[8]:

- Nachlässigkeit der Mitarbeiter,
- Irrtum seitens der Mitarbeiter,
- technische Defekte,
- höhere Gewalt,
- Manipulation von Daten bzw. Programmen,
- Diebstahl,
- externe Mißbrauchsversuche (z. B. durch „Hacker“),
- Sabotage,
- Spionage.

---

7 Vgl. HEINRICH [1996, S. 247] und allgemein zu Gefahren auch SCHUPPENHAUER [1998].

8 Vgl. MEITNER [1991, S. 725].

Eine weitere Gliederung von Gefahrenquellen geht von vier Gruppen aus[9]:

- Computerkriminalität durch Manipulation von Input oder Output, Softwaremißbrauch, Sabotage;
- Fahrlässigkeit, beispielsweise unbeabsichtigtes Löschen oder Störungen bei PC-Host-Verbindungen;
- interne Gefahrenquellen, wie Feuer, Klimastörungen, Stromausfälle, elektrostatische Aufladungen oder Bauschäden;
- externe Gefahrenquellen, wie Explosionen, Sturm, Wasser, Netzausfälle, Störstrahlungen. Zu den externen Gefahren gehören auch Viren.

Berücksichtigt man die möglichen Auswirkungen eines Gefahreneintritts, kann man wie folgt klassifizieren[10]:

- Verlust der Vertraulichkeit,
- Verlust der Verfügbarkeit,
- Verlust der Integrität,
- Verlust der Verbindlichkeit.

Für ein Sicherheits- und Katastrophenmanagement ist es in jedem Fall erforderlich, einen individuellen Katalog potentieller Gefahrenquellen und Schwachstellen aufzustellen, der sinnvollerweise gruppiert und nach Risiko bzw. Eintrittswahrscheinlichkeit innerhalb der Gruppen geordnet wird.

Um Gefahren zu vermeiden, ist es notwendig, die **Verursacher möglicher Gefahren** zu kennen. Als Gefahrenverursacher kommen in Frage:

- Höhere Gewalt, Natur,
- systemexterne Menschen,
- systeminterne Menschen,
- Hardwarefehler oder -defekte,
- externe technische Störungen (Energieversorgung, Strahlungen usw.),
- Softwarefehler,
- Fehler in Übertragungsnetzen.

11.4.2 Evaluierung von Gefahren

Für ein Sicherheits- und Katastrophenmanagement ist nicht nur wichtig, potentielle Gefahren sowie Quellen und mögliche Verursacher von Gefahren zu identifizieren, sondern diese auch zu evaluieren. Dazu können verschiedene Kriterien herangezogen werden, so daß die Gefahrenevaluierung zu einer mehrdimensionalen Bewertung führt.

9 Vgl. PANZER [1988, S. 37ff.].
10 Vgl. KERSTEN [1991, S. 50ff.].

Ein wichtiges Bewertungskriterium ist das Risiko eines Gefahreneintritts oder Schadensrisiko, das, wie bereits oben (S. 255f.) gesagt wurde, verschieden groß sein kann.

> Die Wahrscheinlichkeit, mit der ein Schadens- oder Störfall eintritt, bezeichnet man als **Schadensrisiko** oder **Störrisiko**.

Da man diese Wahrscheinlichkeiten a priori im Regelfall nicht bestimmen kann, verwendet man meistens einfache, aber grobe Schätzungen, wie beispielsweise „sehr groß", „groß", „mittel", „niedrig", „sehr niedrig" oder noch gröber „groß", „mittel", „niedrig".

Ein zweites wichtiges Bewertungskriterium ist die **Schadenshöhe**, die man üblicherweise in Geld bewertet. Dabei können ebenfalls Schätzprobleme auftreten. Deshalb begnügt man sich auch hier manchmal mit groben Schätzungen, ähnlich wie bei den Wahrscheinlichkeiten. Die Schadenshöhe wird dann z. B. wie folgt angegeben „sehr hoher Schaden", „hoher Schaden", „mittlerer Schaden", „geringer Schaden".

Weitere Bewertungskriterien für die Gefahrenevaluierung sind:

- **Schadensumfang**, z. B.
  - Ausfall des Gesamtsystems,
  - Ausfall eines Teilsystems;
- **Schadensdauer**, d. h. die Zeit, die zur (vollständigen) Behebung eines Schadens benötigt wird;
- **Schadensobjekt**, z. B.
  - Hardware bzw. Hardwarekomponente,
  - Netz bzw. Netzkomponente,
  - Software,
  - Daten;
- **Schadenswirkungen**,
  - externe Auswirkungen, z. B. auf Marktstellung, Image,
  - interne Auswirkungen.

11.5 Sicherheitsmaßnahmen

Die Erreichung der Ziele eines Sicherheits- und Katastrophenmanagements kann über eine Vielzahl unterschiedlicher Maßnahmen erfolgen. Nach den betroffenen Komponenten der Informationsinfrastruktur kann man folgende Maßnahmen unterscheiden[11]:

11 Vgl. hierzu HEINRICH [1996, S. 249] und PANZER [1988].

- **Objektschutz**, der vor allem physische Maßnahmen zum Schutz von Gelände, Gebäuden, Räumen oder Geräten betrifft. Dazu gehören z. B.
  - Zugangskontrollen,
  - Brandschutzmaßnahmen,
  - Klimasicherung,
  - Sicherung der Stromversorgung.
- **Hardwareschutz** bezieht sich auf Rechner, Peripherie, Netze usw. Spezielle Maßnahmen sind z. B.:
  - Schreibsperren,
  - Authentifikation über Paßwörter oder Chipkarten,
  - Sicherheitsboxen.
- **Softwareschutz**, der insbesondere Anwendungsprogramme betrifft, und **Datensicherheit**. Als Maßnahmen kommen hier u. a. in Frage:
  - Verschlüsselung durch kryptografische Verfahren,
  - Paßwörter,
  - Sicherheitskopien und regelmäßiges Backup,
  - begrenzte Zugriffsberechtigungen,
  - Protokollierung der Datennutzung.
- Maßnahmen zur Sicherung einer **Bedrohung durch einen Netzbetrieb**:
  - Firewalls (s. u.),
  - Datenverschlüsselung.
- **Personelle Maßnahmen**, durch die von Mitarbeitern ausgehenden Sicherheitsrisiken vermieden oder minimiert werden sollen, z. B.:
  - Schulung,
  - Personalkontrollen,
  - Sicherheitstraining,
  - Katastrophenübungen,
  - Benennung eines Sicherheitsbeauftragten.

Ein spezieller Bereich von Maßnahmen umfaßt die Absicherung der internen Informationsinfrastruktur gegen Gefahren und Störungen von außen. Dazu verwendet man sog. Firewalls.

Ein **Firewall** besteht aus einer oder mehreren Komponenten, die zwischen zwei Netze oder Teilnetze geschaltet werden, um das interne Netz gegenüber der Außenwelt abzuschirmen. Die Intensität der Abschirmung kann dabei individuell eingestellt werden. Ein Firewall sollte folgende Eigenschaften haben[12]:

- Externer Datenaustausch darf nur über den Firewall erlaubt sein.
- Nur von der Sicherheitspolitik genehmigte Daten dürfen den Firewall passieren.

12 Vgl. dazu MUNZERT/WOLFF [1996, S. 90].

- Der Firewall muß selbst gegen Angriffe geschützt sein. Das kann z. B. über mehrstufige Firewall-Konzepte geschehen.
- Der Firewall sollte alles zurückweisen, was nicht ausdrücklich erlaubt ist.

Nach der **Wirksamkeit** kann man folgende Maßnahmenkategorien unterscheiden[13]:

- **Verhinderung eines Gefahreneintritts oder einer Störung**, also vorbeugende Maßnahmen.
- **Begrenzung der Schadenshöhe**, der Schadensfolgen, der Schadensdauer und/oder des Schadensumfangs, die sich beziehen können auf
  - Begrenzung des realen Schadens, z. B. durch ein Feuer- oder Einbruchmelde-System,
  - Begrenzung des Risikos für einen wirtschaftlichen Folgeschaden aufgrund eines realen Schadens, z. B. durch Gewährleistungsbestimmungen oder Reservekapazitäten,
  - Begrenzung des wirtschaftlichen Schadens, z. B. durch sofortige Installation einer Ersatzhardware.
- **Begrenzung oder Reduzierung des Schadensrisikos.**
- **Finanzielle Vorsorge für den Schadensfall**, z. B. durch Rückstellungen oder Abschluß von Versicherungen.

Versicherungen sind z. B. möglich für[14]

- Daten und Datenträger,
- Geräte und Anlagen der Datentechnik und der Informationsverarbeitung, einschl. der für den Betrieb dieser Geräte und Anlagen erforderlichen Datennetze, Klima- und Stromversorgungsanlagen,
- Vermögensschäden, die verursacht werden durch
  - Fehler oder Mängel in den Programmen (Software),
  - Fehler in der Ablaufsteuerung der Programme,
  - Fehler an den Schnittstellen verschiedener Computersysteme der betrieblichen Informationsverarbeitung, z. B. innerhalb eines CIM-Konzeptes (CAD-CAM, PPS-CAM, CAM-CAQ u. a.),
  - Fehler in Daten und Programmen, die durch Störungen in der Kommunikation mit externen Systemen induziert werden,
  - Bedienungsfehler, unsachgemäße Handhabung (Operatingfehler).

  Voraussetzung für den Abschluß einer DV-Vermögensschaden-Versicherung ist üblicherweise ein Risiko-Check der betrieblichen Informationsverarbeitung.

---

13 Vgl. hierzu auch HEINRICH [1996, S. 249f.].

14 Die Angaben entstammen einem Merkblatt einer Versicherungsgesellschaft.

11.6 Sicherheitsmanagement

11.6.1 Überblick

Wie bereits oben (vgl. S. 255) gesagt wurde, bezieht sich Sicherheitsmanagement auf solche Gefahren, deren Eintrittswahrscheinlichkeit oder Risiko relativ groß ist. Dabei geht es um die Sicherheit der Informationsinfrastruktur und bezüglich der Daten um Datensicherheit und um die Gewährleistung der Einhaltung rechtlicher Vorschriften des Datenschutzes. Die beiden letztgenannten Bereiche unterscheiden sich wie folgt:

Als **Datensicherheit** bezeichnet man den Schutz von Daten vor Zugriffen von unberechtigten Personen und den Schutz gegen zufälliges oder absichtliches Verändern oder Zerstören der Daten. Datensicherheit kann durch physische, programmtechnische und organisatorische Maßnahmen gewährleistet werden, durch die Daten physisch vor Verlust, Beschädigung und unerlaubtem Zugriff gesichert werden.

Datenschutz bezieht sich auf die Einhaltung von rechtlichen Vorschriften, wie sie sich aus dem Datenschutzrecht ergeben. Dieses Datenschutzrecht ist vor allem im Bundesdatenschutzgesetz (Gesetz zum Schutz von Mißbrauch personenbezogener Daten bei der Datenverarbeitung) und in Landesdatenschutzgesetzen geregelt. Datenschutzrechtliche Vorschriften finden sich aber auch in anderen Gesetzen, z. B. Betriebsverfassungsgesetz. Im Kern geht es um die aus Grundrechten abgeleitete **Informationelle Selbstbestimmung** als wesentliches Schutzinstrument des einzelnen Bürgers. Auf Einzelheiten dazu wird in Kapitel 12 eingegangen.

11.6.2 Analyseaufgaben und strategische Aufgaben

Die wichtigste Analyseaufgabe des Sicherheitsmanagements ist die Ermittlung und Evaluierung potentieller Gefahren und Schwachstellen. Darauf wurde bereits in Abschnitt 11.4 (S. 256ff.) eingegangen. Weitere **Analyseaufgaben** sind:

- Differenzierte Ermittlung der unternehmungsspezifischen Sicherheitsbedürfnisse nach Art und Bedeutung.
- Erfassung und Untersuchung vorhandener Sicherheitskonzepte.

Die Analyseaufgaben können auch wie folgt eingeteilt werden[15]:

- Gefahren- oder Bedrohungsanalyse (s. o.),
- Risikoanalyse, d. h. Bestimmung bzw. Schätzung der Wahrscheinlichkeiten für Gefahreneintritte,

15 Vgl. KERSTEN [1991, S. 54ff.].

- Schadensanalyse, d. h. Ermittlung bzw. Prognose der möglichen Schäden bei einem Gefahreneintritt.

Im **strategischen** IM werden die Rahmenbedingungen für das Sicherheits- und Katastrophenmanagement festgelegt. Dazu gehören u. a.:

- Identifizierung von Gefahrenquellen,
- Bestimmung der Einzelrisiken,
- Risikoanalysen mit
  - Festlegung von Risikoklassen für Daten und Systeme,
  - Bestimmung von Wahrscheinlichkeiten für einen Gefahreneintritt,
  - Abschätzung der Folgen eines Gefahreneintritts,
  - Evaluierung von Gefahren, die in Abschnitt 11.4.2 behandelt wurde,
- Festlegung von grundsätzlichen Anforderungen und Regelungen für Zugangs- bzw. Zugriffsberechtigungen,
- Entwicklung grundsätzlicher Anforderungen an ein Sicherheitskonzept,
- Entwurf eines Sicherheitskonzepts für die Informationsinfrastruktur und für die Datensicherheit.

Zu den strategischen Aufgaben gehört auch die Entwicklung einer **Sicherheitspolitik**, durch die u. a. folgendes festgelegt wird[16]:

- Gefahren, gegen die das System schützen soll,
- Sicherheitsgrundsätze und -regeln, die zu beachten sind,
- Schutzwürdigkeit der einzelnen zu schützenden Objekte,
- Akzeptiertes Restrisiko.

11.6.3 Realisierungsaufgaben des Sicherheitsmanagements

Zu den Realisierungsaufgaben des Sicherheitsmanagements gehören:

- Konkretisierung und Spezifizierung der potentiellen Gefahrenquellen und Schwachstellen, mit
  - genauer Bestimmung der Einzelrisiken,
  - Schätzung von Wahrscheinlichkeiten für einen Gefahreneintritt für jede einzelne Gefahrenquelle und Schwachstelle,
  - Bestimmung und - sofern möglich - Quantifizierung der Folgen eines Gefahreneintritts, insbesondere Ermittlung von Schadensfolgekosten (Schadenshöhe);
- Realisierung von Sicherungskonzepten unter Berücksichtigung der identifizierten Gefahrenquellen und Schwachstellen, mit z. B.
  - Softwaremaßnahmen,
  - Hardwaremaßnahmen,

16 Vgl. KERSTEN [1991, S. 52].

- räumlichen Maßnahmen,
- personellen Maßnahmen,
- Schulungen.

Dazu kommen Nutzen-Kosten-Analysen, um auf der Basis von Kosten für vorbeugende Maßnahmen zur Gefahren- und Störungsvermeidung und von Schadensfolgekosten eine optimale Sicherheitspolitik zu realisieren.

Weitere Aufgaben sind:

- Einteilung der Informationsinfrastruktur in Sicherheitsbereiche,
- Festlegung konkreter Sicherheits- bzw. Sicherungsmaßnahmen,
- Installation von Sicherheitssystemen, z. B. Software zur Identifizierung und Authentifizierung von Benutzern oder Hard- und Software für regelmäßige Backups,
- Ernennung eines Sicherheitsbeauftragten,
- bauliche Maßnahmen und Installation von physischen Sicherungssystemen, z. B. Alarmanlagen.

11.6.4 Operative Aufgaben des Sicherheitsmanagements

Operative Aufgaben eines Sicherheitsmanagements beziehen sich auf laufende Datensicherungen (einschl. Software), die Einhaltung von Sicherheitsvorschriften im laufenden Betrieb und auf die Behebung von Schäden und Störungen im Schadensfall.

Für das operative Sicherheitsmanagement seien hier beispielhaft folgende Einzelaufgaben genannt:

- Protokollierung aller Abläufe und Datenzugriffe.
- Laufende Überprüfung der Zugangs- und Zugriffsberechtigungen. Dazu gehören nicht nur systeminterne Kontrollen, sondern auch physische Zugangskontrollen sowie Identifikation und Authentifikation von Personen.
- Gewährleistung eines ständigen Betriebs von Reservekapazitäten bzw. die permanente Sicherstellung eines Zugriffs auf Ersatzkapazitäten (z. B. bei einem Dritten). Reservekapazitäten beziehen sich auch auf die Energieversorgung usw.
- Regelmäßige Herstellung von Sicherheitskopien.

Nach den Funktionen eines Sicherheitssystems kann man folgende operative Aufgaben unterscheiden[17]:

- Identifikation der Nutzer,
- Authentifikation, d. h. Nachweis der angegebenen Identität,

17 Vgl. KERSTEN [1991, S. 79ff.].

- Prüfung von Benutzerrechten,
- Verwaltung von Benutzerrechten,
- Beweissicherung, d. h. Protokollierung der Ausübung oder der versuchten Ausübung von Benutzerrechten,
- Gewährleistung von Datenintegrität,
- Fehlerüberbrückung,
- Übertragungssicherung,
- Geheimhaltung von Daten während einer Übertragung.

Eine spezielle Aufgabe des operativen Sicherheitsmanagements ist die Gewährleistung von **Datensicherheit**. Dazu gehören beispielsweise folgende Aufgaben[18]:

- Die Daten müssen gegen Zerstörung durch Feuer, Diebstahl oder durch andere Ursachen geschützt sein.
- Die Daten müssen jederzeit rekonstruierbar sein, damit bei ihrer (möglicherweise unbeabsichtigten) Zerstörung keine Folgeschäden auftreten.
- Daten müssen überprüfbar sein und sollten in regelmäßigen Abständen Revisionen unterzogen werden.
- Die Benutzer einer Datenbank müssen vor dem Zugriff auf die Daten identifiziert sein.
- Das Datenbanksystem darf den Benutzern den Zugang nur zu solchen Daten erlauben, zu denen sie zugangsberechtigt sind.
- Das Datenbanksystem sollte den Benutzerbetrieb überwachen und dokumentieren, damit unberechtigte Operationen festgestellt werden können.

Bei allen Datensicherheitsmaßnahmen ist zu beachten, daß es einen absoluten Schutz bzw. eine absolute Sicherheit nicht geben kann. Alle Maßnahmen werden von Menschen konzipiert und realisiert und sind deshalb auch durch Menschen zu umgehen.

11.7 Katastrophenmanagement

Katastrophenmanagement wird meistens mit einem Sicherheitsmanagement verknüpft. Charakteristisch für Katastrophen ist, daß die auslösenden Ereignisse weder von der Art noch vom Zeitpunkt her vorhersagbar sind, z. B.

- plötzlicher Stromausfall,
- Feuer,
- Überschwemmung,
- terroristische Akte.

18 Vgl. dazu auch die Ausführungen zu Sicherheitsmaßnahmen in Abschnitt 11.6 (S. 262).

Hauptaufgaben des Katastrophenmanagements sind
- Vermeidung bzw. Verhinderung von Katastrophensituationen,
- Vorhaltung einer „Notorganisation“ für den Katastrophenfall (Katastrophenvorsorge),
- Minimierung der Störungsfolgen im Katastrophenfall.

Zum Katastrophenmanagement gehört die Analyse und Evaluation möglicher Katastrophensituationen und der sich daraus ergebenden Folgen, einschl. Risikoanalyse (s. o.) und Folgenabschätzung. Darauf aufbauend ist ein strategisches Konzept für ein Katastrophenmanagement zu entwickeln. Dazu gehört ein Maßnahmenkatalog, der wie folgt strukturiert werden kann:
- **Vorsorgemaßnahmen** (z. B. regelmäßige Datensicherungen, Installation von Ausweichkapazitäten, physische Sicherheitsmaßnahmen für die Informationsinfrastruktur).
- **Maßnahmen bei Eintritt des Katastrophenfalls** (Katastrophenmanagement i. e. S.).
- **Maßnahmen nach Eintritt des Katastrophenfalls** (Katastrophenfolgemanagement).

Zum Katastrophenmanagement gehört insbesondere auch eine Katastrophenorganisation mit
- Katastrophenplan,
- Katastrophenhandbuch, das Anweisungen für den Notfall enthält,
- Benennung von Personen für einen Krisenstab, der im Katastrophenfall aktiv wird,
- Koordination mit externen Stellen, z. B. einem Ausweichrechenzentrum.

Objekte eines Katastrophenmanagements sind vor allem die Daten und die Informationsinfrastruktur.

12 Rechtsfragen eines IM

12.1 Überblick

Führungskräfte und vielfach auch Mitarbeiter auf Sachbearbeiterebene in Unternehmungen haben immer auch mit rechtlichen Vorschriften zu tun. Das gilt auch für den Bereich IM. Die verschiedenen IM-Aufgaben werden dabei von einer Reihe von unterschiedlichen Gesetzen tangiert, z. B. aus[1]:

- Arbeitsvertragsrecht,
- Arbeitsrecht,
- Datenschutzrecht,
- Mitbestimmungsrecht,
- Multimediarecht,
- Produkthaftungsrecht,
- Strafrecht,
- Telekommunikationsrecht,
- Urheberrecht,
- Vertragsrecht,
- Wettbewerbsrecht.

Die Rechtsgrundlagen können nationales Recht (z. B. BGB[2], Arbeitsgesetze) oder internationales Recht (z. B. Copyright-Bestimmungen, EU-Richtlinien) sein. Auf wichtige Aspekte wird in diesem Kapitel eingegangen[3]. Dabei ist zu beachten, daß bei den Rechtsfragen in konkreten Fällen jeweils auch immer die aktuelle Rechtsprechung eine wichtige Rolle spielen kann.

Geht man von der Informationsinfrastruktur aus, dann können rechtliche Vorschriften auf drei Arten einen Einfluß ausüben bzw. Einschränkungen auslösen[4]:

---

1 Vgl. z.B. HÖLLER [1989], KILIAN/HEUSSEN [1998].

2 Bürgerliches Gesetzbuch.

3 Die Ausführungen erfolgen teilweise in Anlehnung an LÜDER [1997].

4 Vgl. dazu und zu Abb. 12.1.1 LÜDER [1997, S. 8].

- Vorschriften, die einschränkend auf den Betrieb der Informationsinfrastruktur wirken, z. B. Regelungen im Datenschutzrecht oder Telekommunikationsrecht.
- Vorschriften, die bei der Beschaffung von Hard- und Software und bei der Einrichtung einer Informationsinfrastruktur bzw. Teilen davon zu beachten sind, beispielsweise aus dem Vertragsrecht oder dem Arbeitsrecht.
- Vorschriften, die die (rechtliche) Sicherheit des Betriebs der Informationsinfrastruktur betreffen, z. B. aus Urheberrecht oder Strafrecht.

In Abb. 12.1.1 sind die Einwirkungsbereiche veranschaulicht.

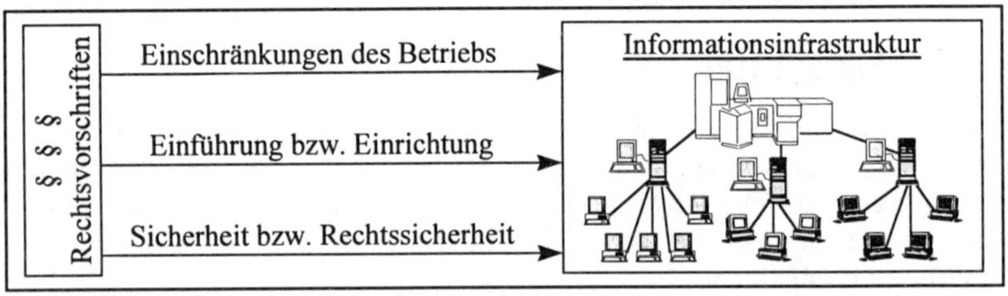

Abb. 12.1.1: Rechtliche Einwirkungen auf die Informationsinfrastruktur

Inhaltlich geht es bei den für das IM rechtlich relevanten Tatbeständen teilweise um schon vorher bekannte und für andere Bereiche geltende Regelungen, wie beispielsweise das Vertragsrecht, teilweise aber auch um neue, informatikspezifische Bestimmungen, wie z. B. die Regelungen zum Urheberschutz von Software im Urheberrechtsgesetz oder Regelungen zum Datenmißbrauch im Strafrecht.

Begrifflich existiert (noch?) keine Einheitlichkeit. Für die Gesamtheit der Rechtsfragen finden sich z. B. die Begriffe Computerrecht[5] und Informationsrecht[6].

12.2 Relevante Rechtsquellen für das IM

Für das IM haben sowohl Regelungen aus dem Privat- oder Zivilrecht als auch aus dem Öffentlichen Recht eine Bedeutung. In den folgenden Unterabschnitten wird ein kurzer Überblick gegeben, der vor allem die Breite und Vielfalt der gesetzlichen, für das IM relevanten Regelungen verdeutlichen soll.

5 Z. B. bei KILIAN/HEUSSEN [1998] oder NAUROTH [1992].

6 Z. B. bei HÖLLER [1989].

12.2.1 Zivilrecht

Das **Bürgerliche Recht** spielt allein schon wegen der darin enthaltenen gesetzlichen Regelungen zum Vertragsrecht eine Rolle. Neben allgemeinen Bestimmungen über das Zustandekommen von Verträgen in den §§ 145-157 des BGB und über Leistungsstörungen werden explizit Kaufvertrag (§§ 433ff. BGB), Mietvertrag (§§ 535ff. BGB) Dienstvertrag (§§ 611ff. BGB) und Werkvertrag (§§ 631ff. BGB) geregelt sowie Fragen der Gewährleistung bei Sach- und Rechtsmängeln.
Von besonderem Interesse sind sog. „Lizenzverträge" für die Nutzung von Software, die letztlich auf den vertragsrechtlichen Regelungen des BGB basieren[7].

Aus dem **Handelsrecht** sind u. a. Bestimmungen über das Führen von Handelsbüchern auf Datenträgern wichtig (§ 239 IV Satz 2 HGB[8]).

Aus dem **Wirtschaftsrecht** sind Bestimmungen des Wettbewerbsrechts von Bedeutung, insbesondere zum unlauteren Wettbewerb, wie die Generalklauseln in den §§ 1 und 3 UWG[9]. Diese Klauseln greifen beispielsweise, wenn jemand unerlaubt Software kopiert, statt diese selbst zu entwickeln.

Im **Urheberrecht** sind vor allem die Regelungen über das Urheberrecht an Software bzw. Computerprogrammen in den §§ 69a-69g UrhG[10] sowie die Verwertungsrechte relevant.

Aus dem **Arbeitsrecht** ist zunächst auf Bestimmungen zur Mitbestimmung hinzuweisen. So hat z. B. nach § 86 I Nr. 6 BetrVG[11] bei Einführung und Anwendung von technischen Einrichtungen, die zur Überwachung des Verhaltens und der Leistung von Arbeitnehmern geeignet sind, der Betriebsrat ein **Mitbestimmungsrecht**[12]. Ein Mitbestimmungsrecht des Betriebsrats existiert nach § 91 BetrVG auch bei Änderungen von Arbeitsplätzen, von Arbeitsabläufen oder der Arbeitsumgebung, falls diese Änderungen gesicherten arbeitswissenschaftlichen Kenntnissen über humane Arbeitsgestaltung widersprechen[13].

Im **Gesetz über Arbeitnehmererfindungen** sind die Rechte von Arbeitnehmern bei Erfindungen geregelt. Dieses Gesetz ist im Zusammenhang mit System- und Softwareentwicklungen zu beachten.

---

7 Das manchmal zitierte „Lizenzrecht" existiert rechtssystematisch nicht.

8 Handelsgesetzbuch.

9 Gesetz gegen den unlauteren Wettbewerb.

10 Urheberrechtsgesetz.

11 Betriebsverfassungsgesetz.

12 Darunter fällt nach einem Urteil des Amtsgerichts Hamburg vom 19.07.95 auch die Einführung von Standardsoftware, z. B. SAP R/3 (Az. 28 GaBV 1/95).

13 Ähnliche Bestimmungen finden sich in dem für öffentliche Verwaltungen geltenden Bundespersonalvertretungsgesetz.

12.2.2 Öffentliches Recht

Aus dem Öffentlichen Recht ist zunächst das **Datenschutzrecht** zu erwähnen, das sich auf personenbezogene Daten bezieht. Ausgangspunkt dazu ist in Deutschland das Grundgesetz, aus dessen Artikel 2 (allgemeines Persönlichkeitsrecht) in Verbindung mit Artikel 1 (Unantastbarkeit der menschlichen Würde) das Bundesverfassungsgericht das **Recht auf informationelle Selbstbestimmung** ableitet. Wie diesem allgemeinen verfassungsrechtlichen Anspruch im einzelnen nachzukommen ist, regeln das Bundesdatenschutzgesetz (BDSG) und Datenschutzgesetze der Bundesländer. In diesen Datenschutzgesetzen lassen sich folgende Grundsätze feststellen[14]:

- **Zweckbindung**
  Der Zweck einer Datenerhebung muß betroffenen Personen offen gelegt werden und die Verwendung der Daten nur für diesen Zweck muß eingehalten werden.
- **Weitergabebeschränkung**
  Daten dürfen nicht an Dritte weitergegeben werden.
- **Fremdaufsicht**
  Grundsätzlich gehen Datenschutzgesetze davon aus, daß die Kontrolle der Einhaltung der Gesetzesvorschrift durch die Betroffenen selbst erfolgt. Da diese aber im Einzelfall überfordert sein können, werden selbständige und unabhängige Kontrollinstanzen in Form sog. **Datenschutzbeauftragter** eingerichtet.
- **Publizitätsgrundsatz**
  Die generelle Publizität verlangt, daß jeder Betroffene erfahren können muß, wer überhaupt welche personenbezogenen Daten verarbeitet. Die individuelle Publizität gewährt dem Einzelnen ein Auskunftsrecht, welche Daten über ihn gespeichert sind.

Telekommunikationsrecht ist bei der Nutzung von Kommunikationsnetzen und Kommunikationsdiensten relevant.

Als **Computerkriminalität** bezeichnet man allgemein kriminelle Handlungen, die in einem Zusammenhang mit Computern stehen und strafbar sind oder strafbar wären, falls sie ohne Computer begangen worden wären[15]. Dazu sind inzwischen verschiedene neue **Straftatbestände** im Strafgesetzbuch (StGB) festgehalten, z. B.

- Computerbetrug (§ 263a StGB),
- Computersabotage (§ 303b StGB),
- Datenspionage (§ 202a StGB) und
- Datenveränderung (§ 303a StGB).

14 Vgl. dazu HÖLLER [1989, S. 45ff.].

15 Vgl. HÖLLER [1989, S. 50].

Die strafrechtliche Verfolgung von Urheberrechtsverletzungen im Bereich Software findet vor allem auf Grundlage des Urheberrechtsgesetzes statt.

12.3 Rechtsprobleme einzelner IM-Bereiche

In diesem Abschnitt wird exemplarisch gezeigt, welche rechtlichen Fragen in einzelnen Aufgabenbereichen des IM entstehen können.

12.3.1 Beschaffung und Betrieb von Hardware

Die Beschaffung von Hardware kann auf unterschiedliche Art erfolgen: Kauf, Miete oder Leasing. Entsprechend unterschiedlich sind auch die abzuschließenden Verträge. Bei Vertragsabschlüssen spielen die **Allgemeinen Geschäftsbedingungen** (AGB) eine wichtige Rolle und die Frage, inwieweit die AGB durch das IM zu den eigenen Gunsten beeinflußbar sind.

Im Bereich öffentlicher Verwaltungen werden üblicherweise die **Besonderen Vertragsbedingungen** (BVB) zugrunde gelegt, durch die die Vertragsbedingungen für Kauf, Miete und Wartung von Computersystemen sowie für Überlassung und Pflege von Software standardisiert wurden.

Bei Kauf von Hardware spielen die Gewährleistungsregelungen eine wichtige Rolle. Bei Miet- und Leasingverträgen ist vor allem auf die darin enthaltenen Wartungsbestimmungen zu achten.

Bei der Hardwarebeschaffung sind die Regelungen aus dem Arbeitsrecht zu beachten, z. B. das weiter oben schon erwähnte Recht auf Mitbestimmung des Betriebsrats nach § 91 BetrVG[16] oder die auf der vom Rat der Europäischen Gemeinschaften herausgegebenen Richtlinie 90/270/EWG über Bildschirmarbeitsplätze basierende **Bildschirmarbeitsverordnung**.

Für den Betrieb von Hardware (einschl. Netzen) werden Regelungen des **Telekommunikationsrechts**, insbesondere Bestimmungen aus dem Gesetz über Fernmeldeanlagen (FAG), dem Telekommunikationsgesetz (TKG) und der Telekommunikationszulassungsverordnung (TKZulV), relevant. Nach der TKZulV dürfen beispielsweise nur funkentstörte Computeranlagen betrieben werden.

Für gekaufte Hardware kann es sich empfehlen, Wartungsverträge abzuschließen. Neben rechtlichen Problemen geht es dabei vor allem um die Frage der Wirtschaftlichkeit und der Verfügbarkeit.

16 Vgl. S. 269.

12.3.2 Beschaffung und Betrieb von Software

Bei Beschaffung von Software sollte darauf geachtet werden, daß ein detailliertes Pflichtenheft Vertragsgrundlage ist. Das gilt nicht nur für Individualsoftware, sondern auch für Lieferung und Customizing von Standardsoftware. Für die Softwarebeschaffung sind dann nicht mehr die Bestimmungen des Kaufvertragsrechts (§§ 433ff. BGB) anzuwenden, sondern die des Werkvertragsrechts (§§ 631ff. BGB). Faktisch wird man häufig zwei Verträge abschließen. Einen „Lizenzvertrag“ über die Softwarenutzung und einen Werkvertrag über Customizing, Schulung usw.

Arbeitsrechtlich fällt auch die Beschaffung von Software teilweise unter die Mitbestimmungsregelungen des BetrVG[17]. Zu beachten ist auch, daß - wie bei Hardware - ergonomische Aspekte zu einem Beschwerderecht des Betriebsrats führen können[18]. Arbeitsrechtliche Bestimmungen können auch wirksam werden, wenn die Einführung eines IV-Systems zu Veränderungen in der Aufbau- und/oder der Ablauforganisation, zu veränderten Aufgabenzuordnungen und zum Wegfall von Arbeitsplätzen führt. Spezielle Regelungen greifen bei Telearbeit[19].

Beim Betrieb von Software ist rechtlich vor allem die Frage wichtig, ob die Lizensierung der eingesetzten Programme der tatsächlichen Nutzung entspricht. Eine andere Frage ist die der Sicherheit, insbesondere des Schutzes gegen „Angriffe“ durch Externe. Hier trägt das IM möglicherweise auch die Verantwortung für die Einhaltung von rechtlichen Vorschriften, nicht nur bezüglich der Datenschutzgesetze. In diesem Zusammenhang ist u. a. auch auf die bereits in Abschnitt 8.7 erwähnten Grundsätze ordnungsmäßiger Datenverarbeitung (GoDV) hinzuweisen, die sich auf die Einhaltung handels- und steuerrechtlicher Vorschriften beziehen[20].

Auch der Betrieb von Software erfordert häufig Wartungsverträge, beispielsweise für Fehlerbeseitigung, Aktualisierungen oder Anpassungen.

Softwareentwicklungen, Systementwicklungen und die damit verbundenen konzeptionellen Aktivitäten sind häufig mit der Schaffung neuer, origineller und individueller Systeme verbunden. Hier sind die eigenen Mitarbeiter zu verpflichten, diese Ideen und vor allem internes Wissen beim Ausscheiden nicht an Dritte weiterzugeben. Bei Neueinstellungen ist darauf zu achten, daß neue Mitarbeiter nicht Fremddaten und Fremdgedanken in ihre Arbeit einfließen lassen. Es geht dabei um die Einhaltung von Vorschriften des

17 Vgl. dazu die Anmerkung in Fußnote 12.

18 Vgl. hierzu die Ausführungen bei RICHENHAGEN [1997].

19 Z. B. aus dem Datenschutzrecht, aus dem Heimarbeitsgesetz oder aus dem Telekommunikationsrecht.

20 Vgl. dazu vor allem SCHUPPENHAUER [1998].

Gesetzes gegen den unlauteren Wettbewerb. Entsprechendes gilt im Hinblick auf die Beachtung von Vorschriften aus dem Urheber- und Lizenzrecht sowie aus dem Patentrecht.

12.3.3 Daten

Bei den Daten stehen die gesetzlichen Bestimmungen zum **Datenschutz** im Vordergrund. Das IM hat dafür zu sorgen, daß alle Regelungen des Bundesdatenschutzgesetzes bei den betroffenen Mitarbeitern bekannt sind und eingehalten werden. Bei Vorliegen der Voraussetzungen ist ein Datenschutzbeauftragter zu bestellen, dem dann die Überwachung der Einhaltung der gesetzlichen Regelungen obliegt. Wichtige Regelungen für das IM enthält das Bundesdatenschutzgesetz in § 4 mit Vorschriften zur Zulässigkeit einer Datenverarbeitung, § 5 zur Verpflichtung der Mitarbeiter auf das Datengeheimnis und § 36, in dem die Bestellung eines Datenschutzbeauftragten geregelt ist.

Im Hinblick auf die **Datensicherheit** finden sich Bestimmungen in verschiedenen Gesetzen. Die Aufbewahrungsfristen für Handelsbücher, Inventare, Bilanzen und Lageberichte betragen nach dem Handelsrecht (§ 257 HGB) und nach dem Steuerrecht (§ 147 Abgabenordnung) mindestens zehn Jahre. Alle anderen Unterlagen sind, sofern nicht gesetzlich kürzere Fristen zulässig sind, mindestens sechs Jahre aufzubewahren. Sofern Daten magnetisch, optisch, magnetooptisch oder elektronisch gespeichert werden, ist u. a. auch die Dauerhaftigkeit der Speicherung zu gewährleisten, die z. B. bei den meisten magnetischen Speichermedien nicht uneingeschränkt gegeben ist. Besondere Sicherheitsvorkehrungen sind bei der Datenübertragung notwendig.

Derzeit in der Diskussion sind die verschiedenen Rechtsprobleme, die das Internet aufwirft. Das beginnt bereits mit dem Rechtsschutz der Internetadresse, für den die Bestimmungen im Markengesetz und im § 12 BGB maßgebend sind. Schwierig ist die Überwachung der Einhaltung des Urheberrechts, wenn Daten durch Dritte aus dem Internet in das eigene System geladen und dort weiterverarbeitet werden. Die damit verbundenen Gefahren und Probleme wachsen mit zunehmender Vernetzung und Verwendung neuer Technologien, wie etwa Intranets.

12.3.4 Personal

Im Teilbereich Personalmanagement des IM ist zunächst auf die schon erwähnten gesetzlichen Regelungen zur Mitbestimmung zu verweisen. Für das Arbeitsvertragsrecht sind aus Sicht des IM Regelungen des Urheberrechts von Bedeutung. Bei Systementwicklungen und im Rahmen von

Softwareprojekten entstehen „geistige Werke“, die nach dem Urheberrecht dem Schöpfer des Werkes gehören. Deshalb ist arbeitsvertraglich zu regeln, wie mit dem im Rahmen eines Arbeitsverhältnisses entstandenen „geistigen Werk“ verfahren werden soll. In diesem Zusammenhang spielt auch das Gesetz über Arbeitnehmererfindungen eine wichtige Rolle.

Der Informationsmanager ist auch verantwortlich für die Einhaltung gesetzlicher Vorschriften bezüglich der Arbeitsplatzgestaltung, z. B. die Umsetzung der schon erwähnten Bildschirmarbeitsverordnung, in der ergonomische Mindestanforderungen geregelt sind.

12.3.5 Zwischenbetrieblich integrierte IV-Systeme

Als ein spezieller Bereich seien hier die **rechtlichen Konsequenzen bei Einsatz zwischenbetrieblich integrierter IV-Systeme** (ZIV-Systeme) näher betrachtet[21], denn ZIV-Systeme erfordern immer auch entsprechende rechtliche Rahmenbedingungen[22]. Die elektronische Abwicklung des zwischenbetrieblichen Geschäftsverkehrs erfordert adäquate Regelungen der Leistungs- und Vertragsbeziehungen. Es bedarf Vereinbarungen über

- Sicherungsmechanismen, Qualitätssicherung und Datenschutz,
- Systemverfügbarkeit,
- Verantwortlichkeit, Haftung und Ansprechpartner,
- Beweisfragen,
- Krisenmanagement.

Bei Inanspruchnahme von Mehrwertdiensten sind dazu spezielle vertragliche Regelungen zu treffen[23]. Vertraglich zu regeln sind auch[24]

- die zu verwendenden Standards und Nachrichtentypen,
- Verbindlichkeit elektronisch übermittelter Dokumente und
- Aufbewahrungspflichten.

Aber nicht nur die veränderten Eigenschaften von Transaktionsbeziehungen zwischen den verbundenen Unternehmungen erfordern einen angemessenen rechtlichen Rahmen, sondern z. B. auch

- die durch ZIV entstehenden neuartigen Kooperationsformen,
- die stärkere Anbindung von Kunden und Lieferanten und
- die Rcalisierung neuer Dienstleistungsangebote.

---

21 Auf einige rechtliche Fragen im Zusammenhang mit Outsourcing ist bereits in Kapitel 6 eingegangen worden.

22 Vgl. dazu SCHWARZE [1992].

23 Vgl. PICOT u.a. [1991a, S. 27].

24 Vgl. CAP GEMINI SCS [1991, S. 33].

ZIV-Systeme werfen eine Reihe spezieller rechtlicher Fragen auf, die teilweise auch in anderem Zusammenhang relevant sind, beispielsweise beim Tele-Shopping. Zu diesen Fragen gehören z. B.:

- Wie kommen auf elektronischem Wege Verträge und Willenserklärungen zustande?[25]
- Wie kann die eigenhändige Unterschrift ersetzt werden?[26]
- Wie sind die Bestimmungen des Betriebsverfassungsgesetzes anzuwenden?[27]
- Sind die rechtlichen Regelungen über Unternehmungsformen ausreichend, oder bedarf es neuer Regelungen für die neuartigen Unternehmungszusammenschlüsse?[28]
- Welche rechtlichen Konsequenzen ergeben sich aus dem Autonomieverzicht der in ein ZIV-System eingebundenen Unternehmungen?
- ZIV-Systeme führen zu Veränderungen von Wettbewerbssituationen. Ergeben sich daraus wettbewerbsrechtliche Konsequenzen?
- Auch die Frage, inwieweit durch die neuartigen Unternehmungszusammenschlüsse kartellrechtliche Probleme entstehen, wäre zu untersuchen.

12.4 Qualifikationserfordernisse

Auf Mitarbeiterqualifizierung und Qualifizierungskonzepte aus IM-Sicht wurde bereits in Abschnitt 10.6 eingegangen. Die in den vorangegangenen Abschnitten im Überblick angesprochenen Rechtsprobleme machen deutlich, daß mindestens die Führungskräfte des Bereichs IM über einschlägige Grundkenntnisse der relevanten Rechtsgebiete verfügen sollten. Daraus ergeben sich rechtsspezifische Qualifizierungserfordernisse. Das liegt auch im Interesse der betroffenen Mitarbeiter selbst[29].

Die rechtsbezogenen Qualifikationserfordernisse für das IM lassen sich in drei Bereiche teilen, die nachfolgend kurz skizziert werden.

- Basisqualifikationen oder **„Muß"-Qualifikationen,**
  über die ein Informationsmanager verfügen muß, da er sonst seine Aufgaben nicht ordentlich erfüllen kann. Dazu gehören:
  - Grundzüge des Vertragsrechts einschl. der Bestimmungen zu Leistungsstörungen,

25 Vgl. z. B. BÜCHNER [1991] und JABUREK [1990, S. 48ff.].

26 Vgl. BACHHOFER [1993] und CAP GEMINI SCS [1991, S. 33].

27 Vgl. KUBICEK [1991, S. 13f.].

28 ZIV-Systeme werden beispielsweise zu Informationskartellen oder elektronischen Kartellen führen.

29 Dieses Interesse läßt sich bereits aus der Haftung bei nachgewiesenem Verschulden herleiten. Vgl. dazu die Beispiele bei SCHUPPENHAUER [1994].

  - Datenschutzrecht, insbesondere das Bundesdatenschutzgesetz,
  - Urheberrecht,
  - arbeitsrechtliche Regelungen zur Mitbestimmung,
  - strafrechtliche Bestimmungen zur Computerkriminalität[30];
- **„Soll"-Qualifikationen,**
  die nicht unbedingt erforderlich sind, wie beispielsweise
  - Bestimmungen über Aufbewahrungsfristen aus Handels- und Steuerrecht,
  - die auf die Datensicherheit bezogenen Regelungen aus dem Gesetz gegen unlauteren Wettbewerb,
  - Telekommunikationsrecht;
- **„Kann"-Qualifikationen,**
  die verzichtbar sind oder für die Spezialisten eingesetzt werden müssen.

Qualifikationserfordernisse sind im Detail jeweils individuell festzulegen und hängen stark von der Größe einer Organisation ab. Dabei ist auch festzulegen, für welche Bereiche möglicherweise die Einstellung von Juristen sinnvoll ist, und in welchen Fällen auf die Unterstützung „externer" Juristen zurückgegriffen werden soll.

30 Vgl. dazu die Ausführungen zur Computerkriminalität auf S. 270.

13 Qualitätsmanagement

In diesem Kapitel wird auf wichtige Aspekte eines Qualitätsmanagements eingegangen. Zu Einzelheiten wird auf die Literatur verwiesen[1].

13.1 Begriff und Bedeutung des Qualitätsmanagements

Qualitätsmanagement ist eine Querschnittsaufgabe des IM und betrifft grundsätzlich alle Aufgabenbereiche des IM.

Qualitätsmanagement ist nach DIN ISO 9000 derjenige Aspekt der Gesamtführungsaufgabe, welcher die Qualitätspolitik festlegt und zur Ausführung bringt.

Qualitätsmanagement umfaßt alle vorbeugenden, kontrollierenden und nachbessernden Maßnahmen bei der Ausführung von IM-Aufgaben, die konkret und bewußt auf die Erreichung von Qualität ausgerichtet sind.

Die Bedeutung und die Notwendigkeit eines Qualitätsmanagements ergibt sich vor allem aus der Tatsache, daß aus oft harmlos erscheinenden Fehlern beträchtliche Folgewirkungen entstehen können[2]. Qualitätsmanagement muß deshalb bereits bei den Analyseaufgaben bzw. zu Beginn eines IM-Projekts einsetzen, da sonst eine sog. „Fehlerlawine" entstehen kann, wie sie in Abb. 13.1.1 (S. 278) veranschaulicht ist.

1 Vgl. dazu DGQ [1986], WALLMÜLLER [1990] sowie die Literatur zu DIN ISO 9000ff.

2 Zwei Beispiele können das verdeutlichen: Ein Fehler in einer Flugreservierungssoftware verursachte monatelang eine Unterbelegung der Flüge einer bestimmten Fluggesellschaft. Der Schaden wurde auf 50 Millionen Dollar geschätzt. Der vormalige Marktführer im PC-Datenbankbereich brachte Ende der achtziger Jahre die Version IV seines Erfolgsprodukts auf den Markt. Diese war jedoch dermaßen fehlerbehaftet, daß die Kunden in Scharen zu Konkurrenzprodukten überliefen. Die Firma verlor ihre Vormachtstellung und wurde bald von einem Mitbewerber geschluckt. Zu weiteren Beispielen sei auf BABER [1992] und WALLMÜLLER [1990, S. 1] verwiesen.

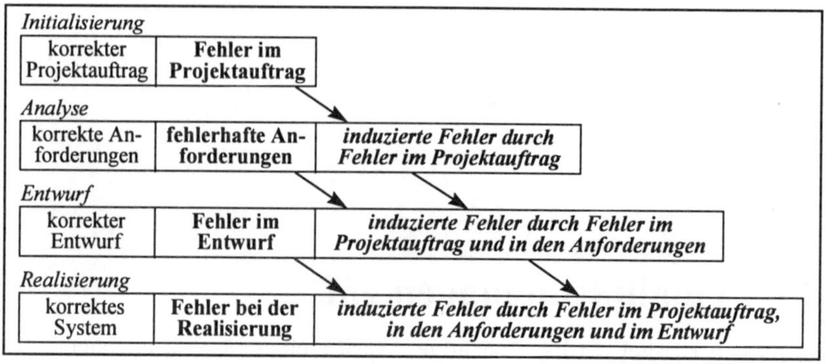

Abb. 13.1.1: Fehlerlawine durch nicht frühzeitig erkannte Fehler

Abb. 13.1.1 ist in die vier Phasen einer Systementwicklung gegliedert. Im Idealfall hat man ein korrektes Phasenergebnis: erstes Feld in jeder Phase. In jeder Phase können aber auch Fehler auftreten: zweiter Kasten in jeder Phase (fette Schrift). Diese Fehler können zu Folgefehlern in nachfolgenden Phasen führen. Das ist durch die Pfeile und das dritte Feld angedeutet.

Das Qualitätsmanagement ist durch das IM so auszugestalten, daß die Qualitätsziele aller Adressaten bzw. Interessenten erreicht werden können. Das kann über **Qualitätssichten** geschehen. Diese berücksichtigen die Relativität von Qualität und die Abhängigkeit der Qualität vom beurteilenden Personenkreis bzw. den Adressaten der Qualität (vgl. Abb. 13.1.2).

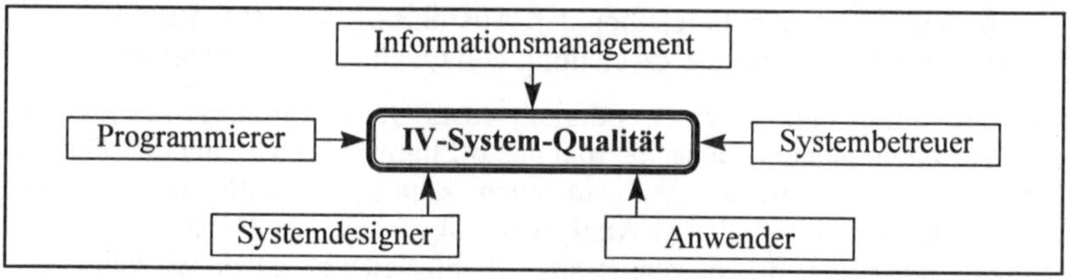

Abb. 13.1.2: Qualitätssichten verschiedener Personengruppen

13.2 Qualitätsmanagementaufgaben

Zum **Qualitätsmanagement** gehören folgende Aufgabenbereiche:

- **Qualitätsplanung**: vorbereitende Maßnahmen zur Erfüllung der Qualitätsanforderungen.
- **Qualitätssteuerung**: alle operativen Techniken und Tätigkeiten, welche angewendet werden, um die Qualitätsforderungen zu erfüllen.

- **Qualitätskontrolle** bzw. **Qualitätsprüfung**: kontrollierende und gegebenenfalls nachbessernde[3] Maßnahmen nach jeder Aktivität.
- **Qualitätsberichtswesen** und **Qualitätsdokumentation**: Aktivitäten zur Bereitstellung aller relevanten Qualitätsinformationen.

Eine häufige Unterscheidung der Aufgabenbereiche des Qualitätsmanagements ist die folgende:

Konstruktives Qualitätsmanagement bezeichnet den vorbeugenden Einsatz technischer, organisatorischer oder psychologisch-orientierter Mittel um die Qualitätsziele und Qualitätsforderungen zu erreichen bzw. Qualitätsmängel zu vermeiden.

Zu den konstruktiven Qualitätsmanagementmaßnahmen gehören z. B.:
- Widerspruchsfreie und vollständige Definition der Qualitätsziele,
- Aufbau eines Qualitätsberichtswesens,
- qualitätsorientierte Qualifizierung der Mitarbeiter,
- Aufbau und Pflege einer Qualitätsdokumentation.
- Verwendung von Standards und Normen.
- Verwendung geeigneter Werkzeuge und Methoden.

Als **analytisches Qualitätsmanagement** wird jede Qualitätsuntersuchung eines Zwischen- oder Endprodukts bezeichnet. Dies kann auf das Auffinden vorhandener Fehler ausgerichtet sein (**Prüfen**) oder auf die Feststellung der vorliegenden Qualität (**Messen/Bewerten**).

Jede Prüfung einer abgeschlossenen IM-Aufgabe im Hinblick auf Anforderungen und Ziele gehört zum analytischen Qualitätsmanagement.

Wichtige Aufgabe des IM ist die Entwicklung von **Qualitätsmanagementprinzipien** in Abstimmung bzw. unter Berücksichtigung allgemeiner Unternehmungsprinzipien. Wichtige Prinzipien sind[4]:
- Produkt- und projektbezogene, individuelle Qualitätsplanung,
- Rückkopplung der Ergebnisse der Qualitätsprüfungen,
- n-Augenkontrolle bei Qualitätsprüfungen, d. h. Beteiligung mehrerer Personen, um die Wahrscheinlichkeit zu senken, Mängel zu übersehen,
- vorbeugende Qualitätssicherung,
- frühzeitige Entdeckung und Behebung von Fehlern und Mängeln,
- „externe" Kontrolle, um objektive Qualitätsprüfungen zu gewährleisten,
- Verwendung geeigneter Hilfsmittel und Werkzeuge.

3 Aufgaben der Fehler**beseitigung** werden oft **nicht** zur Qualitätskontrolle oder Qualitätsprüfung gezählt.

4 Vgl. dazu BALZERT [1982, S. 444f.], DGQ [1986, S. 21f.], WALLMÜLLER [1990, S. 14f.].

13.3 Qualitätsmerkmale und Qualitätsmessung

Gegenstand eines Qualitätsmanagements ist die Qualität.

Qualität ist nach DIN ISO 8402 die Gesamtheit von **Merkmalen** einer **Einheit** bezüglich ihrer Eignung, festgelegte und vorausgesetzte Erfordernisse zu erfüllen.

Dieser Qualitätsbegriff ist nicht operabel. Es muß deshalb in jedem individuellen Fall festgelegt werden, was unter Qualität konkret zu verstehen ist.

Ein **Qualitätsmerkmal** ist eine an einem Qualitätsobjekt feststellbare qualitative oder quantitative Eigenschaft, durch die gleichartige Qualitätsobjekte unterschieden werden können und die für die Messung, Beurteilung oder Bewertung von Qualität herangezogen werden kann.

Qualitätsmerkmale müssen unternehmungsindividuell und für die jeweilige Aufgabe bzw. den betreffenden Aufgabenbereich festgelegt werden. Qualitätsmerkmale für IV-Systeme können beispielsweise aus den allgemeinen Anforderungen an eine Systementwicklung bzw. ein zu entwickelndes IV-System abgeleitet werden. Das IM muß hier einen Katalog entwickeln und die einzelnen Merkmale gewichten. Abb. 13.3.1 zeigt eine mögliche Systematik und exemplarisch einige Qualitätsmerkmale.

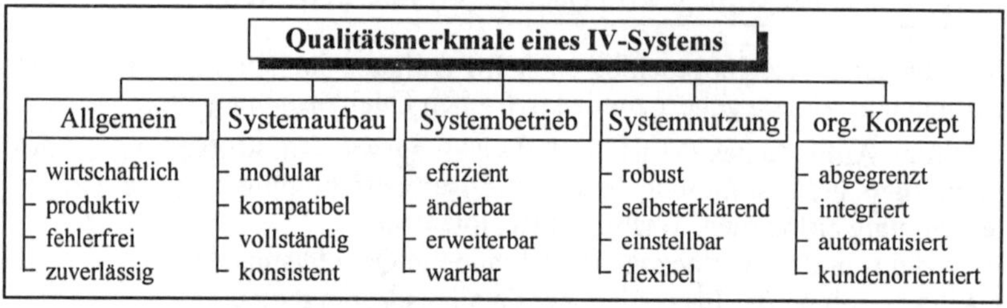

Abb. 13.3.1: Allgemeine Qualitätsmerkmale eines IV-Systems

Die Festlegung und Systematisierung von Qualitätsmerkmalen ist kein Selbstzweck, sondern dient u. a. dazu,

- Qualitätsziele zu setzen,
- Qualität zu steuern bzw. zu gewährleisten,
- Vereinbarungen und Verträge zu treffen,
- Alternativen zu vergleichen und zu bewerten.

Diese Aufgaben erfordern eine Operationalisierbarkeit des Qualitätsbegriffs, d. h. vor allem Messung und Bewertung der Qualitätsmerkmale.

Die Qualitätsmessung und -bewertung findet zunächst immer für die einzelnen Eigenschaften und Merkmale der Qualität statt. Das bereitet allerdings erhebliche Schwierigkeiten, da die meisten Qualitätsmerkmale nicht metrisch, sondern nur ordinal meßbar sind. Damit wird eine operable Quantifizierbarkeit sehr schwierig und ist häufig nur über Hilfskonstrukte möglich. Zusätzlich besteht die Schwierigkeit, die einzelnen Qualitätsmeßzahlen zu einem zusammenfassenden Gesamt-Qualitätsmaß zu verknüpfen[5].

13.4 Aufbau eines Qualitätsmanagements

Um ein wirksames Qualitätsmanagement zu gewährleisten, ist durch das IM ein adäquater organisatorischer Rahmen durch ein Qualitätsmanagementsystem zu schaffen.

Ein **Qualitätsmanagementsystem** umfaßt
- eine Aufbauorganisation mit Regelung von Verantwortlichkeiten,
- die Ablauforganisation,
- einzuhaltende Standards und Normen sowie
- Maßnahmen, Werkzeuge und Hilfsmittel des Qualitätsmanagements.

Ein Qualitätsmanagementsystem für die Aufgaben des IM kann Teil eines unternehmungsweiten Qualitätsmanagementsystems sein oder speziell für das IM entworfen werden.

Die organisatorischen Einordnung eines Qualitätsmanagements kann unter verschiedenen Aspekten betrachtet werden. Betrachtet man die **Aufbauorganisation**, kann man innerhalb einer Abteilung „IM" eine Stelle „Qualitätsmanagement" als Stabsstelle (vgl. dazu Abb. 13.4.1), als Linienstelle oder projektweise wechselnd organisatorisch verankern. Denkbar ist auch ein **Qualitätsmanagement-Outsourcing**.

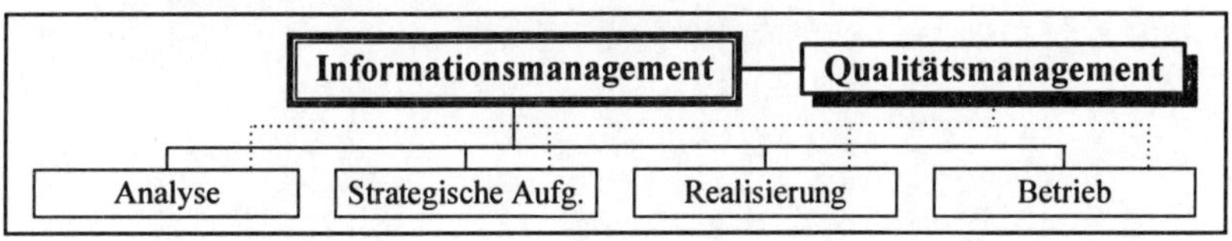

Abb. 13.4.1: Qualitätsmanagement als Stabstelle

Charakteristisch für ein institutionalisiertes Qualitätsmanagement ist die Weisungsbefugnis gegenüber **allen** Mitarbeitern in Qualitätsfragen.

5 Zu Einzelheiten wird verwiesen auf ITZFELD [1987] und WALLMÜLLER [1990].

Eine Stabstelle „Qualitätsmanagement“ kann auch dem Top-Management zugeordnet werden, also außerhalb des IM liegen. DIN ISO 9001 sieht z. B. einen „Beauftragten der obersten Leitung“ vor.

Für die **interne Organisation** eines Qualitätsmanagements bietet sich eine Untergliederung nach Aufgabenbereichen an.

Für die Einführung eines Qualitätsmanagements eignen sich Vorgehensmodelle wie in Abb. 13.4.2.

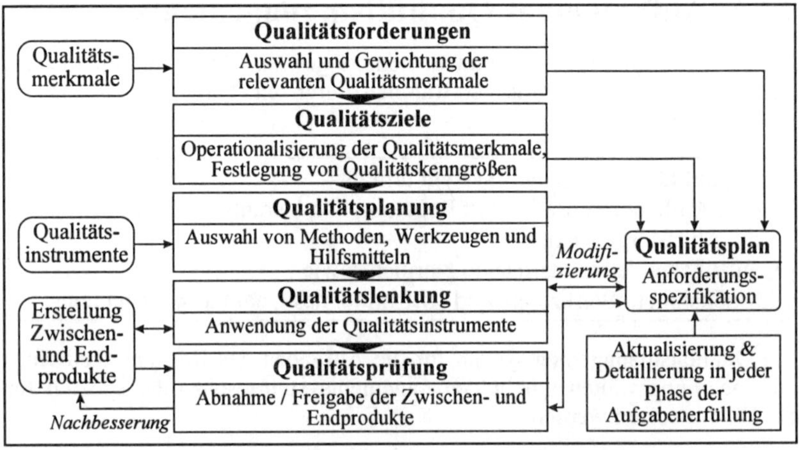

Abb. 13.4.2: Vorgehensmodell für das Qualitätsmanagement[6]

Das Vorgehensmodell enthält alle wesentlichen Aufgabenbereiche und ist ablauforganisatorische Grundlage eines effizienten Qualitätsmanagements.

6 In Anlehnung an WALLMÜLLER [1990, S. 55], der in diesem Zusammenhang von **Qualitätsmodell** spricht.

TEIL IV: SPEZIELLE ASPEKTE DES IM

14 Organisation des IM

14.1 Überblick

Ein wirkungsvolles IM erfordert ein organisatorisches Konzept und einen organisatorischen Rahmen. Dabei ist grundsätzlich zu beachten, daß IM nicht nur institutionell, sondern auch funktionell gesehen werden muß. Zur Organisation des IM gehört deshalb auch immer ein Gesamtkonzept, das beide Aspekte berücksichtigt.

Für die Organisation eines IM sind eine Reihe von Einzelfragen zu lösen, insbesondere:

- Abgrenzung zwischen funktionellem und institutionellem IM[1].
- Interne Organisation eines institutionellen IM.
- Eingliederung eines institutionellen IM in die Gesamtorganisation.
- Festlegung organisatorischer Regelungen für die Durchführung der IM-Aufgaben.
- Regelung der Kompetenzen und Weisungsbefugnisse des IM gegenüber anderen Bereichen, Abteilungen oder Stellen in der Gesamtorganisation.
- Organisatorische Richtlinien und Regelungen für das funktionelle IM.

14.2 Abgrenzung von funktionellem und institutionellem IM

Bereits in Abschnitt 2.4 wurde erläutert, warum IM innerhalb einer Unternehmung, einer Behörde usw. sowohl funktionell als auch institutionell gesehen werden muß. Mit diesen beiden polaren Sichtweisen sind die nachfolgend erläuterten organisatorischen Implikationen verknüpft.

1 Vgl. dazu Abschnitt 2.4.

An ein institutionelles IM sind folgende Grundforderungen zu stellen:

- In einem institutionellen IM sollten alle zentralen Aufgaben und Verantwortungen der Beschaffung, Verarbeitung, Übertragung, Speicherung und Bereitstellung von Informationen zusammengefaßt werden, und zwar sowohl in kaufmännischer und technischer Hinsicht als auch im Hinblick auf rechtliche, soziale und andere Fragen.
  Das IM umfaßt damit auch die Verantwortung für die gesamte konventionelle Datenverarbeitung (Telefon, Registratur, Berichtswesen, Formularwesen usw.).
- Die Aufgaben eines institutionellen IM berühren in den meisten Fällen die Aktivitäten aller anderen Bereiche. Für eine zielgerechte Aufgabenerfüllung des institutionellen IM muß dieses deshalb mit ausreichenden und verbindlich definierten Kompetenzen ausgestattet sein, um die entwickelten Vorgaben auch in den Fachabteilungen durchsetzen zu können. Der Umfang der Kompetenzen hängt im einzelnen vom gewählten Organisationsmodell ab (s. u.).
- Das institutionelle IM bzw. die organisatorische Verantwortung für das institutionelle IM muß in der Unternehmungshierarchie hoch angesiedelt sein. Umfang und Bedeutung der Aufgaben legen eine Verankerung auf oberster Führungsebene nahe, gleichrangig neben den anderen Funktionsbereichen einer Unternehmung.

Bei Überlegungen zur organisatorischen Eingliederung eines IM muß beachtet werden, daß ein eigener Bereich oder eine eigene Abteilung **nur für größere Unternehmungen** in Frage kommt. In kleineren Unternehmungen wird eine organisatorische Verselbständigung eines institutionellen IM weder sinnvoll noch wirtschaftlich realisierbar sein. Das schließt aber nicht aus, daß auch in kleinen Unternehmungen Verantwortlichkeiten für zentrale IM-Aufgaben festgelegt werden müssen[2].

Durch die Dezentralisierung der Hard- und Software und die Verfügbarkeit von autonomer Rechnerleistung am Arbeitsplatz haben sich IM-Aufgaben in die Fachabteilungen verlagert. Hinzu kommt, daß viele IM-Aufgaben nicht zentral abgewickelt werden können, z. B. Festlegung des Informationsbedarfs, Bestimmung von Verarbeitungsmethoden und -prozeduren. Das führt zur funktionellen Sicht des IM. Alle Führungskräfte - letztendlich alle Mitarbeiter - haben mit Aufgaben der Beschaffung, Verarbeitung, Übertragung, Speicherung und Bereitstellung von Informationen zu tun.

Betrachtet man vor dem Hintergrund der Unterscheidung von funktionellem und institutionellem IM die Aufgabenverteilung in einer Unternehmung, so gilt folgendes:

2 Vgl. hierzu auch die Ausführungen in Abschnitt 2.4.4.

In den **Fachabteilungen** muß vor allem bei Führungskräften ausreichend IM-Kompetenz als **funktionelles IM** vorhanden sein.
Für **zentral abzuwickelnde Aufgaben**, für Koordination und Steuerung und für die Beratung der Fachabteilungen ist ein zentrales, **institutionelles IM** erforderlich.

Die mit einem IM in Zusammenhang stehenden Aufgaben lassen sich institutionellem IM oder funktionellem IM zuordnen. Die folgende Aufstellung zeigt exemplarisch, wie eine solche Zuordnung aussehen kann[3].

- **Institutionelles IM**:
  - Strategieentwicklung,
  - Entwurf von Systemarchitekturen,
  - Betrieb zentraler Hardwareressourcen,
  - Datenmanagement und zentrale Datenbanken,
  - Netzwerkmanagement,
  - Management von zentralen Methoden- und Softwarebanken,
  - Entwicklung von Methoden und Standards,
  - Programmierung und Wartung komplexer Anwendungen,
  - Entwicklung individueller Problemlösungen,
  - Projektmanagement,
  - Ressourcenplanung,
  - Wartung bereichsspezifischer und arbeitsplatznaher Systeme einschl. Datensicherheit.
- **Fachabteilungen (funktionelles IM)**:
  - Programmierung einfacher Anwendungen,
  - Pflege der Daten,
  - Betreuung fachspezifischer Anwendungen,
  - abteilungsspezifische Aufgaben von Datensicherheit und Datenschutz.
- **Institutionelles IM und Fachabteilungen** gemeinsam:
  - Konzeption von Datensicherheit und Datenschutz,
  - Planung und Implementierung neuer Anwendungssysteme,
  - Auswahl von Standardsoftware,
  - Customizing,
  - Qualitätssicherung,
  - Durchführung von Wirtschaftlichkeitsanalysen,
  - Systementwicklung,
  - Beratung und Betreuung von Endbenutzern,
  - Benutzerschulung,
  - Koordinierung dezentraler Anwendungen,
  - Qualifizierungsplanung für Anwender.

---

3 Vgl. dazu auch HUBER/MAIER [1991, S. 8].

Die tatsächliche Aufgabenverteilung hängt von der jeweiligen individuellen Situation ab. Grundsätzlich kann man jedoch folgendes sagen:

- Die in den Kapitel 4 bis 8 behandelten Kernaufgaben sollten eher einem institutionellen IM zugeordnet werden.
- Die in den Kapiteln 9 bis 13 untersuchten Querschnittsaufgaben des IM betreffen fast immer sowohl das institutionelle IM als auch das Management der Fachabteilungen.
- Alle fachspezifischen oder anwendungsindividuellen Aufgaben im Zusammenhang mit Beschaffung, Verarbeitung, Übertragung, Speicherung und Bereitstellung von Informationen gehören in den Zuständigkeitsbereich der Fachabteilungen.

Erwähnenswert ist in diesem Zusammenhang auch das Ergebnis einer empirischen Untersuchung, in der Problem- bzw. Aufgabenbereiche von DV-Leitern nach der Bedeutung bzw. Wichtigkeit eingeschätzt wurden. Für die ersten 16 Problem- bzw. Aufgabenbereiche hat sich dabei folgende Rangordnung ergeben[4]:

(1) Datensicherheit,
(2) Personal,
(3) Datenintegrität und Datenqualität,
(4) Erzielung von Wettbewerbsvorteilen,
(5) Abstimmung mit der strategischen Unternehmungsplanung,
(6) Gewährleistung optimaler Datennutzung,
(7) Qualitätssicherung,
(8) Einbettung der DV in Unternehmungsstruktur und -ziele,
(9) Lernprozeß der Mitarbeiter bezüglich Umgang und Einsatzmöglichkeiten von IV-Systemen,
(10) Planung der Informationsverarbeitung,
(11) Integration der verschiedenen Informationstechnologien,
(12) Verfügbarkeit von Standardanwendungssoftware,
(13) Entwicklung eines höheren Verständnisses für Informationsverarbeitung,
(14) Einsatz von Projektmanagement bei der Systementwicklung,
(15) Ausnutzung der technischen Möglichkeiten der Telekommunikation,
(16) Bürokommunikation.

Die Differenzierung in institutionelles und funktionelles IM hängt auch eng mit der Frage nach **Zentralisierung oder Dezentralisierung** der Abwicklung von IM-Aufgaben zusammen[5]. Bestimmungsfaktoren für Zentralisierung bzw. Dezentralisierung sind beispielsweise[6]:

- **Strategische Ausrichtung**:
  Differenzierung führt zu Dezentralisierung und Kostenführerschaft zu Zentralisierung.
- **Unternehmungsgröße**:
  Bei großen Unternehmungen besteht ein Trend zu Dezentralisierung, bei kleinen eher zu Zentralisierung.

---

4 Vgl. KRCMAR/FEDERMANN [1990, S. 13].

5 Vgl. dazu beispielsweise WALL [1993].

6 Vgl. hierzu MERTENS/KNOLMAYER [1998].

- **Organisationsstruktur**:
  Divisionale Organisation fördert Dezentralisierung, funktionelle Organisation Zentralisierung.
- **Formalisierungs- und Regelungsgrad der Organisation**:
  Schwacher Formalisierungs- und Regelungsgrad unterstützt Dezentralisierung, starker führt zu Zentralisierung.
- **Produktionsprogramm**:
  Ein heterogenes Sortiment führt eher zu Dezentralisierung und ein homogenes Sortiment zu Zentralisierung.
- **Sicherheitsanforderungen**:
  Hohe Anforderungen an die Sicherheit führen zu Zentralisierung, bei geringen Anforderungen ist auch Dezentralisierung unter Sicherheitsaspekten möglich.

14.3 Interne Aufbauorganisation eines IM

Betrachtet man einen Funktionsbereich IM für sich, dann gibt es verschiedene Möglichkeiten der aufbauorganisatorischen Gliederung eines solchen Bereichs. In der Literatur finden sich dazu verschiedene Ansätze, die geprägt werden von unterschiedlichen Vorstellungen über die einzelnen Teilbereiche eines IM.

Orientiert man die Aufbauorganisation an den in den vorangegangenen Kapiteln beschriebenen Aufgabenbereichen eines IM, dann ergibt sich eine organisatorische Untergliederung des IM in zwei Hauptbereiche:

- Hauptbereich Kernaufgaben mit den Abteilungen
  - Analysen,
  - strategisches IM,
  - Realisierung und
  - operatives IM.
- Hauptbereich Querschnittsaufgaben mit den Abteilungen
  - Datenmanagement,
  - Personalmanagement,
  - Sicherheits- und Katastrophenmanagement,
  - Rechtsabteilung,
  - Qualitätsmanagement.

Dabei ist zu beachten, daß die Querschnittsaufgaben teilweise auch anders organisatorisch verankert werden können, z. B. Personalmanagementaufgaben in einem allgemeinen Personalmanagement und Rechtsfragen in einer allgemeinen Rechtsabteilung.

Mit einer weiteren Unterteilung der Abteilungen des Kernaufgabenbereichs ergibt sich eine Aufbauorganisation wie in Abb. 14.3.1 (S. 288).

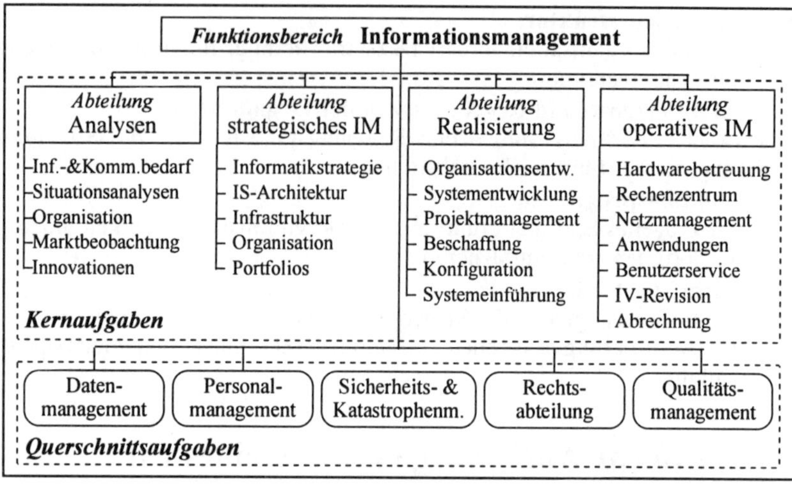

Abb. 14.3.1: Aufgabenorientierte Aufbauorganisation eines IM

Löst man sich von der Untergliederung in Analyseaufgaben, strategische Aufgaben, Realisierungsaufgaben und operative Aufgaben, und orientiert sich mehr an den Objekten eines IM, dann ergibt sich eine Aufbauorganisation wie in Abb. 14.3.2. Dabei muß beachtet werden, daß in der Mehrzahl der aufgeführten Aufgabenbereiche Analyseaufgaben, strategische Aufgaben, Realisierungsaufgaben und operative Aufgaben anfallen.

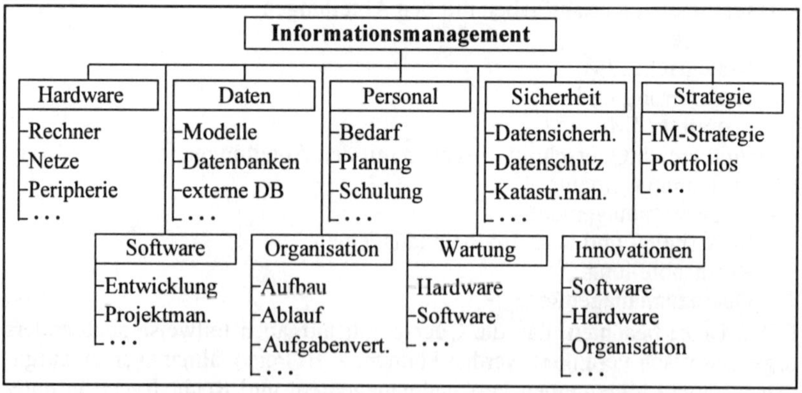

Abb. 14.3.2: Alternative Aufbauorganisation eines IM

Ein weiterer möglicher Ansatz für die interne Organisation eines IM ist in Abb. 14.3.3 (S. 289) dargestellt.

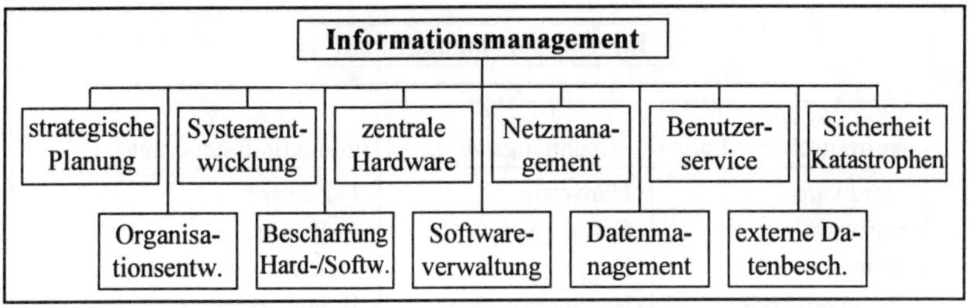

Abb. 14.3.3: Funktionsorientierte Aufbauorganisation eines IM

Im Bereich eines institutionellen IM fallen nicht nur laufende Aufgaben, wie z. B. Betrieb zentraler Hardwareressourcen oder Benutzerservice an, sondern auch einmalige Aufgaben in Form der Durchführung von Projekten. Für die interne Organisation eines institutionellen IM kann sich deshalb auch eine Matrixorganisation anbieten, wie sie in Abb. 14.3.4 veranschaulicht ist. Die hierarchische Aufbauorganisation orientiert sich dabei an den Phasen einer Systementwicklung.

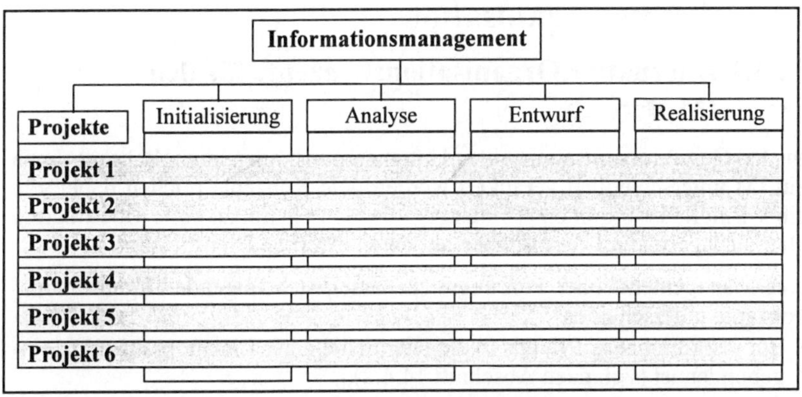

Abb. 14.3.4: Matrixorganisation des IM

Schließlich kann man sich für das IM auch eine prozeßorientierte Aufbauorganisation vorstellen, wie Abb. 14.3.5 (S. 290) veranschaulicht.

Basis einer prozeßorientierten Aufbauorganisation sind die in einer Unternehmung, einer Behörde oder einer anderen Organsiation identifizierten Geschäftsprozesse. Diesen werden Ressourcen der Informationsinfrastruktur zugeordnet. Bei diesem Ansatz wird die interne Organisation des institutionellen IM allerdings mit der übrigen Organisation verzahnt.

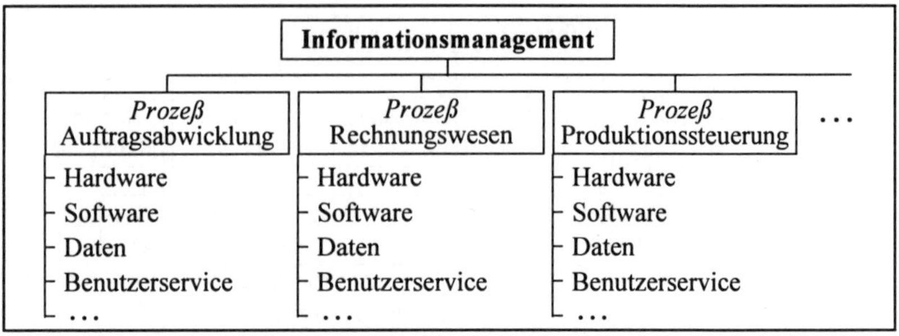

Abb. 14.3.5: Prozeßorientierte Aufbauorganisation

Neben den drei Ansätzen für eine interne Aufbauorganisation eines IM sind - je nach Aufgabenuntergliederung oder Sichtweise - auch andere Aufbauorganisationen eines institutionellen IM denkbar[7].

14.4 Eingliederung des IM in eine Gesamtorganisation

14.4.1 Alternative Organisationskonzepte für den IM-Bereich

In der Gesamtorganisation einer Unternehmung oder einer Behörde kann ein IM unterschiedlich verankert werden. Die Konzepte reichen dabei von einer Eingliederung in eine Linienorganisation bis hin zu einer Übertragung aller auslagerbaren IM-Aufgaben auf einen externen Dienstleister.

Aus Management- oder Führungssicht lassen sich folgende Organisationskonzepte unterscheiden[8]:

- Ein institutionelles IM, das in die Hierarchie einer Linienorganisation eingebunden ist (vgl. dazu Abschnitt 14.4.2).
- Institutionelles IM als Profit Center[9], wobei neben einer Kostenrechnung auch eine Ergebnisrechnung vorhanden sein muß. Dabei ist u. a. zu klären, auf welchen Märkten ein als Profit Center organisiertes IM aktiv werden darf bzw. soll. Es kann eine Beschränkung auf interne „Märkte"

7 Dazu wird verwiesen auf BIETHAHN u. a. [1994, S. 133], GERNET [1988, S. 35], HANSEN/RIEDL [1990, S. 672-673, 675], HEILMANN [1990, S. 127ff.], HOFFMANN [1984, S. 161-164], KLOTZ/STRAUCH [1990, S. 74], MARTINY/KLOTZ [1990, S. 32-34, 120, 125], MERTENS/KNOLMAYER [1998] und SCHWARZE [1990].

8 Vgl. dazu die Diskussion bei HEINZL [1995].

9 Vgl. hierzu auch KARGL [1997].

vorgesehen werden, denkbar ist aber auch die Erbringung von Leistungen für unternehmungsfremde Dritte, z. B. in Form einer Mitnutzung der Informationsinfrastruktur, Erbringung spezifizierter Leistungen in Projektform oder Beratungsleistungen.

- Zwischen- oder überbetriebliche Kooperation, die sich vor allem für begrenzte Aufgaben anbietet, wie z. B. gemeinsamer Betrieb von Hardwareressourcen oder gemeinsame Entwicklung eines spezifischen Anwendungssystems.
- Gründung einer rechtlich selbständigen, aber wirtschaftlich abhängigen Tochterunternehmung, die alle IM-Aufgaben übernimmt. Manchmal erfolgt eine solche Ausgliederung mit dem Ziel, die von der Tochterunternehmung erbringbaren Informatik-Leistungen auch Dritten anzubieten.
- Inanspruchnahme von Dienstleistungen einer rechtlich und wirtschaftlich selbständigen Unternehmung.

Die letzten beiden Fälle entsprechen dem in Abschnitt 6.6 ausführlich diskutierten Outsourcing von IM-Aufgaben.

Aus struktureller Sicht kann ein IM folgendermaßen in eine Gesamtorganisation eingebunden werden:

- Unterabteilung des Rechnungswesens,
- Stabstelle auf oberster Managementebene,
- mehrere Stabstellen, eventuell auf unterschiedlichen Hierarchieebenen,
- Hauptabteilung, Abteilung oder Bereich in einer Linienorganisation (vgl. dazu Abb. 14.4.1, S. 292),
- Hauptabteilung oder Bereich in einer Linienorganisation mit Querschnittsfunktionen, die mit bedingten Weisungsbefugnissen verbunden sind (vgl. dazu Abb. 14.4.2, S. 293).

Auf die beiden letzteren Ansätze wird im nächsten Abschnitt eingegangen.

14.4.2 Ansätze für die organisatorische Eingliederung des IM

Besitzt eine Unternehmung oder eine Behörde eine hierarchische Aufbauorganisation, also eine **Linienorganisation**, dann erscheint es für die organisatorische Eingliederung eines institutionellen IM in die Gesamtorganisation grundsätzlich sinnvoll, das IM auf oberster Unternehmungsebene gleichrangig neben andere Funktionsbereiche wie Beschaffung, Produktion, Absatz, Finanzierung einzugliedern. In Abb. 14.4.1 ist diese Einordnung schematisch dargestellt, wobei nur ein Teil der Funktionsbereiche der Unternehmung und der Aufgabenbereiche des IM berücksichtigt wurden. Die interne Aufbauorganisation des IM in Abb. 14.4.1, die ebenfalls einer Linienorganisation entspricht, ist identisch mit der aus Abb. 14.3.1 (S. 288).

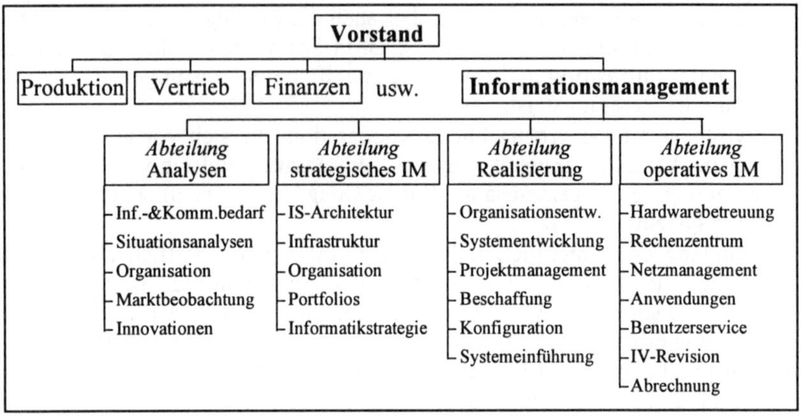

Abb. 14.4.1: Linienorganisation für das IM

Eine reine Linienorganisation ist allerdings in den meisten Fällen für die organisatorische Eingliederung eines institutionellen IM nicht geeignet. Das liegt daran, daß das IM eine ausgeprägte **Querschnittsfunktion** hat, da die Aufgaben bzw. die Aufgabendurchführung des IM auch alle anderen Bereiche einer Unternehmung betreffen. Das IM wirkt in alle anderen Funktionsbereiche einer Linienorganisation hinein, und zwar wesentlich stärker als andere Funktionsbereiche mit Querschnittsfunktion, wie z. B. das Personalmanagement. Das gilt auch, wenn das IM in die hierarchische Gliederung einer Linienorganisation eingefügt ist[10]. Das IM bzw. die einzelnen Teilbereiche eines IM sind deshalb mit ausreichend Kompetenzen auszustatten, um die informationsstrategischen Ziele soweit wie möglich direkt in den einzelnen Fachabteilungen durchsetzen zu können. Das führt zu Ansätzen einer **Matrixorganisation**. Abb. 14.4.2 (S. 293) zeigt eine schematische Darstellung dieses Ansatzes.

Die besonderen Querschnittsfunktionen eines IM erfordern intensive Regelungen bei einer Institutionalisierung. Insbesondere muß das IM ausreichend mit Kompetenzen ausgestattet werden, um die mit der Beschaffung, Verarbeitung, Speicherung, Übertragung und Bereitstellung von Informationen zusammenhängenden Aufgaben im Hinblick auf die unternehmerischen Zielsetzungen optimal erfüllen zu können.

Die Matrixorganisation in Abb. 14.4.2 impliziert folgende Probleme:

- Kompetenzabgrenzung zwischen Linien- und Querschnittsfunktionen,
- erhöhter Koordinationsaufwand.

10 Vgl. auch MARTINY/KLOTZ [1980, S. 18ff.].

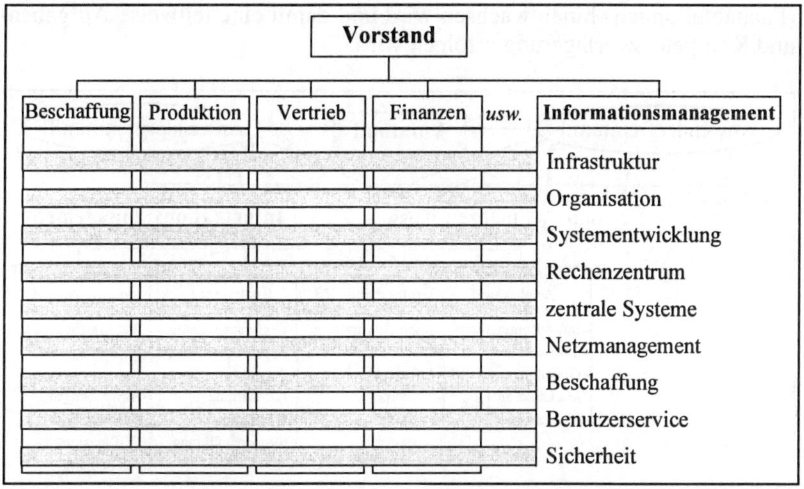

Abb. 14.4.2: Querschnittsfunktionen des IM

Wichtig erscheint, daß organisatorisch übergreifende Instanzen in einer Unternehmung eingerichtet werden, die für die Koordinationen zwischen IM und den anderen Funktionsbereichen zuständig sind. Das kann z. B. über eine beim Vorstand angehängte Stabstelle erfolgen.

Für den Betrieb integrierter Anwendungssysteme oder für größere Systementwicklungsprojekte empfiehlt sich die Einrichtung von **Lenkungs- oder Koordinierungsausschüssen** oder **Anwendergremien**[11]. Darin sind alle beteiligten Bereiche vertreten. Sie können auf der Ebene des Vorstands oder auf unteren Ebenen ähnlich wie Stabstellen eingerichtet werden, wie Abb. 14.4.3 veranschaulicht.

Für die Koordinierung zwischen institutionellem IM und Fachabteilungen sind außer den in Abb. 14.4.3 (S. 294) veranschaulichten Anwendergremien oder Koordinierungsauschüssen auch andere Organisationen möglich:

- Direkte Kommunikation zwischen beiden Bereichen, wobei eine Organisationsstruktur wie in Abb. 14.4.2 vorliegt.
- Temporäre Projektgruppen.
- Koordinatoren in den Fachabteilungen (vgl. Abb. 14.4.4, S. 294).
- Indirekte Kommunikation über externe Berater.

Schließlich ist darauf hinzuweisen, daß ein Teil der Aufgaben eines IM mittel- und langfristig in die anderen Funktionsbereiche der Unternehmung

11 Vgl. hierzu auch Abschnitt 7.8.3.

(Fachabteilungen) hineinwachsen wird und damit eine teilweise Aufgaben- und Kompetenzverlagerung erfolgen wird.

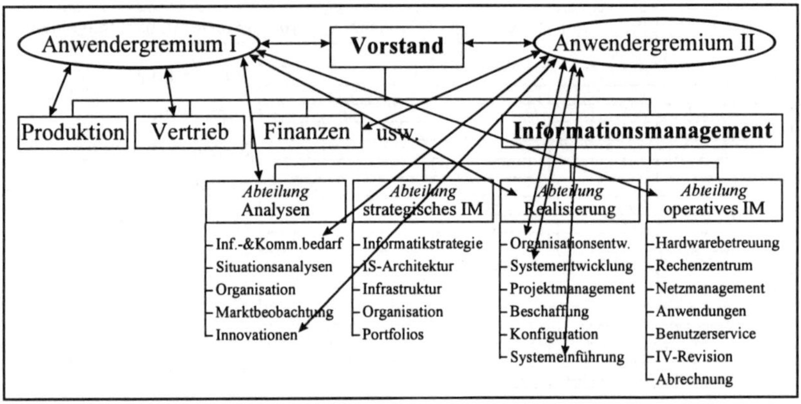

Abb. 14.4.3: Anwendergremien als Stabstellen

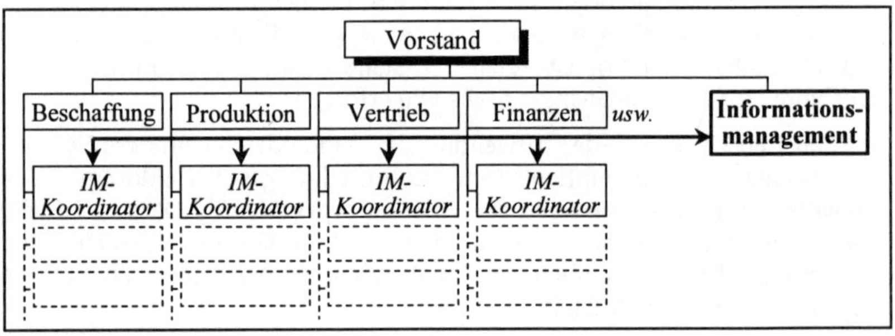

Abb. 14.4.4: Abstimmung zwischen IM und Fachabteilungen über Koordinatoren

In der Literatur werden weitere Ansätze für die organisatorische Einbindung des IM diskutiert, die hier nicht alle behandelt werden können[12].

12 Zu möglichen anderen Ansätzen der organisatorischen Eingliederung eines IM wird verwiesen auf BIETHAHN u. a. [1994, S. 153ff.]; FICKENSCHER u. a. [1990, S. 101-105]; GERNET [1988, S. 39-44]; HEINRICH [1996, S. 38ff.]; HOFFMANN [1984, S. 159-161]; MARTINY/KLOTZ [1990, S. 34-39]; MERTENS/KNOLMAYER [1998]; SCHWARZE [1990].

15 IV-Controlling

In diesem Kapitel werden wichtige Aspekte eines IV-Controlling behandelt. Zu Einzelheiten wird auf die Literatur verwiesen[1].

15.1 Zum Begriff des IV-Controlling

Controlling ist ein inhaltlich komplexer und (scheinbar) unscharfer Begriff[2], der hier allgemein wie folgt definiert wird[3]:

„*Controlling ist das Subsystem der Führung, das Planung, Steuerung und Kontrolle mit der Informationsversorgung zielorientiert koordiniert.*“[4]

Controlling ist integraler Bestandteil der Führung sozialer Systeme. Es unterstützt die Steuerungsaufgaben der Führung durch Koordination des Gesamtführungssystems. Diese Koordination bezieht sich auf zwei Aufgabenbereiche:

(1) Entwurf und Implementierung von Planungs-, Steuerungs- und Kontrollsystemen sowie von Informationsversorgungssystemen einschl. der optimalen statischen und dynamischen Gestaltung dieser Subsysteme[5] (*systembildende Aufgaben*).

(2) Optimale Abstimmung der Subsysteme aufeinander, laufende Dispositionen, Störungsbeseitigung und Gewährleistung der laufenden Informationsversorgung (*systemkoppelnde Aufgaben*)[6].

---

1 Vgl. vor allem KARGL [1996] und allgemein zum Controlling HORVÁTH [1996] sowie ROITHMAYR [1990] und SOKOLOWSKY [1993].

2 Zur Heterogenität der Begriffsauffassungen von *Controlling* wird auf die einschlägige Literatur und die Begriffszusammenstellung zum strategischen Controlling bei LANGGUTH [1994] verwiesen.

3 Die allgemeinen Ausführungen zum Begriff des Controlling sind angelehnt an SCHWARZE/KOß [1996].

4 HORVÁTH [1993, Sp. 322].

5 Subsysteme sind beispielsweise Personalsystem, Organisation, Planung und Kontrolle, Rechnungswesen, Logistik usw.

6 Vgl. dazu z. B. HORVÁTH [1993, Sp. 323] und WEBER [1991, S. 41f. und 50].

In Anlehnung an die oben gegebene Definition kann IV-Controlling wie folgt definiert werden[7]:

> **IV-Controlling** ist der Bereich des IM, der Planung, Steuerung und Kontrolle sowie die Informationsversorgung sowohl für ein institutionelles als auch für ein funktionelles IM systembildend und systemkoppelnd zielorientiert koordiniert.

Controlling dient somit dem IM, indem es die zielorientierte Anpassung an Umweltänderungen und die Koordination der Abwicklung operativer Aufgaben unterstützt[8]. IV-Controlling ist dabei ein Subsystem eines unternehmungsweiten Controllingsystems.

Anstelle des hier benutzten Begriffs „IV-Controlling“[9] werden in der Literatur auch die Begriffe „Controlling im DV-Bereich“[10], „DV-Controlling“[11], „IS-Controlling“[12], „IM-Controlling“[13] und „Informations-Controlling“[14] verwendet.

Die hier versuchte Begriffsdefinition für IV-Controlling folgt dem allgemein üblichen Ansatz, diesen Bereich als Teil des IM aufzufassen. Daraus ergibt sich, daß einige der im zweiten und dritten Teil dieses Buches behandelten IM-Aufgaben speziell Controllingaufgaben sind. Eine scharfe Trennung in Controllingaufgaben und Nicht-Controllingaufgaben ist kaum möglich. Entsprechendes gilt für die Ziele. In den nachfolgenden Abschnitten wird deshalb nur überblicksartig auf IV-Controlling eingegangen.

---

7 Vgl. dazu auch HORVÁTH [1996, S. 141].

8 Vgl. HORVÁTH [1996, S. 141].

9 Der Begriff „IV-Controlling“ wird auch benutzt von HEINRICH [1996, S. 170], HILDEBRAND [1996, S. 93], KRCMAR [1997, S. 250], KRCMAR [1997a], MERTENS/KNOLMAYER [1998], MÜLLER u. a. [1992].
Man beachte dabei, daß „IV-Controlling“ auch für Informationsvermittlungs-Controlling benutzt wird, z. B. von RATZEK [1995, S. 107].

10 Vgl. KARGL [1996].

11 Vgl. ROITHMAYR [1990].

12 Vgl. z. B. BIETHAHN u. a. [1994, S. 28], HORVÁTH [1996, S. 663] und ÖSTERLE u. a. [1991, S. 62].

13 Vgl. dazu SOKOLOVSKY [1993, S. 532ff.], der IM-Controlling in drei Bereiche unterteilt:
„IM-Controlling i. e. S.“, das zur systematischen und ergebnisorientierten Erkennung und Erschließung von Potentialen der Ressourcen Information und Kommunikation beiträgt,
„IS-Controlling“, das sich auf einen systematischen Aufbau einer geschäftsprozeßbezogenen IS-Architektur bezieht, und
„IV-Controlling“, dessen Gegenstand die operative Steuerung von Softwareentwicklung und -wartung, die effiziente Nutzung der Informationsinfrastruktur, die optimale Beschaffung und der optimale Einsatz der Ressourcen sind.

14 Vgl. z. B. BECKER [1994] oder RUTHEKOLCK [1996].

Ein IV-Controlling kann in verschiedene Teilbereiche untergliedert werden. Abb. 15.1.1 zeigt eine mögliche Untergliederung und die dabei existierenden Beziehungen.

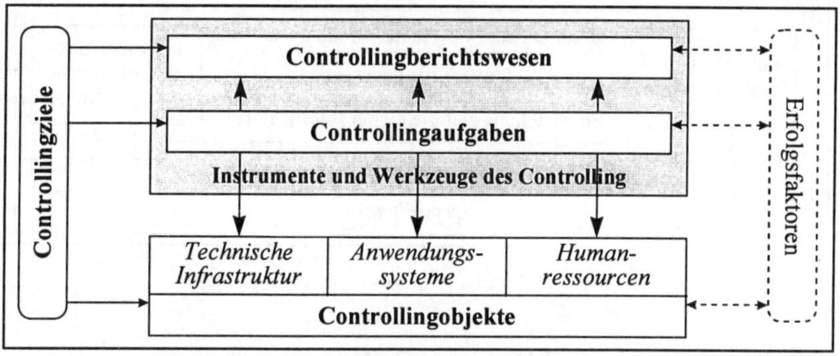

Abb. 15.1.1: Bereiche eines IV-Controlling

Auf Einzelheiten wird in den folgenden Abschnitten eingegangen.

15.2 Beziehungen zwischen IM und Controlling

Controlling steht zum IM in zwei unterschiedlichen Beziehungen:

- Das im vorhergehenden Abschnitt auf Basis eines allgemeinen Controllingbegriffs definierte IV-Controlling ist ein Teilbereich des IM, d. h. eine spezifische Ausprägung des Controlling für die Zwecke des IM.
- Die zweite Beziehung zwischen IM und Controlling resultiert aus der Tatsache, daß die Informationsversorgung des Managements ein wesentliches Charakteristikum eines allgemeinen Controlling ist[15]. Die Informationsbedarfsermittlung sowie Beschaffung, Aufbereitung und Bereitstellung von Informationen sind also essentielle Grundlagen eines Controlling. Man kann sogar soweit gehen, daß man die Koordination von Informationsbedarf und Informationsbeschaffung als zentrale Aufgabe des Controlling ansieht[16] (vgl. dazu Abb. 15.2.1, S. 298).

Damit wird IM - oder doch wenigstens ein wesentlicher Teil des IM - eine Voraussetzung oder Basis für ein Controlling. Erfolgreiches Controlling ist ohne ein effizientes und effektives IM nicht möglich.

15 Vgl. dazu beispielsweise HORVÁTH [1996, S. 106f.].

16 So die Überschrift eines Aufsatzes von MÜLLER [1974].

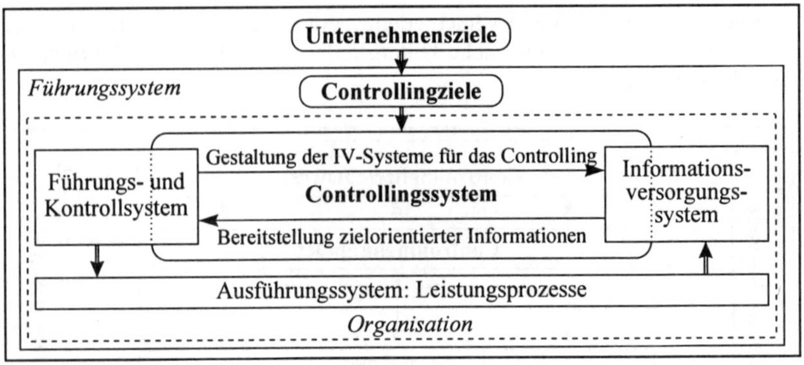

Abb. 15.2.1: Einordnung des Controllingsystems[17]

15.3 Ziele eines IV-Controlling

Während das allgemeine Controlling stark ergebnisorientiert ausgerichtet ist, steht beim IV-Controlling eine Zielorientierung im Vordergrund. Daraus ergeben sich folgende Forderungen[18]:

- Bildung eines Zielsystems,
- Entwurf von zieladäquater IS-Architektur und Informationsinfrastruktur,
- Messung und Kontrolle der Zielerreichung,
- Entwicklung eines geeigneten Controllingmodells.

Geeignet ist ein **Zielsystem**, das nach Sachzielen im strategischen Bereich, für die Realisierung und für den operativen Bereich und nach allgemeinen Formalzielen unterscheidet.

Formalziele sind z. B. Wirksamkeit, Wirtschaftlichkeit, Sicherheit, Produktivität, Schnelligkeit, Anpassungsfähigkeit, Durchdringung, Effektivität.

Sachziele lassen sich unterteilen in:

- **strategische Ziele**, z. B.
  - Verbesserung der Wettbewerbsfähigkeit,
  - Ausrichtung der Informationsinfrastruktur an Unternehmungszielen,
  - Motivation von Führungskräften und Mitarbeitern zu einem aktiven und offenen Informationsverhalten, und
- **operative Ziele**, z. B.
  - Minimierung der Kosten für Beschaffung, Verarbeitung, Übertragung, Benutzung und Speicherung von Informationen,

17 In Anlehnung an HORVÁTH [1991, S. 139].

18 Vgl. ROITHMAYR [1990, S. 728].

- Gewährleistung einer optimalen Informationsversorgung,
- Qualitätssicherung,
- Initiierung von Produktivitätssteigerungen,
- Unterstützung komplexer Entscheidungsprozesse,
- Beseitigung von Medienbrüchen und langen Übertragungszeiten.

Für KRCMAR sind Ziele des IV-Controllings „die Wirtschaftlichkeit und Effektivität der Planung, Steuerung und Kontrolle aller IV-Prozesse, deren Ressourcen und der Infrastruktur im Unternehmen“[19].

Das Ergebnis einer empirischen Untersuchung hat auf die Frage „Welche Ziele sollte ein Controlling der Informationsverarbeitung (IV) haben?“ folgendes, nach Nennungshäufigkeiten geordnete Ergebnis geliefert[20]:

- Unterstützung der langfristigen Unternehmensziele,
- Wirtschaftlichkeit der DV-Technik sicherstellen,
- Nutzen des IV-Bereichs steigern,
- Kostenkontrolle im IV-Bereich,
- Qualitätssicherung bei DV-Leistungen,
- Termineinhaltung aller DV-Maßnahmen,
- Gewährleistung der Funktionalität der eingesetzten Software.

Für ein wirksames IV-Controlling müssen einige Voraussetzungen erfüllt sein, die sich als die **Erfolgsfaktoren eines IV-Controlling** definieren lassen. Dazu können u. a. gehören[21]:

- klar definierte Leistungs-, Kosten-, Nutzen- und Terminziele,
- klare Aufgabengliederung,
- Eindeutige Planungs-, Steuerungs- und Kontrollprozesse,
- Nutzenorientierung statt Kostenminimierung,
- verursachungsorientierte Kostenverantwortung,
- Personifizierung von Verantwortungen,
- eindeutig festgelegte Entscheidungsbefugnisse,
- einheitliche Beurteilung und Priorisierung von IM-Vorhaben,
- Produktorientierung, d. h. Betrachtung des gesamten Lebenszyklus eines IV-Systems,
- Einsatz problemadäquater Methoden und Werkzeuge,
- Beachtung der Beratungs- und Unterstützungsfunktion des Controlling,
- adäquate organisatorische Einbindung des IV-Controlling.

15.4 Aufgaben eines IV-Controlling

Gegenstand eines IV-Controlling sind die Komponenten der Informationsinfrastruktur und die IM-Aktivitäten.

19 KRCMAR [1997, S. 251].

20 Vgl. KRCMAR [1992, S. 11f.].

21 Vgl. dazu beispielsweise KRCMAR [1997, S. 262ff.] und SOKOLOVSY [1992, S. 26].

Stellt man die IV-Systeme in den Vordergrund, können drei Objektbereiche unterschieden werden[22]:

- Technische Infrastruktur mit Hardware, Softwareproduktionsumgebungen, Betriebssystemen und Netzwerken,
- Anwendungen mit IV-System-Portfolio, Projekten (Systementwicklungen), Produkten (Betrieb, Wartung und Erweiterung von IV-Systemen),
- Humanressourcen mit qualitativen und quantitativen Personalkapazitäten, Stellenbesetzungen im IM-Bereich, Stellen- und Qualifikationsprofilen.

Die Aufgaben eines IV-Controlling können unterschiedlich strukturiert werden. Orientiert man sich an den drei Objektbereichen, ergeben sich folgende Aufgabenbereiche:

- Controlling der technischen IV-Infrastruktur,
- Controlling der Anwendungssysteme,
- Personal-Controlling.

Die Controllingaufgaben des IM können auch gegliedert werden in[23]:

- Strategie-Controlling,
- Controlling der Anwendungssysteme mit folgenden Aufgabenbereichen
  - Ideen-Controlling mit Planung und Portfolioanalyse,
  - Projekt-Controlling mit Projektplanung, Projektsteuerung und -kontrolle (einschl. Soll-Ist-Vergleich und Abweichungsanalyse),
  - Produktcontrolling mit Organisation, Systementwicklung, Systemnutzung sowie Kosten- und Leistungsrechnung,
- Controlling der Informationsinfrastruktur, das die Bereiche Planung, Betrieb und Abrechnung umfaßt.

KARGL geht von der Kernaufgabe „Koordination und Koordinationskontrolle" des Controlling aus und gliedert die Controllingaufgaben nach den zentralen Objektbereichen in sieben „Koordinationsfelder"[24]:

- Strategische IuK-Planung,
- Planung und Durchführung von IuK-Projekten,
- Wirtschaftlichkeit,
- Anwendungsbetrieb und DV-Infrastruktur,
- Verrechnung von Kosten und Leistungen,
- IuK-Organisation,
- Outsourcing.

Nach dem Ablauf der Prozesse im Bereich des IV-Controlling kann man folgende Aufgabenbereiche unterscheiden[25]:

- Formulierung von Zielen für das IM, abgeleitet aus der Informatik-Strategie,
- Planung von Investitionen, Kosten, Maßnahmen bezüglich der IV-Systeme, organisatorische Maßnahmen, Projekte,
- Budgetierung für Investitionen, Kosten, Maßnahmen,
- Operativer Betrieb eines Berichts- und Kontrollsystems,

---

22 Vgl. MÜLLER u. a. [1992, S. 157].

23 Vgl. KRCMAR [1997, S. 252].

24 Vgl. KARGL [1996].

25 Vgl. dazu auch RATZEK [1995, S. 108ff.] und VOSSBEIN [1996].

- Frühwarnung oder Früherkennung auf der Basis entsprechender Informationen bzw. „Warnsignale" aus dem operativen Berichts- und Kontrollsystem, um rechtzeitig unerwünschte Entwicklungen zu erkennen und „gegensteuern" zu können,
- Steuerungsfunktionen.

In Abb. 15.4.1 sind diese Aufgaben und ihre Beziehungen zueinander veranschaulicht.

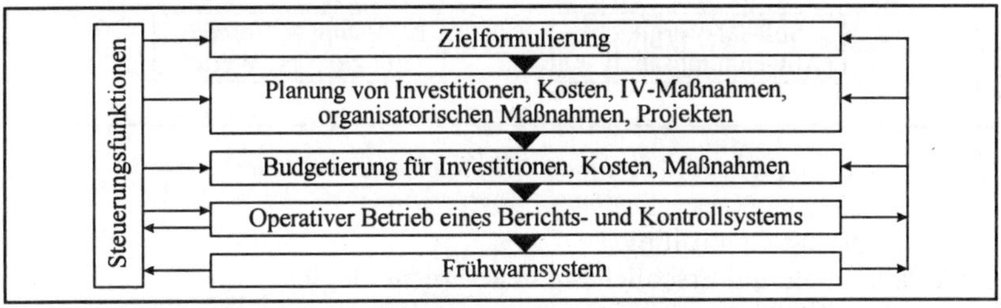

Abb. 15.4.1: Aufgabenbereiche eines IV-Controlling

SEIBT beschäftigt sich mit der Abhängigkeit des IM von Controlling-Maßnahmen und untergliedert dazu in zwei Aufgabenbereiche[26]:

- Controlling im Rahmen des Managements der Netze- und Rechnerressourcen,
- Controlling im Rahmen des Managements des System-Lebenszyklus.

ÖSTERLE u. a. sehen das IS-Controlling als finanzielle Führung des Informationssystem-Managements und unterscheiden folgende Aufgaben[27]:

- Unterstützung der Führungsebenen im IM-Bereich bei Wirtschaftlichkeits- und Terminzielen,
- Entwicklung von Methoden und Standards zur Verfolgung dieser Ziele,
- Unterstützung des IV-Systembetriebs, z. B. durch interne Leistungsverrechnung,
- Vorbereitung der finanziellen Planung des gesamten IM-Bereichs, beispielsweise durch Budgetierung,
- Abweichungsanalysen zur Unterstützung der Kontrolle,
- Kontrolle der Nutzeffekte,
- Sonderrechnungen, wie z. B. Wirtschaftlichkeitsuntersuchungen.

Die Realisierung dieser Aufgaben geschieht in einem „Finanziellen Führungskreislauf", der in Abb. 15.4.2 (S. 302) dargestellt ist.

Nach der dem zweiten Teil zugrundeliegenden Aufgabengliederung kann man die Aufgaben des IV-Controlling auch wie folgt unterteilen:

- Analyseaufgaben, beispielsweise
  - auf die Controllingzwecke ausgerichtete IuK-Bedarfsanalysen,
  - Schwachstellenanalyse,
  - Risikoanalysen.
- Strategische Aufgaben, die sich vor allem aus der Unternehmungsstrategie und der Informatik-Strategie ableiten, z. B.
  - Strategie-Controlling,
  - Portfolioanalysen,

26 Vgl. SEIBT [1990].

27 Vgl. OESTERLE u. a. [1991, S. 74ff.].

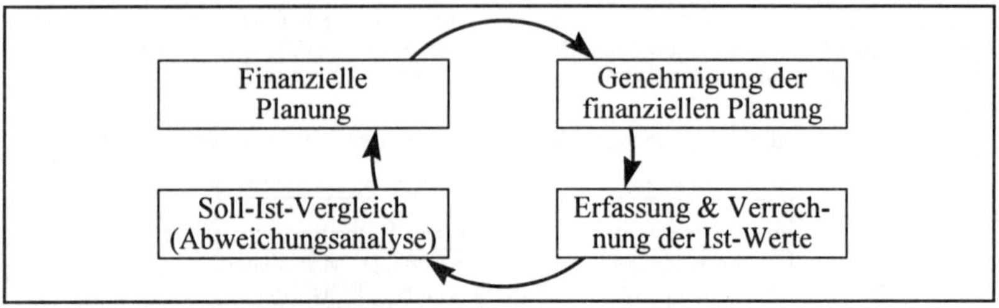

Abb. 15.4.2: Finanzieller Führungskreislauf[28]

- Outsourcing-Controlling,
- Evaluierung und Erschließung neuer Technologien.

• Aufgaben der Realisierung, zu denen u. a. gehören
- Umsetzung eines Controlling-Konzepts für das IM,
- Organisation eines IV-Controlling,
- Projekt-Controlling für Systementwicklungsprojekte,
- Produktcontrolling.

• Operative Aktivitäten eines IV-Controlling zielen vor allem auf Wirtschaftlichkeit und Produktivität sowohl für einzelne Vorhaben als auch für den gesamten IM-Bereich. Dazu gehören z. B.
- Kosten- und Leistungsrechnung,
- Beobachtung interner und externer Entwicklungen,
- Planung und Budgetierung der Kosten,
- Berichtswesen,
- Bestimmung von Kennzahlen,
- Betrieb eines Frühwarnsystems,
- Kontrolle des Zielerreichungsgrades,
- Wirtschaftlichkeitsanalysen.

Betrachtet man nur „Strategisches IV-Controlling“ und „IV-Controlling der Realisierung“ sowie die operativen IM-Aufgaben der Ausführung, so ergeben sich die in Abb. 15.4.3 (S. 303) dargestellten Beziehungen.

Orientiert man sich an den Charakteristika der Controlling-Definition, kann man folgende Aufgabenbereiche unterscheiden:

• Planungsaufgaben,
• Steuerungs- und Kontrollaufgaben,
• Koordinationsaufgaben,
• Informationsaufgaben sowie
• Gestaltungsaufgaben.

28 In Anlehnung an OESTERLE u. a. [1991, S. 75].

Abb. 15.4.3: Beziehungen zwischen strategischem und operativem IV-Controlling sowie operativen Durchführungsaufgaben[29]

15.5 Instrumente und Werkzeuge eines IV-Controlling

Es gibt für das IV-Controlling zahlreiche Instrumente und Werkzeuge zur Unterstützung der Controllingaufgaben. Die folgende Auflistung gibt einen Überblick, ohne daß ein Anspruch auf Vollständigkeit erhoben wird[30].

- Verfahren zur Ermittlung von Kosten- und Wirtschaftlichkeitsinformationen:
  - Verfahren zur Aufwandsschätzung für Systementwicklungsprojekte[31],
  - Investitionsrechnungsverfahren[32],
  - Nutzwertanalyse,
  - Nutzenanalyse,
  - Kosten-Nutzen-Analysen,
  - Kostenrechnungsverfahren[33],
  - Risikoanalysen, bei denen man z. B. folgenden Fragen nachgeht[34]:
    - Sind Annahmen und Ziele richtig?
    - Ist ein geplantes IV-System problemadäquat?

---

29 In Anlehnung an JAKUBCZIK/SKUBCH [1994].

30 Vgl. dazu auch die Aufzählung bei SEIBT [1983, S. 215] sowie die ausführliche Darstellung von Controllinginstrumenten bei HORVÁTH [1993a].

31 Vgl. dazu BOEHM [1986], NOTH/KRETZSCHMAR [1986] und SCHWARZE [1995, S. 248ff.].

32 Vgl. zu diesem und zu den beiden folgenden Werkzeugen NAGEL [1990] und SCHWARZE [1995, S. 231ff.].

33 Vgl. z. B. COENENBERG [1997], KILGER [1992], MÄNNEL [1992], ZIMMERMANN [1997].

34 Vgl. auch BECKER [1994, S. 83].

  - Sind alle erkennbaren Risiken ausreichend berücksichtigt?
  - Sind bekannte und noch zu erwartende Risiken akzeptabel?

  Typische Risikofaktoren für Systementwicklungsprojekte sind z. B.[35]:
  - Verfolgung zu vieler oder zu schwieriger Ziele,
  - Zielkonflikte,
  - unzureichende Anforderungsdefinition,
  - Verwendung nicht adäquater Entwicklungsumgebungen und Tools,
  - quantitativ oder qualitativ unzureichende Entwicklungsressourcen,
  - unzureichende Einbindung der Nutzer in den Entwicklungsprozeß und als Folge davon Akzeptanzprobleme.

- Planungsverfahren:
  - Budgetierungstechniken,
  - Projektmanagementtechniken[36].
- Verfahren und Techniken zur Planung, Messung und Kontrolle von Qualität und Leistung:
  - Verfahren der Qualitätsplanung, Qualitätssicherung und Qualitätskontrolle im Rahmen der Systementwicklung[37],
  - Benchmarking,
  - Monitoring-Verfahren,
  - Verfahren zur Bestimmung von Kennzahlen und Kennzahlensystemen[38] einschl. der dazu gehörigen statistischen Verfahren, z. B. Verfahren der Zeitreihenanalyse, um Trends in der zeitlichen Entwicklung von Kennzahlen zu bestimmen.
- Werkzeuge und Instrumente zur Prüfung der Korrektheit:
  - Verfahren zur Prüfung der Ordnungsmäßigkeit der Informationsverarbeitung[39],
  - Verfahren zur Prüfung der Einhaltung gesetzlicher Vorschriften.
- Protokollierung von Zugriffen und Nutzungen von Systemen und Datenbanken.
- Dokumentationsverfahren.

Nachfolgend wird auf Kennzahlen und die Prüfung der Ordnungsmäßigkeit etwas näher eingegangen.

Typische Kennzahlen eines IV-Controlling sind beispielsweise:

---

35 Vgl. auch BECKER [1994, S. 84].

36 Vgl. dazu SCHWARZE [1994].

37 Vgl. dazu u. a. WALLMÜLLER [1990].

38 Zu betriebswirtschaftlichen Kennzahlen vgl. z. B. BUCHNER [1985], zur statistischen Bestimmung von Kennzahlen wird verwiesen auf SCHWARZE [1998] und [1997b].

39 Vgl. dazu KIRCHBERG-LENNARTZ [1991], SCHUPPENHAUER [1994] und [1998].

Kostenkennzahlen

$$Kostenverrechnungsgrad = \frac{verrechnete\ Kosten}{Gesamtkosten\ im\ IM\text{-}Bereich\ XY}$$

$$Kostenanteil\ Bereich\ XY = \frac{Kosten\ im\ Bereich\ XY}{Gesamtkosten\ des\ IM}$$

$$Kostenanteil\ für\ Hardware = \frac{Hardwarekosten}{Gesamtkosten\ des\ IM}$$

Kennzahlen für Auslastung und Verfügbarkeit

$$Kapazitätsauslastung = \frac{in\ Anspruch\ genommene\ Kapazität}{verfügbare\ Kapazität}$$

$$Systemverfügbarkeit = \frac{Sollzeit - Ausfallzeit}{Sollzeit}$$

Kennzahlen der Zuverlässigkeit

$$Störungsrate = \frac{Anzahl\ Störungen\ eines\ Systems}{Nutzungsdauer\ des\ Systems}$$

$$Störungsintensität = \frac{Ausfallzeit\ durch\ Störungen}{Nutzungsdauer}$$

Für eine „grobe" Prüfung der „Ordnungsmäßigkeit" der Informationsverarbeitung können Checklisten der folgenden Art herangezogen werden[40]:

- Ist sichergestellt, daß die Benutzung des Systems für nicht befugte Personen ausgeschlossen ist?
- Gibt es Regeln für die Passwortdefinition, z. B. Vermeidung trivialer Passworte, regelmäßige Änderung?
- Ist sichergestellt, daß durch systemtechnische Zugangsmöglichkeiten der geregelte Zugang zu einer Anwendung nicht umgangen werden kann?
- Ist gewährleistet, daß Daten nur über den kontrollierten Zugang eines Anwendungsprogramms verändert werden können?
- Ist ausgeschlossen, daß Datumseinträge nachträglich manipuliert werden können?
- Ist für eine ausreichende Protokollierung von Programmnutzungen und Datenzugriffen gesorgt?

40 Auszug aus einer Checkliste von STREITZ [1996].

- Ist ein angemessenes Datensicherungsverfahren vorhanden?
- Sind Plausibilitätsprüfungen bei der Eingabe und bei den Verarbeitungsschritten vorhanden?

Für eine umfassende Prüfung stehen differenzierte Checklisten zur Verfügung, die gegebenenfalls noch individuell zu ergänzen sind[41].

Zu den Instrumenten und Werkzeugen eines IV-Controlling wird zusätzlich auf die einschlägige Literatur zum Controlling[42] und zu den anderen angesprochenen betriebswirtschaftlichen und anderen Disziplinen verwiesen.

41 Vgl. dazu insbesondere SCHUPPENHAUER [1994], aber auch HANNAN [1990].

42 Vgl. insbesondere HORVÁTH [1996].

Literaturverzeichnis

ACKOFF, R. L.: Management Misinformation Systems. In: Management Science 14 (1967), S. B-147 - B-156.

AICHINGER, K. H.: Outsourcing von DV-Leistungen - Pragmatische Lösung oder Verlust einer strategischen Ressource? In: SCHEER, A.-W. (Hrsg.): Handbuch Informationsmanagement. Wiesbaden 1993, S. 809-830.

ALBACH, H.: Technologie und Fortbildung. Vortrag, gehalten aus Anlaß der Jahrestagung des Bundesverbandes der Verwaltungs- und Wirtschafts-Akademien am 13.10.83 in Mannheim.

ALTER, S.: Information Systems: A Management Perspective, Reading/Menlo Park u. a. 1992.

ANGERMEYER, H. CH.: Qualifizierung für Informationsmanagement - Ein unternehmensweiter Managementprozeß. In: Information Management, Heft 4 1990, S. 34-41.

BARER, R. L.: Konzepte für die Erstellung möglichst fehlerfreier Software in der Vergangenheit und Zukunft. In: HMD, Heft 163 1992, S. 3-16.

BACHOFER, T.: Die Rechtsgültigkeit der elektronischen Unterschrift. In: NJW-CoR 6 (1993), S. 25-27.

BALZERT, H.: Die Entwicklung von Softwaresystemen: Prinzipien, Methoden, Sprachen, Werkzeuge. Mannheim 1985.

BALZERT, H.: Lehrbuch der Software-Technik: Software-Entwicklung. Heidelberg/ Berlin 1998.

BALZERT, H.: Lehrbuch der Software-Technik: Software-Management, Software-Qualitätssicherung und Unternehmensmodellierung. Heidelberg/Berlin 1998a.

BARROW, C.: Implementing an Executive Information System: Seven Steps for Success. In: WATSON, H. J.; RAINER, R. K.; HOUDESHEL, G. (Hrsg.): Executive Information Systems, New York u. a. 1992, S. 107-116.

BECKER, H.: Information nach Maß. Düsseldorf/Wien 1974.

BECKER, J.: Informationsmanagement und -controlling.Würzburg 1994.

BEHME, W.: Business-Intelligence als Baustein des Geschäftserfolgs. In: MUCKSCH, H.; BEHME, W. : Das Data-Warehouse-Konzept. Wiesbaden 1996, S. 27-45.

BERG, J.: Performance-Management. In: Client/Server, Heft 5-6 1996, S. 14-21.

BEYER, L.: Informationsmanagement und öffentliche Verwaltung. Wiesbaden 1992.

BENJAMIN, R. I.; DICKENSON, C.; ROCKART, J. F.: Changing Role of the Corporate Information Systems Officer. In: Information Management, Heft 1 1986, S. 6-15.

BIETHAHN, J.: Konzeption eines ganzheitlichen Informationssystems für kleine und mittlere Einzelhandelsbetriebe. In: Zeitschrift für Planung 1(1990), S. 127-144.

BIETHAHN, J.; MUCKSCH, H.; RUF, W.: Ganzheitliches Informationsmanagement. München/Wien. Band I: Grundlagen. 3. Aufl. 1994 . Band II: Entwicklungsmanagement. 2. Aufl. 1997.

BIRCHER, B.: Langfristige Unternehmensplanung. Bern/Stuttgart 1976.

BODE, J.: Betriebliche Produktion von Information. Wiesbaden 1993.

BOEHM, B. W.: Wirtschaftliche Software-Produktion. Wiesbaden 1986.

BONGARD, S.: Outsourcing-Entscheidungen in der Informationsverarbeitung - Entwicklung eines computergestützten Portfolio-Instrumentariums. Wiesbaden 1994.

BRENNER, W.: Grundzüge des Informationsmanagements. Berlin u.a. 1994.

BRÖNIMANN, C.: Aufbau und Beurteilung des Kommunikationssystems von Unternehmungen. Bern/Stuttgart 1969.

BROSDA, V.; JASPERSEN, T.: Lean Information Management. Bergheim 1995.

BUCHNER, R.: Finanzwirtschaftliche Statistik und Kennzahlenrechnung. München 1985.

BÜCHNER, W.: Elektronischer Geschäftsverkehr. In: BULLINGER, H.-J. (Hrsg.): Handbuch des Informationsmanagements im Unternehmen. Band I und Band II. München 1991, S.1445-1490.

BÜHNER, R.; TUSCHKE, A.: Outsourcing. In: Die Betriebswirtschaft 57 (1997), S. 20-30.

BULLINGER, H.-J. (Hrsg.): Handbuch des Informationsmanagements im Unternehmen. Band I und Band II. München 1991.

BUSCH, U.: ORG-DV-Leiter vs. Kommunikationsmanager - Die neue Führungsposition im Unternehmen. In: KRALLMANN, H. (Hrsg.): Informationsmanagement auf der Basis integrierter Bürosysteme. Berlin 1986, S. 41-58.

BUSCH, U.: Entwicklung eines PPS-Systems. Berlin, 3. Aufl. 1990.

BUSH, C. M.; ROBBINS, S.: What Does „MIS" Really Mean? In: Journal of Systems Management 42 (1991), Nr. 6, S. 6-8.

CAP GEMINI SCS: EDI in Wirtschaft und Verwaltung. Mühlheim 1991.

CHRISTMANN, A.: Kommunales Informationsmanagement. In: online, Heft 10 1988, S.68-77.

CLEMONS, E.; ROW, M.: Structural Differences among Firms. A Potential Source of Competitive Advantage in the Application of Information Technology. In: DE GROSS, L. J.; KRIEBEL, C. H.: Proc. of the Eigth International Conference on Information Systems, December 6-9, 1987, Pittsburgh, Penn., S. 1-9.

COAD, P.; YOURDON, E.: Object-Oriented Analysis. Englewood Cliffs, N.J., 2. Aufl. 1991.

COENENBERG, A. G.: Kostenrechnung und Kostenanalyse. Landsberg 1997.

CUNNINGHAM, P. A.; FRÖSCHL, F.: Outsourcing, Strategische Bewertung einer Informationsdienstleistung. Frankfurt 1995

DANIEL, D. R.: Management Information Crisis. In: Harvard Business Review 39 (1961), S. 111-121

DEARDEN. J.; MCFARLAN, W. F.: Management Information Systems, Homewood 1966.

DGQ–DEUTSCHE GESELLSCHAFT FÜR QUALITÄT; NACHRICHTENTECHNISCHE GESELLSCHAFT IM VDE (Hrsg.): Software-Qualitätssicherung - Aufgaben, Möglichkeiten, Lösungen. Berlin/Offenbach 1986.

DIN ISO 9000 Teil 3 (Juni 1992).

DOSTAL, W.: Berufe in der Wirtschaftsinformatik. In: KURBEL, K.; STRUNZ, H. (Hrsg.): Handbuch Wirtschaftsinformatik. Stuttgart 1990, S. 759-776.

DOSTAL, W.: Zentraler Informations-Manager. Eine Funktion ohne Zukunft. In: Computerwoche Nr. 25 1992, S. 8.

DRUMM, H. J.: Personalwirtschaftslehre. Berlin u. a., 2. Aufl. 1992.

DÚZS, J. u. a. (Hrsg.): Information Management - Practice and Education. Budapest 1990.

END, W.; GOTTHARDT, H.; WINKELMANN, R.: Softwareentwicklung. Leitfaden für Planung, Realisierung und Einführung von DV-Verfahren. Berlin/München, 7. Aufl. 1990.

ESPRIT CONSORTIUM AMICE: Open System Architecture for CIM. Berlin u.a. 1989.

EUGSTER, J.; THOMMEN, R.: Wo lohnt sich Outsourcing im PC-Umfeld? In: io Management-Zeitschrift 65 (1996), Heft 4 S. 74-78.

FICKENSCHER, H.; HANKE, P.; KOLLMANN, K.-H.: Zielorientiertes Informationsmanagement. Braunschweig/Wiesbaden 1990.

FINKE, W.: Individuelle Datenverarbeitung und Cooperative Processing. Konzepte zur Integration von Großcomputer-Datenbanken, Arbeitsplatzcomputern und PC-Softwarewerkzeugen. In: Angewandte Informatik 28 (1986), S. 66-74.

FINKE, W.: Informationsmanagement in Organisationen - Neue Führungsaufgaben beim Einsatz der Informations- und Kommunikationstechnik. In: Zeitschrift für Organisation 6 (1987), S. 360-368.

FINKE, W.: Informations-Management: Ausbildung für einen neuen Funktionsbereich. In: Information Management, Heft 1 1988, S. 54-60.

FRENZEL, C. W.: Management of Information Technology. Boston 1992.

FRIEDRICH, S.: Outsourcing: Wie strategische Fehler vermieden werden können. In io Management-Zeitschrift 65 (1996), Heft 9 S. 70-74.

FRÖHLING, O.: Was ein Informationssystem an Strategieunterstützung leisten muß. In: Harvard Manager 14 (1992), S. 64-73.

FUCHS, E.: Führungsrelevante Auswirkungen der IuK-Technik auf das Verwaltungshandeln. In: REINERMANN, H.: Führung und Information. Chancen der Informationstechnik für die Führung in Politik und Verwaltung. Heidelberg 1991, S. 125-143.

GAUL, W.; BOTH, M.: Computergestütztes Marketing. Berlin u. a. 1990.

GAZDAR, K.: Informationsmanagement wird Schlüsselfaktor. In: io Management-Zeitschrift 56 (1987), Heft 6 S. 94-96.

GERNET, E.: Das Informationswesen in der Unternehmung. Aufbau-, Ablauf- und Projektorganisation. München 1988.

GRÄBER, H.: Wirksame Ventile für den Kostendruck. In: Online, Heft 1 1994, S. 30-34.

GRIESE, J.: Ziele und Aufgaben des Informationsmanagements. In: KURBEL, K.; STRUNZ, H. (Hrsg.): Handbuch Wirtschaftsinformatik. Stuttgart 1990, S. 641-657.

GROTZ-MARTIN, S.: Informations-Qualität und Informations-Akzeptanz in Entscheidungsprozessen. Saarbrücken 1976.

GRUDOWSKI, S.: Begriffsverständnis „Informationsmanagement“ aus Sicht von Information und Dokumentation. In: Nachrichten für Dokumentation 47 (1996), S. 351-360.

GUTENBERG, E.: Grundlagen der Betriebswirtschaftslehre. Erster Band: Die Produktion. Berlin u. a., 24. Aufl. 1983.

HACKSTEIN, R.: Produktionsplanung und -Steuerung (PPS). Düsseldorf, 2. Aufl. 1989.

HANNAN, J. (Hrsg.): Revision in der Datenverarbeitung. Braunschweig/Wiesbaden 1990.

HANSEN, H. R.; RIEDL, R.: Strategische langfristige Informationssystemplanung (SISP). In: KURBEL, K.; STRUNZ, H. (Hrsg.): Handbuch Wirtschaftsinformatik. Stuttgart 1990, S. 661-682.

HASTINGS, N. A.; MELLO, J. M. C.: Decision Networks. Chichester u. a. 1978.

HEILMANN, H.: Thesen zur Podiumsdiskussion: Organisationsstrukturen im Informationsmanagement. In: HEILMANN; GASSERT; HORVÁTH: Informationsmanagement. Stuttgart 1990, S. 107-136.

HEINRICH, L. J.: Zur Frage „Eigenfertigung oder Fremdbezug" bei der Informationsverarbeitung. In: ZfbF 21 (1969), S. 676-688.

HEINRICH, L. J.: Systemplanung. München/Wien, Band 1, 6. Aufl. 1994, Band 2, 5. Aufl. 1994.

HEINRICH, L. J.: Wirtschaftsinformatik in Forschung und Ausbildung. In: Information Management Heft 1 1986, S. 63-69.

HEINRICH, L. J.: Informationsmanagement. München/Wien, 5. Aufl. 1996.

HEINRICH, L. J.: Management von Informatik-Projekten. München/Wien 1997.

HEINRICH, L. J.; LEHNER, F.: Entwicklung von Informatikstrategien. Institutsbericht des Instituts für Wirtschaftsinformatik und Organisationsforschung der Universität Linz Nr. 89.04. Linz 1989.

HEINRICH, L. J.; ROITHMAYR, F.: Wirtschaftsinformatik-Lexikon. München/Wien, 5. Aufl. 1995.

HEINRICH, W.: Outsourcing, Modewort oder neues strategisches Konzept? In: HEINRICH, W.: Outsourcing, Modelle - Strategie - Praxis. Bergheim 1992, S. 11-54.

HEINRICH, W.: SAP-Outsourcing: Festpreise trügen. In: Online, Heft 11 1993, S. 59-60.

HEINRICH, W.: Wann es sich lohnt, DV-Aufgaben auszulagern. In: Business Computing, Heft 6 1993a, S. 42-45.

HEINZELBECKER, K.: Marketing-Informationssysteme. Stuttgart u. a. 1985.

HEINZL, A.: Die Ausgliederung der betrieblichen Datenverarbeitung. In: Informationmanagement, Heft 4 1992, S. 28-40.

HEINZL, A.: Alternative Organisationskonzepte der betrieblichen Datenverarbeitung. In: Zeitschrift für Organisation 14 (1995), S. 18-22.

HENTZE, J.: Personalwirtschaftslehre. Bern, Band 1 4. Aufl. 1989, Band 2 4. Aufl. 1989.

HETTICH, G.: Struktur, Funktion und Effizienz betrieblicher Informationssysteme. Dissertation Tübingen 1981.

HILDEBRAND, K.: Informationsmanagement. München/Wien 1995.

HINTERHUBER, H. H.: Strategische Unternehmungsführung. Band 1: Strategisches Denken. Berlin u.a., 4. Aufl. 1989.

HÖLLER, J.: Informationsrecht: Rechtliche Rahmenbedingungen des Informationsmanagements. In: Information Management, Heft 1 1989, S. 44-50.

HOFFMANN, F.: Computergestützte Informationssysteme. Einführung für Betriebswirte. München/Wien 1984.

HORVÁTH, P.: Controlling. In: CHMIELEWITZ, K., SCHWEITZER, M. (Hrsg.): Handwörterbuch des Rechnungswesens. Stuttgart, 3. Aufl. 1993, Sp. 322-334.

HORVÁTH, P.: Controllinginstrumente. In: WITTMANN, W. u. a. (Hrsg.): Handwörterbuch der Betriebswirtschaft. Stuttgart, 5. Aufl. 1993(a), Sp. 669-680.

HORVÁTH, P.: Controlling. München, 6. Aufl. 1996.

HORVÁTH, P.; PETSCH, M.; WEIHE, M.: Standard-Anwendungssoftware für das Rechnungswesen. München, 2. Aufl. 1986 .

HORVÁTH, P.; MAYER, R.: Prozeßkostenrechnung. In: Controlling 1 (1989), S. 214-219.

HUBER, H.; MAIER, T.: Wettbewerbsorientiertes Informationsmanagement. In: Office Management, Heft 11 1991, S. 6-12.

HÜBNER, H.: Informationsmanagement und strategische Unternehmensführung. München/Wien 1996.

INMON, W. H.: Building the Data-Warehouse. New York 1993.

ITZFELD, W.: Einsatz von Software-Qualitätsmaßen in der Praxis und Konsequenzen für die Forschung. In: Software-Metriken, Berlin u. a. 1987, S. 73-97.

JABUREK, W. J.: Risiken elektronischer Datenübermittlung im Banken-, Handels- und Behördenbereich. Mannheim/Wien/Zürich 1991.

JAKUBCZIK, G.-D.; SKUBCH, N.: IV-Controlling: Kosten senken, Nutzen steigern. In: Online Heft 2 1994, S. 48-54.

JANSON, R. L.: Ein Frühwarnsystem für das Management. In: Harvard Manager 4 (1982), Nr. 3, S. 58-65.

KARGL, H.: Fachentwurf für DV-Anwendungssysteme. München/Wien, 2. Aufl. 1990.

KARGL, H.: Controlling im DV-Bereich. München/Wien, 3. Aufl. 1996.

KARGL, H.: Der Wandel von der DV-Abteilung zum IT-Profitcenter: Mehr als eine Umorganisation! Arbeitspapiere WI Nr. 1/1997, Hrsg: Lehrstuhl für Allg. BWL und Wirtschaftsinformatik, Johannes Gutenberg-Universität, Mainz 1997.

KERN, W.: Industrielle Produktionswirtschaft. Stuttgart, 5. Aufl. 1992.

KERSTEN, H.: Einführung in die Computersicherheit. München/Wien 1991.

KILIAN, W.; HEUSSEN, B. (Hrsg.): Computerrechts-Handbuch. München 1998.

KILGER, W.: Einführung in die Kostenrechnung. Wiesbaden, 3. Aufl. 1992.

KIRCHBERG-LENNARTZ, B.: Prüfbarkeit von EDV-Systemen. Berlin 1991.

KIRSCH, W.; KLEIN, H. K.: Management-Informationssysteme I. Stuttgart u. a. 1977.

KLOTZ, M.; STRAUCH, P.: Strategieorientierte Planung betrieblicher Informations- und Kommunikationssysteme. Berlin u. a. 1990.

KNOLMAYER, G.: Modelle zur Unterstützung von Outsourcing-Entscheidungen. In: KURBEL, K. (Hrsg.): Wirtschaftsinformatik '93. Heidelberg 1993, S. 70-83.

KNOLMAYER, G.: Der Fremdbezug von Information-Center-Leistungen. In: Information Management, Heft 1 1994, S. 54-60.

KOEHLER-FROST, W. (Hrsg.): Outsourcing. Berlin, 2. Aufl. 1995.

KOREIMANN, D. S.: Methoden der Informationsbedarfanalyse. Berlin/New York 1976.

KORTH, H.F.; SILBERSCHATZ, A.: Database System Concepts. New York u. a., 2. Aufl. 1991.

KRALLMANN, H.; WIEGEMANN, B.: Ganzheitliche Sicherheit betrieblicher Informations- und Kommunikationssysteme. In: SCHEER, A.-W. (Hrsg.): Handbuch Informationsmanagement. Wiesbaden 1993, S. 697-711.

KRAUSE, U.: Informations-Management als Bestandteil der Führungskräfte-Weiterbildung. In: Information Management, Heft 1 1988, S. 61-65.

KRCMAR, H.: Informationsverarbeitungs-Controlling in der Praxis. In: Information Management 7 (1992), S. 6-18.

KRCMAR, H.: Informationsmanagement. Berlin u. a. 1997.

KRCMAR, H.: IV-Controlling. In: MERTENS u. a. (Hrsg.): Lexikon der Wirtschaftsinformatik. Berlin u. a., 3. Aufl. 1997, S. 216-217.

KRCMAR, H.; FEDERMANN, CH.: Informationsmanagement in der Bundesrepublik Deutschland - Zum Problembewußtsein der DV-Leiter in Großunternehmen. In: Information Management, Heft 4 1990, S. 6-17.

KRÜGER, W.: Organisation der Unternehmung. Stuttgart, 2. Aufl. 1993.

KUBICEK, H.: Der überbetriebliche Informationsverbund als Herausforderung an die Organisationsforschung und -praxis. In: Information Management, Heft 2 1991, S. 6-15.

KUHLEN, R.: Informationsmarkt, Chancen und Risiken der Kommerzialisierung von Wissen. Konstanz 1995.

LABEK, F.: Informations-Management in einem Anlagen- und Maschinenbau-Unternehmen. In: Information Management, Heft 1 1988, S. 24-29.

LACITY, M. C.; HIRSCHHEIM, R.: Information Systems Outsourcing. Chichester u. a. 1993.

LANG, M.: Ein Votum für partnerschaftliche Kooperation. In: HEINRICH, W.: Outsourcing, Modelle - Strategie - Praxis. Bergheim 1992, S. 55-85.

LANGGUTH, H.: Strategisches Controlling. Ludwigsburg 1994.

LEISTER, D.: Computernetze - Ausweg oder Irrweg - In: Wirtschaftswoche Nr. 13 vom 23. März 1984, S. 164-165.

LEHNER, F.: Die Erfolgsfaktoren-Analyse in der betrieblichen Informationsverarbeitung. In: ZfB 65 (1995), S. 385-409.

LITKE, H.-D.: Projektmanagement - Methoden, Techniken, Verhaltensweisen. München, 2. Aufl. 1993.

LÜDER, C.: Rechtsprobleme im Arbeitsfeld des Informationsmanagers und die sich daraus ergebenden Anforderungen an dessen Qualifikationen. Diplomarbeit, Hannover 1997.

LUX, W.; SCHÖN, P.: Outsourcing der Datenverarbeitung - Von der Idee zur Umsetzung. Berlin u. a. 1997.

MADAUSS, B.: HANDBUCH Projektmanagement. Stuttgart. 5. Aufl. 1994.

MÄNNEL, W.: Handbuch Kostenrechnung Wiesbaden 1992.

MAG, W.: Entscheidung und Information. München 1977.

MARKOWITZ, H. M.: Portfolio Selection. New Haven u. a. 1959.

MARTIN, W.; VON MAUR, E.: Data Warehouse. In: MERTENS u. a. (Hrsg.): Lexikon der Wirtschaftsinformatik. Berlin u. a., 3. Aufl. 1997, S. 105-106.

MARTINY, L.: Informationsmanagement auf der Basis gewachsener Unternehmensstrukturen. Dissertation TU Berlin 1987.

MARTINY, L.; KLOTZ, M.: Strategisches Informationsmanagement. München/Wien, 2. Aufl. 1990.

MATTERSDORFER, H.: Informationsmanagement im innovativen Klein- und Mittelbetrieb. In: Zeitschrift für Organisation (1995), S. 237-241.

MCFADDEN, F. R.; HOFFER, J. A.: Modern Database Management. Redwood City (Cal.) u. a., 4. Aufl. 1994.

McLeod, R.: Management Information Systems. New York, 4. Aufl. 1990.

Meik, F.: Informationsmanagement reicht nicht. In: io Management-Zeitschrift 66 (1997), S. 42-47.

Meitner, H.: Sicherheitsmanagement beim Einsatz von Rechnernetzen. In: Bullinger, H.-J. u. a. (Hrsg.): Handbuch des Informationsmanagements im Unternehmen. München 1991, S. 719-757.

Mertens, P. Brauchen wir eine EDV-orientierte Betriebswirtschaftslehre? In: ZfbF 36 (1984), S. 1050-1052.

Mertens, P.: Integrierte Informationsverarbeitung 1. Administrations- und Dispositionssysteme in der Industrie. Wiesbaden, 11. Aufl. 1997.

Mertens, P. u. a.: Grundzüge der Wirtschaftsinformatik. Berlin u. a., 4. Aufl. 1996.

Mertens, P.; Knolmayer, G.: Organisation der Informationsverarbeitung. Wiesbaden, 3. Aufl. 1998.

Mertens, P.; Plattfaut, E.: Informationstechnik als strategische Waffe. In: Information Management, Heft 2 1986, S. 6-17.

Mertens, P.; Schrammel, D.: Betriebliche Dokumentation und Information. Meisenheim am Glan, 2. Aufl. 1977.

Michels, M.: Outsourcing: Gestaltungsalternative zur Optimierung der Informationsversorgung. In: Nachrichten für Dokumentation 46 (1995), S. 91-94.

Millet, I.; Mawhinney, C. H.; Kallmann, E. A.: A Path Framework for Executive Information Systems. In: Watson, H. J.; Rainer, R. K.; Houdeshel, G. (Hrsg.): Executive Information Systems, New York/Chichester u. a. 1992, S. 127-144.

Mintzberg, H.: The Myths of MIS. In: California Management Review, 15 (1972), Nr. 1, S. 92-97.

Mintzberg. H.: The Nature of Managerial Work. Englewood Cliffs 1980.

Mucksch, H.; Holthuis, J.; Reiser, M.: Das Data Warehouse-Konzept - Ein Überblick. In: Wirtschaftsinformatik 38 (1996), S. 421-433.

Müller, W.: Die Koordination von Informationsbedarf und Informationsbeschaffung als zentrale Aufgabe des Controlling. In: ZfbF 26 (1974), S. 683-693.

Müller, W.; Peters, S.; Dreyer, A.: Informationsproduktion in der Unternehmung: Modell der Informationsverarbeitung und Ergebnisse einer empirischen Untersuchung. Forschungsbericht, Institut für Betriebswirtschaftslehre, Johann Wolfgang Goethe Universität, Frankfurt/M. 1976.

Müller, J. S.; Würzner, S. K.; Höttges, T.: Informationsverarbeitungscontrolling - Führungsinstrument des Informations-Managements. In: Praxis der Informationsverabeitung und Kommunikation 15 (1992), S. 155-162.

Müller-Merbach, H.: Der innere Gehalt an Informatik. In: Technologie-Manager 34 (1985), Heft 2, S. 4-5.

Munzert, M.; Wolff, C.: Firewalls – Schutz vor Angriffen aus dem Internet. In: Datenschutz und Datensicherheit Heft 2 1996, S. 89-93.

Nagel, K.: Nutzen der Informationsverarbeitung. München/Wien, 2. Aufl. 1990.

Nauroth, D. M.: Computerrecht für die Praxis. Haar, 2. Aufl. 1992.

Neumann, K.: Stochastic Project Networks. Berlin u. a. 1990.

Niedereichholz, J.; Wentzel, Ch.: Voraussetzungen und organisatorische Wirkungen des Informationsmanagements. In: Angewandte Informatik 27 (1985), S. 284-290.

Nilsson, R.: Informationswirtschaft als strategischer Erfolgsfaktor - Abgrenzung zwischen Controlling und Informationsmanagement. In: VDI Berichte, Band 825, Düsseldorf 1990, S. 37-58.

NOTH, T.; KRETZSCHMAR, M.: Aufwandsschätzung von DV-Projekten. Berlin/Heidelberg, 2. Aufl. 1986.

o. V.: What Information Do Managers Need? In: EDP Analyzer 17 (1979), Nr. 6, S. 1-12.

ÖSTERLE, H.: Informationsmanagement in den 90er Jahren. In: Neue Technik 31 (1989), Heft 7, S. 27-29.

ÖSTERLE, H.; BRENNER, W.; HILBERS, K.: Unternehmensführung und Informationssystem. Der Ansatz des St. Gallener Informationssystem-Managements. Stuttgart 1991.

OLSHAGEN, C.: Prozeßkostenrechnung - Aufbau und Einsatz. Wiesbaden 1994.

OTTO, P.; SONNTAG, J.: Wege in die Informationsgesellschaft. München 1985.

PANZER, T. E.: EDV-Sicherheit. Hamburg/Zürich 1988.

PAUL, W.: Computerkriminalität steigt exorbitant. In: NJW-CoR 8 (1995), S. 331-332.

PFEIFFER, P.: Technologische Grundlage, Strategie und Organisation des Informationsmanagements. Berlin/New York 1990.

PICOT, A.: Organisation. In: Vahlens Kompendium der Betriebswirtschaftslehre. Band 2, München, 2. Aufl. 1990, S. 99-208.

PICOT, A.; FRANCK, E.: Die Planung der Unternehmensressource Information. In: WISU 10 (1988), S. 544-549 und 608-614.

PICOT, A.; MAIER, M.: Analyse und Gestaltungskonzepte für das Outsourcing. In: Informationmanagement, Heft 4 1992, S. 14-27.

PICOT, A.; NEUBURGER,R.; NIGGL, J.: Ökonomische Perspektiven eines „Electronic Data Interchange“. In: Information Management, Heft 2 1991a, S. 22-29.

PICOT, A.; REICHWALD, R.: Informationswirtschaft. In: HEINEN, E. (Hrsg.): Industriebetriebslehre. Wiesbaden, 9. Aufl. 1991, S. 241-393.

PICOT, A.; REICHWALD, R.; WIGAND, R.: Die grenzenlose Unternehmung. Wiesbaden, 3. Aufl. 1998.

PIETSCH, W.: Methodik des betrieblichen Software-Projektmanagements. Berlin/New York 1992.

PORTER, M. E.: Wettbewerbsvorteile - Spitzenleistungen erreichen und behaupten. Frankfurt/Main u. a. 1992.

PORTZ, K.: Outsourcing zur Herausbildung einer neuen DV-Kultur eines Dienstleistungsunternehmens. In: HEINRICH, W.: Outsourcing, Modelle - Strategie - Praxis. Bergheim 1992, S. 144-157.

PRITSKER, A. B.: Modeling and analysis using Q-GERT networks. New York 1977.

RATZEK, W.: Controlling, Informationsmanagement, Informationsverarbeitungscontrolling: Herausforderung oder neue Konflikte? In: Nachrichten für Dokumentation 46 (1995), S. 105-112.

RAUH, O.: Informationsmanagement im Industriebetrieb. Herne/Berlin 1990.

RICHENHAGEN, G.: Bildschirmarbeitsplätze. Neuwied u. a., 3. Aufl. 1997.

RINZA, P.: Projektmanagement. Düsseldorf, 3. Aufl. 1993.

ROCKART, J. F.: Topmanager sollten ihren Datenbedarf selbst definieren. In: Harvard Manager, 2 (1980), Nr. 2, S. 45-58.

ROCKART, J. F.; DE LONG, D.: Executive Support Systems: The Emergence of Top Management Computer Use. Homewood 1988.

RÖMHELD, D.: Informationssysteme und Management-Funktionen. Wiesbaden 1973.

ROITHMAYR, H.: Systembetrieb und DV-Controlling. In: KURBEL, K.; STRUNZ, H. (Hrsg.): Handbuch Wirtschaftsinformatik. Stuttgart 1990, S. 721-736.

ROSENHAGEN, K.: Pilotstudie zur Analyse des Informationsbedarfs von Führungskräften. Arbeitspapier 93-06-01 des Instituts für Wirtschaftsinformatik der Universität Hannover. Hannover 1993.

RUMBAUGH, J. u. a.: Objektorientiertes Modellieren und Entwerfen. München/Wien 1993.

RÜTTLER, M.: Information als strategischer Erfolgsfaktor - Konzepte und Leitlinien für eine informationsorientierte Unternehmensführung. Berlin 1991.

RUTHEKOLCK, T.: Strategische Ausrichtung des Informations-Controlling. Lohmar/ Köln 1996.

SCHEER, A.-W.: Personal Computing - EDV-Einsatz in Fachabteilungen. In: Die Betriebswirtschaft 44 (1984), S. 25-49.

SCHEER, A.-W.: Architektur integrierter Informationssysteme. Berlin u. a., 2. Aufl. 1992.

SCHEER, A.-W. (Hrsg.): Handbuch Informationsmanagement. Wiesbaden 1993.

SCHEER, A.-W.: Wirtschaftsinformatik, Referenzmodelle für industrielle Geschäftsprozesse. Berlin u.a., 7. Aufl. 1995.

SCHEER, A.-W.: ARIS - Vom Geschäftsprozeß zum Anwendungssystem. Berlin u. a., 3. Aufl. 1998a.

SCHEER, A.-W.: ARIS - Modellierungsmethoden, Metamodelle, Anwendungen. Berlin u. a., 3. Aufl. 1998b.

SCHMIDT, G.: Informationsmanagement: Modelle, Methoden, Techniken. Berlin u. a. 1996.

SCHNEEVOIGT, I.; SCHEUTEN, W. K..: Neue Informationstechnik und Personalführung. In: KIENBAUM, J. (Hrsg.), Visionäres Personalmanagement. Stuttgart 1992, S. 403-462.

SCHNEIDER, U.: Kulturbewußtes Informationsmanagement. München/Wien 1990.

SCHOBER, F.: Informationsmanagement im Mittelstand - Probleme und Lösungsansätze. In: Zeitschrift für Planung 4 (1993), S. 295-314.

SCHOLZ, C.: Personalmanagement: informationsorientierte und verhaltensorientierte Grundlagen. München, 3. Aufl. 1993.

SCHÜLLER, D.: Juristische Aspekte des Outsourcing. In: HEINRICH, W.: Outsourcing, Modelle - Strategie - Praxis. Bergheim 1992, S. 158-175.

SCHUPPENHAUER, R.: Checklisten für die EDV-Prüfung. Checkliste 1: Gesamte EDV-Organisation. Checkliste 2: Einzelne Abrechnungsverfahren. Düsseldorf 1994.

SCHUPPENHAUER, R.: Die Haftung des EDV-Leiters. In: Computer und Recht 10 (1994), S. 369-372.

SCHUPPENHAUER, R.: Grundsätze für eine ordnungsmäßige Datenverarbeitung (GoDV). Düsseldorf, 5. Aufl. 1998.

SCHWARZE, J.: Entwicklung und Zukunft der Informationsverarbeitung und Kommunikation in Unternehmungen und die sich daraus ergebenden Konsequenzen für Berufsbild und Ausbildung der DV-Leiter und DV-Mitarbeiter. Arbeitspapier, Technische Universität Braunschweig 1983.

SCHWARZE, J.: Zur Entwicklung der betrieblichen Datenverarbeitung. In: Fortbildung 29 (1984), S. 11-17.

SCHWARZE, J.: Daten- und Datenbankorientierung in der Betriebswirtschaftslehre. In: Angewandte Informatik 29 (1987), S. 51-58.

SCHWARZE, J.: Betriebswirtschaftlich orientierte Informatik oder informatik-orientierte Betriebswirtschaftslehre? In: Technologie & Management 36 (1987a), Heft 2, S. 36-42.

SCHWARZE, J.: Die Bedeutung neuer Informations- und Kommunikationstechnologien für Betrieb und Betriebswirtschaftslehre. In: Cloppenburger Wirtschaftsgespräche 1986. Vechta 1987b, S. 85-109.

SCHWARZE, J.: Konsequenzen der Entwicklung der Informatik für die Betriebswirtschaftslehre. In: Fortbildung 32 (1987c), S. 98-103.

SCHWARZE, J.: Zum Berufsbild des Informations-Managers. In: Information Management, Heft 1 1988, S. 48-53.

SCHWARZE, J.: Betriebswirtschaftliche Aufgaben und Anforderungen für Bürokommunikations- und Büroinformations-Systeme. In: Die Betriebswirtschaft 48 (1988a), S. 217-231.

SCHWARZE, J.: Betriebswirtschaftliche Aufgaben und Bedeutung des Informationsmanagements. In: Wirtschaftsinformatik 32 (1990), S. 104-115.

SCHWARZE, J.: Informationsmanagement als Voraussetzung für ein erfolgreiches Facility Management. In: Zeitschrift für Planung 2 (1991), S. 209-229.

SCHWARZE, J.: Strategisches Informationsmanagement. In: HENTZE, J.; V.D.OELSNITZ, D. (Hrsg.): Probleme bei der Umstellung von der Planwirtschaft auf die Marktwirtschaft. Bern 1991a, S. 162-185.

SCHWARZE, J.: Ökonomische Konsequenzen zwischen- und überbetrieblicher Integration der Informationsverarbeitung. Hannover 1992 (Vorträge des Fachbereichs Wirtschaftswissenschaften der Universität Hannover, Band 12).

SCHWARZE, J.: Information-Facility-Management. (IFM). In: HUCH, B. u. a. (Hrsg.): Controlling und EDV. Frankfurt 1992a, S. 160-177.

SCHWARZE, J.: Qualifizierungskonzepte für das Informationsmanagement. In: SCHEER, A.-W. (Hrsg.): Handbuch Informationsmanagement. Wiesbaden 1993, S. 633-653.

SCHWARZE, J.: Netzplantechnik. Eine Einführung in das Projektmanagement. Herne/ Berlin, 7. Aufl. 1994.

SCHWARZE, J.: Strategic Aspects of Outsourcing. In: ZUPANCIC, J.; WRYCZA, S. (Ed.): Proceedings of the Fourth International Conference Information Systems Development - ISD'94. Kranj, Slovenien 1994a, S. 333-342.

SCHWARZE, J.: Betriebswirtschaftliche Überlegungen zum Outsourcing von Informationsfunktionen. Arbeitspapier 94-05-01 des Instituts für Wirtschaftsinformatik der Universität Hannover. Hannover 1994b.

SCHWARZE, J.: Systementwicklung - Grundzüge der wirtschaftlichen Planung, Entwicklung und Einführung von Informationssystemen. Herne/ Berlin 1995.

SCHWARZE, J.: Strategien und Vorgehensmodelle zum Lösen von Problemen. In: WISU 24(1995a), Heft 12, S. 1011-1019.

SCHWARZE, J.: Strategische Konzeption von Outsourcing-Architekturen. In: VOP Fachzeitschrift für Öffentliche Verwaltung 17 (1995b), S. 4-9 und S. 84-88.

SCHWARZE, J.: Einführung in die Wirtschaftsinformatik. Herne/Berlin, 4. Aufl. 1997.

SCHWARZE, J.: Geschäftsprozesse als Basis eines Verwaltungscontrolling. In: Workflow-Management in Geschäftsprozessen im Trend 2000, Tagungsband zur Fachtagung am 15. Und 16. Oktober 1997. Schmalkalden 1997a, S. 149-161.

SCHWARZE, J.: Grundlagen der Statistik II: Wahrscheinlichkeitsrechnung und induktive Statistik. Herne/Berlin, 6. Aufl. 1997b.

SCHWARZE, J.: Grundlagen der Statistik I: Beschreibende Verfahren. Herne/Berlin, 8. Aufl. 1998.

SCHWARZE, J.; DOBREV, B.: Zwei Informationsmanagement-Modelle unter einer Sicht. Hannover 1995. Arbeitspapier 95-11-01 des Instituts für Wirtschaftsinformatik.

SCHWARZE, J.; KOß, T.: Prozeßorientierte Kosten- und Leistungsrechnung in der öffentlichen Verwaltung. Schriftenreihe zur Wirtschaftsinformatik Band 3. Hannover 1996.

SCHWEIM, J.: Auswirkungen neuer Informationstechnologien auf die Organisation. In: Zeitschrift für Organisation 3 (1984), S. 329-334.

SCHWEIZERISCHE VEREINIGUNG FÜR DATENVERARBEITUNG UND VERBAND DER WIRTSCHAFTSINFORMATIK-FACHLEUTE (Hrsg.): Berufe der Wirtschaftsinformatik in der Schweiz. Zürich, 3. Aufl. 1993.

SEIBT, D.: Informationsmanagement und Controlling. In: Wirtschaftsinformatik 32 (1990), S. 116-127.

SEIBT, D.: Methoden, Verfahren und Systeme zur Unterstützung des DV-Controlling. In: CW-IDG-CSE (Hrsg.): EDV-Controlling. München 1983, S. 203-235.

SEIBT, D.; MÜLDER, W. (Hrsg.): Methoden- und computergestützte Personalplanung. Köln, 2. Aufl. 1993.

SHARPE, W. F.: Portfolio Theory and Capital Markets. New York u. a. 1970.

SINZIG, W.: Datenbankorientiertes Rechnungswesen. Berlin u. a., 3. Aufl. 1990.

SOKOLOVSKY, Z.: Controlling des Informationsmanagements - Gegenwart und Zukunftsperspektiven. In: Information Management 7 (1992), S. 24-35.

SOKOLOVSKY, Z.: Controlling als Steuerungsinstrument des betrieblichen Informationsmanagements. In: SCHEER, A.-W. (Hrsg.): Handbuch Informationsmanagement. Wiesbaden 1993, S. 529-566.

SOMMERLAD, K.: Der Outsourcing-Vertrag in der EDV. In: Business Computing, Heft 8 1993, S. 48-50.

STEPPAN, G: Informationsverarbeitung im industriellen Vertriebsaußendienst. Berlin u. a. 1990.

STRAUß, C.: Informatik-Sicherheitsmanagement: Eine Herausforderung für die Unternehmensführung. Stuttgart 1991

STREICHER, H.: Skepsis des DV-Chefs bei Outsourcing. In Online, Heft 2 1993, S. 43-46.

STREITZ, S.: Ordnungsmäßigkeit. In: NJW-CoR 9 (1996), S. 221-224.

SYRING, A.: Management innovativer Informationssysteme. Göttingen 1993.

SZYPERSKI, N.: Outsourcing als strategische Entscheidung. In: Online, Heft 2 1993, S. 32-41.

SZYPERSKI, N.; SCHMITZ, P.; KRONEN, J.: Outsourcing: Profil und Markt einer Dienstleistung für Unternehmen auf dem Weg zur strategischen Zentrierung. In: Wirtschaftsinformatik 35 (1993), S. 228-240.

VDEW - VEREINIGUNG DEUTSCHER ELEKTRIZITÄTSWERKE (Hrsg.): Individuelle Datenverarbeitung. Handbuch Organisation und Datenverarbeitung. Frankfurt 1986.

VOGEL, E: Informationsmanagement und informationswissenschaftliche Ausbildung. In: Nachrichten für Dokumentation 37 (1986). Teil 1: Informationsmanagement in der öffentlichen Verwaltung - Konzepte, Berufsbilder, Qualifizierung, S. 79-92; Teil 2: Informationswissenschaftliche Studiengänge - Ziele, Inhalte, Bedarf, S. 151-161.

VOLPERT, W.: Vielleicht auch Träumen? Über die Kategorie "Praxis" im Zeitalter der Computer. In: THOMAS, H.; ELSTERMANN, G. (Hrsg.): Bildung und Beruf Berlin u. a. 1986, S. 15-24.

VOSSBEIN, R.: Dezentrales IV-Controlling gegen ausufernde EDV-Kosten. In: io Management-Zeitschrift 65 (1996), S. 79-82.

VOSSEN, G.: Datenmodelle, Datenbanksprachen und Datenbank-Management-Systeme. Bonn u. a., 2. Aufl. 1996.

WALL, F.: Zentralisation/Dezentralisation der Informationsverarbeitung in mittelständischen Unternehmen. In: Zeitschrift für Organisation 12 (1993), S. 242-247.

WALLMÜLLER, E.: Software-Qualitätssicherung in der Praxis. München/Wien 1990.

WARD, J.; GRIFFITHS, P.: Strategic Planning for Information Systems. 2. Aufl. 1996.

WATSON, H. J.; FROLICK, M.: Executive Information Systems. In: Information Systems Management 9 (1992), Nr. 2, S. 37-43.

WEBER, J.: Controlling als Koordinationsfunktion innerhalb der Verwaltungs- bzw. Unternehmensführung. In: WEBER, J.; TYLKOWSKI, O. (Hrsg.): Perspektiven der Controlling-Entwicklung in öffentlichen Institutionen. Stuttgart 1991, S. 15-54.

WEBER, J.: Controlling, Informations- und Kommunikationsmanagement - Grundsätzliche begriffliche und konzeptionelle Überlegungen. In: BFuP 45 (1993), S. 628-649.

WEDEKIND, E.: Informationsmanagement in der Organisationsplanung. Wiesbaden 1988.

WELGE, M. K.: Unternehmensführung, Band 3: Controlling. Stuttgart 1988.

WIGAND, R. T.: Fünf Grundsätze für die erfolgreiche Einführung des Informations-Managements. In: Information Management, Heft 2 1988, S. 24-30.

WINKLER, H.: Aspekte der Ausbildung in der Betriebsinformatik. In: Ausbildung in Betriebsinformatik. München 1985, S. 121-147.

WITTMANN, W.: Betriebswirtschaftslehre Band I. Tübingen 1982.

WOLLNIK, M.: Ein Referenzmodell des Informationsmanagements. In: Information Management, Heft 3 1988, S. 34-43.

ZAHN, E.; RÜTTLER, M.: Ganzheitliches Informationsmanagement. In: HEILMANN; GASSERT; HORVÁTH: Informationsmanagement. Stuttgart 1990, S. 1-27.

ZEHNDER, C. A.: Informationssysteme und Datenbanken. Stuttgart, 5. Aufl. 1989.

ZEHNDER, C. A.: Informatik-Projektentwicklung. Stuttgart, 2. Aufl. 1991.

ZEIDLER, H.: Offene Kommunikationssysteme - die Infrastruktur für informationsorientierte Arbeitsabläufe. In: WITTE, E. (Hrsg.): Bürokommunikation. Berlin u. a. 1984, S. 188-207.

ZENTES, J.: EDV-gestütztes Marketing. Berlin u. a. 1987.

ZIMMERMANN, G.: Grundzüge der Kostenrechnung. München/Wien, 7. Aufl. 1997.

Stichwortverzeichnis